보정판

연금
재무론

PENSION FINANCE

지홍민 저

박영사

"본 연구는 (사)대산신용호기념사업회의 지원을 받아 연구되었음"

머 리 말

사람들은 일반적으로 건강하고 풍요로운 생활을 누리며 오래 살고 싶어 한다. 은퇴 이후 평균수명이 얼마 남지 않았던 시절에는 노후 대책의 필요성이 별로 부각되지 않았었다. 또한 자식들이 부모를 부양하는 사회구조 하에서는 은퇴할 때까지 자식들에게 모든 자원을 집중하는 것이 최선의 의사결정이라고 할 수 있었다. 그러나 의료기술의 발전, 식생활 개선, 지속적인 운동 등으로 인하여 사람들의 평균수명은 계속적으로 증가해 오고 있다. 아울러 출산율의 저하 및 가족 구성의 변화 때문에 은퇴한 부모들이 자식들에게 자신의 부양을 의존하는 것은 더욱 힘들어지고 있다.

고령화, 저출산율, 가족구조의 변화 등으로 인해 이제 개인은 은퇴기간 동안 일정 수준 이상의 소비활동을 위한 준비를 미리 수립하고 실천해야 한다. 따라서 은퇴 후 사망 시까지 일정 금액을 정기적으로 수령하는 연금에 대한 결정은 이제 개인의 재무적 의사결정 중 가장 중요한 부분으로 인식되고 있다. 많은 사람들이 연금에 대한 필요성을 인식함에 따라 국민연금, 기업연금, 개인연금 등 다양한 연금제도가 실시되어 오고 있으며 그 결과로 연금기금의 효율적인 자산운용 및 리스크관리가 보다 중요한 이슈로 부각되고 있다.

이 책은 연금의 재무적 의사결정에 객관적이고 합리적인 이론을 제시하기 위하여 집필되었다. 시중에는 연금에 대한 전문서적들이 많이 존재하고 있으나 연금제도나 연금수리에 대한 것들이 대부분이다. 아울러 개인재무의 한 부분으로 다루는 연금에 대한 내용은 은퇴 준비를 위한 금융상품으로서의 연금에 한정되어 있어 연금을 깊게 이해하기에는 어려움이 많다. 그러나 개인은 물론 국가나 연금기금 관리자의 입장에서 연금의 재무적 의사결정을 정확히 이해할 필요가 있으며 그 중요성은 시간이 지날수록 점점 강조되고 있다. 그럼에도 불구하고 이에 대해 체계적인 이론을 제공하는 서적은 찾기 어려웠던 것이 이 책이 집필된 가장 중요한 이유라고 할 수 있다.

본서는 기본적으로 대학원생이나 연금재무를 담당하는 실무자들을 위한 전문 서적이라고 할 수 있다. 따라서 상당히 많은 관련 전문서적들과 학술논문들의 내용이 이 책에 포함되어 있다. 그렇지만 기업재무, 투자론, 파생상품 등에 관한 기초이론을 이해하고 있는 학부 고학년이나 일반 독자들도 이 책을 이용할 수 있을 것으로 여겨진다. 특히 강조하고 싶은 것은 이 책은 연금의 재무적 의사결정에 초점을 맞추었기 때문에 연금의 제도적인 측면이나 연금계리적 내용 등은 반드시 필요한 경우가 아니면 가급적 배제하였다는 것이다.

본서는 총 15장으로 구성되어 있으며 각 장의 내용은 다음과 같다.

1장에서는 연금의 필요성과 국민연금, 기업연금, 개인연금 등 3층 연금제도, 그리고 아울러 연금기금의 자산운용의 중요성 및 현황 등에 대해 핵심적인 내용을 설명하고 있다.

2장은 이 책을 이해하기 위해 필요한 최소한의 경제학 및 재무이론을 제공하고 있다. 경제학 부분에서는 효용함수 및 기대효용이론을 설명하였고, 재무이론 부분에서는 현대 포트폴리오이론 및 옵션이론에 대한 기본적인 지식을 제공하고 있다.

3장에서는 은퇴시점 및 연금선택에 대한 개인들의 경제학적 의사결정을, 그리고 4장에서는 기업연금에 대한 기업 및 종업원의 경제학적 의사결정을 설명하였다.

5장에서는 기업연금의 대표적인 형태인 확정급여형 기업연금에 포함되어 있는 옵션적 특성을 분석하였으며, 연금급여의 지급보증에 대한 재정방식에 대한 이론을 설명하였다. 6장에서는 확정급여형 연금과 확정기여형 연금제도 및 목표급여제도와의 관계를 재무이론을 이용하여 분석하였다. 아울러 각 연금제도가 포함하고 있는 옵션의 가치평가, 연금기금의 리스크 측정, 그리고 기업, 종업원, 연금기금운용자의 리스크 선호이론 등이 설명되어 있다. 7장에서는 연금 보험료에 대한 수익률을 측정하는 다양한 모형들에 대해 설명하였다.

8장에서는 최근에 발전된 장수리스크 관리 이론 및 금융수단들을 설명하였다. 연금을 제공하는 주체는 필연적으로 장수리스크를 부담하게 되며 장수리스크 관리는 최근 가장 중요한 연금재무의 영역으로 부각되고 있다.

9장은 행태재무이론을 기반으로 한 개인의 연금 의사결정을 설명하고 있다. 행태경제학과 행태재무는 최근 경제학 및 재무학의 중요 영역으로 부각되고 있으며 심리학, 사회학 등의 이론 및 실험결과를 통해 전통적 경제학이나 재무이론에서 설명하지 못한 현상을 설명하는 학문이다. 실제로 행태재무이론은 연금의 선택에서 발생하는 실제 현상을 이해하는데 큰 도움을 주고 있다.

10장부터 13장까지는 연금기금의 체계적인 자산운용과 리스크관리에 대한 내용을 포함하고 있다. 10장은 이자율리스크 관리에 대한 이론 및 방법, 11장에서는 현대 포트폴리오이론을 이용한 위험 자산의 운용 및 관리를 설명하고 있다. 12장에서는 기금운용자의 성과 측정 및 평가에 대한 다양한 이론을 설명하고 있으며, 13장에서는 확률적 이자율리스크를 관리하기 위한 이론을 설명하고 있다.

14장에서는 연금의 수익률이 주가지수와 연계되는 주가연계연금의 유형과 가치평가모형을 설명하고 있으며, 실제 자료를 이용하여 어떻게 가치평가를 할 수 있는가 하는 방법이 제시되어 있다. 마지막으로 15장에서는 확정급여연금의 지급보증을 담당하는 연금지급보증기구의 기능과 옵션모형을 이용하여 지급보증보험의 보험료를 어떻게 측정할 수 있는가에 대한 다양한 모형들을 설명하였다.

이 책에서는 외국사례인 경우 회사명은 우리말로, 인명은 원어로 기술하는 것을 원칙으로 하였다. 그러나 모딜리아니, 샤프, 밀러, 머튼, 커너먼 등 노벨경제학상을 수상하였거나 그에 준하는 유명 학자인 경우에는 우리말로 표현하였다.

본서 초판의 집필에 있어 대학원생들의 보조는 물론 연금 관련 연구를 수행하는 동료 교수 및 학자들과의 대화 및 토론은 매우 귀중한 도움이 되었다. 아울러 본서의 집필을 위해 연구비 지원을 해 준 대산신용호기념사업회에 특별한 감사의 말씀을 전하고자 한다. 영광스럽게도 본서의 초판은 2015년 대한민국학술원으로부터 우수학술도서로 선정되었다. 본 보정판에서는 초판에서의 일부 수식 및 문장상의 오류가 수정되었고 자료 및 수치도 최신의 것들로 교체되었다.

2016년 8월 연구실에서
저 자

차   례

제 1 장

연금의 기초

제1절   연금의 필요성

지역이나 세대에 관계없이 오랜기간 동안 장수(longevity)는 축복으로 여겨져 왔다. 그러나 경제적으로 어느 정도 이상의 생활수준을 보장하지 못하는 경우에는 장수는 축복이 아니라 오히려 리스크가 될 수도 있다. 식생활 및 의료기술의 발전으로 전 세계적으로 평균수명이 증가하고 있는 추세에 있지만 특히 우리나라의 평균수명의 증가 속도는 세계에서도 유례를 찾을 수 없을 정도이다. 〈표 1-1〉은 통계청의 자료를 이용한 1980년부터 2010년까지의 우리나라 여자와 남자의 기대수명의 변화를 보여 주고 있다. 단순평균방법을 사용해도 이 기간 동안 우리나라 사람들의 기대수명은 매년 약 0.5년씩 증가하고 있는 것을 알 수 있다. 이러한 이 증가속도는 OECD국가들 중에서도 가장 빠른 것이다.

〈표 1-1〉 우리나라 기대수명의 증가

	연도				
	1980	1990	2000	2010	2030(예측)
여자	70.0세	75.5세	79.6세	84.1세	85.2세
남자	61.8세	67.3세	72.3세	77.2세	79.2세

(출처) 통계청

기대수명의 증가에 따라 우리나라의 고령화도 OECD 국가들 중 가장 빠르게 진행되고 있다. 우리나라는 2000년에 이미 고령화 사회(aging society)에 진입하였다. 2017년(일부에서는 2018년으로 예측되기도 한다)에는 고령사회(aged society)에 진입할 것으로 예상되며, 초고령사회(super-aged society)에는 그로부터 9년 후인 2026년에 진입할 것으로 예상하고 있다. 고령화 사회는 전체인구 중 65세 이상의 인구가 차지하는 비율이 7% 이상을 의미하고 14% 이상이 되는 경우 고령사회, 20% 이상이면 초고령사회라고 한다. 〈표 1-2〉에서 알 수 있는 것처럼 대표적인 선진국들과 비교해 보면 고령화 사회에서 이렇게 빠른 속도로 고령사회로 진입한 국가는 그 예를 찾아 볼 수 없는 것을 알 수 있다.

〈표 1-2〉 고령화 사회로부터의 다음 단계 진입기간(년)

	프랑스	영국	미국	일본	한국
고령사회	115	46	72	24	17
초고령사회	41	53	18	11	9

(주) 초고령사회는 일본(2005년에 진입)을 제외하고는 추정치임.
(출처) 통계청, 일본 국립사회보장 인구문제연구소 등.

아울러 우리나라의 고령화지수는 2013년에 80을 넘을 것으로 예상되고 있다. 고령화지수란 65세 이상의 인구수를 15세 미만의 인구수로 나눈 후 100을 곱한 수치로서 그 나라의 잠재 성장률을 추정하는 지표이다. 우리나라의 고령화지수는 1970년에는 7밖에 되지 않았으나 1990년에 20을 넘어선 후, 1998년에 30, 2006년에 50, 2009년에 60, 2011년에 70을 각각 넘어섰다. 인구의 장수화 및 낮은 출산율로 인하여 이러한 지수의 상승 속도도 OECD 가운데 가장 빠른 수준이다. 이와 같은 추세는 경제활동 참가인구 비율이 급격하게 낮아져서 우리나라가 저성장 국가로 변모하고 있다는 것을 의미한다.

이에 더하여 OECD 대부분의 국가에서 사람들의 은퇴연령은 평균수명에 훨씬 미치지 못하고 있는데 우리나라는 상대적으로 은퇴연령이 낮은 편이다. 은퇴연령과 전술한 통계들을 함께 고려하면 은퇴 후의 생활을 영위하기 위한 준비가 얼마나 중요한지 알 수 있다. 이처럼 사람들은 평균수명은 증가하는데 그 준비는 별로 되어 있지 못한 장수리스크(longevity risk)에 노출될 가능성이 점점 높아지고 있다. 실제로 최근의 후생경제학이나 리스크관리, 그리고 재무설계 분야에서 장수리스크는 매우 중요한 이슈로 부각되고 있다.

개인의 장수리스크를 대비할 수 있는 가장 유용한 금융수단이 연금(pension)이라고 할 수 있다. 일반적으로 연금은 은퇴 후부터 사망 때까지 받게 되는 일련의 현금흐름을 의미한다. 이러한 연금을 지급하기 위해서는 국민연금이나 기업(퇴직)연금 등 일정한 제도가 갖추어 져야 한다. 아울러 퇴직 후 연금을 수령할 자격

요건이 확정되어야 하며, 연금기여금의 부담이나 연금 수급액의 결정 방식 등이 명확하게 정해져야 한다. 따라서 이러한 연금에서는 제도적인 측면이 매우 중요하다고 할 수 있다.[1] 3장에서 상세하게 다룰 것이지만 연금의 핵심 기능은 개인의 생애 동안 소득을 균등히 해주고, 장수리스크에 대한 보험기능을 제공하는 것이라고 할 수 있다.

연금은 국가에서 지급하는 공적연금, 고용주가 지원하는 기업연금, 그리고 개인이 스스로 준비하는 개인연금 등으로 구분할 수 있다. 우리나라에서 공적연금 중 가장 대표적인 것은 국민연금이다. 공무원연금, 사학연금, 군인연금 등 기타 특수직역연금의 가입자를 제외하고 국민연금은 그 외의 모든 사람들에게 해당되며 인구의 구성비 및 국가재정과 밀접한 관련이 있기 때문이다. 먼저 국민연금에 대해 핵심 내용만 살펴보기로 하자.

제2절 국민연금

국민연금을 포함한 공적연금제도는 퇴직자들이 일정 수준 이상의 노후 생활을 영위할 수 있도록 계속적인 급부를 제공하는 것을 목적으로 하며 일종의 사회보장제도의 성격을 지닌다. 평균수명이 늘어남에 따라 국민연금이 국가재정에 차지하는 비중은 점차 커지게 된다. 따라서 정부가 국민연금에서 재원의 부담과 수급금액 등 제도를 명확하게 설정하고 이에 따라 실행하는 것은 매우 중요한 과제이다. 각국의 공적연금제도는 실시 시기, 발전과정, 재정상태 등에 따라 다양한 기금방식을 가지고 있다. 일반적으로 국민연금의 재정구조는 누가 연금기여금을 부담하는가에 따라 적립방식(funded system)과 부과방식(pay-as-you-go system)으로 분류할 수 있다.

---

[1] 우리나라에서는 일정한 금액을 정기적으로 지급 또는 수령하는 형태도 연금(annuity)이라고 한다. 이 경우 연금은 특정한 제도가 아닌 지급방식이나 보험회사의 연금상품을 의미한다. 개인연금(individual annuity)은 주로 이에 해당된다.

1. 적립방식

1) 적립방식의 특징

적립방식은 근로자들이 납부하는 연금 보험료가 기금에 축적되고 이 기금에 기금자산의 투자수익을 추가하여 향후 근로자가 퇴직할 때 연금급여의 재원을 충당하는 방식이다. 우리나라는 미국, 캐나다, 일본처럼 국민연금을 적립방식으로 운영하고 있다.[2] 특히 우리나라 국민연금의 적립금은 2015년 12월말 현재 512조 원으로 세계에서 세 번째로 규모가 큰 연금기금 중 하나로 성장했다. 국민연금관리공단에 의하면 우리나라 국민연금의 기금 규모는 2043년 2,561조원으로 정점을 찍은 후 인구 노령화에 따라 급격히 감소하여 2060년 즈음에는 고갈될 것으로 전망된다. 따라서 효율적인 기금의 운영과 리스크관리가 매우 중요한 이슈로 부각되고 있다.

적립방식의 장점은 첫째, 인구구성의 변화에 강하고 재정의 안정적 운영이 가능하며, 둘째, 기간에 상관없이 보험료의 평준화를 도모할 수 있고, 셋째, 제도 성숙기에는 적립기금이 조성되므로 이를 정책 기금으로 사용할 수 있다는 것이다. 반면, 적립방식의 단점은 첫째, 인플레이션이 예상치를 상회하는 경우에 연금의 구매력이 저하될 수 있고, 둘째, 경제성장의 혜택을 연금수급자에게 직접적으로 배분하기가 어렵다는 것이다. 아울러 연금 수급권을 획득하기 위해서는 장기간의 보험료 납입이 필요한 것도 단점이라고 할 수 있다.

2) 국민연금 급여 산정

우리나라 국민연금에서 연금급여액을 결정하는 가장 중요한 요소는 가입 기간 동안의 급여와 가입 연수라고 할 수 있다. 그렇지만 국민연금은 민영보험이 아니라 사회보험이므로 어느 정도 부의 분배기능을 가지고 있다. 즉, 퇴직 후 받게 되는 급여수준의 최저액 및 최고액이 한정되어 있고, 급여 계산 시 자신의 임금뿐만이 아니라 전체 근로자의 평균임금도 함께 사용됨으로써 분배기능이 달성된다.

---

2) 적립방식을 사용하는 나라들도 대부분 일정 기간 후의 수입과 지출의 균형을 위해서 보험료와 급여수준을 계속적으로 조정하므로 실제로는 수정적립방식을 사용하고 있다.

　　국민연금 급여는 기본급여액을 기준으로 결정되므로 이를 결정하는 기본급여 식을 잘 이해할 필요가 있다. 먼저 연 기본급여식이 다음과 같다고 가정할 때 기본 구조를 이해 해보자.

$$기본연금액 = \alpha(A+B)[1+0.05(n/12)] \tag{1.1}$$

　　이 식에서 A =연금수급 전 3년간 전체가입자의 평균소득월액의 평균,[3] B = 가입자의 가입기간 동안의 기준소득월액의 평균,[4] 그리고 n = 20년 초과하는 가입월수를 의미한다. α는 일정 수준의 소득대체율을 달성하기 위하여 국가에서 정한 상수이다. 예를 들어 $\alpha = 1.5$ 라고 하자. 40년 근무한 어떤 가입자의 소득이 전체 근로자의 평균 소득과 같다면 B는 A와 동일하다. 따라서 이 사람이 받게 되는 연 기본급여는 $6B$이므로 월 연금급여는 $0.5B$가 되는 것을 알 수 있다. 즉 기본 연금급여액은 평생 소득에 대한 소득대체율의 50% 수준이 될 것이다.

　　우리나라의 국민연금은 가입자의 장수화 및 재원의 건전성을 염려하여 이 α 계수에 대한 값을 계속적으로 감소시켜 오고 있다. 1999년에는 2.4가 사용되었으며, 1999년에서 2007년 사이에는 1.8이 사용되었다. 그 후 연금법 개정으로 인해 α는 매년 0.015씩 감소 수정되어 2028년 이후에는 1.2가 되도록 예정되어 있다. 이 경우 40년 근무한 평균 소득 근로자의 소득대체율은 40%가 된다.

예제 1　급여산식이 식(1.1)로 정해진다고 하자. 영숙의 평균소득월액이 전체가입자의 1.5배이고 은퇴 전까지 35년을 가입했다고 하면 연금의 소득대체율은 얼마인가?

풀이　이 경우 B는 A의 1.5배이므로 $(A+B) = (2.5/1.5)B$이다. $n = 180$개월이므로 연 기본급여액은 연 4.375B이며, 12로 나눈 월 기본급여액은 0.3646B이므로 소득대체율은 36.5%가 된다. ∎

---

3) A값은 가입자가 연금을 받기 직전 3년간 전체가입자의 평균소득월액을 의미하며 국민연금공단에서 매년 발표한다.

4) B는 물가상승률 등의 영향으로 인해 매년 그 가치가 달라진다. 따라서 연금액의 실질가치 보전을 위해 실제로 연금액을 계산할 때는 과거의 소득을 재평가율을 사용하여 연금수급 바로 직전 연도의 가치로 전환한다.

현재 우리나라에서 실제로 사용되고 있는 국민연금의 연 기본급여 산식은 다음과 같다.

$$
\begin{aligned}
\text{기본연금액} = \{&2.4(A+0.75B)\times(P_1/P) \\
&+1.8(A+B)\times(P_2/P)+1.5(A+B)\times(P_3/P) \\
&+1.485(A+B)\times(P_4/P) \\
&+\cdots+1.215(A+B)\times(P_{22}/P) \\
&+1.2(A+B)\times(P_{23}/P) \\
&+\text{출산가산점}+\text{군복무가산점}\}\times[1+0.05(n/12)]
\end{aligned}
$$

A : 연금수급 전 3년간 전체 가입자 평균소득월액의 평균
B : 가입자의 가입기간 동안의 기준소득월액의 평균
P : 총가입월수(P_1 : 1988년~1998년, P_2 : 1999년~2007년, P_3 : 2008년,
   P_4 : 2009년, P_5 : 2010년, $\cdots$ P_{22} : 2027년, P_{23} : 2028년)
n : 20년 초과 가입월수

2. 부과방식

1) 부과방식의 특징

부과방식은 현재 일을 하는 사람들이 자신의 수입의 일부를 세금으로 납부하며 정부는 이 세금을 이용하여 퇴직자의 연금을 지급하는 방식을 말한다. 즉, 현재의 근로자들이 퇴직자들을 보조하는 연금제도를 의미하며 유럽 대부분의 국가들이 사용하고 있는 방식이다. 일반적으로 물가에 따라 임금이 조정되므로 이 방식은 물가상승으로부터 연금의 실질가치를 보호할 수 있으며, 경제성장 및 임금상승에 비례하여 연금의 가치를 높일 수 있다는 장점이 있다. 또한 연금기금의 적립 및 운용이 필요 없으므로 이에 따른 노력과 비용을 절감할 수 있고 제도의 설립 즉시 모든 은퇴자들에게 연금을 지급할 수 있다는 것도 장점도 있다. 그러나 평균수명이 증가하거나 생산인구가 감소하는 등 인구구성의 변화에 큰 영향을 받게

되며, 후세대에게 부담이 가중될 수도 있다는 단점을 가지고 있다.

2) 부과방식에서의 연금보험료 수익률

매 기간 근로자의 수가 변화하지 않는다면 부과방식에서는 향후 근로자의 수입이 증가하면 퇴직자가 수령하는 연금은 증가하게 된다. 그러나 이 방식에서는 인구성장률이 매우 중요한 변수임을 짐작할 수 있다. 임금이 상승하지 않아도 근로자의 수가 증가하면 퇴직자가 수령하는 연금급여액은 증가하지만, 반대로 향후 근로자의 수가 감소하면 연금급여액도 감소하기 때문이다.

이러한 제도하에서는 자신이 일을 할 때 매년 100의 세금(즉, 연금보험료)을 납부하고 퇴직한 후에는 매년 110을 받게 된다면 연금보험료 수익률은 연 10%라고 말할 수 있을 것이다. 만일 향후 소득이 연 g씩 증가하고 인구는 연 p씩 상승한다면 현재 일하는 사람들의 연금보험료 수익률은 어떻게 되는가를 알아보자.[5]

설명을 간단히 하기 위하여 모든 사람들은 2기간만 생존한다고 가정한다. 첫째 기간에는 태어나고 일하고 세금을 납부하며, 둘째 기간에는 퇴직하고 연금을 수령하고 사망한다. 같은 기간의 사람들은 모두 동일한 소득을 얻으며 세율 및 퇴직 후 받는 급여도 동일하다고 가정하자. 근로자의 소득은 기간당 g의 비율로 증가하며, 매 기간 인구성장률을 p라고 하자.

첫째 기간을 $t-1$이라고 하고, 다음 기간을 t로 표현하자. 아울러 필요한 기호들을 다음과 같이 정의하자.

$B(t)=t$기간의 퇴직자의 연금급부, $W(t)=t$기간의 소득, α=세율(연금보험요율), $L(t)=t$기간의 근로자수, $R(t)=t$기간의 은퇴자수.

이 경우 t기간에 은퇴하는 사람들의 평균 급부는 다음과 같이 표현할 수 있다.

$$B(t) = \alpha \times W(t) \times L(t)/R(t) \tag{1.2}$$

이것은 t기간의 각 퇴직자가 수령하는 연금급여는 t기간에서 일을 하는 사람들이 납부한 세금 총액을 퇴직자의 수로 나눈 금액임을 의미한다. 소득이 기간당 g의 비율로 상승하므로 $W(t)=(1+g)W(t-1)$이 된다. 아울러 인구 성장률이 기

---

5) 여기에서 g와 p는 반드시 양수일 필요는 없다.

간당 p라면 $L(t) = (1+p)L(t-1)$이다. 아울러 이와 같은 2기간 모형에서는 모든 근로자가 다음 기간에 은퇴자가 되므로 $L(t) = (1+p)L(t-1) = (1+p)R(t)$가 된다.

위의 두 식을 식(1.2)의 $W(t)$와 $R(t)$ 대신 넣으면 각 퇴직자의 연금급부는 다음과 같이 정리할 수 있다.

$$B(t) = \alpha(1+g)W(t-1)(1+p)$$

즉, $t-1$ 기간의 근로자는 $\alpha \times W(t-1)$의 세금을 내고 다음 기간인 t기간에 $B(t)$를 수령하므로 세금 1에 대한 수익률은 다음과 같다.

$$연금보험료\ 수익률 = \frac{B(t) - \alpha \times W(t-1)}{\alpha \times W(t-1)} = (1+g)(1+p) - 1$$

g와 p가 그리 크지 않다면 $g \times p$은 0에 가까우므로 연금보험료 수익률은 $g+p$와 거의 같을 것이다. 예를 들어 소득이 연 4%씩 증가하고 인구는 연 0.5%씩 상승한다면 현재 일하는 사람들의 연금보험료 수익률은 약 4.5%가 될 것이다. 반면 인구가 연 0.5%씩 감소한다면 수익률은 3.5%가 되어 소득의 증가비율보다 낮아 지게 된다.

제 3 절   기업연금

기업연금은 고용주(회사)와 종업원간의 연금계약으로 사적 계약이지만 많은 국가에서 정부의 규제를 받기 때문에 준공적연금으로 간주된다.[6] 대부분 국가에서는 공적 연금만으로는 일정한 수준의 소득대체율을 유지하기 어려우므로 기업연금의 활성화를 위해 다양한 세제 혜택을 지원하고 있다. 기업연금의 역사가 오

---

6) 기업연금(employer-sponsored pension)은 우리나라에서 퇴직연금(retirement pension)이라고도 불린다. 그러나 국민연금 등 공적연금도 실제로는 퇴직연금이기 때문에 이 책에서는 공적연금과의 구분을 위하여 퇴직연금 대신 기업연금으로 칭하기로 한다. 아울러 개인형 퇴직연금(individual retirement pension)은 개인연금 부분에서 다루기로 한다.

래된 나라들에 비하여 우리나라는 이 제도가 2005년 12월부터 시작되어 상대적으로 늦었으나 이후 매우 빠른 속도로 성장하여 지금은 그 전에 사용되었던 퇴직금제도를 거의 대체하고 있다. 기업연금은 급여 및 기여에 대한 방식에 따라 확정급여제도와 확정기여제도로 대별할 수 있다.

1. 확정급여제도

기업연금에서 확정급여(defined benefit; 이하 DB)제도란 퇴직자가 받게 되는 연금급여가 미리 확정되어 있는 제도를 의미한다. 따라서 이 제도에서는 연금제도를 운영하는 고용자(스폰서 기업이라고 한다)가 연금기금의 규모에 상관없이, 일정한 급여공식에 따라 근로자에게 연금급여를 지급하기로 약속한다. DB제도에서는 연금기금의 자산의 현재가치가 부채의 현재가치(즉, 미래에 약속된 연금 지급액의 현재가치)보다 클 때에는 순자산 또는 잉여금(surplus)이 발생한다. 반면에 연금기금의 부채의 가치가 자산의 가치를 초과할 경우 부족액(deficit)이 나타난다. 일반적으로 연금제도의 규제 담당자 또는 감독기관들은 엄격한 규제를 통하여 잉여금과 부족액 모두를 없애기 위해 노력하고 있다. 잉여금은 보통 연금제도를 운영하는 기업에게 부담금 유예기간(sponsor contribution holidays)을 허용함으로써 없앨 수 있다. 반면 기금의 부족액은 해당 기업이 특정기간(예를 들어 10 내지 15년, 또는 근로자들의 평균 잔존기간) 동안 추가적인 기여를 함으로써 소멸시킬 수 있다.

DB제도의 형태는 매우 다양한데 다음과 같이 분류할 수 있다.

1) 균일급여방식

균일급여방식(fixed amount scheme)은 가장 단순한 DB제도로서 가입자의 소득이나 향후 인플레이션에 상관없이 퇴직 시 동일한 금액의 연금을 지급하는 것이다. 이러한 균일급여제도는 주로 독일이나 미국에서 일부 찾아 볼 수 있다.

2) 최종임금방식

보다 일반적인 DB제도는 연금급여가 임금과 연계되는 형태이며, 그 중에서도 가장 보편적으로 사용되는 것은 최종임금방식(final-salary scheme)이다. 이 방식에서는 퇴직 후 지급되는 연금급여가 연금가입자가 근무한 마지막 년도의 임금총액(혹은 퇴직 전 마지막 3년 또는 5년의 평균)과 연관이 있도록 설계된다. 실제로 지급되는 연금은 근무 연수 당 최종임금의 일정 비율(예를 들어 1%)과 근무 기간의 곱으로 계산된다.

〈표 1-3〉은 연금제도가 최종임금방식으로 연금지급을 계산하는 경우 근무기간에 따라 누적되는 발생연금액의 현재가치(근무기간 종료 시점에서 계산된) 및 근무기간 1년 증가에 따른 발생연금액의 현재가치를 퇴직 전 임금과의 비율로 보여주고 있다.[7][8] 이 표를 보면 퇴직 전 임금에 대한 발생연금액의 비율은 근무기간이 늘어날수록 증가하는 것을 알 수 있다. 누적개념인 발생급여액의 경우에는 당연하지만 추가발생급여의 경우에도 연금 발생급여의 현재가치도 근무기간이 동일하게 증가하는 경우 오래 근무를 한 사람의 연금 발생급여의 비율이 더 많이 상승하는 것을 알 수 있다. 이러한 현상을 백로딩(backloading)이라고 한다.

예를 들어, 10년 근무한 사람은 마지막 1년 동안의 임금의 2.69%에 해당하는 연금이 추가로 발생하는데 반하여 40년 근무한 사람은 마지막 1년 동안의 임금의 30.94%의 연금이 추가로 발생하는 것을 알 수 있다. 이 백로딩 현상은 근무기간 요소 이외에도 화폐의 시간가치와 인플레이션이란 두 가지 요인 때문에 나타난다. 근무기간이 오래 될수록 퇴직 시점(즉, 연금수령 시기)이 가까워 오므로 현재가치를 계산할 때의 할인기간이 작아지며, 인플레이션을 반영한 임금상승 때문에 매년 발생연금액이 증가하게 된다.

---

7) 이 표는 Bodie(1990)의 〈표 1-1〉을 기초로 하되 임금상승률, 할인율, 연금지급기간 등에 대한 가정을 변경하여 저자가 새로 작성하였다.

8) 이 예에서는 근무기간에 상관없이 수급권(vesting right)이 모두 보장된다고 가정한다. 수급권이란 종업원이 은퇴, 해고, 또는 사직할 때 고용주의 모든 연금기여금에 대한 소유권을 의미한다.

<표 1-3> 임금에 대한 연금급여 가치의 비율

근무기간(년)	발생급여의 현재가치(%)	추가 발생급여의 현재가치(%)
1	1.12	1.12
2	2.37	1.24
10	18.85	2.69
20	67.52	6.43
30	181.38	14.40
40	433.10	30.94

주: 이 표에서 사용된 가정은 다음과 같다.
　　연금급여는 근무기간 1년 당 퇴직 전 최종임금의 1%. 가입자는 25세에 가입하여, 65세에 은퇴. 은퇴
　　후 매년 말 83세까지 연금 수령. 근로자의 임금상승률은 5%이며 할인율은 연 6%가 사용됨.

3) 평균임금방식

연금급여를 근로자가 생애 근로기간에 걸쳐 획득한 평균임금에 연계하는 평균임금방식(average-salary scheme)은 상대적으로 최근에 도입되었다.[9] 일반적으로 평균임금을 계산할 때는 근로기간 동안의 일반 물가지수나 임금의 상승률에 따라 조정된다.

4) 퇴직잔액방식

퇴직잔액방식(retirement balance scheme)에서는 퇴직급여가 연금 형식이 아니라 일시불로 확정되어 있는 방식이다. 일반적으로 일시불 금액은 생애 평균임금의 일정 비율과 근로기간의 곱으로 계산된다. 만약 평균임금 대신 근로자의 퇴직 전 마지막 해의 임금이 사용되는 경우에는 연금에퀴티방식(pension equity scheme)라고 한다.[10] 이 제도는 일본과 호주에서 일반적으로 사용되고 있다. 하지만 이 일시불 금액이 연금 구매를 통해 일생 동안 소득보장을 제공하는데 사용되지 않는다면 이는 제대로 된 연금제도라고 할 수 없을 것이다.

---

9) 최종임금방식에서 평균임금방식으로 변경한 예로는 네덜란드의 기업연금이나 우리나라의 사립 학교 교직원연금제도 등을 들 수 있다.
10) 퇴직연금의 도입 전 우리나라에서 많이 사용되었던 퇴직금제도라고 할 수 있다.

2. 확정기여제도

확정기여(defined contribution; 이하 DC)제도는 근로자를 위한 고용주(기업)의 연금기여금(contribution)이 미리 확정되어 있는 제도이다. 근로자는 자신만의 계좌를 가지며, 투자방식을 자신이 선택할 수 있고 투자에 대한 리스크와 책임도 스스로 지게 된다. 은퇴 시 연금급여는 자신의 계정에 축적된 확정 기여금 및 투자수익으로 구성되므로 가변적이다. 기여금을 누가 부담하는가에 따라 고용주가 모두 부담하는 비기여제도(non-contributory plan)와 고용주 및 근로자, 또는 근로자만이 부담하는 기여제도(contributory plan)로 구분할 수 있다. 미국이나 유럽의 DC제도는 대부분 기여제도이다. 고용주 및 근로자의 기여금은 근로자에게 납세 대상 소득으로 간주되지 않는다. DC제도에는 다음과 같은 것들이 있다.

1) 임금감소제도

대부분의 DC제도는 연금기여금이 임금소득에 포함되지 않기 때문에 임금감소제도(salary reduction plan)라고 한다. 미국의 401K제도가 대표적이다.

2) 금전구입제도

금전구입제도(money purchase plan)은 고용주가 근로자를 위해 매년 일정 금액(일반적으로 임금의 일정 비율)을 저축해 놓는 제도이다. 우리나라의 대부분 DC제도는 기본적으로 이에 해당한다고 할 수 있다. 하지만 이름에 "구입"이 포함되어 있는 이유는 매년 저축한 금액으로 은퇴를 위한 연금을 구입하라는 취지가 내포되어 있으므로 근로자가 퇴직 시 연금이 아닌 일시금을 받는 제도라면 금전구입제도의 기본 취지를 달성한다고 보기는 어렵다.

3) 이익공유제도

이익공유제도(profit sharing plan)는 기업의 이익에 따라서 고용주의 기여금이 변화하는 제도이다. 종업원이 기업의 이익에 참여하게 되므로 생산성을 제고하려는 동기는 높아지나 회사 성과에 대한 리스크를 부담해야 한다는 단점도 있다.

4) 주식보너스제도

주식보너스제도(stock bonus plan)는 연금기여금을 사용하여 종업원이 근무하는 회사의 주식(자사 주식이라고 하자)을 구매하는 제도이다. 구입한 주식은 은퇴 시까지 신탁계정에서 보관되며 은퇴 시 주식으로 받거나 시장가격으로 매도할 수 있다.

3. 혼합제도

혼합제도(hybrid plan)는 DB제도와 DC제도의 특성을 혼합한 것으로서 다음의 유형들을 예로 들 수 있다.

1) 현금잔고제도

현금잔고제도(cash balance plan)는 기업이 근로자에게 현금(또는 가상의 포인트)을 나누어 주고, 근로자는 퇴직 시에 적립된 현금이나 포인트 및 이에 대응되는 이자를 수령하는 제도이다. 근로자는 개인 계좌를 지니며 계좌에 입금될 기여비율과 투자수익률(주로 채권수익률)은 명시된다. 이 제도는 근로자의 입장에서 보면 DC제도와 거의 유사한데 미국의 경우 가장 보편적인 혼합방식이다.

2) 목표급여제도

목표급여제도(target benefit plan)는 실제로는 DC제도이지만 이 제도의 목적은 DB제도처럼 확정급여의 연금을 제공하는데 있다. 따라서 기금이 목표치 보다 부족하거나 초과하면 그에 따라 고용주의 기여금이 조정된다.

3) 순차혼합제도

순차혼합제도(sequential hybrid plan)는 일정한 연령 (예를 들어 45세) 이하의 사람에게는 DC제도가 적용되고, 그 연령 이상인 사람들에게는 DB제도를 적용하는 것이다 이러한 제도는 이직이 잦은 젊은 근로자들에게는 높은 통산성을 제공하고, 나이든 근로자들에게는 보다 예측 가능한 연금급여액을 제공할 수 있다.

4) 임금혼합제도

임금혼합제도(combination hybrid plan)는 특정 한도까지의 임금을 받는 근로자에게는 DB제도를 적용하고, 임금이 그 한도를 초과하면 그 부분에는 DC제도를 적용하는 것이다. 예를 들어 이 누구나 받는 기본급여를 특정 한도로 지정하여 DB제도가 적용되게 하고, 추가 임금에는 DC제도를 적용할 수 있을 것이다.

제4절 개인연금

개인의 노후를 대비한 3층 연금 중 개인연금은 공적연금과 기업연금을 제외하고 자신이 추가적으로 가입하는 연금을 의미한다. 모든 근로자는 공적연금의 가입대상이 되지만 이것만으로 은퇴 후의 생활을 유지하기는 쉽지 않다. 일반적으로 기업에 근무하는 경우에는 기업연금에 가입할 수 있지만 모든 사람들이 해당되는 것은 아니다. 예를 들어 10인 미만의 소규모 사업장에서는 실제로 규모의 경제 효과를 살릴 수 있는 기업연금을 제공하기가 쉽지 않기 때문이다. 또한 우리나라에서는 공무원, 군인, 교직원들은 기업연금의 대상이 아니다. 아울러 국민연금 및 기업연금을 가입한 자라 하더라도 은퇴 후 연금 급부가 충분하지 못하다고 여길 수도 있다.[11]

금융감독원과 한국보건사회연구원에 따르면 2012년 실시한 패널조사의 분석 결과 우리나라의 개인연금 가입률은 겨우 6.7%이고, 후에 개인연금으로 전환할 수 있는 종신보험 가입률도 11.5%에 밖에 되지 않는다. 특히 중위소득 60% 이하의 저소득층에서는 개인연금과 종신보험 중 어느 것도 가입하지 않는 사람들의 비율이 96%나 된다고 한다.

---

11) 실제로 우리나라의 경우 연금의 평균 소득대체율은 OECD 국가들의 평균에 훨씬 미치지 못하고 있다.

　　많은 나라들에서는 이러한 부족분을 충족시키기 위하여 개인이 스스로 추가적인 연금을 준비하는 경우 세제혜택을 주고 있다. 우리나라에서도 두 가지 방식으로 개인연금에 대한 인센티브를 제공하고 있는데 하나는 개인형 퇴직연금이고 다른 한 종류는 그 이외의 일반 개인연금이다.

1. 개인형 퇴직연금

　　개인형 퇴직연금(individual retirement pension; 이하 IRP)은 퇴직이나 중간정산으로 퇴직금을 일시적으로 수령한 자, 직장의 규모가 10인 미만이어서 DB나 DC형 기업연금을 제공하지 못하는 소규모 사업장의 근로자들, 그리고 자영업자들에게 기업연금의 가입자가 누리는 동등한 혜택을 주기위한 퇴직연금제도이다. 대부분의 나라들에서는 개인형 퇴직계좌((individual retirement account; 이하 IRA)라는 명칭으로 사용되는데 우리나라는 2012년 7월부터 내용을 보강하여 IRP로 명칭을 변경하였다.[12]

　　우리나라의 개인형 IRP는 다음과 같은 특징을 가지고 있다.

　　첫째, 퇴직이나 이직을 위해 퇴직급여를 일시금으로 받은 사람들뿐만 아니라 DB형 또는 DC형 퇴직연금제도의 가입자들도 IRP에 추가로 가입할 수 있다. 또한 2017년부터는 자영업자들도 자율적으로 가입할 수 있다.

　　둘째, IRP로부터의 연금수급 요건은 기업연금과 같이 가입기간 10년 이상인 연령 55세 이상인 자이어야 하며, 연금지급은 5년 이상 되어야 한다. 단, 직장이동으로 인한 경우에는 최저 가입기간에 대한 제한이 없다.

　　셋째, IRP는 중도해지에 관한 제약이 엄격하다. 근로자는 퇴직 시점(만 55세 이후)부터 IRP계좌를 해지하여 노후자금을 인출할 수 있다. 이전에 중도해지를 하면 IRP가입 후 해지시점까지 얻은 세제혜택을 모두 반환해야 한다. 다만, 몇 가지 경우에 한해서는 세제혜택을 유지하면서 중도인출이 가능하다.[13] 중도해지 이후에

---

12) 우리나라에서는 10인 미만의 소규모 사업장 근로자들이 기업연금 대신 가입하는 기업형 IRP와 일반 개인들이 가입하는 개인형 IRP로 구분하며 후자가 대부분을 차지한다.
13) 무주택자인 가입자가 주택을 구입하는 경우, 가입자 또는 부양가족이 6개월 이상 요양을 필요로 하는 경우, 천재 및 사변 등이다.

는 재가입이 불가능하다.

넷째, 퇴직급여 이전 자동화 기능이 추가되어 퇴직연금을 일시금으로 수령하는 사람은 의무적으로 IRP에 가입하고 IRP 전용 계좌에 퇴직금을 이전하도록 되어 있다. 만약 별도로 IRP계좌를 설정하지 않으면 퇴직금은 근로자가 퇴직 시 퇴직연금사업자의 IRP계좌로 입금되게 된다.

2. 일반 개인연금

개인형 IRP 이외에 개인이 준비할 수 있는 연금들을 일반 개인연금이라고 한다. 우리나라의 경우 일반 개인연금은 연간 일정 금액까지 납입보험료에 대해 세액공제를 해주는 개인연금(세제적격 개인연금 또는 연금저축이라고 함)과 연금수령 시 이자수익에 대해 이자소득세를 면제해 주는 개인연금(세제비적격 개인연금이라고 함)으로 구분할 수 있다.[14]

세제적격 개인연금은 생명보험회사뿐만 아니라 손해보험회사, 은행, 증권회사, 자산운용사 등 거의 모든 금융회사들과 우체국, 농수협 등에서도 취급하며 금융기관 간 계약이전이 허용된다. 그러나 개인연금저축 중 연금을 종신으로 수령할 수 있는 금융회사의 연금상품은 생명표를 가지고 있는 생명보험사가 유일하다. 다른 금융회사들의 연금은 확정기간 동안만 지급할 수 있으므로 장수리스크를 헤지하기는 어렵다. 보험료에 세액공제 혜택이 있는 반면 연금 수령 시 연금소득에 대해 과세한다.

반면 세제비적격 개인연금은 납입보험료의 세액공제혜택이 없는 대신 연금수령 시 이자수익에 대해 비과세의 혜택이 있으며 주로 생명보험사에서 취급한다. 어느 것이나 세제혜택을 받으려면 연금 가입기간이 10년 이상 되어야 하며 중도해지 시 과세대상이 된다.

개인연금에는 금리형 연금, 변액연금, 주가연계연금(equity-indexed annuity) 등 다양한 상품이 존재한다. 아울러 최저금리보장이나 확정기간 연금지급 등 추가적인 옵션이 부여된다. 특히 변액연금이나 주가연계연금의 경우에는 최저사망보험

---

14) 우리나라는 2014년부터 세제적격 개인연금에 대한 소득공제를 세액공제로 변경하였다.

금이나 최저연금적립금을 보증하는 옵션도 추가되는 경우도 많다.

　이런 다양한 옵션들은 2장에서 설명하는 옵션이론을 이용하여 그 가치를 평가할 수 있다. 여기에서는 다음과 같이 최저금리보장이 있는 연금과 없는 연금과는 어떠한 차이가 있는지를 간단히 분석해 보도록 하자.

　투자성과에 따라 수익률이 결정되는 두 종류의 연금 A와 B가 있다. 연금 A는 실제 수익률이 낮은 경우에도 최저수익률 g를 보장해 주지만 연금 B는 이러한 보장이 없다고 하자. 이 두 연금의 가격 차이를 평가해 보자.

　편의를 위하여 두 연금에서 투자되는 금액이 모두 1이라고 하자. 1년 후 실제 수익률을 r이라고 하면 1년 후 연금 B의 수익률은 실제 수익률인 r이 된다. 그러나 최소수익률 g가 보장된 연금 A의 경우 1년 후 수익률은 다음과 같다.

$$r \quad if \ r > g,$$
$$g \quad if \ r \le g$$

이 식을 하나의 식으로 표현하면 $Max(r, g)$와 같다. 아울러 이 식은 다음과 같이 변경할 수 있다.

$$Max(r, g) = Max(r-g, 0)+g$$

2장의 옵션이론을 학습하면 이 식은 무위험수익률 g와 콜옵션(call option)을 합한 것과 같다는 것을 알 수 있다.

　아울러 1년 후 두 연금의 차이는 $Max(r, g)-r$이 된다. 이 식은 다음과 같이 변형할 수 있다.

$$Max(r, g)-r = Max(0, g-r)$$

　이것은 전형적인 풋옵션(put option)의 구조임을 알 수 있다. 다시 말하여 최저 수익률을 보증하는 옵션이 추가된 연금 A는 그러한 옵션이 없는 연금 B보다 이 풋옵션의 가치만큼 더 좋은 연금이다. 다른 조건이 동일하다면 효율적인 시장에서는 연금 A의 가격(연금보험료)는 연금 B보다 이 풋옵션의 현재 가치만큼 더 비싸야 하는 것을 알 수 있다.

제 5 절 연금기금의 자산운용현황

연금기금(pension fund)이란 연금제도에 의해 축적된 자금으로서 연금 급부 지급의 원천이 되는 기금을 의미한다.[15] 우리나라 국민연금은 적립방식을 사용하기 때문에 일정 기간까지 매년 그 적립금이 증가하고 있으며 2015년말을 기준으로 일본 공적연금(GPIF), 노르웨이 글로벌펀드연금(GPFG), 네덜란드 공적연금(ABP) 등과 함께 세계에서 가장 규모가 큰 연금기금 중의 하나로 자리잡고 있다.[16]

연금기금은 주식이나 대체투자(부동산, 사모투자, 귀금속 등)같은 위험 자산들과 채권 등 상대적으로 저위험 자산 등으로 포트폴리오를 구성하고 있는데 기금의 성격과 국민성에 따라 자산분배가 매우 상이하다. 예를 들어 2012년을 기준으로 일본의 공적 연금은 4분의 3 이상을 채권에 투자하며 대체투자는 하지 않고 있는 반면, 유럽이나 미국의 연금기금은 주식 투자 비중이 매우 높고 대체투자에도 적극적으로 참여하고 있다.

우리나라 국민연금은 전통적으로 채권 중심의 투자전략을 사용했으나 위험자산의 투자 비중을 점차 증가시키고 있다. 예를 들어 2012년 3분기에는 채권에 76.8%, 주식에 23.2%, 대체투자에는 7.8%를 투자하였으나 2015년말에는 채권에 56.7%, 주식에 32.2%, 대체투자에 10.7%를 투자하고 있다. 국민연금의 기금운용 수익률은 2010년부터 2015년까지 6년간 연평균 5.6% 정도이다.

---

15) 우리나라에서는 "금"이 중복 발음되는 현상으로 인해 연금기금을 연기금으로 줄여 부르기도 한다.
16) 2015년말을 기준으로 한 기금의 규모는 GPIF가 1,368조원, GPFG가 1,000조원, 우리나라 국민연금이 512조원, ABP가 443조원이다.

참고문헌

국민연금관리공단 홈페이지 : http://www.nps.or.kr

통계청 홈페이지 : http://www.kostat.go.kr

Bodie, Z., 1990, "Pensions as retirement income insurance," Journal of Economic Literature 28 : 28-49.

Hull, J. C., 2009, Options, Futures, and Other Derivatives, 7th ed., Pearson, Upper Saddle River, NJ.

McGill, D. M., K. N. Brown, J. Haley, S. Shieber, and M. Warshawsky, 2010, Fundamentals of Private Pensions, 9th ed., Oxford University Press, Oxford, UK.

기본 경제 및 재무이론

이번 장에서는 연금재무론을 이해하기 위하여 필요한 가장 기본적인 경제 및 재무이론에 대해 설명한다. 경제이론 부분에서는 소비와 연금의 선택과 관련하여 효용함수와 시제간 대체탄력성에 대한 설명이 포함되며, 재무이론 부분에서는 연금의 운용과 관련하여 자산가격결정이론, 그리고 연금의 지급보장 및 구조의 이해와 관련하여 옵션의 기초이론이 다루어질 것이다.

제1절 효용함수의 기초 이론

1. 효용과 효용함수

효용(utility)이란 경제주체가 재화나 서비스를 소비함으로써 얻는 정신적 만족감을 의미한다. 일반적으로 재화나 서비스의 소비가 증가하면 효용도 증가하지만 그 증가속도는 소비량보다 낮아진다. 즉, 한계효용(marginal utility)은 0보다 크지만 소비량이 증가함에 따라 증가분이 감소한다.

경제주체의 효용은 효용함수를 사용하여 표현할 수 있다. 효용함수는 소비에 대한 만족도를 특정 실수로 나타낼 수 있는 함수이다. 예를 들어, t 시점의 소비 C_t로부터 발생하는 효용을 $U(C_t)$로 표현할 수 있다. 아울러 한계효용 체감의 특성을 나타내기 위하여 효용함수는 수학적으로 다음과 같은 특성을 가지고 있다.

$$U'(C_t) = \frac{\partial U(C_t)}{\partial C_t} > 0 \text{이며} \ U''(C_t) = \frac{\partial^2 U(C_t)}{\partial C_t^2} < 0 \tag{2.1}$$

이러한 특성을 지니는 효용함수는 〈그림 2-1〉과 같이 표현할 수 있다.

식(2.1)의 특성을 가지는 효용함수의 형태는 다양하다. 예를 들어 효용함수를 $U(C_t) = \log(C_t)$ 같은 로그함수를 이용하여 표현할 수 있다고 하자. 이 경우 1차

┃그림 2-1┃ 효용함수 형태

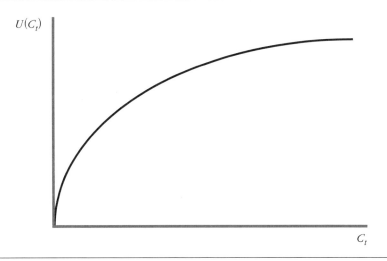

및 2차 미분값은 다음과 같아 식(2.1)의 특성이 만족되는 것을 알 수 있다.

$$U'(C_t) = \frac{1}{C_t} > 0, \quad U''(C_t) = -\frac{1}{C_t^2} < 0$$

2. 시제간 대체탄력성

효용함수를 정의하면 상이한 시점 간의 소비를 대체할 의향을 측정할 수 있는 시제간 대체탄력성(intertemporal substitution elasticity)을 다음과 같이 정의할 수 있다.

$$\eta(C_t) = -\frac{U'(C_t)}{C_t U''(C_t)} \tag{2.2}$$

만일 이 시제간 대체탄력성의 값이 작다면(예를 들어, 1 미만의 값을 가진다면) 현재 소비를 미래로 이연시키려고 하는 성향이 커지며 따라서 경제주체는 두 기간에 걸쳐 소비가 크게 차이가 나지 않는 소비평활화(consumption smoothing)를

제2장 기본 경제 및 재무이론 • 23

선호하는 것을 의미한다. 예를 들어 시제간 대체탄력성의 값이 1보다 작다면 현재 소득(또는 소비에 사용되는 재산)이 1% 증가할 때 현재 소비는 1% 미만으로 증가할 것이며 그 결과 소득의 일부가 미래로 이연되어 미래의 소비에 사용되는 소득(재산)이 증가하게 될 것이다.

식(2.2)에서 시제간 대체탄력성의 값은 효용함수의 2차 미분값이 클 때, 또는 현재 소비수준이 높을 때 작아지는 것을 알 수 있다. 2차 미분값이 크다는 것은 효용함수의 곡률 정도가 크다는 것을 의미한다. 즉, 곡률 정도가 큰 효용함수에서는 동일한 양의 소비 증가에 따른 효용의 증가가 곡률 정도가 낮은 효용함수에 비하여 더 낮다. 따라서 현재의 소비증가가 미래의 소비증가보다 상대적으로 효용가치가 낮아지게 된다.

현재 소비증가에 대해서도 동일한 해석을 할 수 있다. C_t가 크면 한계효용의 체감으로 인하여 $U'(C_t)$는 감소하게 되며 이것은 추가 소비에 따른 만족도가 그다지 높지 않다는 것을 의미한다. 따라서 소득을 현재 소비에 사용하는 것보다 미래로 이연시키는 것이 효용을 증가시킬 것이다. 효용함수가 $U(C_t) = \log(C_t)$라면 $\eta(C_t) = 1$은 현재 소득이 1% 상승하면 현재 소비뿐만 아니라 미래 모든 시점의 소비가 1% 증가한다는 것을 의미한다.

3. 기타 효용함수

전술한 로그함수 이외에도 다음과 같은 함수들이 효용함수로 자주 사용된다. 편의를 위하여 시간을 나타내는 첨자 t를 생략하자.

1) 2차 함수

$$U(C) = aC - bC^2 \quad (a > 2bC,\ b > 0)$$

이 경우 1차 및 2차 미분은 다음과 같다.

$$U'(C) = a - 2bC > 0, \quad U''(C) = -2b < 0$$

2) 지수함수

$$U(C) = -e^{-aC}, \ a > 0$$

이 경우 1차 및 2차 미분은 다음과 같다.

$$U'(C) = ae^{-aC} > 0, \quad U''(C) = -a^2 e^{-aC} < 0$$

3) 멱함수

$$U(C) = C^a, \ 0 < a < 1$$

이 경우 1차 및 2차 미분은 다음과 같다.

$$U'(C) = aC^{a-1} > 0, \quad U''(C) = a(a-1)C^{a-2} < 0$$

제 2 절 자산가격결정의 기초 이론[1]

1. 자본시장이론

일반적으로 자산은 실물자산과 금융자산으로 대별할 수 있다. 실물자산은 현재 시점의 소비 또는 생산을 위해 사용된다. 반면 금융자산은 자본자산이라고도 하며 미래의 생산과 소비에 대한 청구권이라고 할 수 있다. 금융자산은 주식, 채권, 다양한 파생상품 등의 형태를 취할 수 있다.

은행, 보험사, 증권사 등의 금융기관처럼 연금제도(pension plan) 역시 대차대조표의 자산 부문에 주로 금융자산들을 보유하고 있다. 물론 연금제도에서도 부동산과 같은 실물자산을 보유하기도 하지만 이 경우는 연금제도 가입자들의 미래

---

1) 시중에는 자산가격결정에 관한 많은 전문서적이 존재한다. 2절 내용의 상당부분은 Panjer (1998)와 Gajek and Ostaszewski(2004)를 기초로 하고 있다. 자산가격결정에 대해 보다 상세한 내용을 원하는 경우에는 Cochran(2005)를 참조하기 바란다.

제 2 장 기본 경제 및 재무이론 • 25

소득을 창출하는 투자 목적의 자산일 경우에만 가능하다. 결과적으로 연금제도가 보유하는 실물자산은 금융자산의 역할을 수행하게 된다.

1) 이자율과 최적 소비 결정

자본자산의 가격결정은 현대 재무이론에서 가장 핵심적인 내용을 구성하고 있다. 금융자산의 가격은 증권거래소나 채권시장과 같은 자본시장에서 결정된다. 소비자가 현재의 소비와 자본자산을 교환할 수 있는 가장 단순한 자본시장을 생각해보자.[2] 소비와 자본자산간의 교환은 해당 경제에서 통용되는 화폐단위로 이루어진다. 이 과정을 자세히 이해하기 위해서 2장에서 설명한 효용함수 $U(C_t, C_{t+1})$를 이용하여 소비자의 선호를 설명해 보도록 하자. 여기서 C_t는 현재 소비, C_{t+1}은 미래 소비를 나타낸다.

이제 소비주체가 해야 할 의사결정은 현재의 소득 수준 Y_t와 미래의 소득 수준 Y_{t+1}를 제한조건으로 하여 효용을 극대화하는 것, 즉, $U(C_t, C_{t+1})$의 최대값을 찾는 것이다.

자본시장은 현재의 소득과 미래의 소비를 교환하는 시장이다. 자본자산의 가격 한 단위를 P_t라고 가정 할 때, 소비자가 자본자산 x단위를 매입한다면 현재 소비할 수 있는 금액은 다음과 같이 현재 소득에서 자본자산 매입에 지불한 가격을 제한 나머지가 될 것이다.

$$Y_t - xP_t = C_t$$

C_t는 현재 소비를 의미하고 0 또는 양의 값을 갖는다. 아울러 미래의 자본자산의 단위 가격을 P_{t+1}라고 하면 다음의 식이 성립한다.

$$Y_{t+1} + xP_{t+1} = C_{t+1}$$

따라서 소비자는 x를 선택함으로써 전체 효용 $U(C_t, C_{t+1}) = U(Y_t - xP_t, Y_{t+1} + xP_{t+1})$를 극대화할 수 있다. 만약 효용함수 U가 오목하고 해당 변수에 대

---

2) 자본자산은 미래 시점에서 소비를 위해 처분된다.

하여 미분가능하다면, x의 최적값은 x에 대해 U를 1차 미분한 다음 식에 의해 얻을 수 있을 것이다.[3]

$$\frac{dU}{dx} = -\frac{\partial U}{\partial C_t}P_t + \frac{\partial U}{\partial C_{t+1}}P_{t+1} = 0 \tag{2.3}$$

(2.3)의 조건식은 다음 식과 동일한 의미를 지닌다.

$$\frac{\dfrac{\partial U}{\partial C_{t+1}}}{\dfrac{\partial U}{\partial C_t}} = \frac{P_t}{P_{t+1}}$$

위 식은 미래 소비의 한계효용과 현재소비의 한계효용의 관계는 현재 자본자산의 가격과 미래 자본자산의 가격과의 관계와 동일한 것을 의미한다. 아울러 이 식은 P_{t+1}/P_t의 비율이 미분값 dC_{t+1}/dC_t의 절대값과 같다는 것을 의미한다.

〈그림 2-2〉는 소비자가 선택할 수 있는 소비의 선택영역을 나타내고 있다. 현재와 미래 소비의 최적 배분은 무차별곡선과 다음의 조건식의 직선의 접하는 점에서 결정된다.

$$C_{t+1} = Y_{t+1} + (Y_t - C_t)\frac{P_{t+1}}{P_t} \tag{2.4}$$

이 자본시장에서의 수익률 또는 이자율은 $r = (P_{t+1}/P_t) - 1$로 결정된다. 만약 자본자산의 가격이 확정적이라면(즉, 미래가격을 현재시점에서도 알 수 있다면) 이를 무위험수익률이라고 부른다. 하지만 현실에서는 거의 모든 경우 미래 자산의 가격이나 수익률은 확정적이 아니며 이러한 불확실성은 자본자산의 리스크의 원천이 된다.

---

3) 어떤 가정하에서는 이러한 문제의 최적값이 값이 취할 수 있는 범위 내에서가 아닌 경계에서 존재할 수도 있다. 예를 들어 $C_t \geq 0$이 제한식이지만 최적점 x^*에 따라 $C_t^* = 0$의 결과가 나타날 수도 있다. 그러나 이 책에서는 현재 아무것도 소비하지 않는다는 비현실적인 결과는 무시하기로 한다. 기타 경우에 대해서는 식(2.3)이 소비와 투자 사이의 소득의 최적분배를 위한 필요충분 조건식이 될 수 있다.

┃그림 2-2┃ 최적 소비의 결정

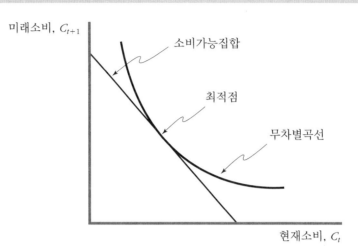

저축은 소비자의 현재 및 미래 소득과 이자율이 주어졌을 때 아직 현재 시점에서 소비되지 않은 소득을 의미한다. 모든 소비자를 위한 시장 전체의 최적화를 통하여 다음과 같이 저축의 공급량이 결정된다.

$$x^*(Y_t,\ Y_{t+1},\ r)$$

저축과 함께 경제의 균형을 형성하는 또 하나의 요인은 저축에 대한 수요이다. 저축의 수요는 순현재가치를 극대화하려는 기업의 행동에 의해 결정된다. 즉, 주어진 이자율에서 기업은 순현재가치가 0보다 큰 프로젝트를 수행하고, 순현재가치가 0보다 작은 프로젝트는 기각한다. 저축의 총수요는 양의 순현재가치를 갖는 모든 프로젝트를 택하기 위해 필요한 자금의 합이다. 이렇게 총저축의 공급과 수요의 균형에 의하여 이자율이 결정된다.

물론 현실에서는 소비자들의 저축 계획 및 기업들의 프로젝트들의 투자기간이 다양하기 때문에 이러한 과정들이 매우 복잡하게 이루어진다. 아울러 저축의 종류 및 투자기간이 다양하므로 이에 따라 다양한 이자율이 존재하게 되며 이를 수익률곡선 또는 이자율의 기간구조라고 한다. 아울러 기업에서 수행하는 프로젝트의 수익률은 상당한 불확실성을 포함하고 있다. 이 불확실성은 소득수준의 변동성을 높이고 자본자산 투자자의 위험선호도를 변화시킴으로써 자본자산의 가치평가를 어렵게 만든다. 이제부터 미래현금흐름의 불확실성이 포함된 경우 자본자산의 가격결정은 어떻게 이루어지는지 살펴 보도록 하자.

2) 투자 포트폴리오의 최적화

자본자산의 위험을 고려하여 자본시장의 이론을 가장 먼저 체계적으로 정립한 사람은 마코위츠(Markowitz)라고 할 수 있다. 그의 이론은 현대 포트폴리오이론(modern portfolio theory)이라고 불릴 정도로 유명하며 이를 기초로 자산가격결정에 대한 수많은 후속연구가 이루어지고 있다.[4]

증권시장에 N개의 임의의 자본자산(증권)이 존재한다고 가정하자. 아울러 j번째 자본자산의 수익률을 확률변수 r_j이라고 표현하면 시장에는 N개의 개별 자산의 수익률 $r_1, \cdots, r_N$이 존재한다. 투자자(자본자산의 매입자 및 매도자)들은 그들의 자원을 자산의 포트폴리오에 할당한다. 투자가능한 개별 자산에 투자된 투자금액의 비율을 $x_1, \cdots, x_N$라고 하자. 이 경우 확률변수인 포트폴리오의 수익률은 다음과 같이 정의할 수 있다.

$$r_X = \sum_{j=1}^{N} x_j \, r_j$$

여기서 $X = (x_1, \cdots, x_N)^T$이다. 마코위츠는 포트폴리오의 수익률의 기대치와 표준편차를 이용하여 투자자의 선호를 표현할 수 있다고 가정하였다. 표준편차(또는 분산)는 투자위험의 측정치이다. 따라서 포트폴리오의 수익률의 기대치와 분산은 다음과 같이 측정할 수 있다.

$$E(r_X) = \sum_{j=1}^{N} x_j \, E(r_j), \tag{2.5}$$

---

4) 이에 대한 공로로 그는 1990년 노벨경제학상을 수상하였다.

$$Var(r_X) = \sum_{i=1}^{N} \sum_{j=1}^{N} x_i x_j Cov(r_i,\ r_j) \tag{2.6}$$

아울러 그는 모든 투자자의 목표는 포트폴리오의 기대수익률을 극대화하는 동시에 수익률의 표준편차(또는 분산)를 최소화하는 것이라고 가정하였다.

실제로 가장 높은 수익률과 함께 가장 낮은 분산을 갖는 포트폴리오를 발견하는 경우는 거의 나타나지 않는다. 그와 반대로 현실에서의 대부분의 연구결과는 평균적으로 높은 수준의 수익률을 얻는 자산일수록 높은 위험(표준편차로 측정된)을 포함하는 것으로 알려져 있다. 만약 어떤 포트폴리오에 대하여 그 보다 높은 기대수익률과 더 낮은 분산을 갖고 있는 포트폴리오가 존재하지 않는다면, 그 포트폴리오는 효율적 포트폴리오(efficient portfolio)라고 부른다. 따라서 효율적 포트폴리오란 가능한 기대수익률과 수익률 분산의 모든 조합들로부터, 동일한 분산에서 가장 높은 기대수익률을 주거나 동일한 기대수익률에서 가장 낮은 분산의 값을 지니는 포트폴리오들의 집합을 의미한다. 마코위츠 모형에서는 효율적 포트폴리오는 항상 존재하게 된다.

현대 포트폴리오이론에서는 효율적 포트폴리오를 찾기 위해서 투자자는 일반적으로 아래의 값을 최소화한다고 가정한다.

$$Var(r_X) - 2\tau E(r_X) \tag{2.7}$$

여기서 $\tau \geq 0$는 투자자의 위험허용도를 의미한다.[5] 이 최소화에 대한 조건식은 $\sum_{j=1}^{N} x_j = 1$이다. x_j는 음수 값을 가질 수도 있는데 이는 해당 증권에 공매도(short sale) 포지션을 취하는 것으로 해석하면 된다.

공매도는 특정 증권을 브로커로부터 빌려서 매도하고 나중에 그 증권을 다시 매입하여 상환하는 전략이다. 공매도는 일정 금액을 증거금으로 납입해야 한다. 경우에 따라서 납입 증거금에 이자가 부리될 수도 있다. 매도금액에는 일반적으로 이자가 부리되지 않고 공매도 포지션이 청산될 때까지 브로커가 보유하게 된다.

---

5) 여기에서 위험허용도는 효용함수의 일차 미분값을 효용함수의 이차 미분값의 절대값으로 나눈 비율로 정의된다.

만약 매도된 증권으로부터 소득(예를 들어 배당금)이 발생된다면 공매도의 주체는 공매도된 증권의 소유자에게 그 소득을 지급하여야 한다.

공매도가 있는 경우 수익률의 계산에는 모든 현금흐름이 정확하게 포함되어야 한다. 이 경우에는 수익률 계산에 투자자의 초기 현금 지출, 공매도 포지션이 청산될 시점에 받게 되는 최종 현금흐름, 경우에 따라 투자자가 지불하는 배당, 그리고 이자율 등이 모두 고려되어야 한다.

조건식하에서 식(2.7)을 풀기 위하여 먼저 다음과 같은 라그랑지함수를 이용하는 것이 필요하다.

$$L(X, \lambda) = Var(r_X) - 2\tau E(r_X) - \lambda(e^T X - 1)$$

여기서 $e = (1, \cdots, 1)^T$는 공간 $\mathbb{R}^N$에서의 단위벡터이고, $e^T X$는 동일 공간에서의 스칼라곱(벡터의 내적)이다. 모수 λ는 라그랑지 승수를 의미한다. 제약조건 $\sum_{j=1}^{N} x_j = 1$하에서의 식(2.7)의 최소화의 문제는 제약조건이 없는 $L(X, \lambda)$의 최소화와 동일하다.

이제 $e^T X_1 = 1$이고, $X \in \mathbb{R}^N$에 대해서 아래의 식을 만족하는 $\lambda \in \mathbb{R}$와 $X_1 \in \mathbb{R}^N$가 있다고 가정하자.

$$L(X, \lambda) \geq L(X_1, \lambda) = Var(r_{X_1}) - 2\tau E(r_{X_1})$$

만약 $e^T X = 1$이라면, 위의 부등식으로부터 다음과 같은 식이 성립할 것이다.

$$Var(r_X) - 2\tau E(r_X) \geq Var(r_{X_1}) - 2\tau E(r_{X_1})$$

따라서 $e^T X = 1$을 만족시키는 $X \in \mathbb{R}^N$의 집합에서 X_1는 식(2.7)을 최소화한다. 또한 다음과 같은 라그랑지함수는 볼록함수이다.

$$L(X, \lambda) = \sum_{i=1}^{N} \sum_{j=1}^{N} x_i x_j Cov(r_i, r_j) - 2\tau \sum_{j=1}^{N} x_j E(r_j) - \lambda\left(\sum_{j=1}^{N} x_j - 1\right)$$

따라서 쿤-터커정리에 의하여 위의 식이 X에서 최소값을 가지게 되는 필요

충분조건은 X의 구배(gradient)인 $\nabla L(\cdot, \lambda)$가 0벡터가 되고 동시에 $e^T X = 1$를 만족하는 것이다. 따라서 $e^T X = 1$의 제약조건 하에서 L이 X에서 최소값을 가지게 될 필요충분조건은 다음과 같은 $N+1$개의 방정식으로 표현할 수 있다.

$$\begin{cases} 2 \sum_{i=1} x_1 \, Cov(r_i, \, r_k) - 2\tau \, E(r_k) - \lambda = 0, & \\ & \text{for } k = 1, 2, \cdots, N. \quad (2.8) \\ e^T X = 1, & \end{cases}$$

여기에는 $x_1, \cdots, x_N$ 그리고 λ 등 N+1개의 미지수가 존재하는 것을 알 수 있다.

이제 벡터를 이용하여 $\sum = [Cov(r_i, \, r_j)]_{1 \leq i, j \leq N}$ 그리고 $\mu = [E(r_1), \cdots, E(r_N)]^T$로 표시한다면 식(2.8)의 방정식 체계는 다음과 같이 벡터 형식으로 표현할 수 있다.

$$2 \sum X - 2\tau \mu - \lambda e = o, \quad e^T X = 1 \qquad (2.9)$$

여기서 $o = (0, \cdots, 0)^T$은 모든 좌표가 0인 N차 세로벡터이다.

지금부터 다음을 가정한다.

• 행렬 $\sum = [Cov(r_i, \, r_j)]_{1 \leq i, j \leq N}$은 양의 값이다.

• 벡터 e와 $\mu = [E(r_1), \cdots, E(r_N)]^T$는 선형 독립적이다.

만약 식(2.8)에서 $\tau = 0$를 대입한다면 다음의 식을 얻을 수 있다.

$$\begin{cases} X^{MIN} = \dfrac{\lambda}{2} \sum{}^{-1} e & \\ & \qquad (2.10) \\ e^T X^{MIN} = 1 & \end{cases}$$

여기에서 X^{MIN}은 제한조건 $\tau = 0$하에서의 식(2.8)의 해이다.

식(2.10)의 벡터방정식의 좌변을 e^T로 곱한 뒤 역행렬을 이용하여 계산하면 $\lambda/2 = (e^T \sum{}^{-1} e)^{-1}$을 얻는다. 따라서 최종적으로 다음과 같은 식을 얻을 수 있다.

$$X^{MIN} = \frac{\sum^{-1} e}{e^T \sum^{-1} e}$$

유사한 방법으로 $\tau > 0$에 대해 식(2.8)(또는 식(2.9))의 일반해 X^*를 다음과 같이 구할 수 있다.

$$X^* = \frac{\sum^{-1} e}{e^T \sum^{-1} e} + \tau \left(\sum^{-1} \mu - \frac{e^T \sum^{-1} \mu}{e^T \sum^{-1} e} \sum^{-1} e \right)$$

이제 Z^*를 다음과 같이 정의해보자.

$$Z^* = \sum^{-1} \mu - \frac{e^T \sum^{-1} \mu}{e^T \sum^{-1} e} \sum^{-1} e$$

그러면 다음이 성립되는 것을 알 수 있다.

$$e^T Z^* = 0$$

따라서 포트폴리오 최적화 문제의 해는 다음과 같은 식을 만족하는 효율적 포트폴리오의 집합이라는 것을 알 수 있다.

$$X^* = X^{MIN} + \tau Z^*, \quad \tau \geq 0, \tag{2.11}$$

여기에서 Z^*는 $e^T Z^* = 0$를 만족시키는 거래가능한 증권들의 수익률과 공분산으로 결정되는 벡터이며, 최소분산의 포트폴리오 집합이 주어졌을 때, 이 집합의 요소인 X^{MIN}은 제약조건 $\tau = 0$하에서 식(2.11)의 해를 의미한다.

포트폴리오 Z^*는 포트폴리오 내의 증권들의 매도포지션으로부터 얻은 자금을 이용하여 포트폴리오 내의 모든 증권들의 매수포지션을 구성하기 때문에 자기금융(self-financing) 포트폴리오라고 칭한다. 아울러 X^{MIN}와 Z^*를 이용하면 포트폴리오 수익률의 기대치와 분산에 대해 다음 두 식이 성립하는 것을 알 수 있다.

$$E(r_{X^*}) = E(r_{X^{MIN}}) + \tau E(r_{Z^*})$$

$$Var(r_{X^\cdot}) = Var(r_{X^{MIN}}) + \tau^2 Var(r_{Z^\cdot}) \tag{2.12}$$

위의 첫 번째 식은 (2.5)와 (2.11)의 식으로부터 나온 것이다. 두 번째 식을 유도하기 위해서 다음과 같은 식을 이해해 보도록 하자.

$$Var(r_{X^\cdot}) = Var(r_{X^{MIN}}) + 2\tau (X^{MIN})^T \sum Z^* + \tau^2 Var(r_{Z^\cdot})$$

Z^*과 X^{MIN}의 정의를 이용하면 $(X^{MIN})^T \sum Z^* = 0$을 보일 수 있으므로 식 (2.12)이 성립하는 것을 알 수 있다.

가로축이 포트폴리오 수익률의 분산, 세로축이 수익률의 기대치인 좌표평면에서의 효율적 포트폴리오의 집합을 효율적 프런티어라고 한다. 만약 가로축에 분산 대신 수익률의 표준편차를 사용한다면, 효율적 프런티어는 쌍곡선의 형태를 갖게 된다.

3) 자본자산가격결정의 방법론

마코위츠 이론은 앞으로 설명할 자본자산의 가격결정이론을 위한 첫 번째 단계라고 할 수 있다. 샤프(Sharpe), 린트너(Lintner), 모신(Mossin) 등 재무경제학자들은 마코위츠 이론을 근간으로 하여 자본자산가격결정모형(Capital Asset Pricing Model, 이하 CAPM)을 발전시켰다.[6] CAPM은 특정한 1기간 동안의 수익률을 확률변수로 간주하고 동일한 기간 동안 다른 투자 대상으로 무위험 자산이 존재한다고 가정한다. 보통 만기 3개월 이하의 단기채권을 무위험 자산으로 취급한다. 아울러 시장에는 K명의 투자자가 N개의 위험증권에 투자한다고 가정한다.[7] 그 밖의 가정은 다음과 같다.

첫째, 투자자의 위험선호도는 증권 또는 포트폴리오의 기대수익률과 수익률의 분산에 의해 결정된다.

---

6) 이러한 공로로 1990년 생존해 있던 샤프는 마코위츠, 밀러 등과 함께 노벨경제학상을 공동 수상하였다. 밀러(Miller)는 기업재무분야에서 많은 공헌을 한 학자이다. 린트너와 모신은 이미 사망하여 수상하지 못하였다.

7) 여기에서 K와 N은 임의의 유한수(finite number)이다.

둘째, 행렬 $[Cov(r_i, r_j)]_{1 \le i \le N, 1 \le j \le N}$은 양의 값을 갖고 적어도 한 증권의 기대수익률 $E(r_j)$는 무위험수익률 r보다 크다.

셋째, 모든 투자자는 동일한 단일 투자기간을 고려하고 있다.

넷째, 임의의 k번째 투자자는 투자 초기에 W_k만큼의 부를 소유하고 있고, 위험허용도 $\tau_k (k = 1, \cdots, K)$를 갖는다.

이러한 가정들 하에서, 마코위츠 분석을 통해 알 수 있었던 것처럼, k번째 투자자는 다음과 같은 포트폴리오를 선택한다.

$$X^{*(k)} = X^{MIN} + \tau_k Z^*$$

시장에서 X^M 증권들에 대한 총수요는 다음과 같이 결정된다.

$$X^M = \frac{1}{W} \sum_{k=1}^{K} W_k X^{*(k)}$$

여기에서 $W = \sum_{k=1}^{K} W_k$ 이다.

이는 $\tau_M = \frac{1}{W} \sum_{k=1}^{K} W_k \tau_k$일 때, $X^M = X^{MIN} + \tau_M Z^*$인 것을 의미한다.

따라서 포트폴리오 X^M은 효율적 포트폴리오다. r_{X^M}을 임의의 수익률이라고 하면 포트폴리오의 최적화는 다음과 같은 조건이 성립될 때 만족된다.

$$\begin{bmatrix} Cov(r_1, r_{X^M}) \\ \vdots \\ Cov(r_N, r_{X^M}) \end{bmatrix} = \tau_M \begin{bmatrix} E(r_1) - r \\ \vdots \\ E(r_N) - r \end{bmatrix},$$

$$Var(r_{X^M}) = \tau_M (E(r_{X^M}) - r)$$

위 두 개의 식을 각각 나누어 정리하면 다음 식을 얻을 수 있다.

$$E(r_j) - r = \frac{Cov(r_j, r_{X^M})}{Var(r_{X^M})} (E(r_{X^M}) - r), \quad j = 1, 2, \cdots, N. \tag{2.13}$$

그러나 시장이 균형인 상태에서는 포트폴리오 X^M은 시장의 총수요(위에서 가정한 바와 같이)일뿐만 아니라 총공급이 되어야 한다. 이는 X^M이 모든 증권들을 각 증권의 시장가치 비율로 포함한 시장포트폴리오(market portfolio)라는 것을 의미한다.

$\beta_j = Cov(r_j, r_{X^M}) / Var(r_{X^M})$의 값을 j번째 증권의 베타라고 한다. 시장포트폴리오의 수익률 r_{X^M}은 실제로 계산하기가 용이하지 않으므로(편의를 위하여 향후 r_M으로 표현하기로 하자) 그 대용 포트폴리오로서 KOSPI200이나 S&P500 등 종합주가지수를 사용하는 것이 일반적이다. 때로는 주가지수가 채권시장지수와의 조합으로 대체되기도 한다. 그러나 엄밀한 의미에서 이러한 지수들은 시장포트폴리오라고 하기는 힘들다. 왜냐하면 실제 시장지수는 가능한 모든 위험 금융자산들을 포함하고 있어야 하기 때문이다. $E(r_j) - r$은 j번째 증권의 리스크 프리미엄, 그리고 $E(r_M) - r$은 시장 리스크 프리미엄이라고 한다.

이제 CAPM이론을 통하여 자본자산의 기대수익률은 시장의 위험허용도, 개별 자본자산의 위험 그리고 무위험이자율에 의해 결정된다는 것을 알았다. CAPM에 따르면 연기금의 수익률은 CAPM으로 정해지는 수익률 기대치를 가진 확률변수라고 할 수 있다. 반면에, 연금부채에 할당되는 수익률(즉, 연금부채를 평가할 때 사용되는 할인율)은 관행적으로 연금계리사에 의해 결정되며 주로 장기간에 걸친 연금의 평균 자산 수익률이 사용된다. 이러한 관행 때문에 연금제도의 자산과 부채를 평가하는 방법론이 서로 모순되는 결과가 초래된다. 이러한 문제는 은행, 보험사 그리고 다른 금융기관에도 공통적으로 발생하게 되는데 이들 역시 자산의 가치(또는 수익률)는 자본시장에서 무작위로 변동되는데 반하여 부채의 가치는 변화가 별로 없다고 가정하는 평가방법을 사용하기 때문이다. 결국 연금제도의 평가에 있어 이와 같은 방법론적 모순은 첫째, 연금제도 부채의 시장 가치를 측정하는 방법을 개발하거나, 둘째, 대차대조표상의 자산가치를 부채를 평가하는 방법과 유사한 방법을 사용하여 수정하여야 할 것이다. 재무이론은 전적으로 전자를 옹호하게 된다.

4) 무차익거래의 원칙

연금제도의 부채가 거래되는 시장이 존재하지 않은 상황에서 연금부채의 시장가치를 논의한다는 것이 비합리적으로 느껴질 수도 있다. 그러나 연금부채의 시장가치를 측정한다는 것은 모든 자본자산(연금부채를 포함하여)의 가치가 일관적인 방법으로 평가되어야 한다는 것을 의미한다. 또한 연금의 부채도 다른 금융자산과 마찬가지로 현재의 소비와 불확실한 미래의 소비를 서로 교환하게 만드는 금융수단이라는 것에는 의심의 여지가 없다.

연금부채를 평가하기 위해 먼저 효율적 시장에서는 차익(arbitrage)의 기회가 존재하지 않아야 한다는 가정이 필수적이다. 이것은 미래에 완벽하게 동일한 현금흐름을 창출하는 두 개의 금융자산의 현재 가격은 동일해야 한다는 것을 의미한다.

실제로 이 가정은 특정 재화나 서비스시장에서는 완벽하게 충족되지 못할 수도 있다. 하지만 자본자산의 경우에는 이 가정이 시장을 적절하게 작용을 하도록 만드는 가장 기본적인 원리가 된다. 현실에서는 거래비용, 세금, 또는 거래에 병행하여 발생하는 인위적인 장벽 등 때문에 이 가정에서 조금 벗어날 수도 있다. 그러나 그럼에도 불구하고 이 가정은 자본시장의 원리로 가장 합리적인 가정이라고 할 수 있다.

만약 동일한 현금흐름을 갖는 두 개의 증권이 서로 상이한 가격으로 거래되고 있다면 이는 차익의 기회가 존재한다는 것을 의미한다. 간단히 설명하면 차익거래는 동일한 증권을 낮은 가격으로 매입하고 동시에 높은 가격으로 매도하는 것을 의미하며 거래자는 이러한 거래를 통하여 무위험수익률을 얻을 수 있다. 만일 시장이 효율적이어서 모든 사람이 이와 같은 정보를 가지고 있다면 모두 동일한 전략을 시도할 것이다. 이에 따라 매입되는 증권의 가격은 상승하고 매도되는 증권의 가격은 하락하여 가격이 같아지며 차익의 기회는 사라지게 된다.

아울러 이 원리는 자본시장에서 실제로 거래되고 있는 증권들에만 적용되는 것이 아니다. 다른 증권들의 결합으로 또는 기타 방법으로 어떤 증권과 동일한 현금흐름을 창출하는 새로운 증권을 만들 수 있다면 차익의 기회가 존재하지 않기 위해서 이 증권도 거래되는 증권과 동일한 가격을 가져야 한다. 자본시장에 이러한 차익의 기회가 존재하지 않아야 한다는 것을 무차익거래의 원칙(principle of no arbitrage)라고 한다.[8]

결론적으로 자본시장은 시장에서 거래되는 증권들의 가격뿐만 아니라, 거래되는 증권들의 현금흐름을 동일하게 복제하는 모든 금융수단들의 가격을 제공한다. 자본시장에 차익의 기회가 존재하지 않는다는 것은 금융자산의 가치평가에 지대한 영향을 가져왔다. 이를 보다 정확하게 이해하기 위하여 다음과 같은 상태증권(state security)의 이해가 필요하다.

애로우-드브뢰증권(Arrow-Debreu security, 이하 A-D증권)이라고 불리는 자본자산을 먼저 정의하자. 이 증권은 미래에 발생가능한 모든 상황 및 각 상황에 배정된 확률을 포함하는 확률공간에서 특정 기초사건이 발생하면 1단위의 화폐를 지불하고 그렇지 않은 경우에는 아무것도 지불하지 않는 증권을 의미한다. 따라서 A-D증권을 상태증권이라고 한다. 시장에 존재하는 자본자산의 개수가 유한하다고 하면, 모든 자본자산들은 A-D증권의 선형결합을 통해 복제할 수 있다. 모든 A-D증권이 각각 서로 다른 시장가격을 갖고 있다면 시장은 완전하다(complete)라고 한다.

논지를 간단히 설명하기 위하여 1기간 자본시장 모형을 고려해보자. 시장에는 N개의 증권이 존재하며 각 증권의 가격을 S_1, S_2, $\cdots$, S_N이라고 하자. 우리의 관심사는 현재(시점 0) 및 미래(시점 1)의 자산의 가격이다. 1기간 후 자산 가격은 M개의 상이한 상태(state)에 따라 변화하며 각 상태를 ω_1, ω_2, $\cdots$, ω_M이라고 표현하자. 집합 $\Omega = \{\omega_1, \omega_2, \cdots, \omega_M\}$은 미래 시나리오의 확률 공간에서의 모든 기본적 사건의 집합을 의미한다. 시점 1의 상태 ω가 발생할 때 j번째 자산의 가치를 $S_j(1, \omega)$라고 정의하고 $S_j(1, \omega) \geq 0$이라고 가정한다. 시점 0에서 이러한 자본자산들의 가격은 양수이고, 이는 다음과 같은 벡터로 나타낼 수 있다.

$$S(0) = [S_1(0) \ S_2(0) \ \cdots \ S_N(0)]$$

따라서 시점 0에서의 자본자산들의 가격은 확정적이고 주어져 있는 반면, 시

---

8) 로스(Ross)는 자본시장에서의 무차익거래 원칙을 이용하여 CAPM 보다 더욱 일반적인 형태인 차익가격결정이론(Arbitrage Pricing Theory, APT)을 발전시켰다.

점 1의 가격은 확률변수이다. 시점 1에서의 이러한 자본자산의 가격은 다음과 같은 행렬로 표현할 수 있다.

$$S(1, \Omega) = \begin{bmatrix} S_1(1, \omega_1) & S_2(1, \omega_1) & \cdots & S_N(1, \omega_1) \\ S_1(1, \omega_2) & S_2(1, \omega_2) & \cdots & S_N(1, \omega_2) \\ \vdots & \vdots & \ddots & \vdots \\ S_1(1, \omega_M) & S_2(1, \omega_M) & \cdots & S_N(1, \omega_M) \end{bmatrix}$$

이제 이러한 기본 증권들로 구성된 포트폴리오를 고려해보자. θ_j를 시점 0부터 시점 1까지 한 기간 동안 보유하고 있는 포트폴리오에 포함되어 있는 j번째 증권의 보유단위라고 하자.[9]

따라서 아래의 벡터는 포트폴리오에 포함된 각 증권의 보유수량을 의미하는 것이므로 투자자의 거래전략이라고 부를 수 있다.

$$\theta = \begin{bmatrix} \theta_1 \\ \theta_2 \\ \vdots \\ \theta_N \end{bmatrix}$$

시점 0에서 주어진 거래전략 포트폴리오의 가치는 다음과 같으며

$$S(0)\theta = \theta_1 S_1(0) + \theta_2 S_2(0) + \cdots + \theta_N S_N(0),$$

시점 1인 경우에는 다음과 같이 표현할 수 있다.

$$S(1, \Omega)\theta = \begin{bmatrix} \theta_1 S_1(1, \omega_1) + \theta_2 S_2(1, \omega_1) + \cdots + \theta_N S_N(1, \omega_1) \\ \theta_1 S_1(1, \omega_2) + \theta_2 S_2(1, \omega_2) + \cdots + \theta_N S_N(1, \omega_2) \\ \vdots \\ \theta_1 S_1(1, \omega_M) + \theta_2 S_2(1, \omega_M) + \cdots + \theta_N S_N(1, \omega_N) \end{bmatrix}$$

---

9) 이 숫자는 음수가 될 수 있으며 이 경우는 매도포지션을 나타낸다.

물론 이 가격행렬은 확률변수이다. 시점 0에서의 포트폴리오의 가격은 기본 증권들에 의해 확장된 벡터공간에서의 선형함수가 된다. 이 시장에 무위험자산이 존재하고 그것이 포트폴리오의 첫 번째 자산이라면 모든 원소 $\omega \in \Omega$에 대해서 $S_1(0) = 1$ 그리고 $S_1(1, \omega) = 1 + r$이 된다. 여기서 r은 무위험수익률을 의미한다.[10]

이제 간단한 수학모형을 이용하여 1기간 차익거래를 정의해 보자. 거래전략 θ이 $S(0)\theta \leq 0$ 및 벡터 $S(1, \Omega)\theta > 0$를 동시에 만족시킬 때 이 전략을 차익거래 전략이라고 말한다. 이 전략에서는 벡터의 모든 좌표가 음수가 아니고, 적어도 하나의 좌표는 양수가 되는 것을 의미한다. 이것은 포트폴리오의 페이오프(payoff, 그 자산에 대한 포지션으로 발생하는 현금흐름)는 미래에 어떤 상태가 발생하더라도 음수가 아니며 일부 특정 상태에서는 양수인 반면, 포트폴리오의 비용은 0이거나 그보다 작다는 것을 의미한다.

예제 1 투자기간이 1기간인 경제 내에 무위험 자산과 위험 자산만이 1개씩 존재하는 가상의 간단한 자본시장을 생각해보자. 이 자산들의 현재가격은 모두 1이라고 가정한다. 이 모형에서는 미래에 단 두 가지의 상태만이 존재한다고 가정하자. 상황이 발생하면 위험 자산이 $u > 1$을 지불하는 '상승상태'와 상황이 발생하면 위험 자산이 $w < u$를 지불하는 '하락상태'만 존재한다고 하자. $M = N = 2$, $S(0) = [1\ \ 1]$이다. 따라서 다음과 같은 식을 얻을 수 있다.

$$S(1, \Omega) = \begin{bmatrix} 1+r & u \\ 1+r & w \end{bmatrix}$$

무위험수익률 $r > 0$일 때, $\theta = \begin{bmatrix} \theta_1 & \theta_2 \end{bmatrix}^T$ 를 차익거래전략이라고 하고 실제로 차익의 기회를 얻을 수 있는지 확인해보자. 이 전략이 차익을 얻으려면 다음의 조건이 성립해야 한다.

$S(0)\theta \leq 0$, 그리고 $S(1, \Omega)\theta > 0$

---

10) 편의상 첫 번째 자산을 무위험 자산이라고 가정했지만 포트폴리오의 몇 번째 자산이어도 상관없다.

따라서 $\theta_1 + \theta_2 \leq 0$일 때 다음 두 개의 부등식 중 하나는 반드시 성립되어야 한다.

$$(1+r)\theta_1 + u\theta_2 \geq 0, \quad (1+r)\theta_1 + w\theta_2 \geq 0.$$

먼저 $1+r > w$인 경우를 고려해 보자. 만약 $\theta_2 \geq 0$라면, $\theta_1 \leq 0$ 이며 $w\theta_2 \geq$ $-(1+r)\theta_1 \geq -w\theta_1 \geq w\theta_2$가 되는 것을 알 수 있다. 이는 $\theta_1 = \theta_2 = 0$을 의미하므로 거래전략 θ는 차익거래기회를 제공하지 못한다. 반면에, $\theta_2 < 0$인 경우에는 $\theta_1 > 0$, 그리고 $(1+r)\theta_1 \geq -u\theta_2 \geq u\theta_1$이 성립한다. 따라서 $1+r \geq u$가 되고, $-u\theta_2 > -w\theta_2$이므로 $(1+r)\theta_1 > -w\theta_2$의 조건이 성립되고 θ는 차익거래기회를 제공할 수 있다.

만약 $1+r \leq w < u$라면, $\theta_1 = -1$, $\theta_2 = 1$은 다음 두 조건을 만족하게 되므로 차익기회를 제공하게 된다.

$$(1+r)\theta_1 + u\theta_2 = u - (1+r) > 0, \quad (1+r)\theta_1 + w\theta_2 = w - (1+r) \geq 0$$

반면에, 만약 $1+r \geq u$라면, $\theta_1 = 1$, $\theta_2 = -(1+r)/u \leq -1$일 때 차익거래기회가 생긴다. ■

5) 자산가격결정의 기본 이론

모든 $\omega \in \Omega$에 대하여 $\psi(\omega) > 0$이며 $S(0) = \Psi S(1, \Omega)$를 만족시키는 열벡터 $\Psi = [\psi(\omega_1) \ \psi(\omega_2) \ \cdots \ \psi(\omega_M)]$을 상태가격(state price) 벡터라고 한다. $S(0) = \Psi S(1, \Omega)$는 $j = 1, 2, \cdots, N$에 대하여 $S_j(0) = \sum_{\omega \in \Omega} \psi(\omega) S_j(1, \omega)$를 의미한다. 상태가격 벡터는 A-D증권의 가격을 알 수 있도록 해주며, A-D증권 가격의 선형결합을 이용하여 모든 증권의 가격을 표현할 수 있도록 한다.

이러한 새로운 개념을 이용하면 자산가격결정의 기본 이론은 다음과 같다. "1기간 증권시장에 상태가격 벡터가 존재한다면, 이 시장에는 차익기회가 존재하지 않는다."

위의 결과를 간단히 증명하기 위해서, 먼저 상태가격 벡터가 존재한다고 가정하자. 거래전략 θ하에서, 가격벡터의 값은 양수이기 때문에 우리는 $S(1, \Omega)\theta > 0$

이면 $S(0)\theta = \Psi S(1, \Omega)\theta > 0$임을 알 수 있다.

지금부터 우리는 시장에서 차익기회가 존재하지 않는다고 가정해보자. 그리고 M개의 선형 독립적인 증권들(다음 기의 현금흐름이 선형 독립적인 벡터를 구성하는 증권들)이 존재한다고 가정하자.

만일 선형 독립적인 증권들이 존재하지 않는다면 새로운 증권들을 추가하여 완전한 시장을 만들 수 있다. 이러한 가정들 하에서 행렬 $S(1, \Omega)$는 최대 랭크(rank)값을 갖게 되고 $N \geq M$이 된다.[11] 이 때 첫 번째 M 증권들이 선형 독립적이라고 가정해도 무방하다.

이제 $S(0) = [L(0) : r(0)]$이라고 놓자. 여기에서 $L(0)$ 및 $r(0)$는 다음과 같다.

$$L(0) = \begin{bmatrix} S_1(0) & S_2(0) & \cdots & S_M(0) \end{bmatrix},$$
$$r(0) = \begin{bmatrix} S_{M+1}(0) & S_{M+2}(0) & \cdots & S_N(0) \end{bmatrix}$$

아울러 $S(1, \Omega) = [L(1) : r(1)]$라 놓자. $L(1)$ 및 $r(1)$은 다음과 같다.

$$L(1) = \begin{bmatrix} S_1(1, \omega_1) & S_2(1, \omega_1) & \cdots & S_M(1, \omega_1) \\ S_1(1, \omega_2) & S_2(1, \omega_2) & \cdots & S_M(1, \omega_2) \\ \vdots & \vdots & \ddots & \vdots \\ S_1(1, \omega_M) & S_2(1, \omega_M) & \cdots & S_M(1, \omega_M) \end{bmatrix},$$

$$r(1) = \begin{bmatrix} S_{M+1}(1, \omega_1) & S_{M+2}(1, \omega_1) & \cdots & S_N(1, \omega_1) \\ S_{M+1}(1, \omega_2) & S_{M+2}(1, \omega_2) & \cdots & S_N(1, \omega_2) \\ \vdots & \vdots & \ddots & \vdots \\ S_{M+1}(1, \omega_M) & S_{M+2}(1, \omega_M) & \cdots & S_N(1, \omega_M) \end{bmatrix}$$

행렬 $L(1)$은 역행렬이 존재하므로 $\Psi = L(0)(L(1))^{-1}$이라고 하자. e_m을 m번째 구성요소가 1이고 다른 구성요소가 0인 M차 유클리드 공간의 열벡터라고 하자. 한 예로, 가장 대표적인 벡터가 A-D증권이다. A-D증권에서는 다음과 같은 거

11) 행렬의 랭크란 독립적인 행 또는 열의 수를 의미한다.

래전략이 있음을 알아두자.

$$\theta = \left[((L(0))^{-1} e_m)^T \quad 0 \quad \cdots \quad 0 \right]$$

이제 다음과 같은 식을 얻을 수 있다.

$$S(1, \Omega) \theta = L(1)(L(1))^{-1} e_m = e_m$$

이는 양의 벡터이므로, 시장은 차익기회가 존재하지 않으며, 다음과 같은 보유 증권의 수량은 양수가 된다.

$$S(0) \theta = L(0)(L(1))^{-1} e_m = \Psi e_m$$

이는 벡터 Ψ의 m번째 구성요소가 양수라는 것을 의미한다. 여기에서 m은 임의의 모수이므로 이러한 추론은 모든 구성요소에 적용된다.

아울러 우리는 다음과 같은 식도 생각해 볼 수 있다.

$$\Psi S(1, \Omega) = L(0)(L(1))^{-1} [L(1) : r(1)] = [L(0) : L(0)(L(1))^{-1} r(1)]$$

만약 $N=M$이라면 우리는 상태가격 벡터를 찾을 수 있다. 반면에 $N>M$이라면 $M \times (N-M)$차의 행렬이 존재하며(이것을 K라고 하자), $r(1) = L(1)K$이 성립한다.

시장에 차익기회가 존재하지 않으므로 $N-M$의 추가된 증권들의 가격은 선형적으로 독립인 증권들의 가격의 적절한 선형 결합과 같아야 하며 다음 기간(기간 1)에 동일한 현금흐름을 창출해야 한다. 이것을 식으로 표시하면 다음과 같다.

$$r(0) = L(0)K = \Psi L(1)K = \Psi r(1)$$

따라서 다음 식이 성립한다.

$$\Psi S(1, \Omega) = \Psi [L(1) : r(1)] = [\Psi L(1) : \Psi r(1)] = [L(0) : r(0)] = S(0)$$

예제 2   (예제 1)의 경우와 같이 무위험 자산 및 위험 자산이 각 한 개씩 존재하는 가장 단순한 자본시장을 가정하자. 이 경우의 상태가격 벡터는 다음과 같은 식으로 나타낼 수 있다.

$$1 = (1+r)\psi_1 + (1+r)\psi_2 \qquad 1 = u\psi_1 + w\psi_2$$

이 식들의 해는 다음과 같고, 양 쪽의 분수에서 분모와 분자가 같은 부호를 사용한다면 이 해들은 양의 값을 가진다.

$$\psi_1 = \frac{(1+r)-w}{(1+r)(u-w)} \qquad \psi_2 = \frac{u-(1+r)}{(1+r)(u-w)}$$

따라서 $r \geq 0$, $u > 1$, $w > 0$라고 가정하면, 상태가격 벡터는 $u > 1+r > w$인 경우에 존재하는 것을 알 수 있다. 아울러 이것은 시장에 차익기회가 존재하지 않는다는 것과 동일하다. ■

Ψ을 상태가격 벡터라고 한다면, 우리는 인수 $\omega \in \Omega$에 대한 함수를 다음과 같이 정의할 수 있다.

$$Q(\omega) = (1+r)\psi(\omega)$$

따라서 모든 $j = 1, \cdots, N$에 대해서 다음이 성립한다.

$$S_j(0) = \sum_{\omega \in \Omega} \frac{Q(\omega) S_j(1, \omega)}{1+r}$$

특히, 무위험 증권이라면 다음을 얻을 수 있다.

$$1 = S_1(0) = \sum_{\omega \in \Omega} \frac{Q(\omega)(1+r)}{1+r} = \sum_{\omega \in \Omega} Q(\omega)$$

Q는 Ω의 이산 확률분포로 간주될 수 있고, 시점 0에서의 증권의 가격은 시점 1에 발생하는 현금흐름의 현재가치를 이 확률분포를 이용하여 계산된 기대치와 동일하다는 것을 의미한다. 이러한 확률측도를 위험중립 확률측도(risk-neutral probability measure)라고 부른다. 따라서 다음과 같은 정리가 성립되는 것을 짐작할 수 있다.[12]

---

12) 구체적인 증명은 이 책의 범위를 벗어나므로 생략하고자 한다. 상세한 증명은 Harrison and

(자산가격결정의 기본 이론)

다음은 모두 동일한 의미이다.

① 1 기간 모형에서의 증권시장에는 차익기회가 존재하지 않는다.

② 상태가격 벡터가 존재한다.

③ 위험중립 확률측도가 존재한다.

이 정리는 자본자산의 가격결정에 있어 매우 중요한 역할을 한다. 무차익거 래의 기본 아이디어는 어떤 증권을 복제하는 거래전략으로 만들어진 새로운 증권 이나 포트폴리오는 원래의 증권과 같은 가격을 가져야 한다는 것이다. 만일 가능한 모든 미래 상태에 대해서 A-D증권이 존재하며 시장에서 거래가 가능하고, 거래 가능한 다른 증권으로 복제될 수 있다면 모든 증권들은 시장 가격을 갖게 되는 것이다.

예제 3 다음과 같은 증권시장이 주어져 있을 때, 위험중립 확률을 구하여라.

$$S(0) = \begin{bmatrix} 1 & 1 \end{bmatrix}, \quad S(1) = \begin{bmatrix} 1.10 & 1.20 \\ 1.10 & 0.90 \end{bmatrix}$$

풀이 무위험수익률이 10%이므로 각 확률은 다음과 같음을 알 수 있다.

$$p_1 = \frac{1+r-w}{u-w} = \frac{0.20}{0.30} = \frac{2}{3}, \quad p_2 = \frac{u-(1+r)}{u-w} = \frac{0.10}{0.30} = \frac{1}{3}$$ ∎

2. 무차익 평가의 일반 이론

지금까지는 시점이 2개인 1기간 모형에서의 자산가격결정의 기본 이론에 대해 설명하였다. 이 모형은 기간 및 상태를 증가시켜 일반화할 수 있다. 즉, 각 시점에서 발생할 수 있는 상태(state)의 수는 유한하고, 시점은 비연속적이며 일정 기

Kreps(1979)를 참조하라.

간(예를 들어 1년)을 기준으로 측정되며, 투자기간은 무한대인 자본시장 모형을 고려해 보자. 아울러 시장은 완전하고 거래에 영향을 미치는 외부 간섭은 없다고 가정하자. t시점에서의 1 동안 무위험수익률을 $r(t)$라고 하면 이는 실제로 발생하는 상태와 무관하게 t시점에서 매입한 가격 1의 무위험 증권이 $t+1$시점에서는 $1+r(t)$만큼의 가치를 갖는다는 것을 의미한다. t시점에서의 j번째 증권의 가치는 $V_j(t)$로, t시점에서 지급된 배당금(또는 그와 동등한 현금 흐름)은 $D_j(t)$로 정의하자. $V_j(t)$는 배당락 가치라고 가정한다.

이러한 가정하에서 차익의 기회가 없다는 것은 자산의 가치평가에 대한 다음 식의 확률측도가 존재한다는 것과 같은 의미이다 :

$$V_j(t) = E_t\left[\frac{1}{1+r(t)}(V_j(t+1)+D_j(t+1))\right]$$

여기서 E_t는 t시점에서 평가되는 기대치를 의미한다.

보험회사 및 연금기금들은 모든 부채 현금흐름에 상응하여 충분한 자산을 보유하고 있어야 한다. 따라서 실무적으로 연기금의 부채는 보험계리 공식에 기초하여 계산될 뿐만 아니라, 연금계리사들은 미래의 다양한 시나리오 하에서 현금흐름을 기준으로 기금의 지불능력을 분석하고 있다. 만일 미래의 시나리오가 위험중립 측도의 확률분포로부터 추출된 표본에 해당된다면, 연금급부를 위한 현금흐름의 기대 현재가치의 표본평균이 연기금 부채의 시장가치의 추정치가 될 것이다. 이 추정치가 통계적 불편추정량(unbiased estimator)이라면 이 방법은 연기금이나 보험회사의 부채의 시장가치를 측정할 수 있는 합리적인 방법이라고 할 수 있고, 이에 따라 시장가치를 기준으로 하는 연기금 또는 보험회사의 대차대조표를 작성할 수 있을 것이다.

그러나 실제로 이러한 방법을 이용하여 부채의 시장가치를 평가하는 것은 매우 어려운 일이다. 왜냐하면 사용하는 표본이 위험중립 확률측도를 대변할 수 있어야 하고, 모든 부채의 현금흐름이 적절히 모형에 포함되어야 한다는 전제조건이 요구되기 때문이다. 이 두 가지 중 어느 것도 쉽게 만족될 수 있는 조건이 아니다.

따라서 자산과 부채를 일관적으로 평가할 수 있는 새로운 방법을 찾는 것이

보다 합리적일 것이다. 자산과 부채의 평가가 일관적이지 않으면 연금제도는 상당한 위험에 노출되게 된다. 왜냐하면 부채는 보험계리방식으로 기록이 되고, 자산은 시장가치에 따라서 대차대조표에 작성된다면 자산과 부채의 차액인 연금의 잉여금의 변동성은 매우 커질 것이며 이에 따라 추가적으로 불확실성과 연금가입자의 불안도 증가하게 될 것이다.

제3절 옵션이론

옵션은 일정한 가격으로 향후 특정 자산을 매입하거나 매도할 수 있는 권리가 부여된 계약 또는 금융상품을 의미한다. 옵션은 기초자산을 직접 보유할 때 소요되는 비용의 일부만을 이용하여 기초자산의 가격변동에 따른 이익을 얻을 수 있으므로 레버리지 효과가 상당히 높다. 또한 옵션계약에는 권리만 존재하고 의무는 포함되어 있지 않기 때문에 기초자산의 가격이 예상과 반대로 움직일 때 부담하는 손실은 옵션의 구입가격으로 제한된다. 따라서 옵션에는 일종의 보험기능도 함께 포함되어 있다.[13] 옵션의 기초자산은 개별주식, 주가지수, 이자율, 환율 등 금융변수는 물론 실물자산이나 재난손실 등도 가능하다.

1. 옵션의 기본 구조

옵션의 형태는 기본적으로 콜옵션(call option)과 풋옵션(put option)으로 대별된다. 콜옵션은 미래 특정 시점 또는 그 시점 이내에 일정한 가격으로 특정 자산을 매입할 수 있는 권리를 의미한다. 반면 풋옵션은 미래 특정 시점 또는 시점 이내에 일정한 가격으로 특정 자산을 매도할 수 있는 권리를 의미한다.[14] 옵션의 가

---

13) 실제로 보험계약은 일종의 풋옵션으로 이해할 수 있다.
14) 만기시점에만 옵션을 행사할 수 있는 옵션을 유럽형 옵션이라 하고, 옵션 보유자가 현재부터 만기까지 원하는 시점에 행사할 수 있는 옵션을 미국형 옵션이라고 한다. 이번 장에서는 편의를 위해 다른 설명이 없으면 유럽형 옵션을 간주한다.

격을 지불하고 옵션을 소유하는 것을 옵션의 매입포지션(long position)을 취한다고 한다. 반면 옵션의 가격을 받고 옵션의 매도하면 매도포지션(short position)을 취한다고 한다.

따라서 옵션의 4가지 기본구조는 콜옵션의 매입 및 매도포지션, 그리고 풋옵션의 매입 및 매도포지션이라고 할 수 있다. 이것을 옵션의 기본 구조(building blocks)라고 하는데 실제로 이 네 가지 기본구조만 사용하면 원하는 어떠한 금융상품의 페이오프(payoff) 구조도 만들 수 있다.[15] 금융상품의 페이오프란 그 금융상품에 대한 포지션(매입 또는 매도)으로 발생하는 현금흐름을 의미한다. 이제 이네 가지 기본구조의 만기 페이오프를 이해해 보자.

먼저 투자자가 미래 T시점에 K란 가격을 지불하고 특정한 자산을 매입할 수 있는 옵션을 고려한다고 하자. 매입할 수 있는 권리이므로 이 옵션은 콜옵션이다. 옵션에는 권리만 존재하고 의무는 포함되어 있지 않으므로 옵션은 소유하고 있으면 이익을 얻든지 적어도 손해를 보지는 않는다. 따라서 옵션계약을 소유하기 위해서는 처음부터 일정한 가격을 지불하여야 하는데 이 옵션의 가격을 옵션 프리미엄이라고 한다. 이 투자자는 콜옵션 프리미엄 C_0을 지불하고 콜옵션을 매입해야 한다. 자산의 가격은 매 시점 변하므로 옵션의 구입시점에는 미래 T시점(옵션의 만기라고 한다)의 자산가격을 알 수는 없다. 자산가격이 자기가 지불하기로 한 K(이것을 행사가격이라고 한다)보다 크면 콜옵션을 소유하고 있는 투자자는 자산을 매입할 것이고, 그렇지 않으면 매입하지 않을 것이다. 따라서 T시점에서의 매입에 대한 의사결정과 그에 따른 옵션으로부터의 페이오프는 전적으로 그 시점에서의 자산가격에 달려 있다. t시점에서의 임의의 자산가격을 S_t라고 표현하면 만기에서의 콜옵션의 매입포지션이 얻는 페이오프는 다음과 같다.

$$S_T - K \quad \text{if } S_T > K,$$
$$0 \quad \text{if } S_T \leq K$$

---

15) 일부 문헌에서는 페이오프를 이익, 이득, 수익 등으로 번역하고 있는데 이 용어들은 모두 고유한 의미가 있으므로 옳은 번역은 아니다. 따라서 본서에서는 페이오프란 용어를 그대로 사용하기로 한다.

이 식을 하나의 식을 사용하면 다음과 같이 표현할 수 있다.

$$Max(S_T - K, 0) \tag{2.14}$$

옵션을 매도한 사람은 미리 C_0의 콜옵션가격을 받는 대신 의무만 지게 된다. 따라서 콜옵션 매도포지션의 페이오프는 매입포지션과 정반대이며 다음과 같다.

$$-Max(S_T - K, 0) = Min(K - S_T, 0) \tag{2.15}$$

콜옵션의 매입 및 매도포지션의 페이오프는 각각 〈그림 2-3〉과 〈그림 2-4〉에 나타나 있다.

만기에서 최종이익을 계산하려면 콜옵션 매입자는 페이오프에서 미리 지불한 콜프리미엄을 빼주어야 하며, 매도자는 페이오프에 미리 받은 콜프리미엄을 더해주어야 한다. 옵션기간 동안의 이자를 무시한다면 콜옵션 매입자와 매도자의 만기이익(profit)은 다음과 같다.

$$콜매입자 : Max(S_T - K, 0) - C_0 \tag{2.16}$$

$$콜매도자 : -Max(S_T - K, 0) + C_0 \tag{2.17}$$

이번에는 투자자가 미래 T시점에 K란 가격을 받고 특정한 자산을 매도할 수 있는 옵션을 고려한다고 하자. 매도할 수 있는 권리이므로 이 옵션은 풋옵션이다.

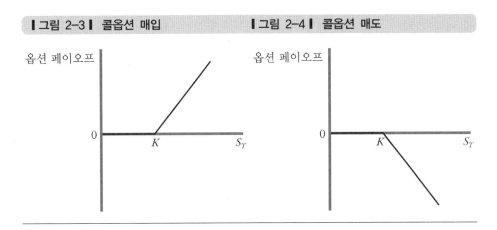

┃그림 2-3┃ 콜옵션 매입   ┃그림 2-4┃ 콜옵션 매도

풋옵션에는 권리만 존재하고 의무는 포함되어 있지 않으므로 옵션계약을 소유하기 위해서는 처음부터 일정한 가격인 풋프리미엄을 지불하여야 한다. 이 투자자는 풋옵션 프리미엄 P_0을 지불하고 풋옵션을 매입하였다. 이 풋옵션 매입자는 옵션의 만기인 T시점에서 자산가격이 자기가 받기로 한 K보다 작으면 자산을 매도할 것이고, 그렇지 않으면 매도하지 않을 것이다. 따라서 T시점에서의 매도에 대한 의사결정과 그에 따른 풋옵션으로부터의 페이오프도 만기 자산가격에 따라 좌우된다. 따라서 만기에서의 풋옵션의 매입포지션이 얻는 페이오프는 다음과 같은 것을 알 수 있다.

$$0 \qquad \text{if } S_T > K,$$

$$K - S_T \qquad \text{if } S_T \leq K$$

이 식을 하나의 식을 사용하면 다음과 같이 표현할 수 있다.

$$Max(K - S_T, 0) \tag{2.18}$$

옵션을 매도한 사람은 미리 P_0의 콜옵션가격을 받는 대신 의무만 지게 된다. 따라서 풋옵션 매도포지션의 페이오프는 매입포지션과 정반대이며 다음과 같다.

$$-Max(K - S_T, 0) = Min(S_T - K, 0) \tag{2.19}$$

풋옵션의 매입 및 매도포지션의 페이오프는 각각 〈그림 2-5〉과 〈그림 2-6〉에 나타나 있다.

만기에서 최종이익을 계산하려면 풋옵션 매입자는 페이오프에서 미리 지불한 풋프리미엄을 빼주어야 하며, 매도자는 페이오프에 미리 받은 풋프리미엄을 더해주어야 한다. 옵션기간 동안의 이자를 무시한다면 풋옵션 매입자와 매도자의 만기이익은 다음과 같다.[16]

$$\text{풋매입자} : Max(K - S_T, 0) - P_0 \tag{2.20}$$

---

16) 콜옵션과 풋옵션 모두에서 매입포지션의 이익과 매도포지션의 이익을 합하면 항상 0이 되는 것을 확인할 수 있다. 따라서 옵션계약은 전형적인 제로섬(zero-sum)계약임을 알 수 있다.

| 그림 2-5 | 풋옵션 매입 | | 그림 2-6 | 풋옵션 매도 |

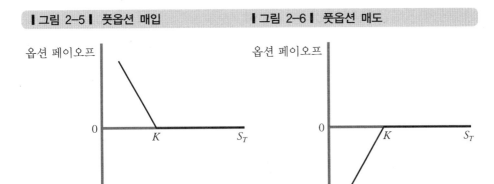

$$풋매도자 : -Max(K-S_T, 0)+P_0 \tag{2.21}$$

2. 블랙-숄즈 옵션가격모형

1) 확률프로세스와 이토정리

무한소(infinitesimal)의 시간 간격을 dt라고 하고 ϕ를 표준정규분포를 따르는 확률변수라고 할 때 임의의 변수 X가 다음과 같은 확률과정을 따른다고 하면 이 X를 산술적 브라운운동(arithmetic Brownian motion)을 따른다고 한다.

$$dX(t) = \mu\,dt + \sigma\phi\,\sqrt{dt}, \text{ 그리고 } x(0) = x_0$$

$dW(t) = \phi\,\sqrt{dt}$를 위너 변동분(Wiener increment)이라고 할 때, 위의 식은 다음과 같이 표현할 수 있다.

$$dX(t) = \mu\,dt + \sigma\,dW(t) \tag{2.22}$$

위너 변동분은 $E[dW] = 0$, $Var[dW] = dt$의 특성을 지니므로, $E[dX] = \mu dt$, $Var[dX] = \sigma^2 dt$임을 알 수 있다.

식(2.22)에서는 μ와 σ가 상수였다. 이제 다음과 같이 이들이 모두 t와 X의 변수인 보다 일반적인 프로세스를 고려해보자.

$$dX = \mu(t, X)\,dt + \sigma(t, X)\,dW \tag{2.23}$$

여기에서 $\mu(t,X)$를 dX의 부동(drift)함수, $\sigma(t, X)$를 변동성(volatility)함수라고 부른다. 어떤 변수 X가 이와 같은 프로세스를 따르면 이 변수는 이토(Itô) 프로세스를 따른다고 한다. 이토정리(Itô's lemma)란 X와 t의 함수 $f(t, X)$가 있고 이 함수가 X에 대해서는 최소한 2번 미분가능하고 t에 대해서는 1번 이상 미분가능하다면 이 함수는 다음의 프로세스를 따른다.

$$df(t, X) = \left[\frac{\partial f}{\partial t} + \frac{\partial f}{\partial X}\mu(t, X) + \frac{1}{2}\frac{\partial^2 f}{\partial X^2}\sigma^2(t, X) \right]dt + \frac{\partial f}{\partial X}\sigma(t, X)\,dW \tag{2.24}$$

2) 파생상품의 기본적 가치평가모형

주가의 순간변화율이 다음과 같은 확률적 미분방정식으로 표현할 수 있다고 가정하자:

$$\frac{dS_t}{S_t} = \mu\,dt + \sigma\,dW_t \tag{2.25}$$

여기에서 S_t는 t시점의 주가, μ는 주식의 순간 기대수익률, σ는 주가수익률의 순간 표준편차(변동성), W_t는 위너프로세스이다. μ와 σ는 고정값이라고 가정하자. 위의 식을 기하학적(geometric) 브라운운동 프로세스라고 한다. 이러한 프로세스 하에서 주가는 로그정규분포를 따르게 된다. 실제로 이토정리를 이용하면 다음과 같음을 확인할 수 있다.

$$d\ln S_t = \frac{1}{S_t}(\mu S_t dt + \sigma S_t dW_t) + \frac{1}{2}(\frac{-1}{S_t^2})\sigma^2 S_t^2 dt$$

$$= (\mu - \frac{1}{2}\sigma^2)dt + \sigma\,dW_t$$

무위험자산의 수익률 r은 확정적이라고 가정하면, r은 시간에 따라 다음과 같이 변화한다.

$$\frac{dB_t}{B_t} = rdt$$

여기에서 B_t는 t시점의 무위험자산의 가격을 의미한다.

이제 어떤 파생상품의 t시점의 가격을 F_t라 하고, 그것의 페이오프 구조가 $H(T, S)$라고 하자. 이토정리를 이용하면 이 파생상품의 순간 변환은 다음과 같은 식으로 표현할 수 있다.

$$dF_t = \left[\mu S_t \frac{\partial F_t}{\partial S_t} + \frac{1}{2}\sigma^2 \frac{\partial^2 F_t}{\partial S_t^2} - \frac{\partial F_t}{\partial \tau}\right]dt + \sigma S_t \frac{\partial F_t}{\partial S_t}dW_t \tag{2.26}$$

이를 이용하여 주식과 채권을 이용하여 매 순간마다 이 파생상품의 순간적인 변화와 동일하게 변화하는 동적 포트폴리오를 구성해 보자. 우선 파생상품에 X_t를 투자했다고 가정해보자. 이 금액으로 우리는 X_t/F_t개의 파생상품을 구입할 수 있다. 따라서 시간이 경과함에 따라 투자금액의 가치는 다음과 같이 변화할 것이다.

$$dX_t = \frac{X_t}{F_t}dF_t$$

$$= \frac{X_t}{F_t}\left[\mu S_t \frac{\partial F_t}{\partial S_t} + \frac{1}{2}\sigma^2 S_t^2 \frac{\partial^2 F_t}{\partial S_t^2} - \frac{\partial F_t}{\partial \tau}\right]dt + \sigma S_t \frac{X_t}{F_t}\frac{\partial F_t}{\partial S_t}dW_t \tag{2.27}$$

이제 같은 금액을 파생상품 대신 주식과 채권에 투자하여 포트폴리오를 구성해보자. 이 포트폴리오는 투자금액의 $\alpha = \frac{S_t}{F_t}\frac{\partial F_t}{\partial S_t}$의 비율을 주식에 투자하고 $1 - \alpha$를 무위험채권에 투자하도록 구성하면 포트포리오의 변화는 다음과 같다.

$$dX_t = \frac{\alpha X_t}{S_t}dS_t + \frac{(1-\alpha)X_t}{B_t}dB_t$$

$$= \alpha X_t \mu dt + \alpha X_t \sigma dW_t + (1-\alpha)X_t r dt$$

$$= [\mu X_t \alpha + (1-\alpha)X_t r]dt + \sigma X_t \alpha dW_t$$

위 식에 $\alpha = \dfrac{S_t}{F_t}\dfrac{\partial F_t}{\partial S_t}$ 을 대입하면 다음을 얻는다.

$$dX_t = \left[\mu X_t \frac{S_t}{F_t}\frac{\partial F_t}{\partial S_t} + (1 - \frac{S_t}{F_t}\frac{\partial F_t}{\partial S_t})X_t r\right]dt + \sigma X_t \frac{S_t}{F_t}\frac{\partial F_t}{\partial S_t}dW_t \qquad (2.28)$$

식(2.27)과 (2.28)를 비교해보면 위너프로세스와 포트폴리오의 변동성이 동일한 것을 알 수 있다. 즉, 상이한 포트폴리오의 리스크가 서로 정확히 일치한다. 무차익거래의 조건에 의하여 동일한 리스크를 지닌 포트폴리오의 기대수익률은 동일해야 한다. 따라서 이 두 포트폴리오의 기대수익률 부분을 일치시키고 각 변에서 공통요소를 제거하면 다음과 같이 정리된다.

$$\mu S_t \frac{\partial F_t}{\partial S_t} + \frac{1}{2}\sigma^2 S_t^2 \frac{\partial^2 F_t}{\partial S_t^2} - \frac{\partial F_t}{\partial \tau} = \mu S_t \frac{\partial F_t}{\partial S_t} + rF_t - rS_t \frac{\partial F_t}{\partial S_t}$$

이 식을 다시 정리하면 최종적으로 다음과 같다.

$$\frac{1}{2}\sigma^2 S_t^2 \frac{\partial^2 F_t}{\partial S_t^2} + rS_t \frac{\partial F_t}{\partial S_t} - \frac{\partial F_t}{\partial \tau} - rF_t = 0 \qquad (2.29)$$

이 유명한 편미분방정식을 파생상품에 대한 블랙-숄즈의 가치평가식이라고 한다.[17] 지금까지의 유도과정에서 우리는 특정한 파생상품 형태(예를 들어 콜옵션)를 언급하지 않았다. 즉, 이 방정식은 매우 일반적이어서 매우 다양한 파생상품의 가치평가에 사용될 수 있다. 유도과정에 사용된 가정은 주가가 기하학적 브라운운동을 따르고 이자율이 고정적이라는 것 뿐 이었다. 아울러 주가의 기대수익률인 μ가 아니라 변동성이 이 식에 포함된 것에 유의해야 한다. 즉, 기대수익률이 어떤 값을 가지더라도 파생상품의 가격은 동일하다는 것을 알 수 있다.

이 가치평가식은 동일하지만 실제로는 파생상품마다 페이오프 구조가 다르며

---

17) 유사한 모형을 독자적으로 개발한 머튼(Merton)도 포함하여 블랙-숄즈-머튼 가치평가식이라고도 한다.

이 상이한 페이오프 구조가 이 편미분방정식에 대해 상이한 경계조건을 구성한다. 이에 따라 방정식의 해, 즉 파생상품의 가치가 달라지는 것이다.

3) 블랙-숄즈 옵션가격모형의 유도

이제 이 식을 이용하여 유럽형 콜옵션의 t시점에서의 가치를 구해보자. K를 이 옵션의 행사가격, T를 만기, $\tau = T - t$를 만기까지의 잔여기간이라고 하자. 전술한 바와 같이 이 콜옵션의 만기 페이오프를 F_T라고 하면 $F_T = Max(S_T - K, 0)$이다. 즉, 이 조건은 가치평가식인 편미분방정식[18] (2.29)의 경계조건이 된다. 먼저 $Z_t = \ln S_t$로 치환하면 식과 경계조건은 다음과 같이 변화한다.

$$\frac{1}{2}\sigma^2 \frac{\partial^2 F_t}{\partial Z_t^2} + (r - \frac{1}{2}\sigma^2)\frac{\partial F_t}{\partial Z_t} - \frac{\partial F_t}{\partial \tau} - rF_t = 0 \tag{2.30}$$

아울러 경계조건은 $F_T = Max(e^{Z_T} - K, 0)$가 된다. 이제 식(2.30)의 해가 다음과 같은 형식을 지닌다고 추측하고 식을 풀어 보자.

$$F_t = e^{Z_t}\Psi_{1,t} - Ke^{-r\tau}\Psi_{2,t} \tag{2.31}$$

여기에서 $\Psi_{1,t}$와 $\Psi_{2,t}$는 각각 다음의 경계조건을 만족하는 함수이다.

$$\Psi_{1,t} = 1_{\{Z_T \geq \ln K\}}, \quad \Psi_{2,t} = 1_{\{Z_T \geq \ln K\}}$$

이 경계조건이 만족되면 원래의 경계조건인 $F_T = Max(S_T - K, 0)$도 만족하는 것을 알 수 있다. 가치평가식인 식(2.29)는 F_t에 대해 선형식이므로 위의 추측한 해의 각 항목들도 식(2.29)를 만족시켜야 한다. 먼저 $e^{Z_t}\Psi_{1,t}$ 항목을 식에 대입하고 정리하면 $e^{Z_t}\Psi_{1,t}$에 의해 만족되어야 하는 새로운 편미분방정식은 다음과 같다.

---

18) 블랙-숄즈모형을 유도하는 방법은 매우 다양하다. 예기에서는 향후 연금의 기금운용 및 리스크관리와 밀접한 관계가 있는 방법으로 간단히 증명하고자 한다. 이 증명부분은 Baz and Chacko(2004)를 참조하였다.

$$\frac{1}{2}\sigma^2 \frac{\partial^2 \Psi_{1,t}}{\partial Z_t^2} + (r + \frac{1}{2}\sigma^2)\frac{\partial \Psi_{1,t}}{\partial Z_t} - \frac{\partial \Psi_{1,t}}{\partial \tau} = 0$$

아울러 이 식은 $\Psi_{1,t} = 1_{\{Z_T \geq \ln K\}}$의 경계조건을 가진다. 이 새로운 식은 Z_t의 변화분이 다음과 같은 확률과정을 가질 때의 콜모고로프 후방방정식 형태를 가지는 것을 알 수 있다.

$$dZ_t = (r + \frac{1}{2}\sigma^2)dt + \sigma \, dW_t \tag{2.32}$$

따라서 Z_t가 이러한 확률과정을 따른다면 경계조건 $\Psi_{1,t}$는 다름 아닌 $Z_t \geq \ln K$일 확률을 의미한다. 식(2.32)은 단순한 산술 브라운운동 프로세스이므로 $Z_T \,|\, Z_t$의 조건부 밀도함수는 정규분포함수란 것을 알 수 있다. 즉,

$$Z_T \sim N(Z_t + (r + \frac{1}{2}\sigma^2)\tau, \ \sigma^2\tau)$$

X_t를 표준정규분포의 확률변수라면 $Z_T \geq \ln K$일 확률은 X_T가 $[\ln K - Z_t - (r + \frac{1}{2}\sigma^2)\tau]/(\sigma\sqrt{\tau})$이상일 확률과 동일하다. 따라서 $\Phi(\cdot)$를 표준정규분포함수라고 하면 다음의 결과를 얻게 된다.

$$\text{Prob}\left(X_T \geq \frac{\ln K - Z_t - (r + \frac{1}{2}\sigma^2)\tau}{\sigma\sqrt{\tau}}\right) = 1 - \Phi\left(\frac{\ln K - Z_t - (r + \frac{1}{2}\sigma^2)\tau}{\sigma\sqrt{\tau}}\right)$$

$$= \Phi\left(\frac{Z_t - \ln K + (r + \frac{1}{2}\sigma^2)\tau}{\sigma\sqrt{\tau}}\right)$$

이제 Z_t 대신 원래대로 $\ln S_t$를 대입하면 $\Psi_{1,t}$에 대한 해는 다음과 같다.

$$\Psi_{1,t} = \Phi\left(\frac{\ln(S_t/K) + (r + \frac{1}{2}\sigma^2)\tau}{\sigma\sqrt{\tau}}\right) \tag{2.33}$$

동일한 방법으로 먼저 $Ke^{-r\tau}\Psi_{2,t}$ 항목을 식(2.31)에 대입하고 정리하면 만족되어야 하는 새로운 편미분방정식은 다음과 같다.

$$\frac{1}{2}\sigma^2\frac{\partial^2\Psi_{2,t}}{\partial Z_t^2} + (r-\frac{1}{2}\sigma^2)\frac{\partial\Psi_{2,t}}{\partial Z_t} - \frac{\partial\Psi_{2,t}}{\partial\tau} = 0$$

아울러 이 식은 $\Psi_{2,t}=1_{\{Z_T\geq\ln K\}}$ 의 경계조건을 가진다. 이 식도 Z_t의 변화분이 다음과 같은 확률과정을 가질 때의 콜모고로프 후방방정식 형태를 가지는 것을 알 수 있다.

$$dZ_t = (r-\frac{1}{2}\sigma^2)\,dt + \sigma\,dW_t \qquad (2.34)$$

전과 동일하게 Z_t가 이러한 확률과정을 따른다면 경계조건 $\Psi_{2,t}$는 $Z_t\geq\ln K$ 일 확률을 의미한다. 식(2.34)도 단순한 산술 브라운운동 프로세스이므로 다음을 알 수 있다.

$$Z_T \sim N(Z_t + (r+\frac{1}{2}\sigma^2)\tau,\ \sigma^2\tau)$$

이제 $Z_T\geq\ln K$의 확률은 X_T가 $[\ln K - Z_t - (r-\frac{1}{2}\sigma^2)\tau]/(\sigma\sqrt{\tau})$ 이상일 확률과 동일하므로 다음의 결과를 얻게 된다.

$$\text{Prob}\left(X_T\geq\frac{\ln K - Z_t - (r-\frac{1}{2}\sigma^2)\tau}{\sigma\sqrt{\tau}}\right) = 1-\Phi\left(\frac{\ln K - Z_t - (r-\frac{1}{2}\sigma^2)\tau}{\sigma\sqrt{\tau}}\right)$$

$$= \Phi\left(\frac{Z_t - \ln K + (r-\frac{1}{2}\sigma^2)\tau}{\sigma\sqrt{\tau}}\right)$$

이제 Z_t 대신 $\ln S_t$를 대입하면 $\Psi_{2,t}$에 대한 해는 다음과 같다.

$$\Psi_{2,t} = \Phi\left(\frac{\ln(S_t/K) + (r-\frac{1}{2}\sigma^2)\tau}{\sigma\sqrt{\tau}}\right) \qquad (2.35)$$

마지막으로 식(2.33)과 (2.35)를 (2.32)에 대입하고 Z_t 대신 $\ln S_t$를 대입하면 다음과 같이 콜옵션의 블랙-숄즈 가격모형을 얻게 된다. (콜옵션이므로 이제 F_t 대신 C_t로 쓰자.)

$$C_t = S_t \, \Phi(d_1) - Ke^{-r\tau} \, \Phi(d_2) \tag{2.36}$$

$$\text{여기에서} \quad d_1 = \frac{\ln(S_t/K) + (r+\frac{1}{2}\sigma^2)\tau}{\sigma\sqrt{\tau}} \quad , \quad d_2 = \frac{\ln(S_t/K) + (r-\frac{1}{2}\sigma^2)\tau}{\sigma\sqrt{\tau}}$$

유럽형 옵션인 경우 콜옵션의 가치를 알면 풋옵션의 가치는 쉽게 얻을 수 있다. 유럽형 콜옵션과 행사가격으로 구성된 포트폴리오의 만기 가치는 주식과 유럽형 풋옵션으로 구성된 포트폴리오의 만기 가치와 동일하다. 차익거래의 기회가 없으려면 이 두 포트폴리오는 아래 식과 같이 만기 이전 임의의 t시점에서의 가치도 동일해야 한다.

$$C_t + Ke^{-r\tau} = S_t + P_t \tag{2.37}$$

이 식을 풋-콜 패리티(put-call parity)라고 한다. 이미 콜옵션의 현재가치의 식을 알고 있으므로 위의 식에 대입하여 P_t로 풀면 풋옵션에 대한 블랙-숄즈 가격모형을 얻을 수 있다.

📖 참고문헌

Baz, J. and G. Chacko, 2004, Financial Derivatives, Cambridge University Press, Cambridge, UK.

Black, F. and M. Scholes, 1973, "The pricing of options and corporate liabilities," Journal of Political Economy 81 : 637-654.

Copeland, T.E., J.F., Weston and K. Shastri, 2004, Financial Theory and Corporate Policy, 4th ed., Prentice-Hall, Upper Saddle River, NJ.

Gajek, L. and K. Ostaszewski, 2004, Financial Risk Management for Pension Plans, Elsevier, Amsterdam, Netherlands.

Harrison, M. and D. Kreps, "Martingales and arbitrage in multiperiod securities markets," Journal of Economic Theory 20 : 381-408.

Hull, J. C., 2009, Options, Futures, and Other Derivatives, 7th ed., Pearson, Upper Saddle River, NJ.

Merton, R., 1973, "The theory of rational option pricing," Bell Journal of Economics and Management Science 4 : 141-183.

Panjer, H., 1998, Financial Economics : With Applications to Investments, Insurance and Pensions, The Actuarial Foundation, Schaumburg, IL.

Ross, S.A., 1976, "The arbitrage theory of capital asset pricing," Journal of Economic Theory 13 : 341-360.

개인의 연금 의사결정

생애주기모형

이번 장에서는 개인 차원에서의 연금에 대한 의사결정 과정을 생애주기모형 (Life Cycle Model)을 이용하여 분석해 보도록 한다.[1] 이 이론은 안도(Ando)와 모딜리아니(Modigliani)에 의해 처음 제안되었으며 위험회피적인 개인이 저축과 소비의 최적배합을 통하여 생애 전체의 기대효용을 극대화 할 수 있도록 어떻게 연금에 대한 의사결정을 할 수 있는지를 간결하면서도 함축적으로 보여준다.[2]

먼저 필요한 모든 정보를 얻을 수 있으며 합리적인 의사결정을 내릴 수 있는 위험회피적인 개인들을 고려해보자. 이 사람들은 향후 획득할 수 있는 예상수입과 생애 전체 기간을 고려하여 매 기간 소비수준을 결정한다. 생애주기모형에서는 은퇴 후에도 일정 수준 이상의 기존 소비생활을 계속해서 할 수 있도록 하는 것을 저축을 하려는 가장 주된 동기로 삼는다. 따라서 이 모형에 따르면 개인들은 전 생애에 걸쳐서 가능한 한 균등한 소비를 하려고 노력하게 된다.

간단한 예를 들기 위해 개인들의 생애를 두 기간, 즉, 젊어서 근로를 할 수 있는 근로기간과 나이가 들어 더 이상 일을 하지 않는 은퇴기간으로 구분해보자. 만일 연금이 없다고 하면, 저축을 충분히 마련하지 않은 경우 은퇴 기간 동안 개인의 생활수준은 급격히 하락할 것이다. 은퇴 기간에는 대부분 미래에 예상되는 수입이 없으므로 소비를 위해 대출을 받기도 어렵다. 따라서 이러한 결과를 예측하는 개인들은 수입이 상대적으로 낮은 은퇴기간의 소비를 향상시키기 위하여 수입이 상대적으로 높은 근로기간 동안 소비를 수입 미만으로 줄이고 저축을 하게 될 것이다. 이 은퇴를 위한 저축으로 인하여 소비는 전 생애에 걸쳐 수입규모보다 변화가 훨씬 작아지며 보다 균등해진다.[3]

생애주기모형은 차입과 저축을 모두 포함하도록 확장할 수도 있다. 이를 위

---

[1] 이번 장의 상당 부분의 내용은 Blinder(1982)를 참고하여 작성되었다.
[2] 생애주기이론은 이후 Merton(1969, 1971) 등에 의하여 더욱 발전되었다.
[3] 이것을 소비평활화(consumption smoothing)라고 한다.

해서는 생애주기를 초기, 중기 및 은퇴기간 등 3기간으로 구분할 필요가 있다. 초기는 개인들이 전일제 교육을 완료하고 직업을 얻는 시점부터 시작된다. 이 기간의 개인들의 전형적인 모습은 주택, 가구 등 재산을 구입하고 결혼을 하여 새 가정을 꾸리는 것이다. 그러나 대부분 이러한 활동을 위한 비용이 수입을 초과하게 되므로 그 초과분만큼 미래의 수입을 담보로 자금을 차입하게 된다. 중기에는 초기에서의 지출이 경감하거나(예를 들어 주택구입) 발생하지 않는 반면(예를 들어 결혼) 수입은 초기에 비하여 증가하게 되므로 수입이 소비를 초과하게 된다. 따라서 개인들은 이전의 차입을 상환하고 금융자산 및 실물자산을 축적하여 은퇴를 대비하게 된다. 마지막 시기인 은퇴기간에는 개인들은 소비가 수입을 초과하므로 저축해 둔 금융자산 및 실물자산을 처분하여 사망할 때까지 이 부족분을 보충하게 된다. 일반적으로 수입은 은퇴 전 시기에 비하여 훨씬 적어지며, 소비수준도 그 전 기간에 비하여 감소하게 된다.

이제 3기 이상의 기간으로 구성된 생애주기를 고려한 일반 모형을 살펴보자. 위험회피적인 개인들은 전 생애 동안 각 기간에서의 소비를 통해 발생하는 효용들의 현재가치의 합을 극대화하기 위한 소비수준을 정한다고 가정한다. 먼저 식 (3.1) 같이 특정 시점(t)을 기준으로 향후 소비의 현재가치는 미래 수입의 t시점에서의 현재가치와 동일하여야 한다.[4]

$$\sum_{s=t}^{t+L} C_s \left(\frac{1}{1+r}\right)^{s-t} = W_t + \sum_{s=t}^{t+M} Y_s \left(\frac{1}{1+r}\right)^{s-t}$$

$$= W_t + \overline{Y}_t \qquad (3.1)$$

이 식에서 C_t는 t시점의 소비, Y_t는 t시점의 수입, W_t는 t시점에서 보유하고 있는 자산(주로 금융자산), r은 금융자산에 대한 시장이자율을 의미한다. $\overline{Y}_t$는 미래 노동으로 인한 총 수입의 현재가치를 의미하며 인적자본(human capital)의 가치로 해석할 수 있다. M과 L는 각각 은퇴 및 사망시점까지의 잔여기간을 의미하며 일반적으로 $M < L$이다. 이러한 제한조건 하에서 t시점에서의 각 개인들은 생애기간

---

4) 특히 우리는 현재 시점인 $t = 0$에서의 의사결정에 관심이 있다.

동안의 소비로부터의 효용의 현재가치의 합을 극대화하려고 한다. 그 합은 다음과 같은 식으로 표현할 수 있다.

$$V_t = U(C_t) + (\frac{1}{1+\gamma})U(C_{t+1}) + \cdots + (\frac{1}{1+\gamma})^L U(C_{t+L})$$

$$= \sum_{s=t}^{t+L} (\frac{1}{1+\gamma})^{s-t} U(C_s) \tag{3.2}$$

식(3.2)에서 $U(C_t)$는 t시점의 소비로부터의 효용, γ는 시간선호율, V_t는 생애 총효용의 현재가치의 합이다. 시간선호율(rate of time preference)은 현재 소비와 미래 소비간의 개인의 선호 비율을 측정하는 것으로 이 비율이 높을수록 개인은 미래 소비보다 현재 소비를 더 선호한다. 따라서 미래 소비로 인한 효용의 현재가치를 구할 때 이 비율이 높을수록 크게 할인된다. 아울러 이 비율은 개인의 주관적 이자율(할인율)로 해석할 수 있다. 시장이자율인 r은 모든 경제주체들의 주관적 이자율의 가중평균이라고 할 수 있는데 이 경우 각 개인들의 부의 분포가 가중치가 된다. 시간선호율이 전체 평균보다 높은 (즉, $\gamma > r$) 경제주체들은 이 비율이 평균보다 낮은 (즉, $\gamma < r$) 경제주체들로부터 시장이자율인 r로 자금을 차입하려고 할 것이다. 이렇게 함으로써 그들은 미래에 차입금과 이자를 상환해야 하지만 (즉, 식(3.1)을 충족해야 하지만) 현재의 소비를 늘림으로써 전체 효용을 증가시킬 수 있게 된다.

시간선호율은 개인이 자신의 인적자본의 가치를 어떻게 평가하는가 하는 것과 밀접한 관계를 지닌다. 예를 들어 시간선호율이 높은 개인들은 미래 수입의 현재가치를 낮게 평가하는 것이므로 자신들의 인적자본의 가치를 낮게 평가한다는 것을 의미한다. 이것은 자신의 미래 수입으로 차입금과 이자를 상환할 수 있다는 것에 대한 주관적 신뢰도가 높지 않다고 해석할 수 있다. 따라서 현재 소비는 상당 부분 현재 수입에 의존하게 되며, 현재의 소비도 현재 수입에 대하여 상대적으로 높은 수준이 되고 소비의 변화도 수입의 변화와 유사하게 된다. 따라서 시간선호율이 높은 개인들은 수입이 동일하지만 이 비율이 낮은 개인들에 비하여 소비 평활화에 대해 큰 가치를 부여하지 못하며 은퇴 시점까지 축적하는 금융자산 규모도 더 작기 마련이다.

만일 개인의 효용함수가 $U(C_t) = \ln(C_t)$ 같은 로그형태를 취하고 근로수입(또는 인적자본가치)이 매년 g의 비율로 성장한다고 가정하면 생애주기의 예산조건식인 식(3.1)을 만족하면서 식(3.2)를 극대화하는 최적의 소비수준은 다음과 같이 표현할 수 있다.

$$C_t = m(W_t + \overline{Y}_t) \tag{3.3}$$

이 식에서 m은 총재산이 1만큼 증가할 때 소비에 사용되는 비율(즉, 총재산에 대한 한계소비성향)이며 $\overline{Y}_t$는 다음과 같이 간단하게 표현할 수 있다.

$$
\begin{aligned}
\overline{Y}_t &= \sum_{s=t}^{t+M} Y_s \left(\frac{1}{1+r}\right)^{s-t} \\
&= \sum_{s=t}^{t+M} Y_t \left(\frac{1+g}{1+r}\right)^{s-t} \\
&= \left(\frac{1 - \left(\frac{1+g}{1+r}\right)^{M+1}}{1 - \left(\frac{1+g}{1+r}\right)}\right) Y_t
\end{aligned}
\tag{3.4}
$$

잔여수명인 L(t시점부터 사망 시점까지의 기간)는 유한하므로 γ가 0인 경우 $m = \frac{1}{L+1}$이 된다. 즉, 각 시점의 소비 수준은 잔여 수명 기간 동안 균등하게 배정된다.[5] 아울러 t시점의 저축은 수입과 식(3.3)으로 표현된 소비와의 차액이 된다.

〈그림 3-1〉은 가장 단순한 2기간 생애주기모형을 이용한 연령과 재산(부) 및 소비와의 전형적인 관계를 나타내고 있다. 그림에서 부의 수준은 아래에 대하여 볼록하게 상승하다가 은퇴시점 후에 오목하게 하락하는 반면, 소비수준은 연령에 관계없이 일정하다. 따라서 생애주기모형이 현실을 정확히 설명하고 있다면 실제 국민들의 저축 수준은 근로기간에는 양수가 되었다가 은퇴기간에는 음수가 될 것으로 예측할 수 있다.[6]

---

5) Merton(1969, 1971)은 잔여수명이 무한하다고 가정하면 $m = \gamma$임을 보였다. 이 경우 소비는 전체 부의 수준에 비례한다.

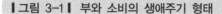

┃그림 3-1┃ 부와 소비의 생애주기 형태

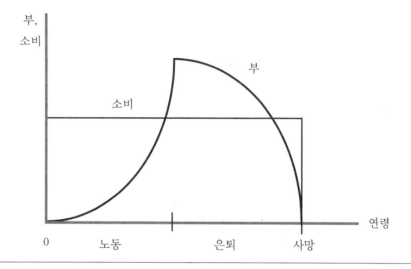

제 2 절 　연금과 저축의 의사결정

　　생애주기모형에서 연금은 소비와 저축에 상당한 영향을 미친다. 개인이 연금과 저축에 대한 의사결정을 어떻게 하는지를 이해하기 위하여 다음과 같은 가정에 기초한 비교적 단순한 모형을 분석해보자.

　　첫째, 개인은 은퇴기간의 소비만을 위하여 저축을 하며 상속은 고려하지 않는다.

　　둘째, 개인은 자본시장에서 시장 이자율로 저축할 수 있다.

　　셋째, 각 근로자는 의무적으로 연금에 가입해야 하는데, 부과방식(pay-as-you-go system) 또는 적립방식(funded system)으로 운영되는 연금제도 중 선택할 수 있다.

　　넷째, 개인은 현재의 가처분소득 이내에서 소비한다.

---

6) 실제 자료를 이용한 생애주기모형의 다양한 가설에 대한 검증은 Modigliani(1986) 참조.

이제 이러한 연금제도들이 개인의 저축에 대한 의사결정에 어떤 영향을 미치게 되는지 알아보자.

1. 부과방식의 연금제도하에서의 저축

연금이 부과방식이고 국민연금처럼 강제적이라면 현재 근로자로부터 갹출된 1 단위는 은퇴자에게 그대로 지급되어 은퇴자의 소비를 증가시킨다. 그러나 근로자의 소비는 변화하지 않고 단지 저축이 동일 금액만큼 감소할 뿐이다. 따라서 이 방식의 연금제도하에서는 개인이나 국가 전체의 저축은 동일 금액만큼 감소한다.

이것은 생애주기를 근로기간(기간 0)과 은퇴기간(기간 1)으로 구분한 〈그림 3-2〉를 보면 보다 명확히 이해할 수 있다. 기간 0에서의 개인의 수입은 Y_0이고 기간 1에서의 수입은 Y_1이라고 하면, 이 두 기간으로 구성된 평면에서 부의 좌표는 $E_1 = (Y_0, Y_1)$이다. 그림에서 이 두 기간 사이의 예산조건식은 BB'로 표현한다고 하자. 이 예산식의 기울기는 기간 0의 소비 1 단위를 감소하거나 증가시킬 때 반

┃그림 3-2┃ 부과방식에서의 저축 감소

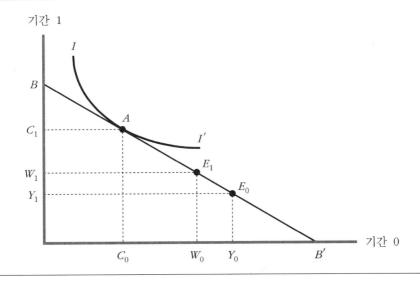

대로 증가하거나 감소하는 기간 1에서의 소비단위를 의미하며 연간 무위험이자율을 r이라고 하면 기울기의 값은 $-(1+r)$이 될 것이다. 이 두 기간에 대한 근로자의 무차별곡선을 II라고 하면 최적의 소비수준은 무차별곡선이 예산조건식에 접하는 A점이 될 것이다. 즉, 기간 0과 1에서의 최적 소비수준은 각각 C_0와 C_1가 된다.

만일 부과방식으로 운영되는 연금제도가 존재하고 모든 근로자가 가입해야 한다면 그림에서 근로자의 가처분소득은 연금기여금인 $Y_0 - W_0$만큼 감소하는 것을 알 수 있다. 이에 따라 양 기간의 부의 좌표도 $E_1 = (Y_0, Y_1)$로부터 $E_2 = (W_0, W_1)$로 이동하게 되지만 최적소비는 A점에서 변하지 않는다. 즉, 이러한 연금제도가 실시되면 총저축은 $Y_0 - W_0 = (Y_0 - C_0) - (W_0 - C_0)$ 만큼 감소하게 되지만, 소비수준이나 그로 인한 효용은 변하지 않는다. 현재의 근로자가 은퇴하면 다음 세대 근로자들의 소득으로부터 연금을 받게 된다.

2. 적립방식의 연금제도하에서의 저축

이제 순수하게 적립방식으로만 운영되는 국민연금제도가 존재한다고 가정하고 이 경우에서의 소비와 저축을 분석해보자.[7] 먼저 세금이 없는 경우를 살펴보도록 한다. 이 제도 하에서는 개인들은 저축 대신 연금에 기여하는 것이므로 개인의 자발적 저축의 감소분과 연금의 저축액의 증가가 일치한다. 따라서 개인의 자발적 저축과 연금의 저축의 합인 국가 전체의 저축수준에는 변화가 발생하지 않는다.

이것을 〈그림 3-3〉을 이용하여 설명해보자. 강제적인 적립방식의 연금제도로 인하여 $Y_0 - W_0$ 만큼의 연금기여금(저축)을 납입하여야 한다면 근로자의 가처분소득은 그만큼 감소하게 된다. 이 연금기여금은 연간 r의 이자율을 획득한다. 이 그림에서도 부의 좌표는 E_1로부터 E_2로 이동하지만 최적소비수준은 A에서 변하지 않는다. 그러나 이 경우에는 연금제도의 도입 후에도 근로자의 총저축은

---

7) 실제로 운영되는 국민연금 중 100% 순수한 적립방식으로 운영되는 경우는 없다. 국민연금은 어느 정도 부의 재분배효과를 달성해야 하기 때문이다. 순수한 적립방식의 적절한 예는 퇴직연금이나 개인연금에서 찾을 수 있다.

┃그림 3-3┃ 적립방식에서의 저축

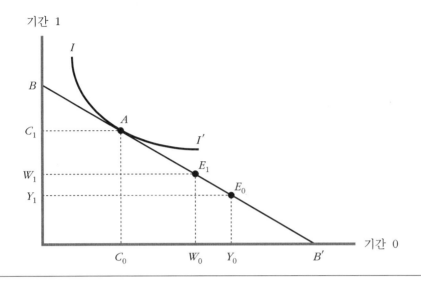

$Y_0 - C_0$로 변함이 없다. 단지 연금에 저축하는 부분만큼 자발적인 저축이 감소하게 된다. 따라서 소비와 효용에도 연금제도 도입 이전과 차이가 나타나지 않는다.

그러나 〈그림 3-4〉처럼 무차별곡선과 예산제한식의 접점으로 인한 최적소비수준이 W_0와 Y_0 사이에 발생하는 경우에는 상황이 달라진다. 근로자가 강제적으로 $Y_0 - W_0$ 만큼의 연금기여금을 적립하여야 한다면 최적점은 A로부터 E_2로 이동할 것이다. 이 경우 총저축은 $Y_0 - C_0$에서 $Y_0 - W_0$로 증가하게 되지만 효용은 감소하는 것을 알 수 있다. 즉, 강제연금으로 인해 $C_0 - W_0$의 초과저축이 발생하게 되며 자발적 저축규모는 0이 된다. 아울러 한계상황이므로 강제적인 연금기여금(저축)이 증가하면 총저축 규모는 증가한다.

이번에는 세금효과가 있는 경우를 고려해보기로 한다. 강제적 연금에 대한 기여금에는 그 이자에 대하여 세금을 부여하지 않지만 자발적 저축으로 인한 이자에는 세금을 부여한다고 하자. 세율을 τ라고 하면 자발적 저축의 세후 수익률은 $r(1-\tau)$가 될 것이다.

┃그림 3-4┃ 적립방식에서의 강제 초과저축

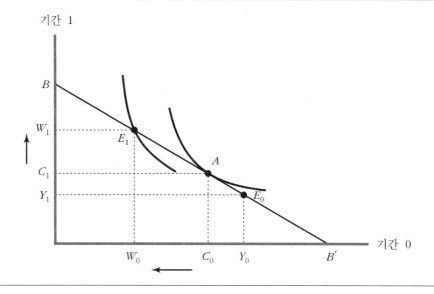

먼저 기간 0의 최적 소비수준이 W_0보다 작은 경우를 고려하자. 〈그림 3-5〉에서 개인이 자발적 저축을 하는 경우 시장 이자율은 BB'에 의해 결정되지만 연금에 적립하는 부분에 대해서는 더 높은 이자율(E_2와 E_1를 잇는 빗금선)을 받게 되므로 새로운 예산 제한식은 DE_2E_1B'가 된다.[8] 따라서 최적점은 A로부터 A_2로 이동하며 양 기간의 소비가 모두 (C_0, C_1)에서 (X_0, X_1)으로 증가한다. 이것은 자발적 저축보다 연금에 저축하는 것이 수익률이 높으므로 그 만큼 소득효과가 발생하기 때문이다. 따라서 효용도 증가하게 된다. 총저축은 감소하지만 세금효과로 인하여 은퇴저축은 BD만큼 증가하는 것을 알 수 있다.

---

8) 이 경우 BB'의 기울기는 $-(1+r(1-\tau))$가 된다.

┃그림 3-5┃ 적립방식에서의 세금효과와 저축

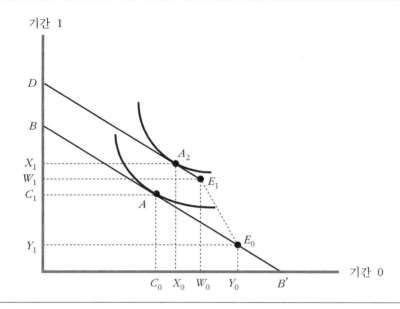

┃그림 3-6┃ 적립방식에서의 세금효과와 강제 초과저축

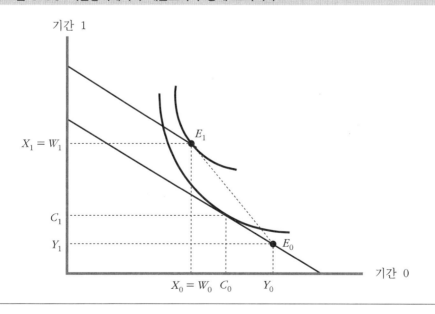

〈그림 3-6〉은 C_0가 W_0보다 큰 경우를 보여준다. 근로자의 기간 0의 소비는 X_0로 감소하는 반면 은퇴 후 기간 1에서의 소비는 C_1에서 X_1으로 증가한다. 그림에서는 효용이 증가하는 경우를 묘사하고 있지만 실제로 연금에 대한 저축의 규모에 따라서 효용이 증가할 수도 있고 감소할 수도 있는 것을 알 수 있다.[9] 이 경우에도 연금 이외의 자발적 저축은 존재하지 않으며, 강제 연금저축의 증가는 총저축의 증가를 가져온다.

제3절 연금과 은퇴 의사결정

지금까지는 연금이 개인의 은퇴시기에 영향을 미치지 않는다고 가정하였다. 그러나 실제로는 은퇴 후 받게 되는 연금의 수준은 근로자의 은퇴결정에 있어 매우 중요한 고려사항이 된다. 근로자는 은퇴 후의 소득 및 재산상태, 근로에 대한 여가의 상대적 중요성 등을 고려하여 정상적인 근로를 계속하거나, 완전히 은퇴를 하거나, 또는 정상적인 근무에서는 은퇴하고 연금을 받으면서 파트타임으로 일을 하거나 하는 등의 의사결정을 하게 된다. 이제 연금의 존재에 따라 이러한 은퇴 의사결정이 어떻게 영향을 받을 수 있는지 간단한 모형들을 통하여 이해해 보기로 한다.

1. 연금이 없는 경우

먼저 근로자가 은퇴 후에도 국가나 기업으로부터 연금을 받지 못하는 경우 근로자의 은퇴에 대한 의사결정에 대해 살펴보자. 〈그림 3-7〉에는 여가와 소득에 대한 근로자의 무차별곡선이 나타나 있다. 여가를 많이 택하는 경우 근로시간이 경감되어 소득이 줄어드는 반면, 여가를 줄이면 (즉, 근로시간을 늘리면) 소득은 상

---

9) 만일 연금기여금인 $Y_0 - W_0$가 매우 크다면 최적점인 E_2는 원래의 무차별곡선 왼쪽에 위치할 수 있으며 이 경우 효용은 감소하게 된다.

▮그림 3-7▮ 연금이 없는 경우 근로와 여가의 선택

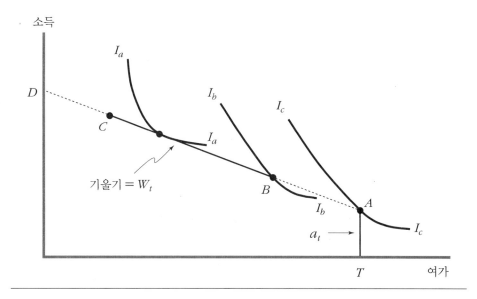

승한다. 근로자는 은퇴하면 연금은 받지 못하지만 a_t만큼의 금액을 받는다고 가정하자. a_t는 은퇴를 고려하는 시점부터 받게 되는 개인의 자산 처분액, 개인연금 또는 최저생계를 위한 사회보장금액 등이 포함된다.[10] 이 개인은 더 이상 근로를 하지 않고 완전히 은퇴하는 경우와 계속 근로활동을 하는 경우 중에서 선택해야 한다. 계속 근로를 한다면 근로시간은 최소 근로시간인 B와 최대 근로시간인 C 사이에서 결정된다. 근로를 하는 경우 세후 임금요율인 W_t가 적용되며 그림에서 직선 BC의 기울기라고 할 수 있다.

아울러 일반적으로 사람들이 나이가 들수록 변화하는 몇 가지 요인들을 살펴 보자. 첫째, 늙어갈수록 여가와 소득에 대한 선호도가 변화한다. 보통 여가에 대한 한계효용이 소득에 대한 한계효용보다 커지게 된다. 둘째, 축적된 부가 증가하므로 a_t가 증가하게 된다.

마지막으로 노동생산성이 감소하므로 시간당 임금도 감소할 것이다. 이러한

---

10) $a_t = 0$이라고 하더라도 일반적인 결과는 달라지지 않는다.

요인들이 복합적으로 작용하여 근로자들은 나이가 듦에 따라 보다 근로시간을 줄이고 여가를 선호하게 된다. 즉, 그림에서 표현하듯이 무차별곡선이 우측으로 이동된다. 만일 젊을 때의 I_aI_a가 나이가 들어 I_bI_b가 되어 B점에서 만난다면 이 개인은 최소의 근로시간만 일을 할 것이다. 그러나 더욱 나이가 들어 무차별곡선이 우측으로 이동한다면 최적 의사결정은 완전은퇴 상태인 A점이 될 것이다.[11]

2. 일정 금액의 연금을 받는 경우

이번에는 근로자가 은퇴하면 연금으로 일정 금액 P를 받게 되는 경우를 살펴보자. 이 경우 근로자는 P를 포기하고 계속 근무하면서 근로에 따른 수입을 얻는 것과 퇴직하고 P를 받는 것 중에서 선택할 수 있다. 아울러 은퇴하여 P를 받더라도 원하는 경우 파트타임으로 일을 하여 어느 정도 수입을 얻을 수 있는데 이 경우 임금요율은 은퇴 전의 임금요율에 비하여 훨씬 낮을 것이다. a_t는 은퇴여부와 직접적으로 관련이 없으므로 계속 수령한다.

〈그림 3-8〉은 이 경우를 나타내고 있다. 은퇴 이전의 예산 제한식은 TAD로 〈그림 3-7〉과 동일하다. 근로를 계속하는 경우 임금요율은 W_t이다. 은퇴연금인 P를 받으려면 개인은 기존의 근로활동에서 은퇴해야 한다. 하지만 이 경우에도 파트타임으로 일을 하면서 낮은 임금을 받을 수 있다. 이 경우 임금요율은 w_t로 W_t보다 낮다. 그림에서 은퇴자의 예산 제한식은 $TEHG$가 된다. 그림에서 H와 G는 각각 은퇴자의 파트타임 근로시간의 최소 및 최대시간을 의미한다. 따라서 이 개인의 은퇴 관련 의사결정에 유효한 예산 제한식은 CFH와 E점이 된다.[12]

나이가 들어 무차별곡선이 우측으로 이동하거나 a_t가 증가하면 근로자는 기존의 직장에서 은퇴하여 은퇴연금을 수령하고 추가적으로 파트타임 근로활동으로 인한 수입을 얻으려고 할 것이다. 이 경우 최적 의사결정은 FH와 무차별곡선이 만나는 점에서 이루어진다. 또는 E점에서 이루어질 수도 있는데 이것은 근로자가

---

11) B와 A 사이는 비연속적이므로 이 사이에 해당하는 근로시간을 선택할 수 없다.
12) 즉, 개인의 무차별곡선과 CFH 및 E점으로 구성된 예산 제한식이 만나는 점에서 은퇴여부에 대한 의사결정이 이루어진다.

┃그림 3-8┃ 연금, 은퇴 및 근로시간의 단축

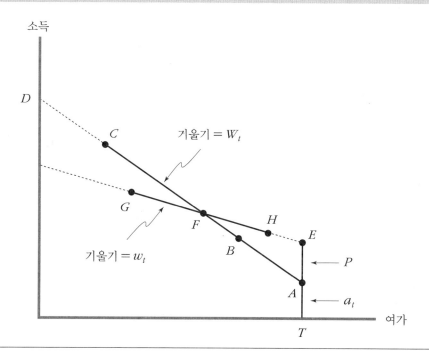

모든 근로활동에서 완전히 은퇴하여 $P + a_t$의 수입으로만 생활하는 것을 의미한다. 그림에서 퇴직연금이 많을수록, 그리고 두 임금요율의 차이가 클수록 근로자가 완전히 은퇴할 유인이 높은 것을 알 수 있다. 아울러 H처럼 파트타임에서 요구하는 최소 근로시간이 존재한다면 이 H가 클수록 근로자는 파트타임으로 일을 하는 것보다 완전히 은퇴하는 것을 선호하게 된다.

연금급여의 구조도 은퇴 의사결정에 많은 영향을 미친다. 예를 들어 연금의 급여 지급방식이 은퇴 시점의 연봉이나 은퇴 말기 일정 기간의 평균 연봉에 근로기간을 곱하는 방식이라면 은퇴를 늦출수록 P가 증가한다. 만일 이 증가분의 현가가 상당히 크다면 근로자는 은퇴를 가능하면 늦추려고 할 것이다.[13] 아울러 연

---

13) 실제로 연금급여액이 은퇴 후 필요한 연금 필요액에 미치지 못하는 경우 근로자들은 은퇴시기를 늦추는 경향이 있는 것으로 나타났다. 대표적인 연구는 Bodie, Merton & Samuelson(1992) 참조.

금급여가 근로기간에 무관하면 은퇴 시 높은 수준의 연봉을 받는 근로자들도 은퇴를 늦출 가능성이 높은 것을 알 수 있다.

3. 소득조사가 있는 경우

국민연금제도에서는 연금의 운영 시 소득조사(earnings test)를 병행하는 경우가 많다.[14] 소득조사는 연금의 수급이 가능한 연령 기간에 일정 수준 이상의 근로수입이 있는 경우 근로수입의 일정 비율만큼 연금 지급액을 경감하는 제도이다. 각국의 소득조사 방식은 어느 정도 차이가 있다. 여기에서는 소득조사의 임계치를 Z라고 하고 총소득이 이것을 초과하는 경우 초과하는 임금의 절반만큼 연금을 경감하는 경우를 살펴 보자.

┃그림 3-9┃ 연금, 은퇴 및 근로시간의 단축

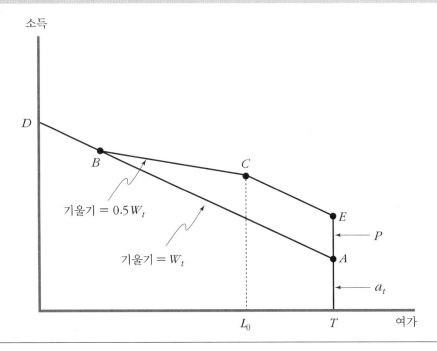

14) 소득조사는 특히 부과방식의 연금제도하에서 주로 사용되고 있다.

〈그림 3-9〉에서 시간당 임금요율이 W_t라면 근로시간이 $T-L_0$ 이상인 경우의 초과시간의 임금요율은 $0.5W_t$가 될 것이다.[15]

그러나 총근로시간이 $T-L_0$ 이하인 경우 정상적인 연금 P와 임금요율 W_t를 근로소득으로 얻게 된다. 근로시간이 최대치(그림에서는 B의 왼쪽) 이상인 경우 연금을 지급하지 않는다고 가정하면 근로자의 예산 제한식은 $TECBD$가 될 것이다. 그림에서 소득조사는 근로자로 하여금 C를 초과하여 근로를 계속할 유인을 없애는 것을 알 수 있다.[16]

---

15) $W_t(T-L_0)=Z$로부터 임계근로시간인 L_0을 계산할 수 있다.

16) 실제로 많은 연구들이 소득조사가 있는 경우 부과방식의 연금제도는 조기 은퇴를 유도하는 것을 보이고 있다. 대표적인 연구들로는 Feldstein(1974), Crawford and Lilien(1981) 등이 있다.

참고문헌

Ando, A. and F. Modigliani, 1963, "The life cycle hypothesis of saving : aggregate implications and tests," American Economic Review 53 : 55-84.

Bodie, Z., R. Merton, and W. Samuelson, 1992, "Labor supply flexibility and portfolio choice in a life cycle model," Journal of Economic Dynamics & Control 16 : 427-449.

Blinder, A., 1982, Private pensions and public pensions : theory and fact, NBER Working paper series.

Crawford, P.C. and D.M. Lilien, 1981, "Social security and the retirement decision," Quarterly Journal of Economics 46 : 505-529.

Feldstein, M., 1974, "Social security, induced retirement and aggregate capital accumulation," Journal of Political Ecomony 82 : 905-926.

Merton, R.C., 1969, "Lifetime portfolio selection under uncertainty : the continuous-time case," Review of Economics and Statistics 51 : 247-257.

Merton, R.C., 1971, "Optimum consumption and portfolio rules in a continuous-time model," Journal of Economic Theory 3 : 373-413.

Modgliani, F., 1986, "Life-cycle, individual thrift, and the wealth of nations," American Economic Review 76 : 297-313.

제 **4** 장

제 **4** 장

기업의 연금 의사결정

이번 장에서는 기업연금의 제공과 관련된 기업 및 종업원들의 의사결정을 분석해 보도록 한다.[1]

제1절 기업연금과 고용계약

1. 기업연금의 역할

1) 기업연금에 대한 인식과 발전

오늘날 기업이 기업연금(또는 퇴직연금)제도를 운영하는 가장 기본적인 이유는 기업연금제도가 고용계약에서 유인을 창조할 수 있는 도구로 사용될 수 있기 때문이다. 즉, 연금제도는 근로자 고용, 이직 방지, 직무성과 개선, 교육 및 훈련, 퇴직시기 결정 등 기업 또는 고용주의 다양한 의사결정에 영향을 미칠 수 있다. 이것을 보다 상세히 살펴보자.

첫째, 기업은 보다 자질이 높고 숙련된 근로자들을 고용하려고 한다. 그러나 우수한 종업원을 확보하기 위해서는 비용이 수반할 뿐만 아니라 실제로 일단 고용하여 일을 시켜보기 전까지는 그들이 우수한지 판단하기 쉽지 않다. 따라서 기업은 고용 시 모든 보상패키지를 한꺼번에 지급하는 것이 아니라 임금과 연금으로 보상패키지를 분리하여 지급함으로써 우수한 능력이 검증된 근로자들을 계속 확보하고 이직률을 감소시키는 방법을 사용한다.

둘째, 기업은 종업원들이 성심을 다하고 정직하게 일을 하기를 원한다. 아울러 회사는 교육과 훈련을 통해 종업원의 능력을 개선시켜 업무의 효율성을 제고시키려고 한다. 또한 능력이 향상된 종업원이 회사에 오래 근무하도록 하여 교육과 훈련에 소요된 비용을 회수하려고 한다.

셋째, 종업원이 일정한 연령에 도달하여 업무에서 요구하는 생산효율성을 달성하지 못하게 되면 기업은 그들의 은퇴를 원하게 된다.

---

[1] 이번 장의 1절의 내용은 Blinder(1982)를 참고하여 작성되었다.

기업은 임금과 함께 연금제도를 잘 이용하면 이러한 목적들을 충분히 달성할 수 있다. 예를 들어 기업연금에는 종업원이 연금의 수급권을 확보하기 위해서는 일정 기간 이상 그 기업에 근무해야 한다는 규정이 있는데 이러한 연금수급 규정(vesting rule)은 종업원을 오랜 기간 보유하기 위한 효과적인 수단으로 사용된다. 한편 연금 지급액을 연봉에 비례하는 방식을 사용하여 종업원의 근로 생산성을 제고시킬 수도 있다. 아울러 생산성과 임금이 직접적으로 연계되는 경우 종업원이 일정 기간 근무 후 은퇴하여 수령하는 연금액이 기업에서 계속 근무하면서 받는 낮은 임금보다 높다면 이 근로자는 자연스럽게 은퇴결정을 내릴 것이다.

이렇게 기업연금은 후납임금(deferred pay)으로서의 역할을 한다는 것이 오늘날 일반적으로 지지를 받고 있는 견해이다. 20세기 중반 이전에는 기업연금은 선진국에서조차 모든 기업들의 의무사항이 아니었으며 단지 너그러운 고용주가 이타주의에 입각하여 종업원에게 지급하는 일종의 선심성 추가보수로 간주되었다. 그러나 오늘날 기업들의 고유한 연금제도는 임금 및 비금전적 요소들과 함께 고용계약의 가장 중요한 의사결정 요인으로 간주되고 있다.

기업연금은 일부 선진국들에서 19세기 후반에 태동되었지만 기업들이 이 제도를 광범위하게 사용하게 된 것은 20세기 중반 이후라 할 수 있다. 다음과 같은 요인들이 기업연금의 발전시킨 이유들로 거론되고 있다.[2]

첫째, 19세기 말부터 노년층의 빈곤이 사회적인 이슈로 부각되었으며 이를 해결하기 위하여 20세기 초부터 사회보장으로서의 국가연금이 시작되었다. 이와 함께 기업연금에 대한 수요가 제기되었고 일부 이타주의적 사고를 가진 고용주들이 기업연금을 제공하기 시작하였다.

둘째, 이 기간 동안 기업들은 빠른 성장을 이루어 업무도 복잡해지고 보다 넓은 지역에서 업무를 진행하게 되었다. 기업연금제도는 이러한 기업들의 경영자들이 종업원들을 관찰하고 통제하기 위한 보다 효과적인 수단으로 사용되기 시작하였다.

셋째, 정부는 조세방식을 변경하여 기업연금을 실시하는 기업 및 종업원들에

---

2) Logue(1979) 참조.

게 감세효과가 돌아가도록 유도하였다. 정부는 근로자의 노후생활에 대비를 해주어야 하는 의무를 느끼고 있는데 기업연금이 활발해지면 정부의 부담이 그만큼 감소하기 때문이다. 예를 들어 미국이나 영국에서는 고용주 및 근로자의 연금기여금에 대해 면세혜택을 주고, 이 기금의 투자수익에 대해서도 면세혜택을 주며, 단지 종업원이 은퇴하여 연금을 수령할 때 과세하는 방식을 사용하고 있다.[3]

넷째, 연금은 기업과 노동조합간의 단체 고용협약 시 매우 중요한 변수로 인식되기 시작하였다. 연금은 현재 임금을 포기하는 대가라는 인식이 확산되었으며, 아울러 평균수명이 증가함에 따라 기업은 생산성이 감소하는 근로자들을 은퇴시키는 방법 대신 근로자들의 은퇴와 관련된 보다 체계적인 방법을 제시하도록 요구되었다.

다섯째, 대부분 연금자산의 운용은 전문적으로 이루어 지기 때문에, 종업원이 스스로 투자하는 것보다 연금을 통한 투자방식이 투자기회나 운용비용 등에서 더 나은 성과를 얻을 수 있다는 믿음이 확산되었다.

2) 연금의 중립성

완전자본시장(perfect capital market)이란 자본시장에 거래비용, 세금, 규제, 자산의 분할가능성과 시장성 등에서 어떠한 장애 요인도 존재하지 않는 시장을 말한다. 아울러 시장은 완전경쟁적이고 정보면에서 효율적이며 모든 경제주체가 기대효용을 극대화하려는 합리적인 의사결정자라는 가정을 충족하는 시장이다. 경제주체들이 자금을 차입하고 대여하는 자본시장이 완전하고, 강제적인 은퇴가 없으며, 근로자의 보수가 한계생산과 일치한다면 연금과 임금은 서로 완벽한 대체재가 된다.[4] 이러한 특성을 연금의 중립성(neutrality of pension)이라고 한다.[5]

근로에 대한 금전적인 총보수는 임금과 연금의 합이라고 할 수 있다. 즉, 근로자의 입장에서는 한계생산과 동일하다면 높은 임금과 낮은 연금기여금으로 구성된 보상패키지와 높은 연금기여금과 낮은 임금으로 구성된 보상패키지를 동일

---

3) 이것을 비과세-비과세-과세방식(EET)방식이라고 하는데 우리나라도 이 방식을 따르고 있다.
4) 자세한 증명은 Blinder(1982) 참조.
5) 이것은 여가와 근로간의 한계대체율이 임금요율과 동일하게 되는 점에서 경제주체의 효용이 극대화되는 것을 의미한다.

한 것으로 간주할 것이다. 이것을 보상임금원칙(compensating wage principle)이라고 한다. 즉, 임금이 1단위 줄고 그 금액이 연금에 적립된다 해도, 근로자는 개인저축을 1단위 줄이든지 또는 1단위를 차입하여 현재 구매력을 동일한 수준으로 유지할 수 있다. 따라서 총보수가 동일하다면 연금의 존재가 근로시간과 저축에 대한 결정에 영향을 미치지 않게 된다. 보상임금원칙 하에서는 연금채무의 경제적 가치는 근로자가 은퇴를 대비하여 포기한 총임금의 현재가치와 동일할 것이다.[6]

〈그림 4-1〉은 연금과 임금간의 대체성을 보여주고 있다. 가로축은 t시점에서의 연금지급액의 가치(P_t)이며 세로축은 같은 시점에서의 임금(Y_t)이다. 총보수는 $Y_t + P_t$이며 AB의 직선을 따라 일정한 값은 가진다. 기업의 근로자에 대한 총비용은 이 AB직선을 따라 항상 일정하므로 이 선을 등비용곡선이라고 부른다. 그런데 완전자본시장에서는 AB직선은 근로자에게 동일한 효용을 제공해주므로 무차별곡선이 된다. 즉, 근로자의 무차별곡선과 비용선이 항상 만나게 되므로 연금과 임

┃그림 4-1┃ 완전자본시장에서의 연금의 중립성

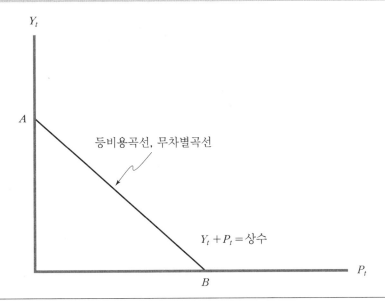

6) 아울러 이 가치는 근로자에게 귀속되는 연금적립금의 현재가치와 동일하다.

금은 완전한 대체재인 것을 알 수 있다.

2. 불완전 자본시장과 연금

물론 현실에서는 전술한 것처럼 완전한 자본시장은 존재하지 않는다. 아울러 약속한 연금을 미래에 받을 수 있는가에 대한 불확실성도 존재한다. 세금 및 인적자본에 대한 고려도 연금에 대한 의사결정에 영향을 미친다. 이제 이러한 다양한 요건들이 반영되면 전술한 연금의 중립성이 더 이상 유지되지 않을 수 있다는 것을 살펴보도록 하자.

1) 불완전 자본시장

자본시장이 불완전하다면 근로자가 기업연금에 저축하는 것과 자신 스스로 하는 저축은 더 이상 완전대체재가 아니다. 불완전자본시장의 가장 대표적인 경우인 차입과 대여의 이자율이 서로 상이한 경우를 예를 들어 설명해 보자.

근로자가 강제적으로 확정기여 연금에 가입하게 되어 P_t가 연금에 적립되며 이 연금은 퇴직 전에는 찾을 수 없다고 가정하자. 이 연금의 수익률(또는 대여자금의 이자율)을 r_L이라고 하자. 동시에 이 근로자는 은퇴 시점에서 연금급여를 받아 상환하기로 하고 은행으로부터 t시점에서 B_t를 연 이자율 r_B로 차입한다고 하자. 자본시장은 완전하지 않으며 $r_B > r_L$이라고 하자. 이 경우 은퇴 시점에 상환해야 할 금액인 $B_t(1 + r_B)^{R-t}$는 은퇴시점의 연금기금의 가치인 $P_t(1 + r_L)^{R-t}$을 초과할 수 없다. 이것은 근로자가 연금제도의 도입 이전에 유지했던 것과 동일한 은퇴 이전의 소비수준을 하기에 필요한 자금을 차입할 수 없다는 것을 의미한다. 극단의 경우 근로자는 미래 연금을 담보로 자금을 전혀 차입할 수 없을 가능성도 있다. 즉, 자본시장의 불완전성 때문에 연금의 중립성이 더 이상 성립되지 않을 수도 있는 것을 알 수 있다.

물론 불완전 자본시장이 항상 연금의 중립성을 해치는 것은 아니다. 자본시장이 완전하지 않더라도 다음과 같은 경우에는 연금과 임금은 완전한 대체재가

될 수 있다.

첫째, 자본시장을 불완전하게 만드는 요소들은 실로 다양하다. 이 중 일부는 근로자가 연금을 통해 저축하는 것이 개별적으로 저축하는 것보다 유리하도록 만든다. 예를 들어 실무에서는 거래비용이 존재하며 근로자들이 개별적으로 저축 등 금융거래를 하는 것보다 연금제도를 통해서 저축을 하면 규모의 경제 때문에 개인 당 부담해야 하는 거래비용이 경감되는 경우가 많다. 아울러 개인들이 스스로 보험에 가입하기 어려운 리스크가 존재하는 경우에도 연금제도를 통하면 리스크가 분산되므로 보험에 가입하는 것이 수월해 진다.

둘째, 자본시장의 제한조건이 근로자의 의사결정에 영향을 미치지 않을 수도 있다. 만일 강제적인 연금저축이 자발적인 저축보다 적다면, 연금제도의 도입은 총저축을 변화시키지 않을 것이다. 따라서 자본시장의 불완전성은 근로자의 의사결정에 영향을 미치지 않게 된다. 〈그림 4-2〉에서 AB는 이전 그림과 동일한 등비용곡선이지만, 차입제한(여기에서는 차입이자율이 대여이자율보다 큰 것) 때문에 근로자의 무차별곡선은 ACD가 된다. 따라서 만일 연금기여금이 C보다 작다면(그림에서 C의 왼쪽) 이러한 차입제한조건은 임금과 연금의 배분이라는 의사결정에 영향을 미치지 않게 되며 연금의 중립성은 유지된다. 근로자의 총보수금액에서 연금이 차지하는 비중이 증가한다면, 즉, 그림에서 C의 우측으로 갈수록 근로자의 소비유연성은 제한되고 임금의 포기에 대해 매우 많은 연금을 요구하게 된다. 이 부분에서의 임금과 연금의 관계는 더 이상 선형이 아니다. 총보수에서 연금이 차지하는 부분이 작을 때는 연금의 중립성이 계속 성립하지만, 어느 정도 이상이 되면 더 이상 중립성은 성립되지 않는다는 것을 알 수 있다.

셋째, 총보수 패키지는 고용주와 근로자들 간의 자발적 협상에 의해 결정된다. 어떤 경우에는 그림에서의 C 우측에 해당하는 연금제도를 제공하지 않는 것이 고용주에게 유리할 수도 있다.

결론적으로 이러한 다양한 이유에 의해서 자본시장의 불완전성은 보이는 것보다 심각하지 않을 수 있으며 따라서 연금은 임금의 대체재로서의 기능을 유지할 수 있다.

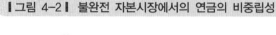

│그림 4-2│ 불완전 자본시장에서의 연금의 비중립성

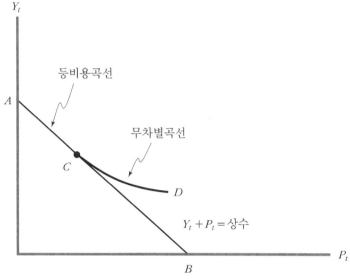

2) 불확실성과 위험성향

일반적으로 기업연금의 가입자들은 적어도 세 가지 불확실성에 노출되어 있다. 첫째, 은퇴 전에 사망할 수 있으며, 둘째, 은퇴 전 해고될 수도 있고, 셋째, 기업이 파산하거나 기타 이유로 연금에서 약속한 금액을 받지 못할 수도 있다. 이러한 불확실성을 고려하면 근로자들은 1단위를 연금에 기여할 때 그 기대값을 1단위보다 낮게 여기게 될 것이다. 1단위의 연금기여금의 기대값을 λ라고 하면 불확실성이 존재할 때 $\lambda < 1$이 될 것이다. 만일 기업도 근로자들과 동일한 정보를 이용하여 기대치를 계산한다면 λ는 또한 1단위의 연금기여금의 기대값이 된다.

만일 근로자와 기업이 모두 위험중립의 성향을 가진다면 의사결정에서 불확실성 또는 리스크는 배제하고 기대치만 반영되므로 〈그림 4-3〉에서 직선 AE는 기업의 등비용곡선인 동시에 근로자의 무차별곡선이 된다. 이 직선은 불확실성이 존재하지 않는 경우의 등비용곡선인 동시에 무차별곡선인 직선 AB에 비하여 직선의 기울기가 낮다. 그 이유는 불확실성이 존재함으로써 임금 1단위를 포기할 때

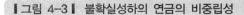

┃그림 4-3┃ 불확실성하의 연금의 비중립성

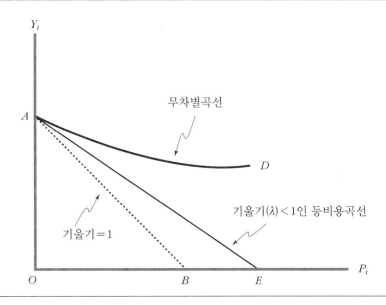

의 연금의 가치가 커지기 때문이며, 기업의 입장에서는 임금 1단위를 지급하는 대신 부담하는 연금기여금(즉, 비용)의 가치가 작아지기 때문이다.

그러나 근로자들이 위험회피적 성향을 지닌다면 위험중립자들에 비하여 연금의 기대값을 더욱 낮게 평가할 것이다.[7] 즉, λ_W를 위험회피 성향의 근로자들이 평가하는 1단위의 연금기여금에 대한 기댓값, $\theta < 1$을 근로자의 위험할인요소라고 하면 $\lambda_W = \theta\lambda$가 된다.[8] 그림에서 알 수 있듯이 이 경우 근로자의 무차별곡선 AD는 등비용곡선 AE와 세로축에서 만난다. 즉, 다른 사항이 없고 오직 전술한 연금 관련 불확실성만 존재한다면 근로자의 입장에서는 보수의 일부를 미래의 연금으로 받지 않고 현재의 근로임금으로 모두 받는 것이 최적의 의사결정이라고 할 수 있다.

3) 세금효과

연금제도의 가장 중요한 이점 중 하나는 현재의 세율을 세율이 낮은 미래 시

---

7) 기업은 위험중립자로 가정한다.
8) 일반적으로 θ는 P_t에 대한 증가함수이다.

점으로 이연시킬 수 있다는 것이다. 일반적으로 대부분의 사람들은 은퇴 후에는 소득이 줄어든다. 소득세율이 변화하지 않더라도 은퇴자들은 사회보장세나 급여세 등을 납부하지 않아도 된다. 따라서 은퇴 전에 비하여 은퇴 후의 납세율이 낮은 것이 일반적이다. 개인저축계좌에 저축하는 1단위는 세후 소득으로부터 나온 것이며 이 저축에 대한 이자는 다시 세금을 납입하여야 한다. 만일 이자에 대한 세율이 소득세율과 동일하다면 현재 t시점에서의 개인저축계좌의 1단위의 가치는 은퇴 시점에는 다음과 같게 된다.

$$(1-\tau)[1+r(1-\tau)]^{R-t} \tag{4.1}$$

이 식에서 r과 τ는 각각 연간 이자율과 소득세율, 그리고 R은 은퇴시점(연수)을 의미한다.

반면 기업연금에 기여되는 금액은 일반적으로 세전 소득이며 이자분에 대해 비과세이고, 연금수급 시 보다 낮은 세율이 적용받는다. τ_P를 은퇴자의 소득세율이라고 하면 현재 기업연금에 저축된 1단위의 가치는 은퇴 시점이 되면 다음과 같게 된다.

$$(1-\tau_P)(1+r)^{R-t} \tag{4.2}$$

현재 개인계좌에 저축한 1단위에 대하여 기업연금에 기여한 동일 금액의 가치 비율을 k라고 하자.[9] 〈표 4-1〉은 $\tau_p = \tau - 0.1$란 가정 하에 이 비율(k)이 은퇴시점, 이자율, 그리고 세율에 따라서 어떻게 달라지는가 하는 것을 계산하여 정리한 것이다. 이 결과는 은퇴 전과 은퇴 후의 세율 차이가 일정하다면 은퇴시점이 길수록, 이자율이 클수록 개인저축과 기업연금간의 가치가 차이가 나는 것을 보여주고 있다.

이 표에 나타나는 것처럼 k가 1을 훨씬 상회한다면 위험회피 성향의 근로자가 평가하는 연금기여금 1에 대한 한계가치는 $\lambda_w = k\theta\lambda$로서 1보다 클 수 있다. 특히 근로자가 젊을수록, 위험회피 성향이 낮을수록, 높은 세율구간에 있을수록

---

9) 즉, $k = \left[\dfrac{1-\tau+0.1}{1-\tau}\right]\left[\dfrac{1+r}{1+r(1-\tau)}\right]^{R-t}$ 을 의미한다.

이 값은 더욱 커질 것이다.

〈표 4-1〉 개인저축 가치에 대한 기업연금 가치의 비율(k)

은퇴까지의 기간	r=0.045			r=0.09		
	τ=0.2	0.3	0.4	τ=0.2	0.3	0.4
10	1.23	1.30	1.39	1.33	1.47	1.63
20	1.34	1.48	1.65	1.7	1.89	2.28
30	1.46	1.69	1.96	1.85	2.43	3.20
40	1.59	1.92	2.34	2.19	3.12	4.47

┃그림 4-4┃ 감세효과와 연금의 결정

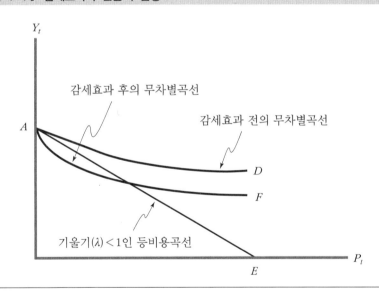

이처럼 연금의 감세효과가 있는 경우에는 연금에 대한 불확실성이 존재하더라도 위험회피적인 근로자들은 임금의 일부 대신 연금을 선택을 할 수가 있다. 〈그림 4-3〉에서의 근로자의 무차별곡선은 AD였으나 연금의 감세효과가 존재하면 1단위 만큼의 임금을 포기하는데 대한 연금의 가치는 보다 상승하게 된다.

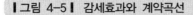

▌그림 4-5▐ 감세효과와 계약곡선

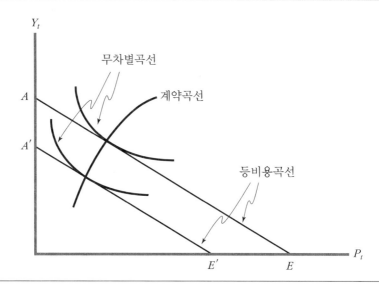

즉, 무차별곡선은 〈그림 4-4〉의 AF와 같은 형태로 변하게 되어 기업의 등비용곡선 AE와 $P_t > 0$의 영역에서 접하게 될 것이다.

만일 기업이 총보수인 $Y_t + P_t$를 변화시킨다면 이에 상응하는 등비용곡선과 무차별곡선이 접하는 새로운 점에서 임금과 연금간의 배정이 결정된다. 〈그림 4-5〉에서 총보수가 감소하여 등비용곡선이 AE에서 $A'E'$로 이동하였다면 이 선과 무차별곡선이 만나는 점이 새로 얻어진다.

이와 같이 총보수(즉, 등비용곡선)의 변화에 따라 이에 접하는 무차별곡선의 접점들을 계속 연결하면 임금과 연금의 최적배분인 계약곡선(contract curve)을 얻을 수 있다.

4) 연금과 장기계약

기업은 교육 및 훈련을 통하여 종업원의 노동생산성을 증진시킬 수 있으나 이것에는 비용이 수반된다. 아울러 교육과 훈련을 통해 노동생산성이 향상된 근로자들은 임금을 더 많이 받을 수 있는 다른 회사로 이직을 할 가능성도 높아지게 된다. 그러나 기업연금제도를 잘 이용하면 이러한 교육 및 훈련에 소요되는 비용을 회수할 수 있으며 노동생산성이 높은 종업원들을 계속 기업에 잔류시킬 수도 있다.

〈그림 4-6〉에서 MP_t를 종업원의 t시점(또는 연령)에서의 한계생산, $Y_t + P_t$를 총보수(임금과 연금의 합)라고 하자. 기업은 근로자를 회사의 종업원으로 유인하기 위하여 초기에는 (그림에서 연령 t_0 이전의 기간 동안) 한계생산을 상회하는 총보수를 지급한다. 아울러 그림에는 나와 있지 않지만 이 기간 동안에는 종업원의 노동생산성을 향상시키기 위하여 기업은 추가로 교육 및 훈련비용을 부담한다. 기업은 이 비용을 회수하기 위하여 t_0와 t_1의 기간 동안 종업원의 한계생산 미만의 총보수를 지급한다. 그러나 생산성이 향상된 종업원이 보다 높은 임금을 제시하는 다른 직장으로 이전할 가능성도 있기 때문에 기업은 종업원이 회사에 계속 잔류할 수 있는 경제적 유인을 제공할 필요가 있다.[10]

▌그림 4-6 ▌ 연금과 총보수

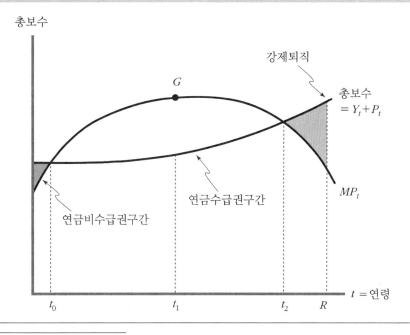

---

10) 이 기간 동안 종업원도 자신이 한계생산 미만의 총보수를 받고 있다는 것을 알고 있다.

그 방법 중 하나는 기업이 종업원의 총보수 중에서 P_t를 연금에 저축하고, 종업원이 이 연금에 대해 수급권을 가지려면 t_1 이상 근무해야 하는 것을 조건으로 하는 것이다. 여기에서 t_1은 기업이 교육 및 훈련비용을 회수하는 시점이며 다음 식을 만족해야 한다.

$$\sum_{t=0}^{t_1} \frac{W_t + P_t}{(1+r)^t} = \sum_{t=0}^{t_1} \frac{MP_t}{(1+r)^t} \tag{4.3}$$

이 t_1 연령부터 종업원은 연금의 수급권을 가지게 되며, 기업은 교육 및 훈련비용을 모두 회수하게 되므로 총보수를 한계생산과 동일한 G만큼 지급할 수 있다.

그러나 t_1 연령부터 총보수를 갑자기 G만큼 지급하는 방법은 여러 이유로 인하여 기업이나 종업원에게 모두 좋은 방법이 아닐 수 있다. 기업은 이제 종업원을 매우 경험 많고 숙련된 근로자로 인식하므로 어느 연령까지 계속 근무하기를 바란다. 종업원도 일정 연령 (그림에서 t_2) 이후에는 생산성이 감소하여 한계생산이 총보수보다 낮아지는 것을 알기 때문에 기업에 계속 잔류할 유인이 생긴다. 이 연령이 되면 재교육 및 훈련을 통해도 생산성은 쉽게 향상되지 않을 것이지만 관습적으로 기업이 근로자의 한계생산의 감소에 따라서 총보수를 경감하는 것은 매우 어려운 일이라는 것을 알고 있기 때문이다. 기업은 생산성이 하락하는 근로자를 이 시점부터 해고하고 싶지만 규제 및 평판문제 등으로 인하여 법적 은퇴연령 이전 해고는 매우 어려운 일이다.

따라서 기업과 종업원은 모두 다음과 같은 암묵적 계약을 체결할 유인이 생긴다. 기업은 t_1과 t_2 사이의 연령 때에서는 총보수를 한계생산 미만으로 지급하는 대신, t_2와 은퇴연령 R 사이에서는 한계생산보다 많은 총보수를 지급하는 계약이다. 단, 임금과 연금은 다음 식을 만족시켜야 한다.

$$\sum_{t=t_1+1}^{R} \frac{W_t + P_t}{(1+r)^t} = \sum_{t=t_1+1}^{R} \frac{MP_t}{(1+r)^t} \tag{4.4}$$

식(4.3)과 식(4.4)가 모두 만족된다면 종업원은 전 근로기간에 걸쳐 한계생산의 가치의 합과 동일한 총보수를 받게 된다.

그림과 위의 두 식으로부터 정상 은퇴연령 R 이후에도 계속 일을 하는 근로자들은 기업에 손해를 주게 된다. 따라서 기업은 강제적 또는 자발적으로 이들의 은퇴를 유도하려고 할 것이다. 예를 들어 고용계약에 특정 연령이 되면 은퇴를 해야 한다는 정년제 조항을 넣을 수 있다. 또는 R 이후에는 연금급부를 증가시키지 않거나 보험수리적으로 근로자에게 불리한 연금급부 만큼만 증가시키는 방법으로써 자발적 은퇴를 유도할 수도 있다.

5) 노동의 수확체감

아울러 현실에서는 노동의 한계수확이 일반적으로 감소하는데 이 경우 임금과 연금간의 배분이 어떻게 변화하는지도 생각해 볼 필요가 있다. 노동의 수확체감이란 자본이 일정할 때 추가 한 단위의 노동이 생산량은 증가시키지만 또 한 단위의 노동을 추가하면 생산량의 증가가 이전보다 작아지며, 계속적인 추가 노동에

┃그림 4-7┃ 한계수확체감의 경우 연금과 소비의 최적 배합

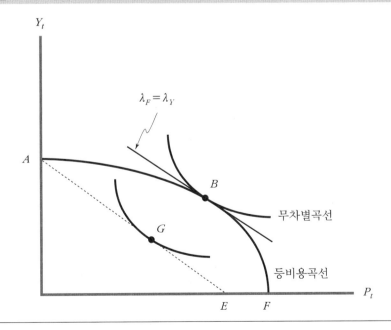

대해서 추가 생산량이 계속적으로 바로 이전의 추가 생산량보다 작아지는 것을 의미한다. 따라서 기업의 등비용곡선은 더 이상 직선의 형태가 되지 않는다.

〈그림 4-7〉에서 기업의 등비용곡선은 일정한 노동의 한계수확을 가정한 이전의 AE 같은 직선이 아니라 AF 같이 아래로 오목한 곡선형태를 띄게 되며 AE 보다 원점에서 더 멀어진다. 따라서 최적의 임금과 연금의 배합은 근로자의 무차별 곡선과 기업의 등비용곡선이 접하는 B점에서 이루어지며 이 접점에서의 무차별곡선의 기울기는 λ_Y로서 등비용곡선의 기울기인 λ_F와 일치한다. 따라서 이전의 최적 배합이었던 G에 비하여 근로자는 생산성의 향상으로 인하여 더 많은 연금 및 임금을 얻어 효용이 증가하는 것을 알 수 있다.

6) 연금과 정년제

연령 차별 문제가 있음에도 불구하고 고용계약에서 일정한 연령에 도달하면 의무적으로 퇴직하여야 하는 정년제 조항이 존재하는 경우가 많다. 기업은 왜 정년제 조항이 필요하다고 주장하며, 실제로 정년제는 기업에만 득이 되고 근로자에게는 손해가 되는 제도인가를 분석할 필요가 있다.

먼저 정년제를 옹호하는 사람들의 주장은 주로 다음과 같다. 첫째, 고령자들은 생산성이 낮아지므로 정년제는 이를 해결하는 방법이 될 수 있다. 둘째, 생산성이 하락하면 임금을 그에 상응하도록 감소시키는 방법도 있으나 이것은 고령자의 사기를 떨어뜨리므로, 정년제를 통하여 은퇴시키는 것이 더 나은 방법이다. 셋째, 생산성과 임금을 연계시키려 해도 실제로 고령자가 얼마나 생산성이 하락하는지 측정하기가 매우 어렵다. 넷째, 고령자를 은퇴시켜야 젊은 사람들에게 승진의 기회를 제공할 수 있다. 다섯째, 각자의 생산성을 따지는 것보다 정년제 같이 일괄적으로 모두에게 적용되는 정책은 종업원들 간의 차별 문제로부터 벗어 날 수 있다.

이와 같은 실무적인 이유 이외에도 Lazear 등 일부 경제학자들은 이론적으로도 정년제의 실시가 한계생산성 감소에 상응하는 임금감소 정책보다 더 나은 방법이라고 주장한다.[11]

---

11) 보다 상세한 내용은 Lazear(1979) 참조.

이들 경제학자들은 전술한 실무에서의 정년제 옹호 주장들이 별로 설득력이 없다고 보았다. 대신 그들은 기업이 근로자들이 젊을 때는 한계생산 미만의 총보수를 지급하고 나이가 들면 정년제의 실시와 함께 한계생산을 초과하는 총보수를 지급하는 것이 기업 및 근로자 모두에게 왜 더 높은 효용을 제공하는지를 설명하였다.

근로자들은 생애소득의 현재가치, 즉, 인적 자본의 현재가치를 중시하는 반면 기업은 근로자의 생애 한계생산의 현재가치를 중시한다. 따라서 "다른 조건들이 동일하다고 가정하면", 양 계약으로부터의 총보수의 현재가치가 동일하다면 근로자나 기업 모두 근로자에게 재직기간 동안 일정한 임금을 지급하는 고용계약과 근로자가 젊을 때 적게 주고 나이가 들면 임금을 많이 주는 고용계약 간에 차이가 없다고 생각한다는 것이 전통적인 경제학자들의 주장이었다. 그러나 Lazear 같은 학자들은 이러한 전통적 주장에서 "다른 조건이 동일하다면" 이라는 가정이 잘못되었다고 주장한다. 즉, 실제로는 첫 번째 계약보다 두 번째 계약에서 근로자와 기업 모두 근로자의 한계생산의 현재가치를 향상시키기 위한 행동을 한다는 것이다. 그 이유는 보수를 나중에 지급하는 방식은 근로자들로 하여금 더욱 노력을 경주하게 만드는 반면, 첫 번째 방식의 고용계약에서는 근로자들이 태만해지거나 심한 경우 일과 관련된 불법행위를 하도록 유도할 수도 있기 때문이다.

근로자 입장에서 볼 때 경제적 최적화 조건은 그의 한계생산과 고용을 통하여 받기를 원하는 최저임금인 유보임금(reservation wage)을 일치시키는 것이며 이에 따라 자신이 원하는 최적 은퇴시점이 결정된다. 즉, 최적 은퇴시점은 근로기간 동안의 모든 한계생산의 현재가치와 근로기간 동안의 임금의 현재가치가 일치하는 연령에서 결정된다. 그러나 만일 근로자들이 젊을 때는 자신의 한계생산보다 낮은 보수를 받고 늙어서는 한계생산보다 많은 보수를 받는다면 최적 은퇴시점에서의 임금요율은 한계생산의 가치, 즉 유보임금의 요율보다 높을 것이다. 따라서 이 시점이 최적 은퇴시점임에도 불구하고 실제 임금이 유보임금보다 높으므로 근로자들은 자발적으로 은퇴를 하지 않을 것이다.

따라서 이러한 경우에는 동태적 비일관성(time inconsistency) 문제가 발생한다. 계약 초기에는 계약 조건으로부터 근로자는 향후 최적 은퇴시점에서 은퇴하는 것이 계약에서 요구하는 것임을 인지하고 있다. 그러나 최적 은퇴시점이 다가오면 실제 임금이 유보임금보다 많기 때문에 근로자는 은퇴를 하지 않고 계속 일을 할 강한 인센티브를 갖게 된다. 기업도 근로자가 은퇴시점에서 계속 일을 하려고 할 것임을 알기 때문에 정년제 항목을 근로조항에 삽입하게 된다. 만일 이 조항이 없다면 기업은 근로자의 인적 자본 가치를 극대화하는 최적 고용계약을 제시하려 하지 않을 것이기 때문이다. 반면 정년제 조항을 계약조건에 포함시킴으로써 기업은 근로자의 인적 자본을 극대화하는 최적 고용계약을 제시할 수 있고 궁극적으로 근로자의 효용도 증가하게 된다.[12]

제2절 세금과 연금 기여방식의 선택

많은 연구들에서 20세기 후반 이후 지금까지 부과방식보다 적립방식의 기업연금제도가 괄목한 성장을 이룬 주요 요인으로 기업과 연금가입자들이 얻는 세금효과를 거론하고 있다.[13] 이러한 현상은 특히 미국이나 영국과 같이 EET방식의 감세제도를 사용하는 나라들에서 뚜렷이 나타나고 있다.[14] 적립방식의 기업연금제도하에서는 연금급여가 지급될 때 기업은 감세효과를 얻지 못한다. 반면, 부과방식같은 비적립방식에서는 연금급여 지급이 법인세 공제 비용항목이므로 기업은 연금급여가 지급될 때 감세효과를 얻게 된다.

기업이 자발적으로 기업연금제도를 결정할 때 EET 세금제도가 적립방식의 연금제도를 시행하는 기업들에게 상당한 유인을 주게 되는 것은 자명하다. 반면 TTE 방식의 세금제도를 운영하는 독일 같은 나라들이나 TTT 방식의 세금제도를 사용하는 나라들에서는 기업연금의 자산규모가 그리 크지 않은 것이 당연한 결과

---

12) 물론 정년제 조항은 장기계약에서만 의미가 있다.
13) 대표적인 연구로는 Munnell(1982)를 참조하라.
14) 기업연금에 대한 과세제도는 기여단계, 운영단계 및 급여단계의 3단계에 대한 과세여부에 따라 EET(exempt-exempt-tax : 비과세-비과세-과세), TTE(tax-tax-exempt : 과세-과세-비과세), TTT (tax-tax-tax : 과세-과세-과세) 등 다양한 제도로 분류할 수 있다.

일 것이다.[15] 특히 EET 세금제도 하에서는 기업들이 연금을 완전적립 방식으로 운영하면 감세효과를 극대화할 수 있다.[16]

이 감세효과를 다음과 같은 간단한 예를 이용하여 설명해보자. 기업은 연금 수급자에게 매년 P만큼의 연금급여를 계속해서 지급해야 한다. 연 이자율과 법인 세율은 r과 τ이다. 〈표 4-2〉는 기업이 부과방식과 적립방식으로 기업연금의 재원 을 조달할 때 감세효과는 어떻게 다른지를 보여주고 있다. 먼저 부과방식인 경우 기업은 매년 P의 연금급여 지급에 대해 매년 τP만큼의 감세효과를 얻는다. 따라 서 매년 세후비용은 $-(1-\tau)P$가 된다.

반면 기업이 완전적립형태로 이 연금을 운영한다면 어떻게 되는가? 먼저 완 전적립에 필요한 P/r 만큼의 초기적립금이 필요하다. 이것은 영구적으로 매년 P 씩 지급하는 현금흐름의 현재가치이다. 기업은 자본시장에서 채권을 발행하여 이 금액을 조달할 수 있다. 이 경우 연금기금에 대한 감세효과는 $\tau P/r$이므로 기업의 세후비용은 $(1-\tau)P/r$이 될 것이다. 이 기금을 연이자율 r인 채권에 투자하면 연 간 $r \times P/r = P$의 이자를 받게 되고 이것은 연간 지급해야 하는 연금급여 지급분과 일치한다.

〈표 4-2〉 기여방식에 따른 연금제도의 세금효과

기여방식		현재 현금흐름	미래 현금흐름
부과방식	연금지급	$-$	$-(1-\tau)P$
적립방식	1. P/r 조달	P/r	$-(1-\tau)P$
	2. 연기금에 이체	$-(1-\tau)P/r$	$-$
	3. 채권 투자	$-$	$r \times P/r = P$
	4. 연금지급	$-$	$-P$
	총현금흐름	$\tau P/r$	$-(1-\tau)P$
	부과방식에 대한 상대적 이익	$\tau P/r$	$-$

---

15) 호주는 TTT 세금제도임에도 불구하고 기업연금자산이 상당한 규모인데 이것은 첫째, 기업연금 설립이 강제적이기 때문이고, 여러 번의 세제개혁을 통해서 가입자의 세금부담을 상당히 완화 했기 때문이다.

16) 이러한 세금제도 하에서 기업의 감세효과에 대한 보다 상세한 설명은 Black(1980), Tepper (1981) 등의 연구를 참조하라.

기업은 또한 조달한 자금에 대하여 이자를 지급해야 하며 세후 이자비용은 $(1-\tau)r \times P/r = (1-\tau)P$가 된다.

이로부터 부과방식이나 완전적립방식 모두 미래 현금지급은 $(1-\tau)P$로 동일하지만 완전적립방식인 경우에는 현 시점에서 $\tau P/r$ 만큼의 세금효과를 현금으로 절감할 수 있다는 차이가 있다. 따라서 기업의 입장에서는 연금적립금의 현재가치를 차입하여 채권에 투자하는 것이 보다 경제적인 것을 알 수 있다.

여기에서 중요한 것은 이러한 세금효과가 적립하기로 한 의사결정으로부터 발생하는 것이 아니라, 기업이 세후 이자율로 자금조달을 할 수 있고 연금기금은 세전 이자율로 이자수익을 얻을 수 있다는 것으로부터 발생한다는 것이다. 후자를 확인하기 위하여 연금기금의 수익에 대해 법인세율로 세금을 납부해야 한다고 가정해보자. 완전적립방식의 경우 기업은 $P/r(1-\tau)$을 연금기금에 적립해야 하고 이에 대한 세후비용은 다음과 같다.

$$(1-\tau) \times \frac{P}{r(1-\tau)} = \frac{P}{r} \tag{4.5}$$

이 금액은 차입금액과 동일하다. 즉, 이 경우 적립방식을 택한다고 해도 부과방식과 차이가 없다는 것을 알 수 있다.

기업은 연금기금에 기여하기 위하여 채권 대신 주식을 발행할 수도 있다. 이 경우 투자자(주주)에 대한 세후 비용은 $(1-\tau)P/r$로 동일하다. 그러나 연금소득세율을 τ_p라고 하면, 투자자에 대한 수익률은 다음과 같이 연금지급금의 소득세 납입 후 수익을 부채에 대한 소득세 납입 후 수익률로 할인한 것이 된다.

$$(1-\tau)(1-\tau_p) \times \frac{P}{r(1-\tau_p)} = \frac{(1-\tau)P}{r} \tag{4.6}$$

이것은 기업이 주식을 발행하여 연금기금을 조달한다고 해도 채권발행에 비하여 추가적인 이익이 없다는 것을 보여 주고 있다. 그 이유는 연금제도의 부채를 기업 채무로 대체함으로써 발생하는 이익이 세금측면에서 보다 효율적인 기업 채무를 개인 차입으로 대체하는 손실을 상쇄하기 때문이다.

마지막으로 배당지급금으로 사용할 수 있는 기업의 이익이 연금 재원으로 사용되는 경우에도 세금혜택이 있다는 것도 중요하다. 이것은 주주가 배당을 받으면 소득세를 납입하지만 연금에 기여하면 그만큼 절세가 되기 때문이다. 이 경우 감세효과는 $\tau_p(1-\tau)P/r$이 되지만 이것은 채권을 발행할 때의 감세효과인 $\tau P/r$보다 작은 것이 일반적이다.

Black(1980)과 Tepper(1981) 등 많은 재무경제학자들은 확정급여 방식의 기업연금인 경우 연금부채는 기업의 채무와 같고 연금제도의 자산은 기업의 자산과 같다고 주장한다. 이러한 주장에 따르면 특히 EET 세금제도하에서의 기업의 연금에 대한 최적 의사결정은 주주에 대한 세금효과를 극대화하는 것이 될 것이다. 즉, 이러한 상황에서의 기업의 최적 의사결정은 연금을 완전적립방식으로 운영하고 그 적립금을 모두 채권에 투자하는 것이라고 할 수 있다.

제 3 절 기업성과와 기업연금

1. 주가와 기업연금

기업연금과 주가의 관계는 1980년 이후 많은 사람들의 관심사였다. 여기에서는 특히 연금의 적립금이 부족하거나 충분하면 주가에 어떤 영향을 미치는가, 또는 연금의 리스크가 주가에도 반영 되는가 등의 문제들을 중점적으로 살펴보도록 하자.

Feldstein and Seligman(1981)은 미국 제조회사들을 대상으로 진행한 연구에서 연금기금이 부족해지면 이 정보는 곧 주가에 반영되어 유형자산 대 주가 비율이 감소하는 것을 보였다. 이 결과는 주주들이 과소적립된 기업연금을 기업부채로 인식하는 것으로 해석할 수 있다.

Feldstein and Morck(1983)의 연구에서는 주가는 연금 적립금의 부족분뿐만이 아니라 초과분에 대한 정보도 반영하는데 그 정도는 비대칭적이라는 것을 보

이고 있다. 즉, 시장은 연금기금의 초과분보다 부족분에 대해 더 많이 반응하는
것으로 나타나고 있으며, 부족분의 변동성이 초과분의 변동성보다 주가에 더 큰
영향을 주는 것으로 나타났다. 아울러 이들 연구에서 자본시장은 개별 기업의 연
금부채의 평가방법에 별로 영향을 받지 않고 모든 기업들의 연금부채를 공통의
표준 할인율로 평가한다는 결과를 보이고 있다.[17)]

그러나 이들이 주장하는 기업연금에 대한 공통 할인율은 이론적인 할인율인
무위험이자율과 실무에서 사용되는 할인율과도 차이가 있다. 이들은 기업연금은
연금 지급에 대한 약속을 이행하지 못할 리스크를 반영하여 Baa 등급의 채권 수
익률이 연금의 공통 할인율이 되어야 한다고 주장하였다. 이 할인율은 이론적 할
인율인 무위험이자율보다는 높지만 주주들의 청구권에 내포되어 있는 위험보다는
매우 낮은 이율이다. 미국 연금 회계표준에서는 기업연금의 할인율로서 AA 등급
의 채권수익률이 적절하다고 규정하고 그 이유는 미국 보험사들이 부실한 기업들
의 연금자산 및 부채를 인수한 후, 그 자산을 주로 AA 회사채에 투자했기 때문이
다. 즉, AA 채권의 수익률을 연금할인율로 사용하는 회계 관행은 전적으로 관습
적인 것이며 경제적 이론에 근거를 두고 있는 것이라고 할 수 없다.

이처럼 연금에 대한 회계 관행의 이론적 기반이 견고하지 못함에도 불구하고
최근 연구들에서는 주가가 연금제도의 리스크를 상당히 반영하는 것으로 나타나
고 있다. 먼저 이 연구들이 공통적으로 사용한 모형을 이해 해보자. 기업의 자산
과 부채에 연금자산과 부채를 합한 확장 대차대조표 등식은 다음과 같이 표현할
수 있다.

$$자산 = OA + PA = D + PL + E = 부채 및 자기자본$$

여기에서 각 항목은 다음과 같다.

OA = 기업의 연금자산 이외의 자산, 즉 운영자산의 가치
D = 기업의 부채 가치
E = 자기자본 가치

---

17) 이 표준할인율은 표본 기업전체의 평균과 거의 유사하다.

PA = 연금자산의 가치

PL = 연금부채의 가치.

효율적 시장에서는 기업의 주가는 진정한 운영리스크를 반영한다. 이제 $S=PA-PL$ 그리고 $L=D/E$라고 놓으면, 운영자산의 체계적 위험은 다음과 같이 측정할 수 있다.

$$\beta_{OA} = \frac{E}{OA}\beta_E + \frac{D}{OA}\beta_D - \left(\frac{PA}{OA}\beta_{PA} - \frac{PL}{OA}\beta_{PL}\right)$$

$$= \frac{E}{OA}(\beta_E+B_D) - \frac{PA}{OA}(\beta_{PA}-\beta_{PL}) + \frac{D-E}{OA}\beta_D - \frac{S}{OA}\beta_{PL} \qquad (4.7)$$

만일 연금기금과 기금의 리스크가 없다면 기업의 운영자산의 베타는 다음과 같을 것이다.

$$\beta'_{OA} = \frac{E}{E+D}\beta_E + \frac{D}{E+D}\beta_D \qquad (4.8)$$

따라서 위의 두 식간의 차이는 다음과 같이 요약된다.

$$\beta'_{OA} - \beta_{OA} = \frac{PA}{OA+S}(\beta_{PA}-\beta_{PL}) - \frac{S}{OA+S}(\beta_{OA}-\beta_{PL}) \qquad (4.9)$$

여기에서 β_{PA}와 β_{OA}가 모두 β_{PL} 이상이고 $S\leq 0$라면 위 식의 값은 양수가 될 것이다.[18]

전술한 확장 대차대조표 등식을 다시 정리하면 다음과 같이 표현할 수 있다.

$$OA+PA-PL = OA+S=E+D$$

이제 식(4.7)을 이용하면 기업의 재무적 자본(기업부채 및 자기자본의 합) 리스크 또는 자본구조 리스크는 다음과 같이 정리할 수 있다.

$$\beta_{E+D} = \frac{E}{E+D}\beta_E + \frac{D}{E+D}\beta_D$$

---

18) 이 조건들은 실제로 대부분의 기업들에 적용된다.

$$= \frac{OA}{E+D}\beta_{OA} + \frac{PA}{E+D}\beta_{PA} - \frac{PL}{E+D}\beta_{PL}$$

$$= \frac{OA}{E+D}\beta_{OA} + \beta_{PF} \qquad (4.10)$$

여기에서 연금기금 리스크는 다음과 같이 정의된다.

$$\beta_{PF} = \frac{PA}{E+D}\beta_{PA} - \frac{PL}{E+D}\beta_{PL} \qquad (4.11)$$

위의 식으로부터 기업의 자본구조 리스크와 연금기금 리스크는 일대일의 관계를 가지고 있는 것을 알 수 있다.

아울러 $\beta'_{E+D} = \frac{OA}{E+D}\beta'_{OA} + \beta_{PF}$라고 하고, r_f를 무위험이자율, r_m을 시장 수익률이라고 하면 자본자산가격정모형(CAPM)에 따라 다음이 성립함을 알 수 있다.

$$r' = r_f + \beta'_{E+D}(r_m - r_f) > r_f + \beta_{E+D}(r_m - r_f) = r \qquad (4.12)$$

이것은 $\beta'_{OA} > \beta_{OA}$인 기업에 대해 연금 리스크를 고려한 기업 리스크(식 (4.8)) 대신 연금 리스크를 무시한 기업 리스크(식(4.8))을 사용하면 자본비용이 과대평가 된다는 것을 의미한다. 이 경우 실제로 기업가치를 증가시킬 수 있는 투자대상이 기각될 수 있다.

Chen and D'Arcy(1986)는 연금부채의 할인율로 낮은 이자율을 사용한 기업들의 주가가 높은 이자율을 사용한 기업들의 주가를 상회한다는 결과를 얻었다. 또한 Jin, Merton and Bodie(2006)의 연구에서는 식(4.10)으로 표현된 기업의 자본구조 리스크가 실제로 기업들의 연금자산 및 부채의 베타를 정확하게 반영한다는 결과를 보이고 있다.

기업은 연금자산이 부채를 초과할 때 일정한 조건을 갖추면 운영하던 연금제도를 종료시킬 수 있다.[19] 기업의 연금제도 중단이 주가에 어떤 영향을 미치는가의 문제와 관련해서는 두 가지 서로 대립되는 가설이 존재한다. 하나는 통합가설

[19) 연금제도의 자발적 종료에 관련된 기업의 재무적 의사결정에 대해서는 10장을 참조하라.

(integration hypothesis)로서 시장은 연금의 자산과 부채가 그 연금제도를 운영하는 기업에 속한다고 판단한다는 견해이다. 따라서 연금의 자산이 부채를 초과할 때 연금을 종료한다고 해도 이 잉여금(초과자산)에 대한 가치는 이미 기업가치에 반영이 되어 있다는 견해이다.

이와 반대되는 가설은 분리가설(separating hypothesis)로서 시장은 연금의 자산 및 부채가 해당 기업의 자산 및 부채와 분리되어 있다고 판단한다는 견해이다. 따라서 연금자산이 부채를 초과할 때 연금제도를 중단하면 이 잉여금은 기업 (즉, 주주)에게 귀속이 되므로 주가가 상승한다는 가설이다. 이 가설을 주장한 Alderson and Chen(1987)은 미국 회사들을 대상으로 진행된 연구에서 연금을 중단한 회사들의 주가가 실제로 정상 이상의 초과수익률을 얻었다는 결과를 보고하고 있다.

2. 회계적 이익과 기업연금

기업의 장부상의 이익과 기업연금과의 관계는 많은 경우 연금부채를 할인하는 할인율이나 연금자산의 투자 포트폴리오를 통해 이루어지고 있다. Bodie et al.(1985)은 미국 기업들을 대상으로 진행된 일련의 연구를 통하여 이익이 많이 나는 기업들은 연금부채를 평가할 때 이익이 적은 기업들보다 더 낮은 할인율을 사용하는 경향이 있는 것을 발견했다. 낮은 할인율을 사용하면 연금부채가 고평가되는 효과를 가져 오게 된다. 아울러 이들의 연구에 따르면 연금부채의 규모가 더 큼에도 불구하고 이익이 많은 기업들의 연금적립금 수준이 더 높은 것으로 나타나고 있다. 또한 Bodie et al.(1987)의 연구는 이익이 많은 기업들의 채권투자 비중이 더 높은 것을 발견하였는데, 이 결과는 종업원들은 이익이 많은 기업에서 근무하는 경우 보다 안전한 연금급부를 원하는 경향이 있다는 것을 의미한다.

회계적 보고와 관련된 연금부채 할인율의 선택에 대한 연구결과도 흥미롭다. Feldstein and Morck(1983)는 미국 기업들을 대상으로 한 연구에서 연금자산에 비하여 많은 연금부채를 가지고 있는 기업들은 높은 할인율을 사용함으로써 부채의 현재가치를 낮게 보고하려고 노력하는 반면, 연금부채에 비하여 많은 자산을 보유한 기업들은 낮은 할인율을 사용하여 조기 적립의 감세효과를 증가시키려는 경향이 있다는 결과를 얻고 있다. 아울러 Goodwin et al.(1997)은 미국 기업들은 이익이 감소하거나, 배당이 제한되거나, 또는 부채비율에 따른 채무조항이 엄격해지거나 하는 경우에는 부채평가에 적용되는 할인율을 증가시키는 경향이 있는 것을 발견하였다. 한편 영국 기업들을 대상으로 한 Klimpes and Whittington(2003)의 연구에서는 연금적립금이 부족해지면 기업들은 연금제도에 적용되는 보험계리적 평가방법을 변경하는 경향이 있다는 결과를 보이고 있다.

3. 신용등급과 기업연금

적지 않은 연구들에서 기업연금의 적립수준과 기업이 발행하는 채권등급 사이에 일정한 관계가 있다는 결과나 나타나고 있다. 예를 들어 Bodie et al.(1985)는 과다적립된 연금제도인 경우 적립수준이 증가하면 채권등급이 상승하는 반면, 과소적립된 연금의 경우 적립수준이 추가로 하락하면 채권등급도 하락한다는 결과를 보이고 있다. 이와 관련하여 Carroll and Niehaus(1998)은 그 결과가 비대칭적이라는 추가 결과를 보고하였다. 그들은 후자의 경우에 하락하는 채권등급의 하락폭이 전자의 경우에 상승하는 채권등급의 상승폭보다 더 크다는 결론을 얻었다.

이들은 과소적립된 경우의 연금부채는 기업 자체의 채권처럼 기업의 부채로 인식되는데 반하여, 기업이 과다적립된 연금제도의 잉여금으로부터 자금을 꺼내어 사용하기 위해서는 비용을 지불해야 하기 때문에 이러한 비대칭적인 결과가 발생한다고 주장했다. 잉여금의 사용에 비용이 소요되는 이유는 일반적으로 잉여금이 발생하면 기업은 현재 연금가입자 및 은퇴자들로부터 연금급여를 증가하라는 요구를 받게 되며, 이 요구를 따르게 되면 잉여금의 규모가 줄어들게 되기 때문이다. 이 연구의 결론은 이러한 이유로 인해 기업은 운영하는 연금을 완전히 적립할 유인이 감소하게 된다는 것이다.

참고문헌

Anderson, M. and K. Chen, 1987, "The stockholder consequences of terminatin the pension plan," Midland Corporate Finance Journal 4 : 55-61.

Barton, W. and R. C. Merton, 2011, Pension Finance: Putting the Risks and Costs of Defined Benefit Plans Back Under Your Control, Wiley, New York, NY.

Black, F., 1980, "The tax consequences of long run pension policy," Financial Analysts Journal 36 : 1-28.

Blinder, A., 1982, Private pensions and public pensions : theory and fact, NBER Working paper series.

Bodie, Z., J. Light, R. Morck and R. Taggart, 1987, "Funding and asset allocation in corporate pension plans : an empirical investigation," in Bodie, Z., J. Shoven and D. Wise (eds) Issues in Pension Economics, University of Chicago Press, Chicago.

Carroll, T. and G. Niehaus, 1998, "Pension plan funding and corporate debt ratings," Journal of Risk and Insurance 65 : 427-441.

Chen, K. and S. D'Arcy, 1986, "Market sensitivity to interest rate assumptions in corporate pension plans," Journal of Risk and Insurance 53 : 209-225.

Feldstein, M. and R. Morck, 1983, "Pension funding decisions, interest rate assumptions and share price," in Bodie, Z. and J. Shoven (Eds) Financial Aspects of the United States Pension System, University of Chicago Press, Chicago.

Feldstein, M. and S. Seligman, 1981, "Pension funding, share prices and national savings," Journal of Finance 36 : 801-824.

Goodwin, J., S. Goldberg, and J. Duchac, 1977, "An empirical analysis of factors associated with changes in pension plan interest rate assumptions," Journal of Accounting, Auditing and Finance 11 : 305-322.

Jin, L. R. Merton and Z. Bodie, 2006, "Do a firm's equity returns reflect the risk of its pension plan?" Journal of Financial Economics 81 : 1-26.

Klimpes, P. and M. Wittington, 2003, Determinants of actuarial valuation method changes for pension funding and reporting : evidence from the UK, Journal of Business Finance and Accounting 25 : 781-783.

Lazear, E., 1979, "Why is there mandatory retirement?" Journal of Political Economy

87 : 1261-1284.

Logue, D., 1979, "A theory of pensions" in Legislative Influence on Corporate Pension Plans, American Enterprise Institute, Washington, DC.

Munnell, A., 1982, The Economics of Private Pensions, Brookings Institution, Washington, DC.

Tepper, I., 1981, "Taxation and corporate pension policy," Journal of Finance 36 : 1-13.

제 **5** 장

옵션을 이용한 기업연금의 이해

제1절 지급보증이 없는 경우

이번 장에서는 기업연금에 내포되어 있는 옵션적 구조를 간단히 분석함으로써 연금에 대한 이해를 높이고자 한다.[1] 먼저 기업연금의 간단한 모형을 만들어 보자. 종업원은 1기간 후 은퇴하고 기업은 종업원의 은퇴 시 L_1의 확정된 금액을 지급해야 하는 매우 간단한 단기간 모형을 고려해보자. 기업의 소유주는 유한책임을 진다. L_1은 기업이 종업원을 대신해서 보험회사로부터 구입한 연금의 현재가치, 또는 종업원이 스스로 보험회사로부터 고용계약에서 미리 정한 급부를 받을 수 있는 연금을 구입할 수 있는 일시납 보험료 수준의 퇴직금이라고 해도 무방하다. 이를 위해 기업은 현재 시점에서 기금에 가치가 A_0인 자산을 적립한다.

1기간 후 연금자산의 가치는 $A_1 = (1 + r)A_0$가 될 것이다.[2] 여기에서 r은 1기간 동안의 불확실한 자산수익률을 의미한다. 만일 $A_1 > L_1$이 되면 기업은 종업원 (은퇴자)에 대한 부채를 전액 지급할 수 있게 되고, 그 차액인 $A_1 - L_1$을 가질 수 있다. 반면, $A_1 < L_1$이라면 종업원은 A_1만을 받게 되고 기업은 그 부족분에 대해 책임을 지지 않게 된다.[3]

〈그림 5-1〉부터 〈그림 5-3〉은 연금자산의 가치에 따라 1기간 후 종업원과 기업이 받게 되는 금액들을 경우에 따라 구분해 놓은 것이다. 모든 그림에서 가로축은 연금자산의 가치를 의미한다. 〈그림 5-1〉은 가로축과 세로축이 모두 연금의 자산을 의미하며 따라서 직선의 기울기는 45°이다. 〈그림 5-2(b)〉는 세로축은 종업원이 받기로 약속받은 금액으로서 이 금액은 연금자산의 가치와 무관하다. 즉, 이 그림은 채권 투자자가 무이표 채권으로부터 받게 되는 페이오프 구조와 동일

---

1) 이번 장은 Sharpe(1976)를 기초로 하여 작성되었다.
2) 현재 시점에서 A_1 및 r은 확정적인 값이 아니다.
3) 실제에서는 이러한 경우가 발생하는 것을 막기 위하여 연금제도의 청산, 연금지급보증제도, 직간접적인 비용의 부과 등 다양한 법적 장치가 있다. 이번 장에서는 순수한 경제적 효과만을 고려하기 위하여 이러한 현실적인 규제는 일단 고려하지 않기로 한다.

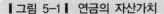

▮그림 5-1▮ 연금의 자산가치

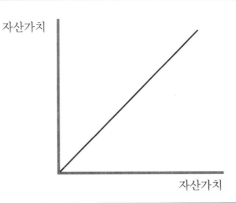

▮그림 5-2▮ 자산 가치에 따른 연금급여

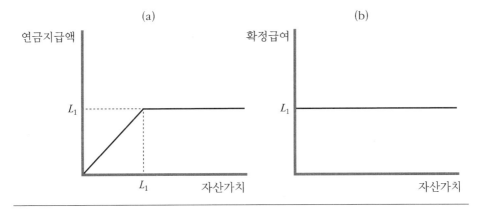

하다. 하지만 실제로 종업원이 받게 되는 금액은 〈그림 5-2(a)〉로서 자산의 가치와 관계가 있다. 〈그림 5-2〉의 (a)와 (b)의 차액은 〈그림 5-3〉의 (a)로 표현할 수 있는데 2장에서 설명한 행사가격 L_1인 풋옵션의 매도포지션의 페이오프와 동일한 것을 알 수 있다. 즉, 종업원은 〈그림 5-2(a)〉를 받게 되어 있지만 실제로는 이 금액을 항상 받게 되는 것이 아니라 연금자산 가치에 대하여 추가로 풋옵션을 발행한 것과 동일한 포지션을 취하고 있는 것이다. 반면 기업은 〈그림 5-1〉과 〈그림 5-2(a)〉의 차액을 가질 수 있으며 〈그림 5-3(b)〉로 표현할 수 있다. 즉, 기업은 연

┃그림 5-3┃ 풋옵션과 콜옵션

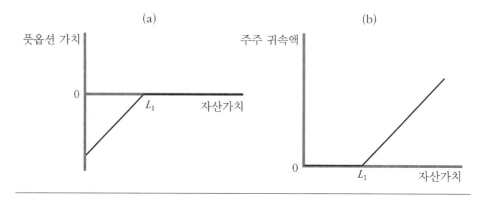

금자산 가치에 대하여 행사가격 L_1인 콜옵션의 매입포지션을 보유하고 있는 것과 동일한 것을 알 수 있다.

위의 그림들로부터 채권보유(그림 5-2(b)), 풋옵션(그림 5-3(a))의 매도 및 콜옵션(그림 5-3(b))의 매입포지션의 합은 〈그림 5-1〉과 동일한 페이오프 구조를 가지는 것을 확인할 수 있다. 시장이 효율적이라면 동일한 페이오프를 제공하는 투자 자산들의 가격은 동일하다. 따라서 다음이 성립하는 것을 알 수 있다.

$$C_0 - P_0 + PV(L_1) = PV(A_1) \tag{5.1}$$

여기에서 $PV(\cdot)$는 현재가치를 나타내는 기호, C_0와 P_0는 각각 콜옵션과 풋옵션의 현재가격을 의미한다. 자본시장에 이러한 투자 자산들이 존재하거나 필요하면 만들 수 있고 경제주체들이 연금의 적립과 관련하여 이러한 투자 자산들을 이용한다고 가정하자. 이러한 가정하에서는 옵션이나 기초자산들의 가격이 어떻게 결정되더라도 식(5.1)은 항상 성립한다.

A_1의 현재가치가 현재시점에서의 가격으로 평가된 기금자산의 현재가치인 A_0이므로, 위의 식은 다음과 같이 변화된다.

$$P_0 - C_0 = PV(L_1) - A_0 \tag{5.2}$$

이 식의 우변은 과소적립된 연금부채(unfunded liability)의 현재가치를 의미

한다.[4]

기업연금과 관련하여 종업원은 두 가지 형태로 보수를 받는다. 하나는 향후 받게 되는 연금급부(즉, 연금부채의 현재가치)이며, 다른 하나는 임금의 현재가치이다. 아울러 종업원은 연금급부에 대해 풋옵션의 매도포지션을 취하고 있다. 경제주체가 합리적인 의사결정자라면 고용계약에서 확정된 총보수는 연금에 대한 기업의 적립방식과 무관해야 한다. 따라서 임금의 현재가치를 W_0, 총보수를 W라고 표현하면 다음의 식이 성립해야 함을 알 수 있다.

$$PV(L_1) + W_0 - P_0 = W \tag{5.3}$$

식(5.2)의 양변에 W_0를 더하면 다음과 같다.

$$P_0 - C_0 + W_0 = PV(L_1) - A_0 + W_0 \tag{5.4}$$

위의 식을 정리한 후 식(5.3)을 대입하면 다음과 같다.

$$W_0 + A_0 - C_0 = PV(L_1) - P_0 + W_0 = W \tag{5.5}$$

2장에서 설명한 바와 같이 일반적으로 옵션의 가치는 기초자산의 현재가치(여기에서는 A_0), 행사가격(여기에서는 L_1), 잔여기간(여기에서는 $T=1$기간), 무위험이자율인 r_f, 그리고 자산의 수익률 분포의 특성의 함수이다. 블랙-숄즈모형에서 사용한 가정들이 성립하고 수익률 분포의 특성을 수익률의 표준편차(σ)로 표현하자. 이 경우 기업연금에서의 콜옵션의 현재가치는 다음과 같은 관계식을 따른다는 것을 알 수 있다.

$$W_0 + A_0 - C_0(A_0, L_1, \sigma, r_f, T) = W \tag{5.6}$$

---

4) 현실에서 기업들이 보고하는 과소적립 연금부채는 이것과는 조금 상이하다. 이 식에서는 자산의 현재가치가 시장에서 평가되는데 반하여, 실무에서는 보통 장부가치가 사용되어 왔기 때문이다. 아울러 이 식에서는 부채 역시 시장가치로 평가되는데 반하여, 실무에서는 미래 급부의 할인율로 경제학적 할인율이 아닌 보험계리적 할인율이 사용되기 때문이다. 관습적으로 사용되는 이 보험계리적 할인율은 시장에서 결정되는 현재 이자율의 기간구조와는 별로 관계가 없는 것이 대부분이다.

이 식으로부터 고용계약에 의하여 W_0, L_1, W 등이 확정되었다면 연금기여금의 수준인 A_0와 연금자산의 운용방식인 σ에 대한 기업의 연금적립 정책은 기업이 지급해야 하는 총 현금유출의 현재가치의 합에 영향을 주지 않는다는 것을 알 수 있다. 이것은 기여금의 수준의 변화나 운용방식의 변화는 콜옵션의 가치에 영향을 미치며 이것은 W_0과 L_1의 변화에 영향을 미치게 되는 것을 의미한다. 식(5.6)의 좌변인 기업으로부터의 현금유출에서 콜옵션의 가치를 차감한 값은 항상 총보수 W로 일정해야 하므로 모든 변수들의 변화값은 서로 상쇄하기 때문이다.

제 2 절   전액 지급보증의 경우

이번에는 연금급부가 기금의 운용 성과에 상관없이 전액 지급보증이 되는 경우를 분석해보자. 1기간 후 $A_1 > L_1$인 경우에는 이전의 분석과 동일하며 종업원은 L_1을 받게 된다. 그러나 $A_1 < L_1$인 경우에도 종업원은 L_1을 보장받고 그 차액인 기금 부족분 $L_1 - A_1$는 기업이 부담하게 된다.[5] 일반적으로 기업은 이러한 위험을 회피하기 위하여 외부기관인 보험회사를 이용한다.[6]

외부 보험회사나 기타 국영기관이 연금지급을 보증하는 경우에도 기업과 종업원이 받게 되는 현금흐름은 연금자산의 기말 자산가치인 A_1과 관련되어 있다. 먼저 기업이 수취하는 금액은 〈그림 5-3(b)〉로 이전과 동일한 콜옵션 구조이다. 그러나 종업원이 수취하는 금액은 이전의 〈그림 5-2(a)〉로부터 〈그림 5-2(b)〉로 변화한다. 따라서 이제 종업원은 풋옵션과 무관하다. 대신 연금지급을 보증하기로 한 보험회사의 페이오프는 〈그림 5-3(a)〉와 같다.[7] 즉, 이제는 지급보증이 없는 경우에 종업원이 취했던 풋옵션의 매도포지션을 보험회사가 대신 취하게 되며 보

---

5) 자산의 가치에 따라 기업이 부족분 전체를 부담하는 연금 관련 채무를 조건부 부채(contingent liability)라고 한다.
6) 법규상으로 연금지급보증공사 등의 공영기관이 외부 보험회사의 기능을 대신할 수도 있다. 이에 대해서는 7장 참조.
7) 연금지급의 보증은 일종의 보험계약이라고 생각할 수 있다.

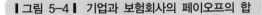

┃그림 5-4┃ 기업과 보험회사의 페이오프의 합

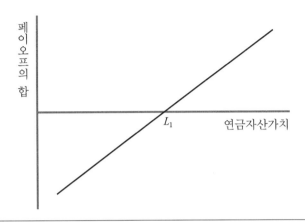

험회사는 이에 상응하는 보험료를 기업에게 요구할 것이다.

의사결정자들이 합리적이고 시장이 완전하다면 보험회사가 요구하는 보험료는 풋옵션의 가치와 동일해야 한다. 따라서 기업은 보험회사에게 이 풋옵션의 현재가치만큼 보험료로 지급하여야 할 것이므로 실제 기업의 페이오프는 〈그림 5-3(b)〉에 나타난 구조에서 풋옵션의 현재가치만큼 하락될 것이고 보험회사의 페이오프는 〈그림 5-3(a)〉에 나타난 구조에서 풋옵션의 현재가치만큼 상승할 것이다. 이에 따라 기업과 보험회사의 페이오프의 합은 〈그림 5-4〉와 같게 되는 것을 알 수 있다.

이제 연금지급보증에 맞추어 식(5.5)를 재구성하면 다음과 같다.

$$W_0 + A_0 - C_0 + P_0 = PV(L_1) + W_0 \tag{5.7}$$

식의 좌변은 기업의 현금유출 총액이다. 즉, 기업은 종업원에게 W_0의 임금을 지급하고 A_0의 연금기여금을 갹출한다. 아울러 자산운용 성과가 약속한 연금급부보다 부족한 경우를 대비하여 보험에 가입하고 P_0의 보험료를 납부하는 반면, $A_1 > L_1$인 경우 그 차액을 가질 수 있다.[8] 식의 우변은 종업원에게 반드시 지급해

---

8) 이 경우에는 지급보장인 보험(즉, 풋옵션)은 효력이 상실된다.

야 하는 급부의 현재가치이다.

이전과 같이 종업원이 합리적인 의사결정자이고 임금과 연금을 합한 총보수를 W만큼 받기로 고용계약을 체결하였다면 위 식의 가치는 총보수와 동일해야 한다. 각 옵션들은 기초자산의 현재가치, 행사가격, 수익률 분포의 특성(리스크)의 함수이므로 이를 반영하면 식(5.7)은 다음과 같이 표현할 수 있다.

$$W_0 + A_0 - C_0(A_0,\ L_1,\ \sigma,\ r_f,\ T) + P_0(A_0,\ L_1,\ \sigma,\ r_f,\ T) = W \qquad (5.8)$$

이 식으로부터 연금지급이 완전히 보증되는 경우에도 A와 r을 변경하는 기업의 연금 적립정책은 기업의 총지출에 영향을 주지 않는 것을 알 수 있다.

이 결과의 유용성은 경제주체들의 합리적 행동과 이용 가능한 자산들이 실제로 시장에 존재하는가에 달려 있다. 이번 장의 분석에서 사용된 가정들이 성립된다면 종업원들은 고용계약에서 단지 임금과 연금급여의 수준만 결정하면 된다. 일단 이 두 가지가 결정되면 식(5.8)에 포함된 옵션들의 가치결정은 그리 어렵지 않다. 만일 보험회사가 지급보증이라는 보험기능을 제공하기로 했다면 이 보험은 위의 식에서의 풋옵션과 동일하며 이에 대한 가치, 즉 보험료에 대한 가치평가는 보험회사와 연금제도를 운영하는 기업에게 모두 동일할 것이다.

제 3 절 부분 지급보증의 경우

실제로 민영기업인 보험회사가 아니라 정부의 연금보증기관들이 지급보증을 담당하는 경우에는 종료되는 연금제도의 기금 부족분(연금부채가 자산을 초과하는 부분)의 전액이 아닌 일부분만을 보증하는 경우가 대부분이다. 예를 들어 미국의 연금지급보증공사(Pension Benefit Guarantee Corporation)는 기금 부족분과 해당 기업 순자산의 30% 중 더 적은 금액까지만 지급한다.[9]

---

9) 기업의 순자산의 가치는 연금지급보증공사가 평가한다.

이 경우의 분석은 이전 분석을 조금 변형하면 된다. 기업은 전체 주식의 α가 되도록 신주를 추가 발행하여 그 주식을 연금기여금으로 갹출하면 된다. 1기간 후 종업원에게 L을 지급할 때 자사의 주식 이외의 자산을 먼저 사용하고 자산이 모두 소진되면 연금기금에 보관한 신주를 사용한다. 만일 신주의 일부분만 사용된다면 나머지는 기업에 귀속된다.

E_0과 E_1을 각각 현재 시점과 1기간 후의 기업의 자기자본의 가치라고 하면 기업은 현재 시점에서 연금기금에 $A_0 + E_0$ 만큼의 기여를 하는 것이 된다. 따라서 이 기여금에 대한 1기간 수익률은 다음과 같이 계산된다.

$$1 + r = (A_1 + \alpha E_1)/(A_0 + \alpha E_0) \tag{5.9}$$

이 식에서

$$r_A = (A_1 - A_0)/A_0, \ r_E = (E_1 - E_0)/E_0, \ X_A = A_0/(A_0 + \alpha E_0),$$

$X_E = E_0/(A_0 + \alpha E_0)$이라고 놓으면 r은 다음과 같이 계산할 수 있다.

$$r = X_A r_A + X_N r_E \tag{5.10}$$

β를 이 기업의 베타, σ_M을 시장포트폴리오의 표준편차, σ_ε을 이 기업 주가의 잔차에 대한 표준편차라고 하고 A_0가 시장포트폴리오에 투자된다면 기여금 수익률의 위험은 다음과 같이 측정할 수 있다.

$$\sigma = \sqrt{(X_A + X_E \beta)^2 \sigma_M^2 + X_E^2 \sigma_\varepsilon^2} \tag{5.11}$$

이제 풋옵션의 가치인 보증보험료는 다음과 같이 표현할 수 있음을 알 수 있다.[10]

$$P_0 = P_0(A_0 + \alpha E_0, \ L, \ \sigma, \ r_f, \ T) \tag{5.12}$$

만일 모든 기업이 가입자 1인 당 균일한 보험료를 납입한다면 위의 식으로부터 기업은 보증보험의 가치와 실제 지급하는 보험료의 차이를 극대화하려는 의사

---

10) 이러한 연금지급 보증보험료에 대한 상세한 분석은 7장을 참조하라.

결정을 할 수 있다. 즉 연금지급에 대한 보증이 없거나 전액 지급을 보증하는 경우와는 달리 이 경우에는 최적의 연금 적립방식이 존재하게 된다. 식(5.12)로부터 균일한 보험료를 납입한다면 기업은 연금부채를 증가시키거나, 연금자산 기여액을 감소하거나, 연금자산을 보다 리스크가 높은 투자안에 투자함으로써 보증보험(풋옵션)의 가치와 보험료(고정값)의 차이를 극대화 할 수 있다.[11]

 참고문헌

Bagehot, W., 1972, "Risk and reward in corporate pension funds," Financial Analysts Journal 28 : 80–84.

Black, F. and M. Scholes, 1973, "The pricing of options and corporate liabilities," Journal of Political Economy 81 : 637–654.

Merton, R., 1973, "The theory of rational option pricing," Bell Journal of Economics and Management Science 4 : 141–183.

Sharpe, W., 1976, "Corporate pension funding policy," Journal of Financial Economics 3 : 183–193.

Treynor, J., 1977, "The principles of corporate pension finance," Journal of Finance 32 : 627–638.

---

11) 연금지급에 대한 부분 보증이 존재할 때 기업은 연금을 과소적립하고 보다 리스크가 높은 자산에 투자하게 된다. 이러한 모럴해저드를 처음 지적한 연구는 Bagehot(1972) 참조.

확정급여형 기업연금제도 분석

　　이번 장에서는 옵션이론을 이용하여 DB형, DC형 및 혼합형 기업연금들의 구조적 관계를 살펴보고, DB형 연금에 내포되어 있는 옵션가치를 측정해 보도록 한다. 아울러 연금제도의 유형에 따라 가입자, 기업 그리고 기금운용자가 부담하는 보상과 위험이 어떻게 달라지는지에 대해서도 알아 볼 것이다.

　　DB형 연금제도(이하 DB제도)은 일반적으로 퇴직연금제도를 운영하는 기업이 종업원들에게 제공하며 보험사 같은 금융회사가 일반 소비자들에게 DB형 연금을 직접 제공하는 경우는 거의 없다.[1] 하지만 규모가 작아 DB제도를 직접 운영하기 어려운 기업들은 자신들을 대신해서 DB제도를 운영하도록 보험사들과 계약을 체결할 수가 있다. 이를 보험사관리 DB제도라고 한다. DB, DC 및 혼합형 연금제도에 대해서는 이미 1장에서 설명한 바 있다.

제1절　옵션이론을 이용한 연금제도 비교

　　DB제도의 구조는 복잡해 보이지만 전 장에서 살펴보았듯이 옵션이론을 사용하면 보다 쉽게 이해할 수 있다. 옵션이론은 또한 DB, DC 및 목표급여(target benefit; 이하 TB)제도 간의 차이를 설명하는데도 매우 유용하다. DB, DC 및 TB제도에 대한 은퇴시점에서의 운용자산의 가치와 연금가입자에게 귀속되는 급여가치와의 관계는 〈그림 6-1〉, 〈그림 6-2〉 그리고 〈그림 6-3〉에 각각 표현되어 있다. 세 그림 모두 가로축은 운용하는 연금자산의 가치이고 세로축은 연금급여의 가치(즉, 연금의 부채의 가치)를 의미한다.

　　〈그림 6-1〉은 DB제도에서 연금급여의 가치(L)는 기금 자산과 독립적이라는 것을 보여준다. 자산의 운용성과에 관계없이 기업은 B의 금액을 지급하여야 한다. 〈그림 6-2〉에서 은퇴 시 DC형 연금의 현재가치는 전적으로 그 시점의 기금 자산의 가치에 의해 정해진다는 것을 보여준다. 〈그림 6-3〉은 TB제도에서 연금부

---

[1] 일관적인 용어를 사용하기 위하여 DC형 연금제도를 DC제도, TB형 연금제도를 TB제도라고 하자.

채 현재가치의 최소값은 L이고 만약 기금 자산의 가치가 L보다 크다면 가입자는 더 큰 연금급여를 얻을 수 있다는 것을 보여 준다.

▌그림 6-1▌ DB제도의 구조

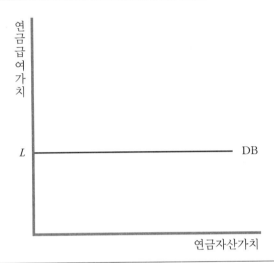

▌그림 6-2▌ DC제도의 구조

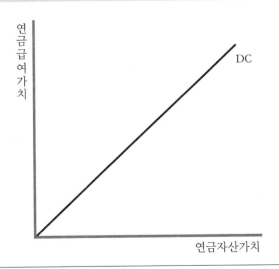

┃그림 6-3┃ TB제도의 구조

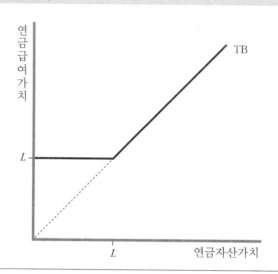

┃그림 6-4┃ DB제도의 옵션 구조

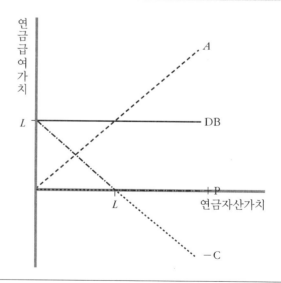

〈그림 6-4〉는 DB연금의 급여가치는 기금의 자산(A) 및 이 자산을 기초자산

으로 하고 행사가격이 L인 풋옵션(P)을 매수하고 동시에 콜옵션(C)을 매도함으로써 똑같이 복제될 수 있음을 보여준다. 이것을 식으로 표현하면 다음과 같다.

$$DB = L = A + P - C \tag{6.1}$$

풋옵션은 연금을 운영하는 기업(스폰서 기업)이 발행하고 연금가입자가 보유하게 되는 반면 콜옵션은 가입자가 발행하고 기업이 보유한다. 옵션의 만기일은 가입자의 퇴직 시점이므로 이 시점에서 두 옵션 중의 하나는 내가격이 되고, 다른 하나는 외가격이 될 것이다. 만약 자산의 가치가 행사가격보다 작다면 가입자는 기업을 대상으로 풋옵션을 행사할 것이고 기업은 $L-A$만큼의 부족분을 지불해야 한다. 만약 반대로 자산의 가치가 행사가격보다 크다면(즉, 제도가 보험계리적으로 흑자라면) 기업은 연금가입자를 대상으로 콜옵션을 행사하고 $A-L$만큼의 이득을 취할 수 있을 것이다. 따라서 DB제도의 가입자는 연금자산의 시장리스크를 부담하지 않게 된다.

이러한 분석을 이용하면 DB제도와 DC제도의 차이가 명백해진다. DC제도에서의 연금급여는 기초자산의 결과와 동일한 반면, DB제도에서의 연금급여는 기초자산(즉, DC제도)에 이런 자산들에 대한 풋옵션의 매입포지션 및 콜옵션의 매도포지션이란 포트폴리오를 구성하고 있는 것이다. 따라서 다음과 같이 표현할 수 있다.

$$DB = L = A + P - C = DC + P - C \tag{6.2}$$

〈그림 6-5〉는 TB연금이 기금의 자산(A) 및 행사가격(L)이고 이 자산을 기초로 하는 풋옵션(P)의 매수와 페이오프가 동일한 것을 보여준다. 여기에서 풋옵션은 연금가입자가 보유하고 기업이 발행한다. 옵션의 만기일인 가입자의 퇴직 시점에서 자산의 가치가 행사가격보다 작으면 이 풋옵션은 행사될 것이다. 이 풋옵션은 가입자가 받게 되는 연금의 가치에 대해 일종의 안전망(즉, 보험)을 제공하는 효과가 있다. 퇴직 시점의 TB연금의 현재가치는 기초자산의 가치가 어떻게 되든 DC제도나 DB제도 연금의 현재가치보다는 크다. 이 설명을 차례로 식으로 표현하면 다음과 같다.

$$TB = A + P = Max(A,\ L) = Max(DC,\ DB) = C + L \tag{6.3}$$

이는 TB제도가 연금기금의 자산을 기초로 하고 행사가격이 L인 콜옵션과 만기 가액이 L인 무위험 순수 할인채로 구성된 포트폴리오와 동일하다는 것을 의미한다. 여기에서 콜옵션은 연금의 가입자가 소유하고 있으며 만기 시 A가 L을 초과할 때 행사된다.

┃그림 6-5┃ TB제도의 옵션 구조

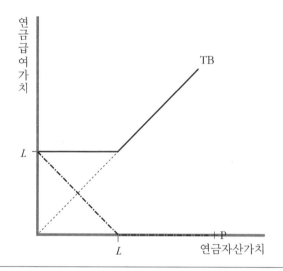

제 2 절 ## DB 및 TB제도에 포함된 옵션의 가치평가

이제 연금제도의 구조에 포함되어 있는 옵션의 가치를 어떻게 평가할 수 있는지에 대해 보다 자세히 알아보도록 하자. 기본적으로 DC제도에는 옵션이 포함되지 않으므로 여기에서는 DB제도와 TB제도에 초점을 맞출 것이다. 콜(풋)옵션의

가치를 구했다면 2장에서 설명한 풋-콜패리티를 이용하여 풋(콜)옵션의 가치를 구할 수 있다.

연금제도의 개시일 및 옵션을 평가하는 시점은 현재, 즉 $t=0$ 시점을 가정한다. 따라서 향후의 금액들은 모두 현재시점에서 얻는 정보를 기초로 한 조건부 기대치라고 하자. 미래 임의의 시점 t에서 특정 연금가입자에게 속하는 연금자산의 기대치는 누적된 금융자산의 가치(F_t)와 퇴직 시점까지의 연금기여금(X_t)를 더한 값들의 기대치라고 가정한다.[2] 이 값들은 결국 가입자의 초기 소득(W_0), 소득에서 연금기여금이 차지하는 비율인 기여율(α), 소득의 기대 성장률(g), 기여금으로 구입한 금융자산의 기대수익률(r_t), 기여금에 대한 세율(τ), 연금 가입기간(T), 그리고 향후 생존확률($_kp_0$, $k=1, 2, \cdots, t$)에 달려있다.[3] 해당 기간 동안 보유하는 금융자산의 기대 수익률로 잔여 연금기여금을 할인한다면 (이는 제도가 추구하는 기금 운영 방식에 달려있다), t시점의 이 연금가입자에게 귀속되는 연금자산 가치의 기대값은 다음과 같다:[4]

$$A_t = F_t + X_t = \sum_{k=1}^{t} \frac{_kp_0\, \alpha\, W_0 (1+g)^{k-1}}{1-\tau} \prod_{j=k+1}^{t} (1+r_j)$$

$$+ \sum_{k=t+1}^{T} \frac{_kp_0\, \alpha\, W_0 (1+g)^{k-1}}{(1-\tau) \prod_{j=t+1}^{k} (1+r_j)} \qquad t=1, 2, \cdots, T \qquad (6.4)$$

여기에서 모든 현금흐름이 각 기간의 말에 발생한다고 가정하기 때문에 $j>t$인 경우 각 항목의 연속적인 곱을 의미하는 기호 $\prod$ 우측의 모든 항목의 값들은 1이 된다.

DB제도에서는 퇴직 시점의 부채가치는 퇴직 시 기대 급여액(B), 연금의 기

---

2) 연금가입자들은 정상적인 은퇴연령까지 근무하고 퇴직하여 사망 시까지 연금을 수취한다고 가정한다.
3) 성장률은 향후 일정하고, 가입자와 회사에 대한 세율이 동일하다고 가정한다.
4) 잔여 연금기여금을 어떤 할인율로 할인할 것인가는 기금운영의 목적에 따라 다르다. 자산의 기대수익률로 할인하는 방법은 연금계리사들이 관습적으로 사용하여 온 방법이다. 하지만 금융경제학자들은 회사채의 세후 수익률 사용을 더 선호한다. 국제회계기준도 장기 우량 회사채의 수익률을 사용할 것을 권고하고 있다.

대 성장률(g_P) 그리고 퇴직 후의 생존확률($_{T+k}p_0$, $k = 1, 2, \cdots, \infty$)에 의해 결정된다. 퇴직연금 B가 퇴직 시 기대소득($W_0(1+g)^{T-1}$)의 일정 비율이라고 가정하자. 퇴직 후 연금기금은 확정급여의 지급을 위해 만기 15년 정도의 장기국채로 운용하며 그 수익률을 r_B라고 하자. t시점의 가입자에 대한 연금부채 가치의 기대치는 다음과 같다:[5]

$$L_t = \sum_{k=1}^{\infty} {}_{T+k}p_0 B \left[\frac{1+g_P}{1+r_B}\right]^k / \prod_{j=t+1}^{T} (1+r_j), \quad t = 1, 2, \cdots, T \tag{6.5}$$

DB기금의 기대 잉여금은 식(6.4)와 식(6.5)의 차이로 정의된다.

$$S_t = A_t - L_t, \quad t = 1, 2, \cdots, T$$

DC제도에서는 식(6.4)가 자산과 부채 모두의 현재가치를 의미하므로 보험계리적 잉여금이 발생하지 않는다. TB제도에서는 부채가치가 식(6.4)와 식(6.5) 중 큰 것과 동일하지만, DC제도처럼 잉여금은 발생하지 않는다.

DB와 TB제도에 포함된 옵션들은 다음과 같은 특성을 지니고 있다. 첫째, 이들은 퇴직(옵션의 만기) 이전에는 행사할 수 없는 유럽형 옵션이다.[6] 둘째, 만기 이전에 기초자산으로부터 지급이 발생하지 않는다. 셋째, 이러한 옵션들은 표준 블랙-숄즈모형에서처럼 행사가격이 고정된 것이 아니라 변화한다. 여기에서의 옵션의 행사가격은 부채가치이기 때문이다. 자산과 변화하는 행사가격을 서로 교환하는 옵션의 가치는 마그레이브(Margrabe) 등이 제시한 교환옵션(exchange option)의 가격결정모형을 이용하여 구할 수 있다.[7]

교환옵션의 가격모형을 이용하면 식(6.2)에 포함된 콜옵션의 t시점에서의 가치는 다음과 같이 표현할 수 있다;

---

5) 자산가치의 평가와 같이 은퇴시점부터 t시점까지의 할인율도 보험계리사의 관습에 따라 금융자산의 기대수익률을 사용하였다.

6) 물론 퇴직 이전에 행사할 수 있는 경우를 반영하여 보다 복잡한 미국형 옵션의 가격결정도 가능하다. 예를 들어 기업에 의해 퇴직 이전에 연금이 종료된다거나, 가입자가 건강악화로 조기 퇴직을 하는 경우가 이에 해당된다. 그러나 이 경우에는 유럽형 모형처럼 닫힌식을 얻을 수는 없다.

7) 교환옵션 가격결정모형의 유도과정은 Margrabe(1978) 참조.

$$P_t^C = N(d_{1t})A_t - N(d_{2t})L_t \tag{6.6}$$

여기에서 $N(d_{1t})$과 $N(d_{2t})$는 모두 각각 d_{1t}과 d_{2t}에서 평가된 누적 표준정규 분포함수이며, 각 항목은 다음과 같다.

$$d_{1t} = \frac{\ln (A_t/L_t) + 0.5\sigma_{St}^2 (T-t)}{\sigma_{St}\sqrt{T-t}},$$

$$d_{2t} = d_{1t} - \sigma_{St}\sqrt{T-t},$$

$$\sigma_{St}^2 = \sigma_{At}^2 + \sigma_{Lt}^2 - 2\sigma_{ALt}, \quad t=1,\ 2,\ \cdots,\ T$$

σ_{St}^2는 잉여금의 분산을 의미하며, 자산 수익률의 표준편차(σ_{At}), 부채 수익률의 표준편차(σ_{Lt}), 그리고 자산과 부채의 수익률간의 공분산(σ_{ALt})에 의해 결정된다. 콜옵션의 가치를 구했다면 식(6.2)와 식(6.3)에서의 풋옵션의 가치는 풋-콜 패리티를 이용하여 다음과 같이 구할 수 있다. d_{1t}, d_{2t}, σ_{St}^2의 정의는 식(6.6)과 동일하다.

$$P_t^P = P_t^C + L_t - A_t = P_t^C - S_t$$
$$= N(-d_{2t})L_t - N(-d_{1t})A_t, \quad t=1,\ 2,\ \cdots,\ T \tag{6.7}$$

제 3 절   연금기금 잉여금의 분산 측정

식(6.6)으로부터 이 콜옵션의 가치에서 잉여금의 분산 측정이 가장 중요한 요소라는 것을 알 수 있다. 이제 잉여금의 분산 σ_{St}^2에 포함되는 요소들(연금기금의 자산 및 부채의 변동성 및 상관관계)을 어떻게 모형으로 구현할 수 있는가 하는 문제를 생각해보자. 이를 위해서는 먼저 자산과 부채에 공통적으로 적용되는 변동성의 원인들을 파악하여야 할 것이다. 실제로 고려할 수 있는 원인들은 매우 다양할 수 있으나 너무 많은 요소를 반영하면 모형이 지나치게 복잡해 질 수 있다. 여기에서는 논지의 전개를 간단히 하기 위하여 자산과 부채의 변동성의 주요 원인이 이자율과 성장률의 변동성으로부터 기인되는 것이라고 가정하자. 이 경우 이 원인들의 변동성은 자산과 부채의 듀레이션으로 조정될 수 있다.[8]

식(6.4)와 듀레이션의 특성으로부터 연금자산의 수익률의 변동성은 다음과 같이 기존 금융자산의 듀레이션(D_{F_t})과 잔여 기여금의 듀레이션(D_{Xt})의 가중평균에 의해 결정되는 것을 알 수 있다.[9]

$$D_{A_t} = \theta_t D_{F_t} + (1 - \theta_t) D_{X_t} \tag{6.8}$$

이 식에서 $\theta_t = F_t / (F_t + X_t)$는 t시점에서 전체 연금자산에 속한 기존의 금융자산의 가중치이며 D_{X_t}는 다음과 같다.

$$D_{X_t} = \sum_{k=t+1}^{T} \frac{(k-t)_k p_0 \alpha W_0 (1+g)^{k-1}}{(1-\tau)X_t \prod_{j=t+1}^{k}(1+r_j)}, \quad t = 1, 2, \cdots, T$$

이제 연금자산 수익률의 분산을 자산 내의 금융자산 수익률의 표준편차(σ_r)와 소득의 성장률의 표준편차(σ_g)로 표현해보자. 식(6.4)를 1차 항까지 전미분한 후 분산을 측정하면 다음과 같이 정리할 수 있다.[10]

$$\sigma_{A_t}^2 = D_{A_t}^2 (\sigma_r^2 + \sigma_g^2) + \eta_{A_t}^2, \quad t = 1, 2, \cdots, T \tag{6.9}$$

여기서 η_A는 연금자산 수익률에 관한 특정 리스크이다. 모형의 단순화를 위하여 다음을 가정하자. 금융자산의 수익률과 성장률은 서로 독립적이다. 금융자산의 수익률, 소득 증가율, 연금 성장률(g_P), 인플레이션 증가율(g_I), 그리고 배당금 성장률

---

8) 듀레이션은 현금흐름들의 평균 만기를 가중 평균한 값으로 정의되고 그 현금 흐름들에 관련된 이자율 리스크를 측정하는 방법이다. 듀레이션의 상세한 설명은 10장을 참조하라.

9) 금융자산 포트폴리오의 듀레이션은 포트폴리오를 구성하는 개별 자산들의 듀레이션의 가중평균과 같다. 듀레이션 측정은 Boyle(1978)이 보여준 것과 같이 기초 이자율의 만기구조에 매우 민감하다. 예를 들어 이자율곡선의 평행이동이 있는 모형은 평균 회기모형 보다 장기자산이 상당히 더 긴 듀레이션을 가질 것이다. 그럼에도 불구하고, Reitano(1991)는 어떤 기초 이자율곡선의 이동에도 이에 상응하는 '동등한 이자율곡선의 평행이동'이 존재한다는 것을 보여주었다.

10) 이에 대한 증명은 이번 장의 〈부록〉을 참조하라.

(g_E)의 표준편차는 각각 일정하다. 이러한 가정은 매우 엄격하여 현실과는 조금 상이할 수도 있다. 그럼에도 불구하고 이러한 가정 하에서 보다 다루기 쉬운 모형이 도출할 수 있으며 그 모형들은 현실에 대한 직관을 제공할 수 있다.

자산의 경우와 같이 연금부채 변화율의 변동성도 다음과 같이 듀레이션을 이용하여 결정할 수 있다.[11]

$$D_{L_t} = \sum_{k=1}^{\infty} \frac{{}_{k}T_{+k}p_0 B}{L_T} \left(\frac{1+g_P}{1+r} \right)^k + T - t, \quad t = 1, 2, \cdots, T \qquad (6.10)$$

연금자산의 변동성을 표현한 것과 동일한 방식을 사용하면 부채 수익률의 분산은 다음과 같이 표현할 수 있다.

$$\sigma_{L_t}^2 = D_{L_t}^2 (\sigma_r^2 + \sigma_g^2) + \eta_L^2, \quad t = 1, 2, \cdots, T \qquad (6.11)$$

여기서 σ_g는 연금 성장률의 표준편차, η_L는 부채 수익률에 대한 특정 리스크를 의미한다. 자산과 부채의 수익률 간 공분산은 다음과 같다:

$$\sigma_{AL_t} = D_{A_t} D_{L_t} (\sigma_r^2 + \sigma_g^2) + \eta_{AL}, \quad t = 1, 2, \cdots, T \qquad (6.12)$$

여기서 η_{AL}은 자산과 부채의 수익률에 대한 특정 리스크 사이의 공분산이다.

우리는 연금에 내포되어 있는 옵션의 가치식인 식(6.6)과 식(6.7)로부터 이 식들이 표준 블랙-숄즈 옵션가격결정모형과 적어도 두 가지 면에서 차이가 있는 것을 알 수 있다. 첫째는 무위험이자율이 옵션의 가치평가에 명확히 반영되지 않는다는 것과, 둘째, 이 옵션들에서의 리스크는 연금자산의 리스크가 아니라 연금 잉여금의 리스크라는 것이다. 이러한 결과가 나타나는 이유는 연금부채가 이자율과 성장률의 리스크에 대하여 연금자산에게 자연적인 헤지(hedge) 기능을 제공하기 때문이다.

첫 번째 특성은 교환옵션의 가치평가에서 무위험 헤지 포트폴리오를 구축하는 과정에서 발생한다. 블랙-숄즈모형과는 달리 여기에서는 기초자산의 가치변화

---

11) 상세한 방법은 Langetieg et al.(1986)을 참조하라.

뿐만 아니라 행사가격의 변화에 대해서도 헤지를 하여야 한다. 자산 가치의 변화는 자산을 보유함으로써 헤지가 된다. 이 헤지를 위한 비용은 자산의 수익률과 같다. 하지만 포트폴리오 내에 자산 자체가 포함되기 때문에 포트폴리오의 수익률은 자산 가치의 변화를 헤지하는 비용과 정확하게 상쇄된다. 그러므로 자산의 수익률은 옵션가격결정식에 나타나지 않게 된다. 헤지가 된 포트폴리오는 무위험수익률을 창출하므로 오로지 무위험이자율만 일반적인 블랙-숄즈모형에 나타난다.

반면 교환옵션에서 행사가격의 변화는 보유한 포트폴리오의 수익률이 행사가격의 변화율, 즉 부채 가치의 변화와 완전한 상관관계를 가지게 될 때 헤지가 된다. 이는 포트폴리오 내에 부채가치의 변화를 정확히 추적할 수 있는 자산 포트폴리오를 보유함으로써 달성된다. 이러한 포트폴리오를 부채면역 포트폴리오(liability immunizing portfolio)라고 한다. 부채면역 포트폴리오는 전체 포트폴리오에서에서 위험자산을 구성하지만 면역화의 대상이 되는 부채와 정반대 반대방향으로 현금흐름이 창출하게 되므로, 부채에 대비하여 무위험 자산이 되며 따라서 무위험수익률을 제공한다. 그러므로 헤지가 된 연금부채의 수익률이 헤지가 된 연금자산의 수익률을 정확히 상쇄하므로 헤지 포트폴리오의 수익률은 0이 된다.

두 번째 특성은 연금자산과 연금부채의 가치가 수익률 및 성장률의 큰 변화에 유사한 방식으로 반응하는 것에 기인한다. 예를 들어, 예상치 못한 수익률 증가는 자산과 부채의 현재가치를 모두 감소시키는 반면, 예상치 못한 성장률의 증가는 정반대의 효과가 있다. 수익률 및 성장률의 변동성은 자산과 부채에 공통적으로 적용된다. 자산과 부채 수익률의 변동성의 차이는 식(6.9), 식(6.11) 그리고 식(6.12)에서 알 수 있는 것처럼 자산과 부채의 듀레이션 차이로부터 발생한다. 식(6.11)과 식(6.12)를 식(6.9)에 넣으면 다음을 얻을 수 있다 :

$$\sigma^2_{S_t} = (D_{A_t} - D_{L_t})^2 (\sigma^2_r + \sigma^2_g) + \eta^2_A + \eta^2_L - 2\eta_{AL}, \quad t = 1, 2, \cdots, T \qquad (6.13)$$

이 식으로부터 연금 잉여금의 변동성은 연금자산과 부채의 듀레이션 차이의 제곱, 수익률과 성장률의 분산, 그리고 자산과 부채의 특정 리스크간의 관계에 의해 결정될 수 있다는 것을 알 수 있다. 만약 금융자산 포트폴리오가 부채 가치의 변화와 완전한 상관관계를 가지도록 구성되었다고 하면 $\eta_A^2 = \eta_L^2 = \eta_{AL}$이 되어 식 (6.13)에서 η을 포함하는 항목들은 없어질 것이다. 즉, 포트폴리오는 부채면역 포트폴리오이다. 게다가 만약 자산의 듀레이션이 부채의 듀레이션과 동일하게 유지된다면 연금 잉여금의 위험은 모두 사라지게 된다. 따라서 전술한 가정들 하에서는 금융자산 포트폴리오 및 추가 기여금에 대한 자산운용 전략에 따라서 연금 잉여금의 위험을 제거할 수 있음을 알 수 있다. 물론 전술한 가정들이 성립하지 않거나 위험에 대한 추가 요인들이 포함된다면 잉여금의 위험을 완전히 제거하는 것은 매우 어려워지게 된다.

제4절 연금제도와 이해관계자들의 선호

여기에서는 연금가입자, 연금을 운영하는 기업, 그리고 연금기금의 운용자가 전술한 DB, DC 및 TB의 연금제도 중 어떤 것을 선호하는지 살펴보자.

가입자의 입장에서 볼 때 각 제도는 비용, 기대수익률, 위험 등에서 상이하다. 가입자의 위험과 수익률에 대한 선호도를 상대적 위험회피도가 일정한 값(δ)을 갖는 등탄력(isoelastic) 효용함수로 표현할 수 있다고 하자.[12] 이 경우 3절의 결과를 이용하면 각 제도의 위험과 수익률에 대한 무차별곡선을 표현할 수 있다.

먼저 DB제도의 위험-수익률 무차별곡선은 다음과 같이 표현할 수 있다.

$$U_{DB} = g - \frac{1}{2}\delta\sigma_g^2 \tag{6.14}$$

또한 DC제도의 경우에는 다음과 같이 표현할 수 있다.

$$U_{DC} = r_t - \frac{1}{2}\delta[D_{A_t}^2(\sigma_r^2 + \sigma_g^2) + \eta_A^2] \tag{6.15}$$

---

12) 이러한 효용함수의 사용에 대해서는 Merton(1969) 참조.

마지막으로 식(6.3)을 이용하면 TB제도의 경우 다음과 같이 표현할 수 있는 것을 알 수 있다.

$$U_{TB} = r_t - (P_t^P / L_t(T-t))$$

$$- \frac{1}{2}\beta \left[(D_{A_t} - D_{L_t})^2 (\sigma_r^2 + \sigma_g^2) + \eta_A^2 + \eta_L^2 - 2\eta_{AL} \right] \tag{6.16}$$

DB제도로부터의 기대수익률은 세 유형 중 가장 낮으며 가입자의 기대 임금 상승률과 동일하다. 아울러 리스크는 이러한 소득의 변동성에 의해 측정된다. DC 제도는 금융자산의 기대수익률과 동일한 가장 높은 기대수익률을 제공하는 반면, 리스크도 가장 크다. TB제도는 방어적 풋옵션을 매입하는 비용으로 인하여 기대 수익률은 DC제도보다 낮지만 결과적으로 리스크도 더 낮다.

다음과 같이 각 제도에 대한 선호의 순위는 위험회피의 정도에 달려있다:

$$-\infty < \delta \leq \delta_{1t} \Rightarrow U_{DC} > U_{TB} > U_{DB}$$

$$\delta_{1t} < \delta \leq \delta_{2t} \Rightarrow U_{TB} > U_{DC} > U_{DB}$$

$$\delta_{2t} < \delta \leq \delta_{3t} \Rightarrow U_{TB} > U_{DB} > U_{DC}$$

$$\delta_{3t} < \delta \leq \infty I \Rightarrow U_{DB} > U_{TB} > U_{DC}$$

여기에서 δ_{1t}, δ_{2t}, δ_{3t}는 각각 다음과 같다.

$$\delta_{1t} = \frac{2P_t^P / L_t(T-t)}{(2D_{A_t}D_{L_t} - D_{L_t}^2)(\sigma_r^2 + \sigma_g^2) + 2\eta_{AL} - \eta_L^2},$$

$$\delta_{2t} = \frac{2(r_{Ft} - g_W)}{D_{At}^2(\sigma_{At}^2 + \sigma_g^2) + \eta_A^2 - \sigma_g^2},$$

$$\delta_{3t} = \frac{2(r_{Ft} - (P_t^P / L_t(T-t)) - g_W)}{(D_{At} - D_{Lt})^2(\sigma_r^2 + \sigma_r^2) + (\eta_A^2 + \eta_L^2 - 2\eta_{AL}) - \sigma_g^2}$$

δ_{2t}와 δ_{3t}는 모두 양수이고 δ_{1t}도 양의 값을 가질 수 있다. 하지만 만약 자산의 듀레이션이 부채의 듀레이션의 절반 미만이라면 δ_{1t}는 음수가 될 것이다. 매우

위험회피적인 개인들은 DB제도를 선호하는 반면, 위험선호형은 DC제도를 선택할 것이다. 아울러 어느 정도 위험회피적이거나 위험선호적인 사람들은 TB제도를 선호할 것이다. 하지만 만약 자산과 부채의 듀레이션을 계속적으로 일치시킬 수 있다면 δ_{3t}의 식으로부터 TB제도가 DB제도보다 항상 선호될 것임을 알 수 있다. 이것을 그림으로 나타내면 〈그림 6-6〉과 같다.

상이한 연금제도에 대한 가입자들의 선호도가 이와 같이 주어졌을 때 리스크는 가입자, 기업 그리고 기금운용자 사이에서 어떻게 분배되는지 알아보자. 먼저 DC제도에서는 모든 연금기금의 리스크는 가입자에게 직접적으로 전가되고 기업이나 기금운용자는 전혀 부담하지 않는다. 하지만 기금운용자의 성과가 장기적으로 계속 부진한 경우에는 사업을 계속 영위하지는 못할 것이다. 반면 DB제도에서는 기업이 연금급여의 지불능력이 있는 한 가입자는 리스크를 전혀 부담하지 않게 된다. 가입자는 퇴직 시 운용 자산의 가치에 상관없이 미리 정해진 공식에 의해 연금을 받게 될 것이다. 기업은 모든 발생가능한 손실액에 대해 책임지는 반면 연금자산의 성과가 예상보다 좋으면 추가이익을 얻을 수 있다.[13] 아울러 기금운용

┃그림 6-6┃ 연금제도와 가입자의 선호도

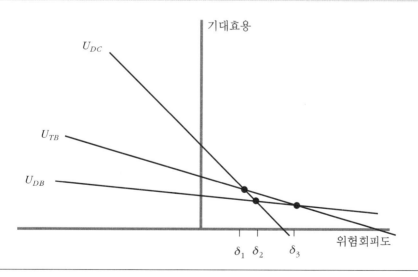

---

13) 경우에 따라서는 가입자가 추가이익에 대한 일부 지분을 요구할 수도 있다.

자의 보수는 기금운용의 결과에 매우 밀접한 관계를 갖게 될 것이다. 마지막으로 TB제도에서는 손실이 발생할 리스크는 기업이 부담하는 반면, 이익이 발생하면 가입자에게 귀속된다.

식(6.9)은 다음과 같이 도출된다. 식(6.4)에서 r_j가 일정하고 $_kp_0$가 p로 고정되어 있고, $d \equiv paW_0/(1-\tau)$라고 가정하자. 이 경우 $t=0$ 시점에서 식(6.5)의 A_0는 다음과 같이 표현할 수 있다.

$$A_0 = X_0 = \sum_{k=1}^{T} \frac{d(1+g)^k}{(1+r)^k}$$

$(1+r)$에 대한 A_0의 탄력성은 다음과 같이 주어진다.

$$\frac{\partial A_0}{\partial (1+r)} \frac{(1+r)}{A_0} = -\frac{1}{A_0} \sum_{k=1}^{T} \frac{kd(1+g)^k}{(1+r)^k} = -D_{A_0}$$

$(1+g)$에 대한 A_0의 탄력성은 다음과 같이 주어진다.

$$\frac{\partial A_0}{\partial (1+g)} \frac{(1+g)}{A_0} = \frac{1}{A_0} \sum_{k=1}^{T} \frac{kd(1+g)^k}{(1+r)^k} = D_{A_0}$$

아울러 A_0의 전미분은 다음과 같이 표현할 수 있다.

$$\frac{dA_0}{A_0} = \frac{\partial A_0}{\partial (1+r)} \frac{(1+r)}{A_0} \frac{dr}{(1+r)} + \frac{\partial A_0}{\partial (1+g)} \frac{(1+g)}{A_0} \frac{dg}{(1+g)} + \varepsilon_A$$

$$= -D_{A_0} \left[\frac{dr}{(1+r)} - \frac{dg}{(1+g)} \right] + \varepsilon_A$$

여기에서 ε_A는 연금자산의 수익률의 특정 리스크 요소이다. r과 g가 서로 상관관계가 없다고 가정하면 연금자산 수익률의 변동성은 최종적으로 다음과 같이 측정될 수 있다.

$$\sigma_{A0}^2 = D_{A0}^2 (\sigma_r^2 + \sigma_g^2) + \eta_A^2$$

참고문헌

Black, F. and M. Scholes, 1973, "The pricing of options and corporate liabilities," Journal of Political Economy 81 : 637-654.

Blake, D., 1998, "Pension schemes as options on pension fund assets : implications for pension fund management," Insurance : Mathematics and Economics 23 : 263-286.

Boyle, P.P., 1978, "Immunization under stochastic models of the term structure," Journal of the Institute of Actuaries 105 : 177-187.

Langetieg, T.C., L.N. Blader, M.L. Leibowitz, A. Weinberger, 1986, Measuring the Effective Duration of Pension Liabilities, Salomon Brothers Inc., New York.

Margrave, W., 1978, "The value of an option to exchange one asset for another," Journal of Finance 33 : 177-186.

Merton, R.C., 1969, "Lifetime portfolio selection under uncertainty : the continuous time case," Review of Economics and Statistics 51 : 247-257.

Reitano, R.R., 1991, "Multivariate duration analysis," Transactions of the Society of Actuaries 43 : 335-376.

제 7 장

연금의 내부수익률

제1절 **확정기간 지급 연금의 내부수익률**

일반적으로 연금수익률(annuity yield)이란 연금 형태로 받게 되는 모든 현금 흐름을 현물수익률(spot yield)로 할인했을 때의 내부수익률을 의미한다.[1] 이러한 형태의 연금은 은행이나 손해보험사의 확정기간 동안 사망에 관계없이 지급하는 연금이나 이표채권의 경우 채권기간 동안 지급하는 이표가 그 예가 될 수 있다. 이표채권에서 이표와 액면가의 현재가치를 현재채권의 가격과 일치시키는 내부수 익률을 만기수익률이라고 하는데 반하여, 연금수익률은 채권의 이표처럼 일정기 간 동안 계속 일정 형태로 받게 되는 현금흐름에 대한 내부수익률을 의미한다.

채권의 만기가 T년이고 매년 말 C의 이표를 지급한다고 가정하자. r_t를 만기 t년의 무이표채권의 연간 수익률(현물수익률)이라고 하면 채권의 연금부분, 즉 이 표들의 현재가치의 합은 다음과 같이 구할 수 있다.

$$A_T^* = \sum_{t=1}^{T} \frac{C}{(1+r_t)^t}$$

r_{aT}를 만기 T년 동안의 연 내부수익률이라면 위의 이표들을 이 내부수익률로 할인한 현재가치와 위 식의 현재가치는 서로 같아야 한다. 따라서 다음이 성립한다.

$$A_T^* = \sum_{t=1}^{T} \frac{C}{(1+r_t)^t} = C \times \sum_{t=1}^{T} \frac{1}{(1+r_{aT})^t}$$

$$= \frac{C}{r_{aT}}\left[1 - \frac{1}{(1+r_{aT})^T}\right] = C \times A_T \tag{7.1}$$

이 내부수익률 r_{aT}를 채권 이표에 대한 연금수익률이라고 한다. 계산순서 는 먼저 식(7.1)의 전반부를 이용하여 A_T^*를 계산한 후 식(7.1)의 후반부를 풀어

---

1) 현물수익률은 무이표채권의 수익률(zero-coupon yield)이라고도 한다.

서 r_{aT}를 얻으면 된다. 또는 A_T^*를 계산한 후 $A_T = A_T^*/C$로부터 A_T를 구한 후 $\left[1 - (1 + r_{aT})^{-T}\right]/r_{aT} = A_T$로부터 r_{aT}를 얻어도 된다.[2] 무이표채권의 수익률곡선이 상승 형태라면 이표의 연금수익률곡선도 상승 형태이지만 전자의 아래에 위치한다. 반대로 무이표채권의 수익률곡선이 감소하면 연금 수익률곡선은 무이표채권의 수익률곡선 위에 위치한다.

수령자의 사망에 관계없이 매 기간 일정 금액이 지급되므로 이런 형태의 연금수익률 모형에는 사망률이 포함되지 않는다. 아울러 현물수익률곡선이 평평한 경우에는 연금수익률은 현물수익률과 동일하다. 즉, 식(7.1)에서 $r_1 = r_2 = \cdots = r_T$이면 $r_1 = r_{aT}$가 된다.

예제 1 매년 말 이표를 107.5씩 지급하는 만기 3년의 채권이 있고, 만기 1, 2, 3년의 연 무이표수익률이 각각 10%, 10.26%, 10.81%라고 하자. 이때 이표의 연금수익률은 얼마인가?

풀이 먼저 채권 이표의 현재가치를 다음과 같이 구한다.

$$A_3^* = \frac{107.5}{1.10} + \frac{107.5}{1.1026^2} + \frac{107.5}{1.1081^3} = 265.16$$

따라서 $A_3 = 265.16/107.5 = 2.4666$이 된다. 그 다음으로 $\left[1 - (1 + r_{aT})^{-3}\right]/r_{aT} = 2.47$을 풀면 $r_{aT} = 10.47\%$를 얻을 수 있다. ∎

제2절 생존확률이 포함된 연금수익률

대부분의 생명연금에서 연금급부의 지급은 일정 시점부터 시작하여 수급자가 생존하는 경우 계속 지급되고 사망 후에는 중단되는 것이 일반적이다. 따라서 특

---

2) $t > 2$인 경우 엑셀이나 재무계산기를 사용하여 내부수익률을 구할 수 있다.

정 연령부터 연금지급이 시작된다면 그 이후에 매년 생존하거나 또는 사망할 확률은 연금수익률의 결정에 중요한 변수로 작용할 것이다. 향후 생존확률은 확률변수이므로 이 경우 우리는 연금수익률의 기대치를 계산할 수밖에 없다. 여기에서는 논의를 보다 단순하게 전개하기 위하여 미래연금급부를 할인하는데 사용하는 수익률곡선이 평평하다고 가정한다.[3] 이러한 가정 하에서 연금의 내부 기대수익률이 연금지급 기간 및 할인율(공시이율)의 변화에 따라 어떤 영향을 받게 되는지 분석해 보기로 하자.[4] 먼저 간단한 사망보험의 내부수익률을 분석해 보자.

1. 사망보험의 내부수익률

먼저 연령 x의 사람이 사망하면 그 해 말에 사망금을 지급하는 일시납 종신 생명보험을 고려해보자. 먼저 한 기간을 1년이고 확률변수 t를 피보험자가 사망하는 해의 말까지 소요되는 총기간, C_t를 사망하는 해의 말에 받게 되는 보험금, 그에 해당하는 사망확률을 $_{t-1}q_x$라고 정의하자. 최종 목적이 수익률을 계산하는 것이므로 $C_t = 1$이라고 해도 결과는 동일하다. r을 미래에 받게 될 보험금을 할인하는데 사용하는 공시이율이라고 하면 이러한 형태의 일시납 종신보험의 보험료는 다음과 같이 표현할 수 있다.[5]

$$P = \sum_{t=1}^{\infty} \frac{_{t-1}q_x C_t}{(1+r)^t} \qquad (7.2)$$

이 보험계약의 내부수익률을 r_t이라고 하자. 만일 계약 후 피보험자가 $t\,(=1, 2, \cdots)$번째의 해에 사망한다면 수익자는 C_t를 받게 되며, 일시납 보험료를 P로 표현하면 내부수익률은 $(1+r_t)^t = C_t/P$의 해로 정의할 수 있다.

식(7.2)와 내부수익률의 정의를 이용하면 다음 식이 성립하는 것을 알 수 있다.

---

3) 실제로 실무에서도 거의 대부분 공시이율의 수익률곡선이 평평하다고 가정한다.
4) 2절의 상당부분은 Broverman(1986)을 참조하였다.
5) 이번 장에서 사용하는 사망보험료나 연금보험료는 모두 순보험료를 의미한다.

$$\left[\frac{1+r_t}{1+r}\right]^t = \frac{C_t}{P(1+r)^t} \tag{7.3}$$

따라서 확률변수인 사망률에 따른 양변의 기대치는 다음과 같다.

$$
\begin{aligned}
E\left[\left(\frac{1+r_t}{1+r}\right)^t\right] &= E\left[\frac{C_t}{P(1+r)^t}\right] \\
&= E\left[\sum_{t=1}^{\infty}\frac{t-1}{P(1+r)^t}q_x C_t\right] = 1
\end{aligned} \tag{7.4}
$$

이 관계식은 전통적인 일시납 순보험료 결정식인 식(7.2)가 제공하지 못하는 정보들을 제공할 수 있다.

2. 연금의 내부수익률

1) 일반 종신연금

먼저 종신연금의 내부수익률을 분석해 보기로 하자. $_t p_x$를 연령 x인 사람이 향후 t년까지 생존할 확률이라고 하면 생존 시 1을 받는 기시급 종신연금(whole life annuity-due)의 일시납 보험료는 다음과 같이 표현할 수 있다.

$$P = \ddot{a}_x = \sum_{t=0}^{\infty}\frac{t p_x}{(1+r)^t} \tag{7.5}$$

만일 T가 양의 정수이고 피보험자가 $x+T-1$의 연령부터 $x+T$의 연령 사이에 사망하면 (사망확률은 $_{T-1}q_x$이다), 일시납 연금보험료는 매년 초에 1씩 T년에 걸쳐 받게 된다(이 경우에는 각 해에 받는 1에 생존확률을 곱할 필요가 없다). 따라서 이러한 연금의 내부수익률을 r_{aT}라고 하면 이는 다음의 식으로부터 구할 수 있다.

$$P = \sum_{t=0}^{T-1} \frac{1}{(1+r_{aT})^t} = \frac{1 - \dfrac{1}{(1+r_{aT})^T}}{1 - \dfrac{1}{1+r_{aT}}} \tag{7.6}$$

위의 식(7.6)에서의 내부수익률 r_{aT}는 $T=1$에서는 정의되지 않는 것에 유의할 필요가 있다. $T=2$인 경우 r_{aT}를 구하기 위하여 식(7.6)으로부터 근의 공식을 사용할 수 있지만, $T>2$인 경우에는 일반적으로 시행착오(trail and error)방식으로 해를 찾아야 한다. 실제로 초기치가 실제 최적치와 큰 차이가 나지 않는다면 Excel의 목표값 찾기나 해찾기 등을 이용해서 얻을 수도 있다. 보다 정밀한 해를 구하고 싶을 때는 SAS, Gauss, Matlab 등 다양한 통계/수학 패키지를 사용하면 편리하다.

위의 식으로부터 연금의 내부수익률 r_{aT}는 다음과 같은 특성을 지니는 것을 알 수 있다.

첫째, r_{aT}는 T의 증가함수이다.

둘째, 생존할 수 있는 최대연령을 w라고 하면 $\lim\limits_{T \to w} r_{aT} > r$ 이다.[6] 따라서 연금의 내부수익률이 공시이율을 초과하는 최소생존기간 T^*는 반드시 존재한다.

셋째, 개산평균여명(curtate expectation of life)을 $e_x = \sum\limits_{t=1}^{\infty} {}_t p_x$라고 정의하고 $[e_x]$를 e_x의 정수올림값(즉, e_x 이상인 최소정수)이라고 할 때, 연금의 피보험자가 $[e_x]+1$년 이상 생존하면 r_{aT}는 r보다 커진다.[7]

2) 확정 지급기간이 보장된 종신연금

기업연금이나 공적연금의 경우에는 그렇지 않지만 일반 개인연금인 경우에는 종신연금이라고 할지라도 확정기간 동안 연금지급이 보장된 경우가 많다. 즉, 일단 연금 지급이 시작되면 연금수령자가 미리 확정된 기간 내에 사망하더라도 그 기간까지는 유족에게 연금이 계속 지급되는 옵션이 포함되어 있는 것을 의미한다.

---

6) 이 주장의 증명은 Broverman(1986)을 참조하라.
7) 이 주장은 r이 양수인 경우에만 성립한다.

m을 확정 지급기간이라고 하면 이러한 종신연금의 일시납 보험료는 다음과 같이 계산할 수 있다.

$$P = \sum_{t=0}^{m-1} \frac{1}{(1+r)^t} + \sum_{t=m}^{\infty} \frac{{}_t p_x}{(1+r)^t} \tag{7.7}$$

따라서 이 연금의 내부수익률은 T와 m에 따라 다음과 같게 된다.

$$r_{aT} = \begin{cases} r_m & \text{if } T < m \\ r_{aT} & \text{if } T \geq m \end{cases} \tag{7.8}$$

T가 m 이상이라면 식(7.8)의 첫 째 식은 더 이상 조건식이 되지 않으므로 r_{aT}의 값은 확정 지급기간이 없는 경우의 종신연금의 내부수익률을 구하는 것과 동일하다. 물론 r_{aT}의 값은 반복적인 시행오류방법에 의하여 구해야 할 것이다.

제 3 절   내부 장수수익률

어떤 퇴직자가 처분가능한 재산을 $W_0 = w$만큼 가지고 있다고 하자. 아울러 미래 생존확률과 이자율을 고려한 연금화 요소를 a_1이라고 하고, 연금거래에 사업비 등의 비용이 발생하지 않는다고 가정하자. 이 사람이 재산을 연금으로 바꾼다면, w를 지급하고 대신 매년 w/a_1만큼의 연금을 받게 될 것이다. 반면 연금을 구입하는 대신 자가연금화(self-annuitization)를 실행한다면, 매우 짧은 기간의 재산의 가치는 투자수익률(연속복리를 가정한 연간 수익률을 r이라고 하자)만큼 증가하는 반면, 소비를 위한 금액인 w/a_1만큼 감소할 것이다.[8] 편의를 위하여 수익률 r은 고정되어 있다고 가정한다. 이 경우 이러한 자가연금화를 시도하는 퇴직자의 금융자산은 다음과 같은 미분방정식을 충족하게 된다.

---

8) 이번 절에서는 미분방정식을 사용하기 위하여 수익률의 연속복리를 가정하였다. 미분방정식 대신 차분방정식을 사용하고 이자율의 비연속복리를 가정해도 결론은 변하지 않는다.

$$dW_t = (rW_t - \frac{w}{a_1})dt, \quad W_t \geq 0 \tag{7.9}$$

식(7.9)의 미분방정식을 풀면 그 해는 다음과 같이 얻어진다.

$$W_t = (w - \frac{w}{ra_1})e^{rt} + \frac{w}{ra_1}, \quad W_t \geq 0 \tag{7.10}$$

이 식으로부터 모든 t의 값에 대하여 W_t가 양의 값을 갖도록 하는 r의 값을 얻을 수 있다. 그러나 이 금융자산이 $t+s$ 연령에서도 매 기간 동일한 연금액을 지급할 수 있도록 충분한 자금을 유지하려면 다음의 식이 함께 충족되어야 한다.

$$\frac{w}{a_1}a_2 = (w - \frac{w}{ra_1})e^{rs} + \frac{w}{ra_1} \tag{7.11}$$

이 식에서 a_2는 $t+s$ 연령에서의 연금화 요소, 즉, 사망시점까지 매년 1을 받기 위하여 현재 지급해야 하는 금액을 의미한다. 따라서 식(7.11)의 좌변은 $t+s$ 연령의 은퇴자가 w/a_1 비율의 현금흐름을 사망 시까지 받기 위하여 지급해야 하는 비용을 의미하는 것을 알 수 있다. 식의 우변은 수익률 r과 소비율 w/a_1 하에서의 재산의 순증가분을 의미한다. 즉, 식의 좌변은 자가연금화를 위한 비용, 우변은 이 비용을 조달하기 위한 자금의 원천을 의미한다고 할 수 있다. 양변에 a_1/w를 곱하여 정리하면 최종적으로 다음 식을 얻게 된다.

$$a_2 - (a_1 - \frac{1}{r})e^{rs} - \frac{1}{r} = 0 \tag{7.12}$$

식(7.12)를 만족하는 해의 값인 r이 너무 작으면 좌변(즉, 연금의 비용)이 너무 큰 것이며, r이 너무 크면 연금의 비용이 더 적게 되므로 보다 나은 조건의 연금을 얻을 수 있다는 것을 의미한다. Mlilevsky(2005)는 식(7.12)의 해가 되는 r을 연금의 내부 장수수익률(implied longevity yield)이라고 칭하였다. 이 수익률은 a_2가 일정하다는 가정 하에, s년 후에도 동일한 연금금액을 소비할 수 있도록 하기 위하여 연금화되지 않은 재산이 획득해야 할 내부수익률을 의미한다. 식(7.10)의 해

역시 시행착오방법으로 찾아야 한다.

식(7.12) 같은 식을 풀기 위하여 일반적으로 사용하는 시행착오방식을 이해할 필요가 있다. 먼저 식의 좌변을 $g(r)$로 표현하고 $g(r)=0$의 해를 찾는 수치해법을 생각해보자. 특정값 x가 ε만큼 변화할 때 함수값 $g(x+\varepsilon)$는 테일러확장을 이용하여 다음과 같이 표현할 수 있다.

$$g(x+\varepsilon) = g(x) + g'(x)\varepsilon + \frac{g''}{2}\varepsilon^2 + \cdots \qquad (7.13)$$

ε가 매우 작다면 이 식에서 ε의 2차항 이상을 포함하는 값들은 0에 가까우므로 무시할 수 있다. 따라서 $g(x+\varepsilon)=0$은 다음을 의미한다.

$$\varepsilon = \frac{-g(x)}{g'(x)} \qquad (7.14)$$

이 해를 찾기에 적합한 방법으로 뉴튼-랩슨법(Newton-Raphson method)을 들 수 있다. 이 방법은 $g(r)=0$을 만족하는 해를 찾기 위해, 처음에 $r=r_0$의 초기치에서 시작한 후 $|r_{i+1}-r_i|<\varepsilon$을 만족할 때까지 다음 식에 따라 r의 값을 변화시켜 나가는 방법을 말한다.

$$r_{i+1} = r_i - \frac{g(r_i)}{g'(r_i)} \qquad (7.15)$$

식(7.12)은 근사법을 이용하여 보다 쉽게 해를 찾을 수 있다.[9] 먼저 테일러확장을 이용하여 2차항까지 확장하면 e^{rs}를 다음과 같은 근사식으로 표현할 수 있다.

$$e^{rs} \approx 1 + rs + 0.5r^2s^2$$

이제 이 식을 식(7.12)에 대입하여 정리하면 다음과 같은 r의 2차식으로 변화한다.

---

9) 물론 이 방식은 근사치를 이용한 방식이므로 통계/수학 패키지를 사용한 것보다는 정확도가 떨어진다.

$$- (\frac{1}{2}a_1 s^2)r^2 + (\frac{1}{2}s^2 - a_1 s)\,r\, + (a_2 + s - a_1) \approx 0 \tag{7.16}$$

따라서 이 방정식의 해가 되는 r^*는 근의 공식을 이용하여 다음과 같이 얻을 수 있다.

$$r^* = \frac{(s - 2a_1) + \sqrt{s^2 + 4a_1(s + 2a_2 - a1)}}{2sa_1} \tag{7.17}$$

예제 2 현재 65세인 은퇴자가 종신연금으로 매달 630씩 받으며 연금은 사망과 상관없이 처음 10년 동안에는 확정지급 한다고 하자. 이 연금의 일시납보험료가 100,000이라면 이 연금에서의 1에 대한 연금화 요소는 $a_1 = 100,000/(12*630)$ $= 13.2275$가 된다. 아울러 75세인 은퇴자가 100,000의 일시납보험료로 확정지급의 조건 없이 매 달 950씩 받는 종신연금을 구입할 수 있다면 이러한 연금에서의 1에 대한 연금화 요소는 $a_2 = 100,000/(12*950)\ = 8.7719$가 될 것이다.[10] 이제 65세에 10년 지급확정 종신연금을 구입하는 방법과 10년 동안 자가연금을 실행하고 75세가 되어 종신연금을 구입하는 방법이 동일하게 되는 포트폴리오의 내부수익률은 다음 식으로부터 얻을 수 있다.

$$8.7719 - (13.2275 - \frac{1}{r})\,e^{10r} - \frac{1}{r} = 0$$

시행착오 방식으로 이 식의 해를 찾으면 $r^* = 0.0496$을 얻는다. 만일 근사치 방법을 이용한다면 식(7.17)을 이용하면 $r^* = 0.0485$를 얻게 된다. 따라서 근사식을 이용한 해는 시행착오 방식으로 얻은 해와 어느 정도 차이가 나는 것을 알 수 있다. ■

---

10) 이 예에서는 계산을 간단히 하기 위하여 매 달 수취하는 경우의 연금화요소와 연속 수취하는 경우의 연금화 요소를 동일하다고 간주하였다. 보다 정밀한 계산을 원하는 경우 위의 각 연금화 요소에 1/24를 더해주면 월별 연금화 요소를 연속 연금화 요소로 변화시킬 수 있다.

참고문헌

Albrecht, P., and R. Maurer, 2002, "Self-annuitization, consumption shortfall in retirement and asset allocation: the annuity benchmark," Journal of Pension Economics and Finance, 1 : 269-288.

Bowers, N., H. Gerber, J. Hickman, D. Jones and C. Nesbitt, 1997, Actuarial Mathematics, 2nd ed., Society of Actuaries, Itasca, IL.

Broverman, S., 1986, "The rate of return on life insurance and annuities," Journal of Risk and Insurance 53 : 419-434

Milevsky , M. A., 1998, "Asset allocation towards the end of the life-cycle, to annuitize or not to annuitize?" Journal of Risk and Insurance 65 : 401-426.

Milevsky , M. A., 2005, "The implied longevity yield : a note on developing an index for life annuities," Journal of Risk and Insurance 72 : 301-320.

제 **8** 장

제 장

장수리스크 관리

연금 및 생명보험 상품들의 가장 주요한 리스크의 원천은 오래 사는 위험, 즉, 장수리스크(longevity risk)이다. 확정급여형 기업연금과 개인연금 등이 그 대표적인 예가 되며, 국민연금이나 특수직역 연금도 장수리스크에 노출되어 있다. 이러한 상품들에서 확정급여형 기업연금제도를 시행하고 있는 고용주나 연금상품을 제공하는 보험사들은 수급자들의 생존율이 예측한 것보다 길어지는 위험에 노출되게 된다. 사망률 또는 생존율이 매년 길어진다고 해도 예상치와 동일하다면 장수리스크는 존재하지 않는다. 보험료나 적립금 산정 시 이미 반영이 되기 때문이다. 그러나 가입자의 생존율이 예상보다 더 길어지게 되면 연금의 스폰서 기업이나 보험사 등 연금제공자는 심한 적자에 빠지거나 연금지급에 어려움을 겪게 될 수 있다.

연금은 가격(보험료)으로 경쟁하는 상품이기 때문에 시장점유율을 높이기 위해서는 마진을 낮게 유지할 수밖에 없다. 따라서 연금가격 결정에서 가정한 사망률이 실제보다 높은 것으로 판명되면 이는 즉각 연금판매자의 마진 하락으로 이어진다. 많은 생명보험회사들이 연금 사업에서 손해를 보고 있거나 매우 불리한 조건으로 상품을 판매하고 있다고 주장하고 있으며 이는 확정급여형 기업연금제도를 시행하고 있는 고용주들도 마찬가지이다.

모든 나라에서 종신연금은 가장 중요한 퇴직 후 소득이며 장수리스크로부터 개인을 보호할 수 있는 거의 유일한 재정적 수단이다. 종신연금의 형식을 택하지 않으면 기업연금은 퇴직자들이 자신이 보유한 자산이 모두 소진된 이후까지 생존하게 되는 위험으로부터 그들을 보호할 수 없을 것이다. 그러나 이러한 장수리스크를 적절하게 관리하지 못하면 결국 종신연금 형태는 사라지고 기업연금의 고용주나 연금수급자들은 무방비로 장수리스크에 노출될 가능성도 배제할 수 없다.

장수리스크는 거시(macro) 장수리스크와 미시(micro) 장수리스크로 구분할 수 있다. 거시 장수리스크는 대기업의 연금 수급자나 대형 보험회사의 연금가입자와 같이 대규모 그룹의 사람들에 대한 장수리스크를 일컫는다. 주요한 거시 장수리스크의 예로는 향후 기대수명의 추정이 정확하지 못할 위험인 추세리스크(trend risk)를 들 수 있는데, 이는 체계적 리스크의 한 유형이라고 할 수 있다. 반면 미시 장수리스크는 소규모 그룹의 사람들로부터 발생하는 고유한 리스크를 다루는 것으로 생명보험전매(life settlement)에서 보험전매자의 수명을 과소 추정하는 리스크가 이에 해당된다.[1] 먼저 거시 장수리스크를 중점적으로 살펴보기로 하자.

제1절 전통적 거시 장수리스크 관리 수단

보험사의 연금사업이나 확정급여형 기업연금에서 장수리스크를 관리하는 전통적인 방법은 보험계약 또는 재보험계약을 통하여 다른 보험사에게 연금부채를 매각하는 것이다. 연금기금 바이아웃(pension fund buy-out)이라고 알려진 이 방법은 2000년 대 중반 이후 많이 사용되는 방법이다. 가장 일반적인 형태인 풀바이아웃(full buy-out)은 기업이 보험회사에 연금 관련 부채를 모두 매각하여 장수리스크를 제거하는 방법이다.

예를 들어 A사는 연금자산이 85이고 연금부채가 100이 있다고 하자. 생명보험회사 B사가 A사의 연금부채를 풀바이아웃 기준으로 120으로 평가하여 연금자산과 부채를 모두 인수하기로 한다면 풀바이아웃 적자는 35가 된다. A사는 이 부족액을 내부적으로 마련하거나 (아마도 B사로부터) 차입해야 하는데 차입의 경우 규정에 따라 수 년(예를 들어 10년)에 걸쳐 상환해야 한다. B사는 연금을 인수한 후 주식비중이 높은 연금자산을 채권으로 바꾸거나, 듀레이션스왑이나 인플레이션스왑을 이용하여 이자율리스크와 인플레이션리스크를 헤지할 수 있다.

기업에 있어 바이아웃의 장점은 연금부채를 완전히 제거하는 대신 (바이아웃 비용을 차입했을 경우에는) 향후 일정 기간에 걸쳐 정기적으로 차입금을 상환하면 된다는 것이다. 또한 손익 변동성을 줄이고 연금지급보증기관에 납입하는 보험료와 연금자산 운용수수료 부담으로부터 벗어날 수 있다. 수탁자와 연금수급자들은 (보험회사의 신용리스크에 문제가 없는 한) 연금지급을 보장받게 된다.

생명보험회사의 입장에서는 현재의 연금부채액(100)과 바이아웃 기준 부채

---

1) 생명보험전매는 생명보험 계약자가 사망 전 보험전매자에게 자신의 보험계약을 매도하고 해지 환급금보다 큰 금액을 받는 거래를 말한다.

평가액(120)의 차액(20)에 대하여 이익을 얻을 수 있다. 아울러 A사에 바이아웃 적자액 35를 대출했다면 이로부터 이자를 얻을 수 있으며 자신의 시장지배력을 이용하여 보다 유리한 조건으로 신규 우량 채권을 매입할 수 있다. 보험회사가 기업연금의 기금운영사 보다 반드시 자산운용을 더 잘 할 필요는 없으나 보다 전문적인 사망률 통계 관리를 할 수 있으므로 이것으로부터도 이익을 볼 수 있다.

바이아웃은 여러 가지 변형된 형태로도 사용된다. 그 중 한 가지는 기본 사항은 풀바이아웃과 동일하나 A사가 연금자산을 계속 보유하여 운용하는 방법이다. 이는 연금자산의 주식 비중을 높게 운용할 경우 10년 동안 채권으로 운용하는 것보다 더 높은 수익을 올릴 수 있다는 믿음에 기초한다. 만약 이러한 운용전략으로 추가적인 이익이 발생한다면 기업은 바이아웃 비용을 줄일 수 있다. 그러나 이 방법은 기업이 연금부채 총액을 풀바이아웃 비용으로 조달해야 하기 때문에 자주 사용되지는 않는다.

반면 풀바이아웃과 마찬가지로 보험회사가 자산운용을 담당하되 보다 혁신적인 운용전략을 사용하여 운용수익을 높이는 방법도 있다. 예를 들어 보험회사가 여러 기업연금을 결합하여 관리함으로써 사망률뿐만 아니라 자산운용에서도 규모의 경제를 실현할 수 있다.

기업연금 전체를 바이아웃하는 대신 부분 바이아웃(partial buy-out)하여 리스크를 경감시킬 수도 있다. 예를 들어 연금지급 개시가 15년 이상 남은 수급자나 70세 이상의 수급자에 대한 연금, 배우자 연금, 거치연금, 현재 지급 중인 연금 등의 연금 중에서 일부만 바이아웃하는 것이다. 이 방법은 기업의 리스크를 지속적으로 관리하기 위한 것으로 지불능력에 문제가 없는 대기업이라도 정상적인 연금 리스크 관리의 일환으로 사용할 수 있을 것이다.

영국에서 바이아웃 시장은 2006년 이후 활성화되었다. 전통적인 바이아웃 시장은 프루덴셜(Prudential)과 리걸앤제너럴(Legal & General)에 의해 양분되었으며 두 회사의 한 해 거래액은 약 20억 파운드에 달했다. 총 1조 파운드에 이르는 영국 바이아웃 시장의 잠재 규모는 많은 신규 참여자를 시장으로 유인했는데 특히 PIC(Pension Insurance Corporation), 로스세이(Rothesay Life), 루시다(Lucida), 아비바(Aviva), 메트라이프(MetLife) 등과 같은 생명보험회사들이 적극적으로 참여하였다.

이러한 보험사들은 거치연금보다는 현재 지급 중인 연금의 바이아웃을 선호하는 반면, 스위스리(Swiss Re)나 펜션스퍼스트(PensionsFirst)와 같은 보험사들은 거치연금의 바이아웃에도 적극적이다.

신규참여자 중 일부는 바이아웃 후에도 기업연금의 법적 상태를 유지하는 비보험 바이아웃(non-insured buy-out)을 시도하기도 한다. 일례로 2007년 8월 씨티그룹은 톰슨지역신문사의 퇴직연금을 인수한 후 연금을 계속 존속시키면서 자신이 연금의 새로운 고용주가 되었다. 그러나 이러한 방식의 바이아웃은 연금 스폰서 기업의 변경에 대한 규제당국의 우려로 널리 확산되지는 못하였다.

바이아웃시장의 경쟁이 심해지자 일부 바이아웃 기업들은 기업연금을 인수하기 위하여 연금 스폰서 기업을 직접 인수하기도 하였다. 2007년 6월 PIC는 주류판매 체인인 스레셔스(Threshers)를 인수하여 연금은 보유하고 2주 후 사모투자기업인 비젼캐피탈(Vision Capital)에 사업의 75%를 매각하였다.

풀바이아웃의 또 다른 대안으로는 고용주의 지급불능에 대비하여 연금 부족액에 대해 보험을 가입하는 방법이 있다. 예를 들어 B 보험사가 A사에 대해 연금 부족액의 일정 비율(예를 들어 1~2%)을 연 보험료로 요구하는 것과 같은 식이다. 이 경우 보험계약은 조건부 자산(contingent asset)으로 분류되며 A사는 연금지급보증기관에 납입하는 추가 부담금을 낮출 수 있다. 스폰서 기업은 결과에 상관없이 보험에 가입되어 있으므로 보다 적극적인 자산운용을 할 가능성이 높아진다.

2007년 설립된 보험사인 PRi(PensionsRisk Insurance)의 경우를 예로 들어 보자. A사가 3천만 파운드의 연금 부족분에 대하여 10년간 5백만 파운드의 보험료로 보험에 가입하였다고 가정하자. PRi는 A사로부터 연금자산을 인수하는 대신 연금 수급자들에게 연금을 지급하며 10년 후에는 최소한 연금의 부채가치에 해당하는 자산을 A사에게 돌려준다. 따라서 이 보험에 의하여 A사는 연금기금의 적자를 해소할 수 있다.

경우에 따라서는 바이인(buy-in)이 바이아웃의 대안으로 사용되기도 한다. 이 것은 연금기금의 유동자산 일부를 보험회사가 제공하는 단체연금계약으로 교환하는 방법이다. 이 단체연금계약은 기업연금의 자산으로 분류되며 수익을 창출하고, 이 수익을 이용하여 기업은 연금의 부채(즉, 연금지급)를 해소한다. 이 단체연금계약은 연금수급자에게 속하는 것이 아니므로 수급자는 바이아웃의 경우와는 달리 이 연금계약의 계약자가 아니다.

바이인 전략에 의하여 혜택을 받는 주 대상자는 이미 연금을 지급받고 있는 기업연금의 수급자들이다. 보험회사의 연금계약으로부터 받는 금액으로 기업의 연금수급자에게 연금을 지급하면 장수리스크와 이자율리스크, 그리고 단체연금이 물가상승률에 연동되어 있을 경우에는 인플레이션리스크까지도 헤지할 수 있다. 그러나 상당히 오랜 시간 경과 후에 연금지급이 이루어지는 거치연금은 매입비용이 높아지기 때문에, 거치연금 수급자를 위하여 바이인 전략을 사용하는 경우는 그리 흔하지 않다.

일반적으로 대상자의 수가 적으면 사망률의 불확실성이 크기 때문에 바이인은 특히 작은 규모의 기업연금에 유리하다. 한편 기업은 후에 풀바이아웃을 하게 될 경우를 대비하여 중간에 바이인 계약을 해지할 수 있도록 미리 명시해 두어야 한다.

최근 영국에서는 두 건의 대규모 바이인 계약이 이루어졌다. 2010년 7월 브리티시항공사의 연금제도는 13억 파운드의 보험료로 로스세이 보험사로부터 단체연금을 구입했고, 2010년 11월에는 글락소스미스클라인의 연금제도는 900백만 파운드의 보험료로 프루덴셜 보험사와 거래를 마쳤다. 다른 나라의 경우 2010년 12월 네덜란드 식품 기업인 히어로사와 에이건 보험사 사이의 44백만 유로의 거래가 최초의 바이인 거래라고 할 수 있다.

대규모의 바이아웃과 달리 바이인은 규제당국이나 연금수급자들의 승인을 받을 필요가 없기 때문에 신속하게 처리될 수 있다는 장점이 있다. 금융시장의 변동성이 큰 경우에는 기업이 풀바이아웃을 할 만한 충분한 자금을 보유하고 있더라도 막상 규제당국과 연금수급자의 승인을 받은 시점에서는 자금이 모자라게 될 수도 있다.

전통적인 풀바이아웃에서는 장수리스크는 물론 이자율리스크, 인플레이션리스크, 투자리스크, 재투자리스크 등 모든 리스크를 이전하게 된다. 이에 비하여 바이인은 이들 리스크 중 일부, 특히 장수리스크를 이전하기 위한 계약이다. 결국 바이아웃 기업과 바이인 기업 모두 장수리스크를 떠안게 되는데 이들 스스로 장수리스크를 헤지할 수 있는 방법이 없고, 아울러 바이아웃 가격이나 바이인 가격, 특히 장수리스크의 가격에는 투명성이 결여되어 있다.

따라서 자본시장의 도움이 없다면 보험회사는 단지 기업 대신 장수리스크를 떠안는 역할을 할 뿐이다. 반면 자본시장을 이용하면 순수 장수리스크를 헤지할 수 있는 방법을 마련할 수 있고, 장수리스크의 기간구조, 즉 각 연령대별 장수리스크의 가격을 결정할 수 있다. 재보험으로 장수리스크를 해결할 수 있기는 하지만 전 세계적으로 장수리스크를 관리하는 재보험시장의 규모는 그다지 크지 않다.

제 2 절 자본시장을 이용한 거시 장수리스크 관리

새로운 자본시장이 설립되어 성공하기 위해서는 효과적인 헤징수단을 제공할 수 있어야 하고, 계약은 동질적이고 투명하여야 한다.[2] 일부 학자들은 장수리스크가 성공적인 시장혁신을 위한 기본 조건들을 충족하고 있다고 주장한다.

1. 효과적인 헤징

자본시장에서 특정한 리스크 관리 수단이 오래 지속적으로 사용되기 위해서는 헤저와 투기자 모두의 니즈를 충족할 수 있어야 한다. 전자는 주로 효과적인 헤지를, 후자는 유동성을 요구한다. 그런데 거래되는 계약건수가 적을수록 각 계약의 잠재적 유동성은 커지는 반면 헤징의 잠재적 효율성은 떨어지기 때문에 이들 사이에는 서로 상반된 관계가 존재하게 된다.

충분한 유동성을 공급하기 위해서 생명보험회사는 전 국민을 대상으로 계산된 사망률 지수를 채택해야 한다. 그러나 생명보험회사나 기업연금과 같은 잠재적 헤저들은 자신의 보험계약자나 연금수급자로부터 발생하는 특수한 장수리스크에 노출되어있다. 따라서 헤저의 장수리스크와 전체 국민의 장수리스크가 다를 경우

---

2) Loeys et al.(2007) 참조.

전체 인구의 사망률지수를 사용하여 헤지를 하면 베이시스 리스크(basis risk)에 직면할 수 있다.[3]

사망률 차이에 영향을 주는 두 가지 중요한 요소는 나이와 성별이고 그 다음으로 중요한 요소는 사회경제적 지위라고 할 수 있다. 전 국민의 연령 및 성별 사망률 추이는 공개된 정보의 이용이 가능한 반면 사회경제적 지위에 따른 사망률 정보는 그렇지 않기 때문에 사망률지수는 제한적으로 사용될 수밖에 없다.

그러나 Coughlan et al.(2007a)은 서로 다른 사회경제 그룹의 사망률 사이의 상관관계가 연 단위 비교에서는 높지 않을지라도 헤저들에게 보다 의미 있는 기간인 10년 동안 평균을 하면 상관관계가 매우 높아진다는 사실을 알아냈다. 이는 전체 인구의 사망률을 사용함으로써 발생하는 베이시스 리스크가 생명보험회사나 기업연금의 전체 헤지 기간을 대상으로 할 때는 낮아진다는 것을 의미한다. 즉, 전체 국민의 사망률지수에 기초한 자본시장의 헤지 수단들이 효과적인 기능을 제공할 수 있다는 것을 암시한다.

2. 경제적 중요성

자본시장에 장수리스크가 거래되기 위해서는 이를 필요로 하는 이용자들의 총체적 니즈에 충분한 규모가 형성되어야 한다. 생명보험회사의 연금상품이나 기업연금은 수급자들의 수명이 길어질수록 부채가 증가하므로 장수에 대해 매도포지션을 취한 것과 같다. 반대로 수명이 길어질수록 부채가 감소하거나 수입이 증가하는 기관들은 장수에 대해 매입포지션을 취한 것과 같다. 정기생명보험을 판매하는 보험회사, 노인용 의약품을 판매하는 제약회사, 장기 요양시설, 부유한 노인들이 선호하는 주거지역들이 이에 해당한다.

장수 관련 시장이 설립되기 위해서는 장수리스크 관리 수단에 대한 수요와 공급이 균형을 이루어야 한다. 이것은 곧 장수리스크의 시장가격뿐만 아니라 전체 시장 규모에도 영향을 준다. 생명보험회사와 기업연금은 장수를 매도한 입장이므

---

3) 베이시스 리스크란 헤지 대상의 위험 변동과 헤지 수단의 기초 변수의 위험 변동이 완전한 상관관계를 갖지 않는 불완전 헤지로부터 발생하는 리스크를 말한다.

로 상대가 매입포지션을 취하게 하기 위하여 리스크 프리미엄을 제공해야 한다. 앞서 설명한 대로 보험계약을 이용하여 부채를 매각할 수도 있지만 장수리스크를 매각하는 비용이 다른 리스크 비용과 혼재되어 있기 때문에 이 방법에는 비용이 많이 소요된다. 더욱이 장수리스크를 취급하는 보험이나 재보험 시장의 규모와 자금이 충분하지 않기 때문에 비용은 더 높아진다.

자본시장에서는 활발한 무차익거래로 가격이 보다 투명하게 결정되고, 투기자들의 유동성 공급으로 시장규모가 확대되면서 장수리스크 관리 비용이 낮아질 수 있다. 이러한 시장여건은 헤지펀드, 국부펀드, 가족펀드 그리고 기존에 보유한 금융자산들과 상관관계가 낮은 투자자산을 찾고 있는 투자자들에게 새로운 투자대상을 제공할 수 있다.

정부도 시장의 발전에 도움을 줄 수 있다. 정부는 국채시장과 물가연동채권 시장에서 하는 것처럼 만기가 상이한 장수채권을 발행함으로써 장수리스크의 무위험 기간구조를 만들 수 있다. 정부는 장수채권을 발행하고 민간부문(보험회사와 자본시장)은 더 나은 연금상품을 개발하는 한편 시장에서 장수리스크가 거래되도록 한다면 정부와 민간이 장수리스크를 공유할 수 있게 된다. 정부가 발행하는 장수채권은 유동성 있는 표준화된 벤치마크를 제공함으로써 각기 상이한 만기에 대하여 장수리스크의 무위험 가격을 결정하는데 도움을 줄 수 있다.

3. 기존 헤지 수단의 무용성

장수리스크가 기존의 헤지 수단을 이용하여 헤지가 될 수 있다면 새로운 헤지 수단을 만들어내려는 노력은 별로 의미가 없을 것이다. Loeys et al. (2007)은 미국과 영국의 5년 사망률 변동과 주식과 채권 수익률 사이의 상관관계를 조사한 후 기존 시장은 장수리스크와 사망률리스크에 효과적인 헤지 수단을 제공하지 못한다는 결론에 도달하였다.

4. 동질적이고 투명한 리스크 관리수단

자본시장이 성공하기 위한 마지막 조건은 거래되는 리스크 관리 수단들이 동질적이고 투명해야 한다는 것이다.

다음 절에서는 장수리스크를 이전하기 위한 자본시장의 창출이 지금까지 어떻게 이루어져왔는지 검토해 보자.

 제3절 채권 형태의 거시 장수리스크 관리 수단

1. 사망률채권

증권화를 통한 순수리스크 이전 방법을 이용하면 사망보험에 내재되어 있는 사망률리스크 및 연금 상품에 포함되어 있는 장수리스크로부터 보험회사를 보호할 수 있다. 예를 들어 보험증권을 담보로 하는 사망률채권을 살펴보자. 보험회사는 예정사망률에 의거하여 특수목적회사에 보험료를 지급하고 그 대신 피보험자의 실제사망률에 따라 보험금을 지급받는다. 특수목적회사는 자금 조달을 위하여 투자자들에게 채권을 발행하고 투자자는 리보(LIBOR)에 사망률리스크가 반영된 리스크 프리미엄을 부가하여 변동이자를 받는다. 이러한 구조는 오직 사망률리스크만을 다루기 때문에 다른 리스크는 보장하지 않는다. 또한 사망률리스크가 특히 높은 기간까지만 리스크를 관리하면 된다. 따라서 담보로 사용되는 모든 보험 증권들의 만기까지 채권의 만기를 연장할 필요도 없다.

증권화를 이용하여 사망률리스크를 관리하는 또 다른 방법은 사망률채권(mortality bonds)이라는 새로운 방법이다. 사망률채권은 사망률이 예정사망률보다 높은 경우를 대비하여 발행되는데 유사한 방법으로 장수리스크를 관리할 수도 있다. 사망률채권의 반환원금이 감소하는 기준 사망률(mortality trigger)은 특정 보험회사나 재보험회사의 경험, 또는 특정 사망률 지수에 기초하여 결정된다.

최초의 사망률채권은 2003년 12월 재보험사인 스위스리(Swiss Re)에 의하여 발행되었다. 스위스리는 특수목적회사 비타캐피탈(Vita Capital Ltd.)을 설립하였고 비타캐피탈은 2003년과 2004년에 걸쳐 총 4억 달러의 사망률지수 채권을 발행했다. 채권 만기는 2007년 1월, 이자율은 3개월 리보에 135bp의 추가 프리미엄을 더한 것이었다. 스위스리는 비타캐피탈의 채권 발행액에 대하여 콜옵션 스프레드를 보유하는 대가로 일정한 프리미엄을 지급하였고 비타캐피탈은 이 프리미엄의 일부를 리보와 교환하는 스왑계약을 체결하였다. 옵션은 미국과 유럽 4개국 국민의 사

┃그림 8-1┃ 스위스리의 사망률채권 구조

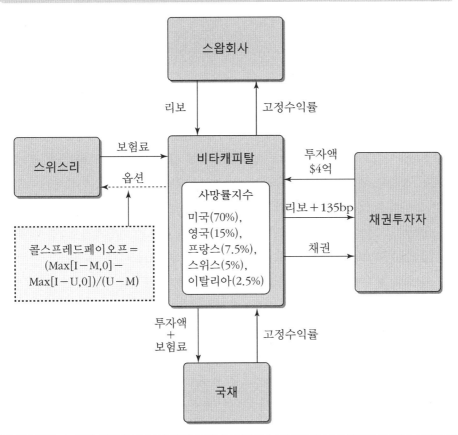

망률을 가중 평균한 사망률지수에 의하여 행사 여부가 결정된다. 만약 보험계약에서의 누적 사망인원이 2002년 사망률지수풀의 실제 사망인원의 130%가 넘으면 이때부터 스위스리는 특수목적회사로부터 채권 발행금액을 받는다. 누적 사망인원이 실제 사망인원의 150%에 이르면 4억 달러 전액을, 130%에서 150% 사이에 있을 때는 비율에 따라 비례적으로 받는다. 이 거래는 〈그림 8-1〉로 요약될 수 있다.

스위스리의 거래는 사망률리스크만을 직접 다루기 때문에 보험증권의 모든 현금흐름을 포함하는 거래에 비하여 간단하고 이해하기 쉽다. 아울러 특정 보험사의 사망률 대신 여러 국가의 사망률을 사용함으로써 도덕적 해이에 대한 투자자 우려를 해소할 수 있으므로 특히 지리적으로 사업이 분산되어 있는 다국적 보험회사에 적합하다. 하지만 여러 국가의 사망률로 구성된 지수를 이용하는 거래이므로 베이시스 리스크를 없앨 수는 없다.

2. 장수채권

장수채권(longevity bond) 또는 생존자채권(survivor bond)이란 특정 연령대의 기대수명에 따라 이자지급이나 반환원금이 변동하는 수명연계 채권이다. Blake and Burrows(2001) 그리고 Blake et al.(2006a)는 장수리스크를 관리할 수 있는 자본시장 창출을 위하여 장수채권의 발행을 제안했다. 이것은 종신연금채권으로 원금은 반환하지 않고 이자는 발행당시의 65세 인구의 사망률지수에 따라 감소하도록 되어있다. 예를 들어 발행 1년 뒤 대상 인구의 1.5%가 사망하면 둘째 해의 이자지급이 첫째해의 98.5%가 되는 식이다.

최초의 장수채권은 2004년 11월에 만기 25년, 발행가액 5억4천만 파운드, 초기 이자금액 5천만 파운드로 유럽투자은행(European Investment Bank, 이하 EIB)이 발행을 시도했다. 이후 이자는 영국 정부의 보험계리부서가 산출하는 영국과 웨일즈의 65세 남성의 사망률지수에 연계하여 지급하게 되어있었다. 이 구조에서 비엔피파리바(BNP Paribas)는 장수리스크를 인수하여 다시 파트너리(PartnerRe)에 재보험을 가입했다. 이 채권은 영국의 기업연금들을 대상으로 발행되었는데 만약 사망률이 영국 정부의 보험계리부서 추정치보다 낮으면 채권이자가 예상보다 덜 감소하고 반대로 더 높으면 지급이자가 더 많이 감소하여 채권투자자인 기업연금을 장수리스크로부터 보호할 수 있었다.

그러나 1년간의 마케팅에도 불구하고 EIB 장수채권은 충분한 수요를 창출하지 못하여 결국 판매되지 못하였다. EIB 장수채권이 실패한 원인은 우선 상품구조 상의 문제를 들 수 있다. 채권의 사망률지수가 영국과 웨일즈의 65세 남성의 사망률이어서 60대 남성 수급자에게는 적합하였으나 70, 80대 남성 수급자나 여성 수급자에게는 적절한 헤지를 제공하지 못하여 베이시스 리스크가 매우 높다고 여겨졌다.

채권가격 문제도 실패의 원인 중 하나였다. EIB 채권의 최초 가격 결정에서 장수리스크 프리미엄은 20bp였다. 그러나 이러한 상품이 처음으로 시장에 등장했기 때문에 투자자들은 헤지하려는 리스크에 비하여 채권가격이 너무 높다고 생각하였다. 아울러 명목이자가 지급되므로 인플레이션리스크를 헤지할 수 없었고 발행규모가 너무 작아서 유동성 제약이 있다는 것도 실패 원인으로 작용했다.

이것은 이 채권의 발행 당시 잠재 투자자나 그들의 자문회사들이 장수리스크 헤지의 필요성은 인식했으나 채권을 통한 헤지에는 공감하지 못한 결과라고 할 수 있다. 사실 그들은 자본시장을 통한 헤지방식을 믿지 못했고 바이아웃처럼 보험을 이용한 방법을 선호했다. 모든 리스크를 완전히 제거하는 보험계약에는 익숙했으나 여전히 베이시스 리스크를 부담해야 하는 자본시장 해법은 불편하게 여겼다. 또한 당시의 기금운용자들은 장수리스크를 관리할 권한이 없었기 때문에 이러한 채권을 보유할 이유가 전혀 없었다.

EIB 채권은 매우 혁신적인 발상이었기 때문에 이 채권이 성공하지 못한 것은 그만큼 실망스러운 일이었다. EIB 채권의 실제 현금흐름은 영국과 웨일즈의 65세 남성의 사망률에 연계되어 있었다. 이러한 단일 사망률 벤치마크는 효과적인 헤지에 충분하지 않다. 이 채권의 발행 실패 후 자본시장에서 거래되기 위해서는 일련의 사망률 지수가 필요하다는 인식이 확연해졌고 2005년 그 첫 시도로 미국 국민을 대상으로 한 CS(Credit Suisse) 장수지수가 만들어졌다. 그러나 이 지수도 투명성 결여로 인해 활발하게 거래되지는 못했다.

보다 성공적인 시도는 2007년 3월 JP모건이 Pensions Institute and Towers Watson과 함께 출시한 라이프메트릭스지수(LifeMetrics Indices)로 나타났다. 이 지

수는 전체 국민의 연령 및 성별에 따른 공식 사망률 자료로 구성되고, 현재와 과거 자료를 모두 이용할 수 있으며, 공식 자료의 발표에 따라 수시로 갱신된다. 이 지수는 장수리스크가 중요한 경제문제로 인식되고 있는 영국, 미국, 네덜란드, 독일 등을 주요 국가로 포함하고 있다.

2008년 3월에는 도이치보스(Deutsche Borse)사의 시장조사부서가 사망률과 기대수명에 관한 월간 지수를 엑스펙트지수(Xpect-indices)라는 이름으로 발표하기 시작했다. 이 지수는 생명보험과 연금 리스크의 증권화를 지원하기 위해 만들어졌으며 독일, 네덜란드, 영국, 웨일즈를 대상으로 산출되었다.

이러한 지수들이 국제자문위원회의 감독 하에 독립적인 산출기관에서 객관적으로 계산되고, 자료와 계산방법의 공개로 투명성이 높아지며, 국가별, 연령별, 성별 사망률지수를 이용한 장수리스크 관리 수단이 고안되면서 장수리스크 관리시장은 크게 발전하게 되었다. 이에 더하여 2011년 1월 OECD가 장수리스크 관리를 위한 2개년 연구계획을 시작함에 따라 이제 각국 정부의 공식적인 기대수명지수 발표를 기대할 수 있게 되었다.

3. 중기 장수채권(Longevity Notes)

2010년 12월 스위스리는 비타캐피탈의 성공을 바탕으로 그리고 EIB 채권의 교훈을 참고하여 장수리스크에 기초한 5천만 달러의 8년 기간 보험연계증권(insurance-linked securities, 이하 ILS)을 출시했다. 스위스리 자신의 장수리스크를 헤지하기 위하여 고안된 이 중기채권은 코티스캐피탈(Kortis Capital)이라는 특수목적회사의 설립을 통하여 발행되었다.

이 중기채권의 투자자들은 75세에서 85세 사이의 영국과 웨일즈 남성의 연간 사망률 개선값과 55세에서 65세 사이의 미국 남성의 연간 사망률의 개선값 간의 차이가 더 커질 경우 위험에 노출된다. 사망률 개선값은 2009년 1월 1일부터 2016년 12월 31일까지 8년 동안 측정되며 채권의 만기는 2017년 1월 15일이다. 만약 위험 기간 동안 사망률편기지수값(longevity divergence index value, 이하 LDIV)이 원금손실점(attachment point)인 3.4%를 넘으면 원금이 감소하기 시작하는

데 원금이 전혀 반환되지 않는 원금소진점(exhaustion point)은 3.9%이다. 따라서 LDIV가 3.4%와 3.9% 사이에 있으면 원금감소인수(principal reduction factor, 이하 PRF)에 의하여 원금이 감소한다.

LDIV의 도출은 다음과 같다. 식(8.1)에서 $m^y(x, t)$는 t시점에 연령이 x인 y국가의 남성의 사망률을 나타내며 그 해에 해당 연령의 전체 인구 대비 사망 인구의 비율로 계산된다. n년 동안의 연간 사망률 개선값은 아래 식으로 정의된다.

$$Imp_n^y(x, t) = 1 - [\frac{m^y(x, t)}{m^y(x, t-n)}]^{\frac{1}{n}} \tag{8.1}$$

각 연령 그룹의 연간 사망률 개선값은 그룹에 속한 각 연령대의 연간 사망률 개선값을 평균하여 계산한다.

$$Index(y) = \frac{1}{1 + x_2 - x_1} \sum_{x=x_1}^{x_2} Imp_n^y(x, t) \tag{8.2}$$

아래의 식(8.3)에서 y_2는 영국과 웨일즈의 75세부터 85세 사이의 인구이고 y_1은 미국의 55세부터 65세 사이의 인구이다. PRF는 식(8.4)로 계산된다.

$$LDIV = Index(y_2) - Index(y_1) \tag{8.3}$$

$$PRF = \frac{LDIV - 원금손실점}{원금소진점 - 원금손실점} \tag{8.4}$$

이 채권의 매각 대금은 은행의 담보계좌에 예치되었다. 이제 만약 75세부터 85세 사이의 영국과 웨일즈 남성의 사망률 개선값과 55세에서 65세 사이의 미국 남성의 사망률 개선값 간의 차이가 예상보다 커지면 담보의 일부를 스위스리에 지급하게 되므로 채권의 원금은 감소한다. 스위스리는 버크셔의회의 연금기금과 7억5천만 파운드의 장수스왑을 체결하여 영국과 웨일즈의 남성 고령자가 예상보다 더 오래 생존할 위험에 직면해 있었으며 동시에 많은 미국 생명보험증권의 재보험자로서 미국 중년 남성이 예상보다 일찍 사망할 위험에도 노출되어 있었다. 따라서 이러한 중기 장수채권은 두 가지 리스크 모두에 대하여 부분적인 헤지를 제공할 수 있었다.

4. 국가 연금채권(Sovereign Annuity Bonds)

2011년 1월 아일랜드 정부는 아일랜드 연금기금협회와 보험계리사협회의 요청을 받아들여 국가 연금채권을 발행했다. 만일 아일랜드 기업 연금이 이 채권을 매입한다면 연금부채의 평가 방식에 긍정적인 영향을 미칠 수 있을 것이다.

제4절 파생상품 형태의 거시 장수리스크 관리 수단

1. 사망률 및 장수스왑

사망률스왑(mortality swap)은 확정지급금과 일정 기간의 특정 집단의 사망자 수에 연계한 지급금을 서로 교환하는 계약을 말한다. 반면 장수스왑(longevity swap)은 확정지급금과 생존자수와 연관된 지급금을 교환하는 계약이다.[4]

일례로 장수스왑은 전술한 EIB 장수채권의 구조에 포함되어 사용되었으나 지금은 스왑만으로도 사용되고 있다. 또 다른 예로는 영국의 연금판매자는 영국 사망률지수에 기초한 현금흐름을 스왑 상대방인 미국 연금판매자와 미국 사망률 지수에 따른 현금흐름과 교환하는 계약을 들 수 있다. 이 교환을 통하여 양 당사자 모두 국제적으로 장수리스크를 분산할 수 있다.

공개적으로 알려진 최초의 장수스왑은 2007년 4월 스위스리와 영국 생명보험회사인 프렌즈프라비던트(Friends' Provident) 사이에 이루어졌다. 이 스왑은 프렌즈프라비던트가 2001년 7월부터 2006년 12월 사이에 인수한 총 17억 파운드, 가입자 78,000명의 연금계약에 대하여 순수하게 장수리스크만을 이전하기 위하여 이루어졌다. 따라서 보험증권의 관리는 계속 프렌즈프라비던트가 맡고 스위스리는 프리미엄을 받는 대가로 연금을 지급하고 장수리스크를 인수했다. 그러나 이 스왑은 법적으로 자본시장 상품이 아닌 보험계약으로 간주되었다.

---

4) 사망률 및 장수스왑에 대한 보다 상세한 내용은 Dowd et al.(2006)을 참조하라.

자본시장 최초의 장수스왑은 2008년 7월 JP모건과 생명보험사인 캐나다라이프(Canada Life)사이에 체결되었다. 캐나다라이프는 영국에서 판매한 5억 파운드에 달하는 가입자 125,000명의 연금계약의 장수리스크를 헤지하기 위하여 40년 기간의 스왑계약을 체결했다. 장수리스크는 헤지펀드, 보험연계증권펀드 등의 투자자들에게 완전히 이전되었고 JP모건은 거래중개자로서 거래상대방 신용리스크를 부담했다. 장수스왑이 이자율스왑 및 인플레이션스왑과 결합된다면 단체연금을 매입하는 것과 같은 결과가 나타나므로 DIY(do-it-yourself) 바이인이라고 부를 수 있을 것이다.

2. 사망률 및 장수선도계약

2007년 1월 JP모건은 'q-선도계약(q-forward contract)'이라는 이름의 사망률선도계약(mortality forward)을 만들었다고 발표했다. 사망률선도계약이란 미래 사망률에 연계된 선도계약으로 'q'는 보험계리에서 사망률을 나타내는 표준 기호이다. 이 계약은 계약 만기일에 특정 인구의 실제 사망률을 계약 당시 합의한 확정 사망률과 교환하는 거래이다.[5] 〈그림 8-2〉는 이 계약의 구조를 나타낸다. q-선도계약이 포함된 최초의 거래는 2008년 2월 JP모건과 보험사인 루시다(Lucida) 사이에 이루어졌다.

AB연금기금이 향후 10년 동안의 장수리스크를 헤지하기 위하여 JP모건과

┃그림 8-2┃ 만기 시 q-선도계약의 현금흐름

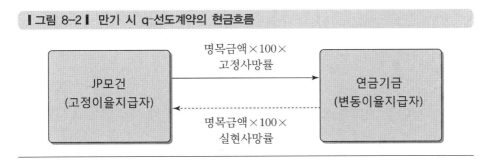

---

5) q-선도계약에 대한 자세한 사항은 Coughlan et al.(2007b)을 참조하라.

2008년 12월 31일에 시작하여 2018년 12월 31일에 끝나는 10년 만기 q-선도계약을 체결하였다고 하자. q-선도계약의 지급액은 계약 만기일에 영국과 웨일즈의 65세 남성의 라이프메트릭스지수에 따라 결정된다. 이 헤지는 방향성 헤지(directional hedge)로 AB연금기금이 경험하는 실제 사망률이 지수와 같은 방향으로 변하기만 하면 장수리스크를 헤지하는데 도움을 줄 수 있다.

JP모건은 만기일에 AB연금기금에 사전에 합의한 확정 사망률(즉, 2018년 영국과 웨일즈의 65세 남성 사망률로 합의한 선도 사망률)과 관련된 금액을 지급한다. 연금기금은 JP모건에 만기일에서 이용할 수 있는 가장 최근의 라이프메트릭스지수에 따른 금액을 지급한다. 공식적인 자료의 이용에는 10개월 정도의 시차가 있기 때문에 2018년 12월 31일의 결제는 2017년 라이프메트릭스지수에 기초하여 이루어진다.

q-선도계약은 장수리스크 헤지나 사망률리스크 헤지를 위한 가장 표준화된 기본요소라고 할 수 있다. 헤지 대상 연령대와 만기를 적절하게 선택한 q-선도계약의 포트폴리오(즉, 합성스왑)는 기업연금이나 개인연금의 장수리스크나 생명보험의 사망률리스크에 효과적인 헤지를 제공하도록 구성될 수 있다.

JP모건과 루시다 간의 q-선도계약을 이용한 헤지는 현금흐름헤지(cash flow hedge)가 아닌 금액헤지(value hedge)라고 할 수 있다. 금액헤지에서는 만기에 순지급액이 정해지고 현금흐름헤지에서는 기간마다 지급이 이루어진다는 차이가 있다. 스위스리와 프렌즈프라비던트 간의 장수스왑이 현금흐름헤지에 해당한다. 자본시장은 금액헤지에 보다 친숙하고 현금흐름헤지는 보험업계에서 더 일반적으로 사용된다. 기업연금에서는 젊은 가입자들이 실제 퇴직했을 때 받게 될 연금급여액을 정확하게 추정하기가 훨씬 더 어렵기 때문에 이들의 장수리스크를 헤지하기 위해서는 금액헤지가 더 적합하다고 할 수 있다.

3. 사망률 및 장수선물과 옵션

아직까지 장수리스크 관리를 위한 선물시장이나 옵션시장은 형성되어 있지 않다. 이렇듯 시장이 더 이상 발전하지 못하고 있는 요인 중 하나는 기업연금 수탁자와 자문회사가 자본시장의 불완전한 헤지수단에 대해 계속 거부감을 가지고 있기 때문이다. 그들은 여전히 보상형 보험계약으로 전체 리스크를 전가하는 방법을 선호한다. 이러한 심리적 장애를 극복하기 위해서는 보다 실질적인 교육이 필요할 것이다.

아울러 장수리스크를 관리하는 시장이 더욱 발전하기 위해서는 현물 및 특히 선물이 거래되는 정규거래소가 발전해야 한다. 이와 관련해서는 선물계약의 성공 및 실패요인을 조사한 Blake et al.(2006b)의 연구를 참조할 수 있다. 선물시장이 성공하기 위해서는 먼저 선물의 기초자산이 활발하게 거래되는 상당 규모의 유동성이 큰 현물시장이 존재해야 하고, 헤지 수요와 투기적 거래를 만들어낼 수 있을 만큼 현물가격의 변동성이 충분해야 한다. 또한 기초자산은 그 품질이 일정하거나 혹은 명확하게 등급을 매길 수 있어야 하며, 가격 조작이 일어나지 않도록 시장이 매수자나 매도자 어느 한쪽에 지나치게 쏠려있지 않아야 한다. 마지막으로 선물계약의 거래비용이 기존의 교차헤지(cross-hedge) 선물계약의 비용을 크게 초과하지 않아야 한다.

장수리스크 관리 수단의 기초가 되는 사망률지수는 실제 사망률을 공정하게 추정해야 하고 시간 베이시스 리스크(time basis risk)를 최소화해야 한다.[6] 비록 사망률지수가 자주 계산되지는 않지만 채권 듀레이션이 긴 관계로 장수채권의 현물가격은 높은 변동성을 나타낼 수 있다. 장수리스크의 헤지수단은 수가 많지 않고 명확해야 한다. 물론 헤지수단의 수가 적으면 유동성을 증가시킬 수 있는 반면 베이시스 리스크도 증가한다.

이러한 시장이 발전하는데 문제가 되는 것 중의 하나는 투자자들의 관심이 아직 충분하지 않다는 것이다. 이를 해결하기 위해서는 장수리스크 관리수단에 대한 엄청난 잠재수요를 충족시키는 상품이 시장에 공급될 수 있도록 매도자에게 적절한 리스크 프리미엄이 제시되어야 한다.

또 다른 문제점은 장수리스크는 장기에 나타나는 반면 장기 상품에 대한 시장수요는 기간이 한정되어 있다는 것이다. 예를 들어 장수상품의 주요 잠재투자자

---

6) 헤지수단의 만기와 헤저의 리스크의 만기가 다를 때에도 효과적인 헤지가 가능하다면 시간 베이시스 리스크가 낮아진다.

중의 하나인 헤지펀드의 투자기간은 주로 5년 이내이다. 현재 투자은행들이 투자기간을 연장하도록 헤지펀드들을 설득하고 있기는 하지만 현재로서는 기부펀드나 국부펀드, 가족펀드와 같은 장기 투자자들이 장수 상품에 더 적합해 보인다.

제5절 미시 장수리스크 관리

기업연금이나 보험회사 연금계정에서와 같이 많은 사람들의 사망률을 다루는 거시 장수리스크 시장에서는 기대수명을 잘못 예측함으로써 발생하는 추세리스크가 관리의 대상이 된다. 반면 미시 장수리스크에서는 생명보험전매계약처럼 소수의 사람들의 사망률과 관련되어 나타나는 특수한 사망률리스크가 보다 더 중요하다.

미시 장수리스크에 노출되어 있는 대표적인 상품으로는 생명보험전매를 들 수 있다. 생명보험전매란 보험가입자가 자신의 생명보험증권을 제3자에게 매각하는 것을 말하는데 이때 받는 금액은 계약해지금액보다는 많고 사망보험금보다는 적다. 생명보험증권의 유통시장은 1844년 영국에서 시작되었고 미국에서는 대법원에서 생명보험증권 매각의 합법성이 인정된 1911년에 시작되었다.

생명보험증권의 매입자는 피보험자가 생존하는 동안에는 계속해서 보험료를 대신 납부하다가 피보험자가 사망하면 보험금을 수령한다. 따라서 생명보험전매에 대한 성공적인 투자는 피보험자의 기대수명을 얼마나 잘 추정하느냐에 달려있다. 기대수명을 과소 추정하는 것이 투자자가 직면하는 미시 장수리스크라고 할 수 있다.

현재 미시 장수리스크를 헤지하기 위한 많은 방법들이 제시되고 있다. 예를 들어 투자은행들은 생명보험전매 합성지수(synthetic index)에 기초한 방법을 제안하였고 독일의 파사노오거캐피탈사(Fasano Associates and Augur Capital)는 FAIRE로 알려진 기법을 제시하였다.

제6절 증권화

1. 연금계약의 증권화

연금계약의 증권화란 생명보험회사의 상이한 연금계약들을 함께 묶어 이것을 기초로 새로운 증권을 만들어 유통시키는 것이다.[7] 이때 발행되는 증권은 레버리지가 매우 높기 때문에 투자자들에게는 매력적인 투자대상이 된다. 예를 들어 특수목적회사의 부채부분이 90%의 연금과 10%의 주주자금으로 구성되어 있다면 레버리지인수(leverage factor)는 10이 된다. 이는 자기자본에 대한 1bp의 추가수익이 투자자에게는 10bp의 수익을 창출한다는 것을 의미한다.

마찬가지로 부채담보부증권(collateralized debt obligation, 이하 CDO)에서도 투자자들은 선순위 채권자인 연금수급자로부터 차입을 하고 있는 셈이다. CDO 투자자는 이 외에도 장수리스크가 제공하는 분산투자 이익을 얻을 수 있다.

2. 사망률 연계 CDS 증권

2010년 11월 골드만삭스(Goldman Sachs)는 정기생명보험증권의 사망률리스크를 헤지하기 위하여 특수목적회사 시그넘파이낸스(Signum Finance Cayman Ltd)를 통해 2억 달러의 사망률 연계 신용부도스왑(credit default swap, 이하 CDS) 증권을 발행했다. 이 특수목적회사는 증권발행으로 받은 자금으로 골드만삭스가 발행한 15년짜리 선순위 무담보채권을 담보로 매입함과 동시에 골드만삭스와 15년 CDS계약을 체결했다. 만약 생명보험증권의 실제 사망률이 일정 수준을 초과하면 시그넘파이낸스는 골드만삭스에 이에 따른 금액을 지급하고, 골드만삭스로부터 받은 확정금액은 CDS 증권 투자자들에게 지급한다.

---

7) 생명보험 및 연금의 증권화에 대한 포괄적 서베이는 Cowley and Cummins(2005) 참조.

3. 역모기지 증권화

역모기지(reverse mortgage 또는 home equity release plans)는 주택소유자가 자신의 집에 계속 거주하면서 집을 담보로 자금을 빌릴 수 있도록 한 상품이다. 이는 보유한 주택의 가치는 상당하지만 연금급여수준이 낮은 노인들에게 적합한 금융상품이다. 미국에서는 1980년대에 시작되었으며 62세 이상이면 이용이 가능하다. 일시금이나 연금형태, 또는 일정 한도 내에서 자유롭게 대출하는 형태로 자금을 빌릴 수 있으며 이자율이 상승할수록 대출할 수 있는 금액이 줄어든다. 이사를 하거나 주택소유자가 사망할 경우 이자가 누적되어 주택가격으로부터 상환하므로 신용위험은 존재하지 않는다. 총 이자비용은 주택 매각가격을 초과할 수 없으며 이런 경우를 대비하여 채무자가 가입하는 모기지보험은 주택소유자가 매우 오래 생존하게 될 때 채권자를 보호하는 수단이 된다.

우리나라의 경우 역모기지는 주택연금이란 이름하에 2007년부터 시행되어오고 있다.[8] 주택금융공사가 만 60세 이상의 주택소유자 대신 은행에 보증서를 발급하고 은행은 공사의 보증서에 의해 가입자에게 주택연금을 지급하는 구조이다. 2016년 6월 기준으로 주택연금가입자는 약 3만 4천명이며 가격이 4억원인 주택의 경우 연금가입자가 60세면 월 91만원, 70세면 130만원씩을 받을 수 있다.

---

8) 실제 우리나라에서 실시되는 역모기지제도에는 주택연금 이외에도 농어촌공사에서 관장하는 농지연금이 존재한다.

참고문헌

Blake, D., and W. Burrows, 2001, "Survivor bonds : helping to hedge mortality risk," Journal of risk and Insurance 68 : 339-348.

Blake, D., A. Cairns, and K. Dowd, 2006a, "Living with mortality : longevity bonds and other mortality-linked securities," British Actuarial Journal 12 : 153-197.

Blake, D., A. Cairns, K. Dowd and R. MacMinn, 2006b, "Longevity bonds : financial engineering, valuation and hedging, Journal of risk and Insurance 73 : 647-672.

Cowley, A. and J.D. Cummins, 2005, "Securitization of life insurance assets and liabilities," Journal of Risk and Insurance 72 : 193-226.

Coughlan, G., D. Epstein, A., Ong, A. Sinha, I. Balevich, J. Hevia-Portocarrero, E. Gingrich, M. Khalaf Allha and P. Joseph, 2007a, LifeMetrics, A Toolkit for Measuring and Managing Longevity and Mortality Risks, Technical document, J.P. Morgan Pension Advisory Group, London.

Coughlan, G., D. Epstein, A. Sinha, and P. Honig, 2007b, q-Forward : Derivatives for Transferring Longevity and Mortality Risks,, J.P. Morgan Pension Advisory Group, London.

Loeys, J., N. Panigirtzoglous, and R.M. Ribeiro, 2007, Longevity : A Market in the Making, J.P. Morgan Securities Ltd., London.

9

행태재무와 연금

지금까지는 연금계획의 경제주체는 모든 정보를 가지고 있으며 기대효용을 극대화하려는 합리적인 개인을 가정하였다. 그러나 최근 30여 년간의 심리학, 행태경제학, 행태재무 등 분야의 사회과학자들은 인간이 자신의 행복을 극대화하려고 노력하지만 여러 가지 이유로 인하여 그 목적을 달성하기가 매우 어렵다는 많은 증거를 발견하였다. 몇 가지만 예를 들어 보자. 노벨경제학상을 수상한 사이먼 (Simon)은 특정 문제들은 너무 복잡하여 인간이 스스로 문제를 해결하기가 어렵다는 제한된 합리성(bounded rationality)을 제시하였으며,[1] 탤러(Thaler) 등은 개인은 자신의 계획을 실천하려는 의지가 약하다는 제한된 자기통제(bounded self-control)에 대한 증거를 제시하기도 하였다.[2] 아울러 기존 경제학 및 재무론의 기본이 되었던 기대효용이론이나 위험-수익률 분석 등과는 상이한 다양한 이론들이 제시되어 기존에 설명할 수 없었던 개인의 저축, 투자 및 연금 선택에 대한 행동들에 대해 새로운 분석이 가능해지고 있다. 이번 장에서는 지금까지 발전해 온 행태재무 등의 행태경제학을 기초로 하여 연금 결정에 대한 개인의 행동을 설명하고 보다 개인의 만족을 제고할 수 있는 연금설계 방법에 대해 알아보기로 한다.

제1절 행태재무와 저축

기업연금 중 DC제도가 차지하는 비율이 증가하고 종업원도 기여금을 납입할 수 있는 옵션을 부여한 제도들이 등장하며, 개인연금의 중요성이 부각됨에 따라 개인이 자신의 연금에 저축하고 자산을 운용하겠다는 결정은 더욱 중요해지고 있다. 사람들이 왜 저축을 하며 어디에 투자 하는지 이해하는 것은 저축이나 연금을 판매하는 금융회사는 물론 경제주체의 행위를 연구하는 경제학자와 금융규제를 담당하는 정책입안자에게 매우 중요한 질문이다.

2장에서 설명한 바와 같이 신고전주의 경제학 이론에서는 사람들이 현재와

---

1) Simon(1955) 참조.
2) Mullainathan and Thaler(2000) 참조.

미래 소비의 대체관계의 결과에 따라 현재 저축수준이 결정된다고 말한다. 그래서 개인은 현재의 소득을 소비함으로써 얻는 혜택과 미래로 연기함에 따라 얻는 효용을 비교한다. 생애주기모형에서는 사람들이 소비로 인한 효용, 생애 동안의 니즈, 그리고 상속자들의 효용까지 고려하여 소비와 저축을 합리적으로 계획한다고 가정한다. 이 모형에 따르면 일반적으로 근로자는 젊은 시절에는 소득보다 지출이 많으며, 현재 소비를 위해 미래의 현금흐름으로부터 돈을 차입하므로 빚을 지게 된다. 중년층은 소득이 소비보다 많아지므로 저축을 하게 되고, 금융자산을 구매하기 시작하여, 인생의 마지막 단계인 은퇴 후를 위해 자산을 저축하는 단계로 접어든다. 근로자의 소득이 감소하거나 중단되는 노년기에는 축적된 금융자산을 사용하여 소비를 충족한다. 합리적 인간을 가정하고 있는 이 이론에서는 사람들은 노년기에 발생할지 모르는 자산의 감소에 대비하여 은퇴 후에 필요한 자산을 미리 축적하게 된다.

전체적으로 볼 때 생애주기모형은 가계저축의 행동을 설명하는 합리적인 이론으로 보여 진다. 일반적으로 저축은 연령 및 소득과 함께 증가하며 교육수준 및 전체 부의 수준과 정(+)의 상관관계를 가진다. 개인들은 중년기에 더 많이 저축하고 금융자산을 축적하기 시작하는 것으로 나타나는 반면, 젊은 층은 일반적으로 자산보다 빚이 많다. 은퇴 시기에는 사람들은 금융자산의 일부를 소비하는 경향을 보인다.

그러나 실제 나타나는 개인의 저축 행태는 여러 면에서 이론과 상응하지 않고 있다. 예를 들어 가장 기본적인 질문을 생각해보자. 개인들은 은퇴를 위해 적절한 저축 목표를 잘 결정할 수 있는가? 생애주기모형이 옳다면 개인은 은퇴에 대한 필요를 합리적이며 정확하게 예측할 수 있어야 하며, 실제 개인들의 저축 행위는 그에 대한 적절한 증거를 제시해 주어야 할 것이다. 그러나 은퇴저축을 잘하려면 생애 전체의 소득, 자산 수익률, 세율, 가족과 건강상태, 수명 등의 불확실한 미래 요소들을 정확하게 예측해야 한다.[3] 이를 위해서 인간의 두뇌는 마치 딥블루(deep blue)와 같이 엄청난 불확실성을 포함한 수십 년 간의 현금흐름 및 시간가

---

3) 여기에서 은퇴저축(retirement savings)이란 은퇴를 대비하여 연금을 통해 저축을 하는 경제행위를 의미한다.

치에 대한 여러 문제를 동시에 해결할 수 있는 능력을 지녀야 할 것이다.[4] 그러나 사이먼이 제시한 것처럼 "제한된 합리성(bounded rationality)"으로 인하여 인간이 이렇게 사고하는 것은 불가능하다.

오히려 많은 조사 및 실증분석 연구에 따르면 개인들은 은퇴저축 문제에 능숙하지 못하다는 것을 보여주고 있으며, 상대적으로 효율적인 은퇴계획을 세울 수 있다고 생각하는 사람들은 거의 없는 것으로 나타나고 있다.

아울러 실증분석에 따르면 저축이 충분하지 못한 경우에는 매우 부정적인 결과가 초래되는 것으로 나타났다. 은퇴 후 소비행태에 대한 연구들의 결과에 따르면 미국 근로자들은 평균적으로 은퇴 후 소비수준이 예상치 못한 수준으로 하락하였으며(Bernheim, Skinner, and Weinberg, 2001), 이러한 현상은 영국에서 더욱 심하게 나타났다(Banks, Blundell, and Tanner, 1998). 다른 연구에 따르면 미국 은퇴 전 인구의 30%만이 65세 은퇴에 대해 완전히 준비되어 있고, 나머지 30%는 65세까지 일을 해야 은퇴를 위한 저축이 준비되며, 나머지 40%는 65세까지 일을 해도 은퇴 후 합리적인 생활수준을 영위할 수 없을 것으로 나타났다. 은퇴 시기가 만약 미국인들이 전형적으로 은퇴하는 연령의 중간값인 62세로 당겨진다면, 이와 같은 수치는 더욱 더 악화된다.

행태주의 경제학자들은 연금을 통한 저축에 대해 사람들이 이렇게 어려움을 겪는 것은 그다지 놀랄 일이 아니라고 주장한다. 실제로 개인들은 생애주기모형이 가정하는 것처럼 합리적이고 현명한 계획을 설정하지 않기 때문이다. 이제 그 이유에 대해 알아보자.

1. 자기통제 문제와 할인율

행태주의 학자들은 사람들이 은퇴 준비를 충분히 하지 못하는 문제를 "의지력 부족" 또는 "제한된 자기통제(bounded self-control)"라고 부르는 심리학적 이론에 의거하여 설명한다. 사람들은 은퇴를 위해 저축하려고 하지만 실제로는 그러한

---

4) 딥블루는 체스게임에서 인간을 이긴 IBM의 수퍼컴퓨터의 이름이다.

의도를 실행하려는 의지와 능력이 제한되어 있다는 것이다.[5] 은퇴를 위한 저축은 식단조절이나 금연 등 이행하면 그 효과가 좋으며 시작하기도 하지만 목표기간 만큼 지속적으로 이행하지 못하는 특정 계획들과 매우 유사하다는 것이다. 사람들은 그런 특별한 행동으로부터의 혜택을 잘 알고 어떻게 시작할지에 대한 아이디어를 가지고 있음에도 불구하고, 그들의 의도를 실행으로 옮기는 데 있어서는 큰 어려움을 가지고 있다.

왜 사람들은 은퇴를 위한 저축을 하는 것을 어렵다고 느끼는가? 가장 그럴듯한 답변 중의 하나는 시간과 할인율에 대한 사람들의 인식에 대한 것이다. 일련의 경제 및 심리학자들은 사람들이 어떻게 위험과 시간 간의 대체관계를 설정하는지에 대해 연구하였으며 사람들의 단기 할인율(또는 시간에 대한 선호)이 장기 할인율보다 매우 높다는 것을 밝혔다(Thaler, 1981; Laibsonm et al., 1998). 탤러(Thaler, 1981)는 사람들은 장기적인 결정에 직면하면 높은 수준의 인내심을 보인다고 주장했다. 예를 들어, 사람들은 "만약 내가 100일 후에는 사과 하나를 받고, 101일 후에는 사과 두 개를 받는다면, 나는 사과 두 개를 위해 하루를 더 기다리는 것이 행복할 것이다"라고 말하지만, 현재 시점에서 이 같은 결정을 내린다면, 인내력이 약해져서 "나는 내일 사과 두 개를 받느니 오늘 하나를 받는 것이 더 좋다"라고 생각한다는 것이다.

〈그림 9-1〉을 보자. 기본적인 현금의 시간가치 계산에서는 지수할인 방식이 사용되며 할인율은 시간이 지남에 따라 일정하게 지속된다고 가정된다. 이 경우 오늘이나 내일 또는 1년 후가 될지라도 기간 당 할인율은 변하지 않는다. 이 가정하에서 연 이율 5%에서 오늘 저축한 1달러는 연속복리 시 30년 후에는 그림에서처럼 기하급수적으로 가치가 상승될 것이다.

그러나 개인이 쌍곡선할인(hyperbolic discounting)을 한다면 단기에는 높은 할인율을 적용하고, 장기적으로는 낮은 할인율을 적용한다. 대표적인 쌍곡선 할인 함수는 $(1 + \alpha t)^{\gamma/\alpha}$, α, $\gamma > 0$의 형태이다.[6] 〈그림 9-1〉에서는 $\alpha = 4.5$, $\gamma = 1$을 가정하였다. 이러한 형태의 할인을 사용하는 경우에는 오늘 저축한 1달러는 단기적

---

5) Thaler and Shefrin(1981) 참조.
6) 쌍곡선할인은 Laibson(1997), 함수의 예는 Forbes(2009) 참조.

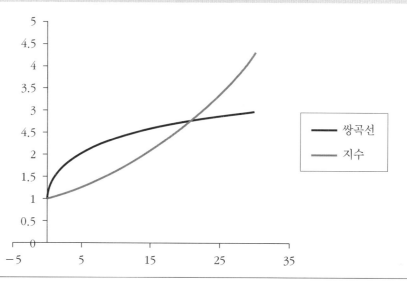

┃그림 9-1┃ 1의 미래가치-지수할인과 쌍곡선할인 (저자가 계산함)

으로 더 가파르게 성장하고 나중에는 느리게 성장한다. 그래서 확장된 투자기간 동안 증가한 소득은 전통적인 지수할인의 소득보다 상대적으로 낮게 여겨진다. 기울기가 점점 증가하는 지수함수에서 알 수 있듯이, 지수저축자(exponential saver, 지수할인 방식을 사용하는 사람으로 지수할인자라고도 함)는 다음 해로 소비를 연기하는 대가로 미래에 더 큰 소득을 기대한다. 반면 쌍곡선저축자(hyperbolic saver, 쌍곡선 방식을 사용하는 사람으로 쌍곡선할인자라고도 함)에게 미래가치는 초기에 급격히 증가하다가 미래가 멀어 질수록 그 증가폭이 점차 줄어 완만하게 증가하게 된다. 즉, 쌍곡선저축자는 현재에 큰 가치를 두는 한편, 미래에는 낮은 가치를 부여한다. 이것은 이러한 개인이 현재 리스크는 과대추정하고, 미래 리스크는 과소추정한다는 의미가 된다.

이것을 은퇴를 위한 저축에 적용하면 위에서 제기한 의문에 대한 답을 구할 수 있다. 쌍곡선저축자들은 현재를 과대추정하고 미래를 과소추정하므로 은퇴를 위해 저축해야 할 때가 오면, 자기통제 문제에 직면하게 되는 것이다. 즉, 현재 시점에서 과도하게 소비하고 미래를 위해서는 너무 적게 저축한다. 실제로 특정 기업의 만 명의 근로자를 대상으로 실시된 조사에 따르면 연금가입자의 68%가 그들의 연금저축률을 "매우 낮다"고 답하였으며, 평균 소득의 14%를 저축해야 할 것이라고 답하였으나 실제로 단 6% 가량만 저축하고 있었다. 즉, 사람들이 은퇴를 위한 저축을 많이 하지 못한 이유는 몰랐기 때문이 아니라 아는 것을 행동으로 옮기지 못했기 때문이었다.

의사결정론자들은 의사결정이 정서적 차원과 두뇌적 차원이라는 두 개의 차원으로 이루어진다고 주장한다.[7] 따라서 위험에도 두 가지 차원이 존재하게 되는데, 대재난과 같은 두려움에 대한 위험(dread risk)와 미리 알 수 없는 위험인 불확실에 대한 위험(uncertainty risk)이 그것이다. 연금의 경우 많은 사람들이 연금의 필요성을 알고 준비하므로 은퇴위험은 이 두 가지 차원의 위험수준이 모두 낮다. 쌍곡선할인의 효과를 극복하기 위해서는 개념적이고 감성적인 논리들의 결합이 필요하다. 예를 들어, 현재 수입의 일부만 사용하여 은퇴 전 일정 기간 동안 생활해보면 은퇴 후 준비가 없을 때의 고통을 미리 체감할 수가 있다.

경제학자들은 쌍곡선할인 및 자기통제의 문제를 해결하는 하나의 방법으로 약속장치(commitment devices)를 제시하였다.[8] 은퇴를 위한 장기 저축을 유인하는 간단한 약속장치의 예는 연금기여금을 급여에서 미리 공제하는 방식이다. 실제로 이러한 방식을 사용하는 미국의 대표적인 DC연금인 401K제도의 참여율이 개인퇴직연금에 비하여 훨씬 높은 것으로 나타나고 있다. 연금기금의 사용에 대하여 심리적이며 재정적인 제한을 두는 인출제한 정책도 효과적인 약속장치의 한 예라고 할 수 있다.

2. 프레이밍과 디폴트 옵션

사람들은 결정 프레이밍(framing)에 의해 쉽게 영향을 받는다.[9] 합리적인 경제주체라면 어떠한 형식으로 구조화되었는가에 상관없이 동일한 질문이면 그에 대한 답변이 일관적이어야 한다. 그러나 실제로 많은 사람들이 저축이나 투자 결

---

7) Weber(2004) 참조.
8) Laibson(1997) 또는 Liabson et al.(1998) 참조.
9) 프레임(frame)이란 문제의 표현방법을 의미하며, 이에 따라 판단이나 선택이 변하는 것을 프레이밍 효과(framing effect)라고 한다.

정을 내릴 때 질문형식에 따라 반응이 달라진다. 연금과 관련된 결정 프레이밍의 예는 기업연금제도의 자동가입 결정에서 찾을 수 있다. 자동가입이 아닌 전통적 규정에서는 근로자는 401K 제도에 참여하기 위해 스스로 가입을 선택한다. 반면 입사와 동시에 자동 가입되는 방식에서는 종업원은 비가입 선택권을 행사하지 않는 한 고용주가 정한 기여율로 연금에 가입하게 된다.

실제적으로 이것은 저축 문제에 대한 질문의 형식을 약간 변경한 것이지만 연금 가입률에서는 매우 상이한 결과를 초래하는 것으로 나타나고 있다. 디폴트 옵션(default option)이란 아무것도 선택하지 않으면 자동적으로 선택되어지는 대안을 말한다. 401K 제도의 전통적인 방식에서는 근로자가 아무런 의견을 제시하지 않으면 디폴트 옵션은 아무것도 저축하지 않는 것이다. 그러나 이와는 완전히 대조적으로 자동가입 방식에서의 디폴트 옵션은 사람들이 고용주에 의해 정해진 비율로 저축(연금가입)하는 것이 된다. 특정 대규모 기업을 대상으로 진행된 Madrian and Shea(2001)의 연구에 따르면 401K에 자동가입 방식이 소개된 이후로 신입사원의 연금 가입 비율이 37%에서 86%로 대폭 증가한 것으로 나타나고 있다. 이 결과가 시사하는 것은 대다수의 근로자들은 원하는 저축 행동에 대해 특별히 확고한 결정을 미리 하고 있지 않다는 것이다. 단지 질문의 형식을 변경함으로써 그들의 성향은 저축하지 않는 것에서 저축하는 것으로 바뀔 수 있다.

자동가입 방식의 영향은 프레이밍 문제의 실제 사례일 뿐 아니라 넓은 의미로는 디폴트 옵션의 힘 또는 의사결정의 영향이라는 행태주의적 현상의 일부라고 볼 수 있다. 개인은 어려운 결정을 내려야 할 때면 그들이 직면한 복잡한 문제를 간단하게 만드는 휴리스틱(heuristic)을 적용하는 경향이 있다. 간단한 휴리스틱의 예는 디폴트 옵션을 채택하는 것이다. 이것은 사람들이 자신이 적극적으로 결정하는 것보다 다른 사람에 의해 결정된 것을 채택하는 것이 낫다고 믿는 것이다. 401K 등록증에 명시된 것처럼 가장 간단한 디폴트 옵션은 아무 결정을 하지 않는 것이다.

최근의 연구에 따르면 개인의 행동은 디폴트 선택으로 인해 쉽게 영향을 받는 것으로 나타나고 있다. 퇴직연금의 예에서 자동가입 방식은 디폴트 행동과 관련하여 예기치 못했던 결과를 가져오기도 한다. 예를 들어, 자동가입으로 인해 퇴직연금에 가입하는 사람의 수는 늘어나지만, 이것이 곧 전체 연금저축 금액이 늘어나는 것을 의미하지는 않는다.[10] 자동가입이 되면, 더 높은 기여율로 가입을 했을 사람이나 보다 공격적인 투자를 선택했을 사람들이 회사가 정한 낮은 저축률과 보수적인 투자 방식을 선택하게 되기 때문이다. 따라서 예전 같으면 연금에 가입하지 않았을 사람들의 저축이 늘어난다는 점은 긍정적이지만, 보다 저축을 많이 하거나 공격적인 투자를 선택했을 사람들이 회사가 정한 기본 옵션을 선택함으로써 이들의 저축이 줄어들 수 있다는 점은 예상치 못한 부정적인 요인이라고 할 수 있다.

3. 타성과 미루는 습성

연금저축 의사결정에서 타성 및 다음으로 미루는 습성도 매우 중요한 역할을 한다. Madrian and Shea(2001)은 자동가입 제도에 대한 분석에서 높은 연금가입률로 인한 장점이 높은 수준의 타성에 의해 상쇄된다는 결과를 보였다. 즉, 대부분의 가입자들은 한번 가입하면 고용주가 정한 기여율이나 투자 대상을 거의 변화시키지 않고 가입할 때 상태로 그냥 놓아둔다는 것이다.

Choi et al.(2001a)은 타성과 디폴트 행동이 DC제도의 다양한 활동(예를 들어, 연금가입, 종료 시 현금 분배, 기여율, 가입자격 결정 등)에 미치는 영향에 대하여 분석했는데, 많은 경우 근로자들이 가장 최선의 결정이 아니라 가장 쉬운 결정을 내린다는 결론에 도달하였다. 이렇게 타성이 지속되거나 의사결정이 수동적이라는 것은 개인이 퇴직과 저축 결정 모두에서 불완전한 경제주체라는 것을 확인시켜준다. 예를 들어, 연금에 관한 세미나 수강 후 바로 실시된 설문조사에서 401K에 가입하지 않은 모든 근로자가 연금에 가입할 용의가 있다고 밝혔으나, 실제로 6개월 내에 가입한 사람들은 14%에 불과하였다.

---

10) Choi et al.(2001b) 참조.

4. 미래저축증액제도

연금저축의 의사결정에 대한 이러한 행태주의적 특성은 Thaler and Benartzi (2004)가 제시한 미래저축증액(Save More Tomorrow 또는 SMarT)제도에서 잘 활용될 수 있다. 이 제도의 가입자는 미래 특정일에 정기적으로 연금저축을 시작하거나 기여율을 증가시키기로 약속한다.[11] 이러한 제도를 이용하면 여러 가지 행태주의적 비정상성을 다룰 수 있다. 첫째, 이 제도는 개인이 자기통제 문제를 가지고 있으며 은퇴저축에 관해 약속장치를 사용하면 이익을 얻을 수 있다는 것을 인정한다. 둘째, 근로자들은 일단 가입하면 임금에서 저축액이 자동으로 빠져 나가는 것을 중지하지 않으므로 이 방법은 타성(inertia)을 잘 이용하고 있다. 셋째, 사람들이 저축을 증가시키거나 저축을 새로 시작하는 최초의 시기를 미래로 연기할 수 있다는 것은 이 제도가 쌍곡선할인을 반영한다는 것을 의미한다. 마지막으로 이 제도는 화폐환상(money illusion)을 이용한다. 참가자들은 대개 명목상의 처분소득에 대해서만 관심을 가지고 있으므로, 연금제도에서 저축의 증가분이 임금상승분과 동일하도록 고안된다면 처분소득은 감소하지 않고 연금 기여액을 증가시킬 수 있다. 이 경우 사람들은 현재의 실제 소비가 일부 감소하더라도 저축을 증가하는 데 추가적인 소비의 희생이 없다고 생각하는 경향이 있다는 것이다.

실제로 이 제도는 종업원 300명 규모의 회사에 실시되었다. 종업원들은 상담 중 가장 많은 신청이 있었던 재무상담의 옵션을 제공받았고, 평균적으로 5% 저축률을 증가하라는 조언을 받았다. 거의 80명의 근로자가 조언을 받아들였고, 160명 이상의 근로자가 매년 3%씩 증가시키는 SMarT제도에 등록했다. 3년 후 이 제도에 가입한 사람들의 저축률은 제도의 시행 전 3.5%로부터 시행 후 11.6%로 상당히 증가하였다.

---

11) 예를 들어 월급 다음날이나 회사의 창립일 등을 예로 들 수 있다.

제 2 절　행태재무와 투자

　　연금의 축적 단계에서 연금기여금을 어떻게 투자를 할 것인가 하는 문제는
현대 포트폴리오이론(modern portfolio theory, 이하 MPT)에서 광범위하게 다루어져
왔다. MPT의 이론들은 DB제도와 DC제도를 막론하고 연금기금의 투자를 결정하
는 핵심이라고 할 수 있다. MPT는 DB제도의 전략적 자산 배분 결정이나 DC제도
의 투자자문 및 교육 프로그램은 물론, 운용 담당자의 성과 분석과 같은 보다 기
술적인 문제에 이르기까지 모든 영역에 영향을 미치고 있다.

　　기본적으로 MPT는 주식이나 채권 등 투자대상 자산들을 기대수익률과 변동
성(또는 위험)을 이용하여 설명하는 것이다. 합리적인 투자자라면 위험과 수익 사
이에서 최적화된 효율적인 투자자산의 조합을 찾을 것이며, 이때 투자 포트폴리오
가 위험 한 단위당 최대의 수익을 제공한다면 이 포트폴리오는 효율적 프런티어
상에 놓이게 된다. 개인 및 기관투자자는 자신의 기대효용을 감안하여 효율적 프
런티어 상의 다양한 포트폴리오 중 하나를 선택하게 된다. 개인들은 위험회피적인
성향을 가진 것으로 간주되어 위험이 높은 투자에 대해서 페널티를 주거나 더 높
은 보상을 요구한다. 또한 위험이 증가할 경우 단위 위험당 요구되는 보상의 크기
는 점점 커지게 된다.

　　MPT의 중요한 시사점 중 하나는 투자자들이 하나의 투자자산에 투자할 경우
부담하게 되는 위험에 대해 충분한 보상을 받을 수 없다는 점이다. 즉, 자본시장
이 효율적이라면 어떤 개별 주식도 효율적 프런티어 위에 위치하는 것은 없으며,
투자자들은 그들이 감수하게 되는 총 시장위험에 대해서만 보상을 받을 수 있다.
결과적으로 합리적인 투자자들은 최적 포트폴리오를 찾는 과정에서 최대한 분산
투자를 함으로써 모든 비체계적 위험을 제거하려 할 것이다. 이러한 원칙은 비용
이 적게 드는 인덱스 추종 투자전략이 DB형 및 DC형 퇴직연금의 투자 운용방법
으로 성장하게 된 주요 원인이 되었다.

　　MPT의 또 다른 시사점으로 투자시점분산(time diversification)이론을 들 수 있

다. 이 이론에 따르면, 투자자가 포트폴리오 자산을 소비하기 시작하는 시점(예를 들어 은퇴 시점)이 가까울수록 투자 포트폴리오의 위험을 낮추어야 한다는 것이다. 현실에서도 재무설계사들은 100%에서 자기 나이를 뺀 숫자만큼을 주식에 투자하라는 등 투자시점 분산을 자주 권고한다. 또한 투자시점분산 이론은 대부분의 DC 제도의 교육 및 자문 서비스 내용의 기초가 되고 있다. 이에 따르면 나이가 많은 투자자는 젊은이들에 비해 보다 보수적으로 포트폴리오를 구성해야 한다.[12] MPT 는 거래 가능한 투자자산뿐만 아니라 사람들의 모든 부에 대하여 그 영역을 확장하게 되었다. 예를 들어 Campbell and Viceira(2002)은 수익과 위험의 대체관계가 주택이나 인적 자본 등 유동성이 떨어지는 자산에도 적용되어야 한다고 주장했다.

1. 현대포트폴리오이론과 실제 투자행태

저축의 경우와 마찬가지로 행태주의 경제학은 연금가입자를 포함한 투자자들의 행동이 합리적인 투자행태를 보이지 않는다고 주장한다. 합리적인 투자자라면 평균-분산이 최적화된 포트폴리오를 구축하기 위해 노력할 것이고, 그렇다면 실제 투자 행태가 평균-분산 이론이 폭넓게 사용되고 있음을 어떤 식으로든 증명해야 할 것이다. 그러나 주식에 투자하고 있는 가구 중 중간값에 해당하는 가구는 단지 두 종목의 주식을 보유하고 있으며, 심지어 가장 부유한 가구들의 경우에도 15 종목 정도의 주식을 보유하고 있다. 이러한 종목 수는 일반적으로 잘 분산되었다고 여겨지는 포트폴리오의 종목 수에 비해 턱없이 부족하다. 대부분 투자자들은 분산투자를 MPT에서 얘기하는 잘 분산된 포트폴리오를 구축하는 것으로 생각하기 보다는 다양한 종류의 자산을 보유하는 것으로 생각하고 있는 것처럼 보인다.

이와 연관이 있는 분산투자 관련 퍼즐의 하나는 상당수의 DC제도 가입자들이 왜 본인이 다니는 회사의 주식에 과잉투자를 하느냐 하는 것이다. 미국의 401K 제도를 대상으로 실시된 한 연구에 따르면 연금자산의 20% 이상을 본인이 다니는 회사의 주식에 투자하고 있는 사람이 1,100만 명 이상이며, 회사 주식의

---

12) 하지만 이 이론에 대해서는 반론도 존재한다. 예를 들어 Bodie(1995)는 투자자들이 평생 동안 일정한 자산배분 비율을 유지해야 한다고 주장한다.

비중이 60%를 넘는 사람도 5백만 명 이상인 것으로 나타났다.[13]

2. 확고한 선호의 부족

전술한 저축결정과 관련되어 나타나는 개인의 확고한 선호 부족 현상은 투자 결정에서도 유사하게 나타나고 있다. 만약 투자자들이 평균-분산 개념에 대해 합리적이라면, 포트폴리오에 대해 명확한 정의를 내리고 있을 것이며 그에 따라 그들의 신념에 대한 용기가 있을 것이다. 하지만 실제로 퇴직연금가입자들은 선택한 포트폴리오에 대한 선호가 그다지 확고하지 않은 것으로 나타났다.[14] 한 실험에서 근로자들은 다음과 같은 세 가지 중 선택하게 한다. 첫째는 그들만의 포트폴리오를 소유하는 것이며, 둘째는 연금가입자들의 중간값의 포트폴리오를 소유하는 것, 그리고 세 번째는 가입자들의 평균 포트폴리오를 소유하는 것이다. 시험 결과 약 80%의 가입자가 그들 자신의 것보다 중간값의 포트폴리오를 선호하는 것으로 나타났다. 아울러 최초로 선택한 포트폴리오를 계속 선호하는 비율은 21%에 불과하고 79%는 다른 포트폴리오를 선호하였다. 이것은 연금가입자들은 자신이 직접 포트폴리오를 구축하는 것보다 동료들을 따르는 집단본능(herd instinct)을 지니고 있다는 것을 암시하고 있다.

이런 결과는 많은 개인들이 확고한 선호를 기반으로 의사결정을 하는 것이 아니라고 주장하는 행동과학자들에게는 별로 놀라운 일도 아니다. 개인의 선호는 의사결정을 둘러싼 조건과 정보를 기초로 상황에 따라 변경하는 경향이 있어 실제 결정을 내리는 순간에서야 선호가 드러난다는 것이다. 이것이 사실이라면 선호역전현상(preference reversal)은 우리가 예상하는 것보다 훨씬 자주 나타난다고 볼 수 있다. 직접 포트폴리오를 구축하려 했던 사람들은 오히려 다른 사람들이 선택한 환경에서 더욱 만족감을 느낄 수 있다는 것이다.

---

13) Mitchell and Utkus(2003) 참조.
14) Benartzi and Thaler(2002) 참조.

3. 프레이밍 효과

저축결정과 마찬가지로 투자결정도 문제 자체나 의사결정의 프레이밍 (framing)에 많은 영향을 받는 것으로 나타나고 있다. 특히 DC제도의 투자 대안 설계가 가입자의 투자결정에 미치는 영향에 대해 많은 연구가 이루어져 왔다. 이 연구들은 투자에 내포된 위험과 수익의 특성보다 투자 메뉴의 설계 또는 프레이밍이 연금가입자의 의사결정에 더 큰 영향을 미친다는 것이다. 이런 의미에서 기업연금에서의 투자 메뉴는 투자에 내재된 위험과 수익의 특성을 이해하는데 있어 투명성이 결여되어 있는 구조이며, 이것은 결국 많은 가입자들이 위험과 수익을 기준으로 투자안을 선택하여야 한다는 데에 대하여 신념이 그다지 강하지 않은 것을 의미한다고 할 수 있다.

Benartzi and Thaler(2001)는 연금가입자들을 대상으로 한 실험에서 한 집단에는 주식펀드와 채권펀드를, 두 번째 집단에는 주식펀드와 혼합펀드를, 그리고 세 번째 집단에는 채권펀드와 혼합펀드를 보여주었다. 각 집단에서 가장 공통적으로 선택된 전략은 제공된 펀드를 절반씩 혼합하는 방법이었다. 그러나 이 경우 선택된 투자포트폴리오의 자산분배와 리스크는 매우 달라진다. 첫 번째 집단에서의 평균적인 배분은 주식에 54% 투자하는 것이었고, 두 번째 집단은 평균적으로 주식에 73%, 세 번째 집단은 평균적으로 35%만을 주식에 배분하였다.

연구자들은 n개의 펀드를 이용하여 투자 메뉴를 구성한 결과 주식투자의 비율은 리스크에 무관하게 1/n에 매우 가깝게 형성되는 것을 발견하였다. 이 규칙은 주어진 펀드의 수 만큼 균등하게 주식을 배분하는 전략을 의미한다. 즉, 가입자에 의해 선택된 자산배분은 메뉴 설계에 재차 강한 영향을 받는 것으로 나타났다.

Benartzi and Thaler(2002)는 유사한 연구에서 연금가입자들에게 세 가지 메뉴를 기초로 한 투자 선호도를 물어 보았다. 허용된 투자는 낮은 위험의 A부터 높은 위험의 D까지의 범위에 있었다. 첫 번째 제공된 메뉴는 옵션 A, B, C를 포함했고, 두 번째 메뉴는 옵션 B와 C가 제공되었다. 세 번째 메뉴는 B, C, D가 제공되었다. 옵션 B와 C를 비교하라는 물음에 대하여, 첫 번째 메뉴에서는 가입자의 29%가, 두 번째 메뉴에서는 39%가, 세 번째 메뉴에서는 54%가 B보다 C를 선호했다. 다시 말해, C가 가장 위험한 옵션인 첫 번째 메뉴에서는 C의 선택비율이 가장 낮았고, C가 중간 선택옵션이었던 세 번째 메뉴에서는 오히려 C의 선택비율이 가장 높았다. 이러한 자산배분 실험의 결과는 연금가입자들이 제공된 투자를 선택하기 위해 일관적인 위험선호를 유지하는 것보다 극한 것은 피하고 중간을 선택하는 행태를 나타내고 있음을 보여준다.[15]

아울러 관련 연구에서는 정보를 보여주는 방식을 간단히 변화시켜도 투자결정에 영향을 미칠 수 있다고 주장한다.[16] 첫 번째 실험에서 연금가입자들은 보통주의 1년 동안의 수익률에 대한 정보를 받고 투자결정을 내리게 했다. 두 번째 실험에서는 30년 동안의 동일 주식의 수익률 정보에 기초하여 의사결정을 내리게 했다. 연금가입자들은 첫 번째 경우에는 주식에 평균적으로 자산의 63%를 배분한 반면, 두 번째에서는 81%를 배분하였다. 이 결과는 기업이 상이한 수익률 정보를 가입자에게 제공함으로써 자산 배분을 변화시킬 수 있다는 것을 의미한다. 이 외에도 투자 교육이 투자 행동을 변화시킬 수 있다는 다수의 연구들이 존재한다.

4. 기준점 효과

저축행동과 마찬가지로 타성(inertia) 역시 투자 의사결정시 중요한 역할을 한다. Madrian and Shea(2001), Choi et al.(2001b)는 연금가입자와 자동가입제도에 관한 연구에서 투자결정에 있어서 사람들이 높은 수준의 타성을 보인다는 결과를 보고하였다. 이와 더불어 Mitchell and Utkus(2004)는 개인의 투자결정에서 상당한 기준점효과(anchoring effect)가 나타난다고 주장했다. 기준점효과는 사람들이 자신의 의지에 상관없이 의사결정이 처음 시작할 때의 가치에 큰 영향 받는 것을 말한다. 연금가입자들에게 의미가 있는 기준점은 그들의 최초 자산배분 결정이며 차후의 포트폴리오 변화는 어떤 절대적 기준보다 최초의 가치에 따라 이루어지는 경향이 있는 것으로 나타나고 있다.

Mitchell and Utkus(2004)은 뱅가드그룹(Vanguard Group)의 2백3십만 명의 연

---

15) 이러한 결정 행위를 naïve heuristic이라고 한다.
16) Benartzi and Thaler(2001) 참조.

금가입자들을 대상으로 추가 보험료에 대한 자산배분을 조사하였다. 그들의 결론은 다음과 같다. 첫째, 연금가입자의 10% 미만만이 매년 보험료의 자산배분을 변경한다. 예를 들어 1999년 강세시장의 고점 근처에서 연금을 최초 가입한 가입자는 그 후 3년이라는 기간 동안의 시장 하락에도 불구하고 2003년 6월 새 보험료의 약 70%를 주식에 배분하였다. 반면 3년간의 주식시장 하락 이후 2003년 상반기에 처음 가입한 가입자는 추가 자금의 48%만을 주식에 배분하였다. 이것은 가입할 때의 의사결정이 당시 시장상황에 얼마나 민감한지를 보여주는 한편, 동시에 사람들이 얼마나 타성에 노출되어 있는가 하는 것을 보여준다. 1999년에 가입한 가입자들은 2003년에 가입한 가입자들에 비해 극적으로 다른 위험 선호를 가지고 있다는 사실은 믿기 힘들어 보이지만, 전자는 시장의 소식에 대해 그다지 극적으로 반응하지는 않은 반면, 후자는 가입 당시 정보를 기초로 하여 적극적인 투자선택을 했을 것으로 판단된다.

5. 과도한 자사 주식 투자

앞서 언급한 바와 같이 Mitchell and Utkus(2003)은 천백만 명의 401K 가입자가 기금의 20% 이상을 자신이 근무하는 회사의 주식에 투자하였으며 그 중 5백만 명의 가입자는 60% 이상을 자사 주식에 투자하고 있다고 보고했다. 이러한 현상은 물론 분산투자를 기본으로 하는 MPT에 위배되는 것이다. 이것에 대한 전통경제학적인 설명은 회사가 근로자로 하여금 더욱 일에 매진하여 생산성을 제고하도록 인센티브를 준다는 것이다. 또한 자사 주식에 투자하는 것은 일반적으로 대기업에서 집중적으로 나타나는데 그런 회사들은 전형적으로 근로자들에게 높은 임금과 성과급을 주기 때문이라는 것이다.

그러나 자사 주식에 집중하는 것은 인센티브 효과 때문만은 아니라 일부 가입자의 계산적이고 행태주의적인 오류 때문에 이런 현상이 초래된다 주장도 있다. 예를 들어, Mitchell and Utkus(2003)은 상당수 가입자가 잘 분산된 주식펀드보다 오히려 그들이 다니는 회사의 주식이 더 안전하다고 여기는 위험근시안(risk myopia)을 가지고 있다는 증거를 보고하고 있다. 이 결과에 대해 놀라운 것은 가입자의 위험에 대한 인식이다. 많은 사람들이 자사 주식을 평가할 때는 평균–분산을 기초로 하는 투자행태를 보이지 않고 있는 것으로 나타났다.

Benartzi(2001)도 연금가입자가 자사 주식에 투자할 때는 변동성을 간과하고 수익률에만 초점을 맞추는 경향이 있다고 주장하고 있다. 특히 그는 가입자의 투자배분이 자사 주식의 과거 성과에 기초한다는 발견했다. 자사 주식이 과거에 좋은 성과를 얻는 경우에는 그 주식투자 비중을 과대하게 보유하고, 과거 성과가 좋지 않은 경우에는 그 반대이다. 아울러 이러한 현상은 기업이 연금기여금을 자사 주식의 형태로 기여하는 경우에는 더욱 심해진다.[17]

6. 과거 성과에의 의존성

왜 투자자들은 비이성적으로 과거 성과에 의존하고 현대포트폴리오이론에서 제시하고 있는 것처럼 기대수익률과 위험을 같이 고려하지 못하는 것일까? 행태주의학자들은 두 가지 현상을 이용하여 이에 대한 답변을 하고 있다. 첫 번째는 트버스키(Tversky)와 커너먼(Kahneman)이 발견한 의사결정의 대표성 휴리스틱(representativeness heuristic)이다.[18] 휴리스틱은 고정관념에 기초한 추론적 판단을 의미한다. 이 학자들은 사람들이 무작위로 주어진 일련의 숫자들에서 어떤 패턴을 발견하려고 하며 의사결정 시에는 그들이 본 정보의 어떤 질서나 구조를 적용하려는 경향이 있다는 것을 발견했다. 예를 들어, 뮤추얼펀드 투자자들은 3년 동안 성과가 제일 좋은 펀드매니저를 찾고 그 결과가 무작위적으로 발생한 것이 아니라 그들이 특별한 능력을 가지고 있기 때문이었다고 믿는 경향이 있다. 이러한 대표성 휴리스틱 또는 대표성 오류(representativeness bias)는 부분적으로는 프레이밍 문제 때문에 발생한다. 즉, 가능한 모든 투자 대상에 대해서 실력이냐 운이냐를 프레이밍 하는 대신에, 펀드 투자자는 특정 펀드매니저의 3년 동안의 과거 성과만을 대상으로 한정하여 그것을 좁은 영역에서 프레이밍 하는 것이다. 이에 따라 실제로는 무작위적인 결과들이 논리적 결과인 것처럼 나타나게 된다.

---

17) 이것을 보증효과(endorsement effect)라고 한다.
18) Tversky and Kahneman(1974) 참조.

두 번째 이슈는 많은 사람들이 가용성 휴리스틱(availability heuristic)을 따르는 것처럼 보인다는 것이다. 이것은 사람들이 어려운 결정에 직면했을 때, 손쉽게 얻을 수 있는 정보에 의존하는 경향이 있다는 것이다. 투자자가 과거 성과에 의존하는 간단한 이유는 그 정보가 저렴한 비용으로 이용하는 것이 가능하기 때문이다. 퇴직연금과 투자회사는 웹사이트, 가입서류, 뉴스레터 등으로 엄청난 양의 과거 성과의 데이터를 만들어내며 이 정보는 모든 연금가입자들이 사용가능한 정보들이다. 반면 기대수익률을 체계적으로 보고하는 경우는 매우 적다.

대표성 휴리스틱과 가용성 휴리스틱은 왜 뮤추얼펀드 투자자들이 펀드 구매 결정에서 계속적으로 성과만을 판단대상으로 하는지에 대한 설명을 해 줄 수 있다.[19]

7. 전망이론

만약 개인이 평균-분산을 기준으로 하는 투자자가 아니라면 실제로 불확실한 상황에서 어떻게 의사결정에 도달하는가? 이에 대한 설명은 최근 30년 동안 진행된 행태주의 연구들에서 찾을 수도 있는데, 그 중 가장 대표적인 이론은 커너먼(Kahneman)과 트버스키(Tversky)가 제시한 전망이론(prospect theory)이다.[20] 이들은 전통적인 효용 극대화와는 적어도 두 가지 면에서 차이점이 있는 가치함수(value function)라는 개념을 제시하였다. 그 두 가지란 첫째, 사람들은 결정의 결과 나타나는 이익과 손실에 대해서 고려하지만 전체 부에 어떻게 영향을 미치는가 하는 것은 고려하지 않는 습성이 있다는 것과, 둘째, 사람들은 이익과 손실을 전혀 다르게 받아들인다는 것이다.

이것은 개인의 투자행동에 대해 매우 중요한 시사점을 제공한다. 예를 들어 투자자는 특정 이익을 확정시키는 반면 손실을 피하려 한다. 이것은 개인이 확정된 이익에 대해서는 손실회피적인 반면, 특정 손실을 피하려는 노력으로 위험을 택할 수 있다는 것을 의미한다. 아울러 개인의 실제 행동은 이익과 손실이 발생하

---

19) Patel, Zeckhauser, and Hendrinks(1991) 참조.
20) Kahneman and Tversky(1979) 참조. 전망이론은 본 장의 5절에서 보다 상세히 다룰 것이다.

는 순서 및 이전에 발생했던 이익과 손실이 현재 상황의 인식에 어떻게 포함되었는지에 따라 영향을 받을 것이다.

예를 들어 한 사람이 100의 이익을 얻었다고 하자. 만약 추가로 이익을 얻거나 아니면 100을 모두 잃는 게임에 참여하라는 제안을 받으면, 추가이익의 확률이 합리적이라고 해도 많은 사람들이 이 도박을 거절할 것이다. 왜냐하면 확정된 100을 잃게 될 위험이 존재하기 때문이다. 그러나 만약 이익인 100의 일부를 지키면서 더 많은 이익을 얻을 수 있는 기회를 제공되면, 많은 사람들이 이 게임을 택할 것이다.[21] 일반적으로 사람들은 이익과 관련된 의사결정을 내릴 때는 위험회피적이지만, 만약 다른 사람의 돈을 가지고 게임을 한다면(예를 들어, 이전 게임에서 얻은 이익), 보다 위험추구형이 된다는 것이다. 손실과 관련된 의사결정에서는 행동이 달라진다. 처음에 100을 잃었다면 사람들은 손실 100을 되찾기 위한 노력으로 100 이상을 추가로 잃을 수 있는 게임에 참여하는 경향이 높다. 즉, 손실 영역에서는 위험추구 행태 및 손익계산효과(break-even effect)가 나타난다는 것이다. 특정 손실이 이미 실현되었다면, 많은 사람들은 "이미 지불한 비용은 매몰비용이므로 잊어버리자"라고 교과서에 나오는 합리적 경제주체처럼 생각하는 것이 아니라, 오히려 투자원금을 만회할 목적으로 추가 위험을 택하려 한다는 것이다.

이러한 분석은 왜 투자자들이 투자에서 손실을 실현시키는데 있어 어려움을 겪는지 설명을 할 수 있다. 사람들은 손실의 실현을 피하려 하고 원금을 회복하려는 강한 욕구를 가지기 때문이다. 아울러 이 분석은 개인들이 때때로 위험한 주식에 투자할 때나 하락장에서 추가적인 위험을 부담하려 하는 이유를 설명할 수 있다.

전망이론과 행태경제학은 세 가지 면에서 투자결정을 설명하는데 유용하다고 여겨진다. 첫째, 이익 측면에서 볼 때 투자자는 종종 과신과 과도한 낙관주의적 견해를 지니는 경향이 있다. 둘째, 손실 측면에서 볼 때 투자자의 위험회피 성향은 투자 손실이 실현되지 않도록 하며, 따라서 이익을 너무 일찍 실현하려고 하는 경향이 있다. 마지막으로 결정이 과신과 손실회피에 의해 최적에 미치지 못한다면

---

21) 이것을 공돈효과(house money effect)라고 한다.

프레이밍의 대상을 좁힘으로써 이러한 비정상성이 더욱 악화되는 경향이 있다.

이제 이러한 요소들에 대하여 순서대로 각각 살펴보자.

8. 과신

심리학과 행태경제학은 사람들이 이익을 예측할 때는 자주 지나친 믿음, 즉 과신(overconfidence)을 하며 과도한 낙관주의의 특징이 나타난다고 주장한다. 과신은 사람들의 의사결정에서 널리 알려져 있는 특징 중 하나다. 의사결정에 있어 경영자들은 자신의 능력을 과신하는 경향이 있다는 것을 증명하는 다양한 연구들이 존재한다. 예를 들면, 경영자들은 지나치게 낙관적으로 평가하기 때문에 인수합병 시 더 비싼 가격을 지불하는 경향이 있다. 심리학, 의학, 공학, 투자부분 등 다양한 분야의 전문가들은 의사결정에서 과신을 보이는 것으로 알려져 있다.

미래의 생애 전망에 관한 한 연구에서 대학생들에게 그들의 향후 인생에서 긍정적 사건과 부정적 사건들이 발생한 가능성을 평가하라고 질문했다. 대부분 학생들은 부정적인 사건은 경시하고, 긍정적 결과를 강조했다. 흥미로운 점은 그들의 대학 룸메이트들을 대상으로 동일한 질문을 했을 때, 그 학생들은 보다 공정한 대답을 했다는 것이다. 이와 유사한 것으로 치명적인 질병에 걸린 환자들은 자신들이 향후 회복할 가능성에 대해 그들을 돌보는 전문적 간병인들보다 훨씬 긍정적으로 예상한다는 것이다.

이런 과신은 개인들이 미래에 영향을 주는 기회나 사건이 무작위로 발생한다는 것을 정확히 이해하지 못하는 것에서 비롯된다. 일반적으로 사람들은 무작위로 발생하는 기회의 효과를 과소평가하는 경향이 있는 반면, 자신이 결과에 영향을 미치는 통제 수준에 대해서는 과대평가하는 경향이 있다. 자신을 평가할 때도 객관성을 잃는 경우가 많다. 사람들은 일반적으로 자신을 타인에 비해 더 좋게 인지하며 다른 사람의 관점보다 그들 자신의 관점이 더 우월하다고 생각한다. 이러한 과신으로 인하여 위험 계산을 제대로 못하는 경우도 많다. 한 연구에 의하면 사람들이 정답을 100% 확신하더라도 실제 20%는 틀린 답변이라고 한다. 아울러 자신이 통제를 담당할 때 자신감이 과장된다는 보고도 있다. 예를 들어 자동차 사고에 대한 위험에 대해 질문하였을 때, 사람들은 자신이 승객일 때보다 그들이 직접 운전할 때, 훨씬 사고가 적을 것이라고 믿는다고 한다. 성별에 따라서도 그런 현상이 나타나는데 일반적으로 남자들이 더 자신에 대해 과신하는 경향이 있다.

과신은 경제적이나 심리적으로, 심지어는 진화론적으로 긍정적 결과를 초래할 수도 있다. 예를 들어 과신은 위험을 감수하고 기업활동을 하게 만드는 원천이 되며, 또는 삶의 역경을 빨리 헤쳐 나가도록 도와줄 수도 있다. 그러나 투자의 영역에서 과신은 최적보다 열등하며, 평균-분산이론에 맞지 않는 행동을 이끌어 내게 된다. 예를 들어 과신은 주식거래의 회전율을 필요 이상으로 높이는데 기여한다는 연구도 있다.[22] 이 연구에서는 5년 동안 시장 수익률이 17.9%일 때, 매매 회전율이 낮은 계좌의 평균 수익률은 18.5%였던 반면, 회전율이 높은 계좌의 수익률은 11.4%인 것을 보였다. 아울러 남자가 여자보다 45% 이상 거래빈도수가 높으며, 그 차이는 미혼 남성과 미혼 여성에서 더 커진다고 보고했다.[23]

또 다른 연구들에서는 투자자 대부분은 주식시장에 대한 그들의 전망이 좋지 않은 경우에도 자신들이 선택한 주식에 대해서는 높은 수준의 자신감을 보이는 것으로 나타났다.[24] 투자자들은 주식을 선택하는 자신의 능력을 신뢰하는 반면, 분산투자와 같은 MPT 개념의 중요성은 경시하는 경향이 있었다. 그들의 관점에서 분산투자는 상관관계가 낮은 주식들을 보유하는 것이라기보다는 다양한 종목들을 보유하는데 더 초점을 맞추고 있었다.

9. 손실회피와 처분효과

과신이 전망이론에서 개인의 상향 행동을 설명한다면, 하향 행동은 손실 실현의 회피에 의해 설명될 수 있다. 예를 들어, 이미 언급한 예와 같이 사람들은 발생했지만 아직 실현되지 않은 손실을 실현하는 것과 더 많이 잃거나 본전이 될 수

---

22) 상세한 내용은 Barber and Odean (2000) 참조.
23) 반면 Agnew, Balduzzi, and Sunden(2003)는 이러한 거래 결과를 연금에 적용하는 것은 부적절하다고 주장했다. 왜냐하면 연금가입자들은 일반 주식거래와 연금투자를 상이한 것으로 간주할 수 있기 때문이다.
24) Goetzmann and Kumar(2001) 참조.

있는 게임 중 하나를 선택하라고 하면 후자를 택하는 경향이 있다. 특히 본전이 되어 손실을 회피할 합리적인 전망이 있는 경우에는 사람들은 심지어 더 많은 돈을 잃을 수도 있는 게임을 택한다. 이런 게임에서는 Shefrin and Statman(1985)이 명명한 소위 "처분효과(disposition effect)"가 더욱 심해진다.[25] 주식에 투자하는 사람들은 지나치게 빨리 이익을 실현시키려고 하는 반면, 손실을 실현시키는 손절매(loss-cut)에는 어려움을 느낀다. 즉, 이미 손실을 본 주식들을 희망을 가지고 너무 오래 보유하는 것이다.

Odean(1998)은 투자자들이 이익을 얻은 주식을 처분한 다음 해에 그 주식은 시장평균보다 2% 수익률이 높았으나, 손실 본 주식을 계속 들고 있는 경우에는 시장평균보다 1% 수익률이 낮은 결과를 보여 주었다. 이 결과 역시 투자 결정의 있어서의 과도한 자신감의 증거가 될 수 있다.

10. 심적 회계

2002년 노벨경제학상을 수상한 커너먼은 한 연구에서 의사결정의 프레임을 좁히면 전술한 과신과 손실회피가 더 악화된다는 결과를 보여 주었다.[26] 이것을 심적 회계(mental accounting)라고도 한다. 예를 들어 1,500을 벌 수 있는 확률이 50%이고 1,000을 잃을 수 있는 확률이 50%인 게임을 할 사람은 거의 없을 것이다(손실회피 계수를 2.5로 잡았을 때, 대부분의 투자자는 이익이 2,500에 가까워지기 전에는 이 게임을 하지 않을 것이다). 그러나 이 실험에서 사람들은 이 게임에 여러 번 참가할 수 있거나 또는 그들이 보유하는 순자산 전체를 변화시킬 수 있도록 프레이밍 되었을 때는 이 게임에 더 참가하려는 성향을 보이는 것으로 나타났다. 커너먼이 관찰한 것처럼 사람들은 게임에 한 번 참가할 때는 별로 중요하게 생각하지 않는 것이 자연스럽지만, 반복적으로 게임에 참여하거나 이 게임이 전체 자산을 변경하는 것이라면 이 게임을 대단히 중요한 것으로 생각하고 제대로 판단한다는 것이다.

---

25) Shefrin and Statman(1985) 참조.
26) 이 실험에 관한 상세한 내용은 Kahneman(2003) 참조.

제3절   연금 인출에 대한 의사결정

　　은퇴에 대한 금융 의사결정의 마지막 단계는 연금의 인출 기간 동안에 발생한다. 이 시기는 일반적으로 중년기 후반 이후에 시작되며, 대부분의 사람들은 그때까지 축적한 자산을 어떻게 사용할 지 결정하게 된다. 만일 불확실성이 없다면 은퇴 기간의 소비 및 유산의 상속의 목적을 달성할 수 있는 최적의 은퇴 자산 사용 계획을 수립이 상대적으로 쉬울 것이다.

　　그러나 사람들은 퇴직 이후 다양한 리스크에 직면하게 된다. 이 중 가장 중요한 것은 장수리스크, 인플레이션리스크, 예상치 못할 비용을 초래할 의료비 관련 리스크, 그리고 자본시장 리스크 등이다. 이런 리스크들이 독자적 또는 복합적으로 나타나면 은퇴 기간 동안 돈이 소진되거나 곤궁한 생활을 하게 될 것이다. 이러한 기본적인 불확실성은, 저축 및 투자 부분에서 설명한 심리적 요인까지 반영되어, 퇴직자가 노후에 퇴직계좌를 효율적으로 관리하는 것을 매우 어렵게 만든다. 여기에서는 이 중 가장 중요한 요소인 장수리스크와 인플레이션 및 자본시장 리스크를 중점적으로 논의하고자 한다.

1. 장수리스크

　　사람들은 수명을 정확히 예측하지 못하므로 사망 전에 자신의 자산을 전부 소비해 버릴 리스크를 지니게 된다. 은퇴 기간 동안 매년 소비를 줄이면 이러한 장수리스크를 줄일 수 있으나 반대로 퇴직자가 너무 많은 자산을 남겨두고 사망할 가능성이 높아질 것이다.

　　장수리스크를 상쇄하는 한 방법은 은퇴시 모든 자산 또는 일부를 사용하여 연금에 가입하는 것이다.[27] 일시납 종신연금은 가입자가 생명표의 평균수명 이상

---

27) 전 장에서는 자본시장을 이용하여 장수리스크를 관리하는 방법을 설명하였다. 이번 장에서는 장수리스크와 연금에 대한 관계를 행태재무의 관점에서 분석한다.

으로 생존해도 계속 연금을 지급하기 때문에 이 목적 하에서는 매력적인 측면이 있다. 실제로 다른 자산을 가지고 있는 것에 비해 연금을 가지고 있는 퇴직자들이 은퇴에 대해 더 만족한다는 결과도 있다.[28] 이것은 은퇴 생활비를 일부라도 연금을 통해 조달하는 것이 장수리스크에 대비하고 심리적 평화를 얻을 수 있는 방법이 된다는 것을 의미한다.

연금의 이론적인 매력이 큼에도 불구하고 현재 대부분의 선진국들에서 조차 은퇴자금 중 상대적으로 극히 일부만이 연금을 구입하는데 사용되어 왔다. 2005년부터 퇴직연금제도를 시작한 우리나라는 거의 대부분 퇴직 시 일시금으로 지급하고 있다. 미국의 DC제도에서는 대부분 일시금 지급방식이지만 전통적으로 종신연금 지급방식이었던 DB제도에서도 2000년부터 일시금 지급이 시작되고 있다.[29] 결과적으로 은퇴시점에 다다른 연금가입자들 중 종신연금형태로 연금을 수령하는 비율이 감소하는 것처럼 보인다. 실제로 한 연구에서는 기업연금급여의 4분의 3이 종신연금 형태보다 일시불로 수령한다는 보고를 하고 있다.[30]

은퇴를 위한 연금의 수요가 감소하는 이유에 대해서는 행태경제학적인 설명이 가능하다. 먼저 사람들은 기대여명에 대해 별로 정보를 얻지 못하여, 수입보다 더 오래 생존할 위험을 과소평가하는 경향이 있다. 그 예로 생보사인 메트라이프에서 실시한 조사에 의하면 연령 65세의 사람들 중 상당수가 기대수명 이상 장수한다는 것을 아는 사람은 응답자의 3분의 1에 불과하였다. 아울러 은퇴자산의 부족과 은퇴 후 곧 사망할 것으로 예상하는 사람들 간에는 상관관계가 거의 없는 것으로 나타난 연구들도 있다.

손실회피(loss-aversion)를 포함한 행태주의적 요인들은 또한 사람들이 은퇴시 연금에 대한 수요가 합리적인 수준보다 낮은 이유를 설명할 수 있다. 연금은 일반적으로 유산으로 상속이 될 가능성이 낮으므로 퇴직자는 자신이 일찍 사망하는 경우 상속인이 입게 되는 잠재적인 손실에 대한 걱정이 크다. 반면 퇴직자는 은퇴 후 오래 생존할 경우 받게 되는 미래 연금 수급액을 지나치게 할인하는 경향

---

28) 이러한 실증연구에 대해서는 Panis(2004) 참조.
29) 미국의 연구는 Moore and Muller(2002) 참조.
30) McGill et al.(2004) 참조.

이 있다. 이러한 비대칭적인 가치평가의 결과 퇴직자가 퇴직연금 발생액으로 종신연금을 구매하는 대신 일시금으로 받게 될 가능성이 높아진다. 아울러 이러한 비대칭적 평가는 왜 일부 사람들이 자산을 연금 형태로 묶어두는 것은 리스크를 줄이는 것이 아니라 오히려 증가시키는 것이라고 주장하는 이유가 될 수도 있다.

이러한 염려를 없애고 조기 사망으로 인해 손실을 보게 되는 두려움을 경감시키기 위해 보험사들을 종신연금, 장기요양, 장애급여 등을 모두 포함한 연금상품을 제공하기 시작했다.[31] 고용주들은 자기통제 문제가 있는 근로자들에게 도움을 주기 위하여 은퇴 시 일시불로 받는 방법 대신 연금형태로 수령하는 것을 디폴트 옵션으로 제공할 수도 있다.

2. 인플레이션과 자본시장 리스크

일반적으로 근로자들은 자산의 수익률 및 물가 상승률의 변동성에 대해 잘 모르고 있다. 예를 들어, 1970년대 후반부터 1990년대 후반까지 미국은 상대적으로 낮은 물가상승률과 주가상승으로 인하여 주식이 인플레이션을 헤지할 훌륭한 수단이라는 믿음이 팽배했으나 현실은 그렇지 않았다. 1970년대에는 연 물가상승률은 두 자리 수로 변했고, 주가는 1974년과 1975년의 2년 동안 절반 이상 하락했다. 미국에서 주식이 적어도 단기간에서 중기까지의 기간에는 인플레이션을 헤지하기에 좋은 수단이 아니라는 연구도 많이 있다.[32] 이러한 이유로 오랜 퇴직 기간 동안 물가상승의 악영향을 보호할 수단을 찾는 퇴직자들은 금융자산의 일부를 물가연동채권과 같은 자산으로 보유할 필요성이 있다.

근로자들이 자신의 연금을 연금펀드를 통하여 계속 관리하는 대신 일시금으로 받는 사실은 행태주의적 관점에서 분석할 때 다음과 같은 이유로 인해 매우 염려스러운 일이다. 첫째, 연금기금의 인출도 과신에 의해 영향을 받는다. 많은 사람들이 은퇴 기간 동안 재산을 조금씩 사용하면서 잘 살 수 있을 것이라고 믿지만, 실제로는 퇴직 후 몇 달 만에 돈을 전부 소진하는 경우도 적지 않다. 이러한 현상

---

31) 우리나라에서는 종신연금이지만 상속형 연금의 형태로 구입하는 것도 가능하다.
32) 대표적인 연구는 Brown et al.(2000) 참조.

은 사람들로 하여금 일시불은 과대평가하고 연금은 과소평가하도록 만드는 일시불의 프레이밍에 의해 더욱 악화된다. 퇴직자에게 10만 달러를 일시불로 지급하는 것과 부부연금으로 평생 매달 600 달러씩 지급하는 것 중 선택하게 하면 이것은 "엄청난 금액" 대 "장수를 위한 금액" 간의 차이를 강조하는 것처럼 보인다.

둘째, 사람들은 자기통제를 적절하게 하지 못하므로 일시불 금액을 받으면 그것을 소비하려는 유혹에 노출된다. 일시불은 연금 형태보다 세제상으로도 불리하며, 대부분 사람들은 노후에 투자를 성공적으로 수행하기가 쉽지 않다. 그들은 재무적인 상세한 내용을 이해하기도 어렵고, 복잡한 계산도 하기 힘들며, 건강 및 기동성 부족으로 인해 투자 정보를 적시에 습득하기도 쉽지 않기 때문이다.

제 4 절　행태재무와 연금설계 대안

행태주의 연구는 앞으로 기업연금에서 개인의 의사결정의 속성에 대해 다양한 직관을 제시해 줄 수 있다. 특히 행태주의적 관점에서 볼 때 현재의 DC제도는 종업원들에게 연금을 통한 저축을 장려하지 못하고 있다. 그 이유는 다음과 같다. 첫째, 저축이 강제적이 아닌 선택적이다. 그러나 제도에 가입하고 향후 부담금을 증액하기 위해서는 종업원의 적극적인 의사결정이 요구된다. 둘째, 종업원들은 대부분 리스크가 균형 있는 포트폴리오를 위해 반드시 필요한 것이 아니라 해로운 것으로 느끼고 있다. 이것은 대부분 디폴트 투자대상이 저위험, 저수익률 채권이기 때문이다. 아울러 고용주는 종업원들이 기업연금에 참여하기를 바라지만 종업원을 교육시키는 비용을 부담하는 데는 매우 인색하다.

따라서 기업연금의 설계에는 다음과 같이 행태재무적 요소가 반영되어야 할 것이다.[33]

첫째, DC제도에서는 디폴트 선택이 어떻게 되어 있는가에 따라 많은 것이 결

---

33) Mitchell and Utkus(2004) 참조.

정된다. 행태재무와 관련된 새로운 연구 결과들을 활용하기 위해서는 기업의 퇴직연금에서 기본적으로 사용되는 의사결정방법이 수정될 필요가 있다. 위에서 설명한 타성, 미루는 행동, 의사결정력 부족 등 행태주의적 특성을 잘 분석하면 실제적으로 연금저축을 장려할 수 있는 방법을 모색할 수 있다. 그 한 예가 미래저축 증액제도이다. 이 제도에서는 모든 근로자가 자동적으로 가입되며, 계획에 따라 연간 기여금도 증액되고, 연령에 따른 채권과 주식과의 자동비율조절 등이 디폴트 투자방식으로 정해져 있다. 따라서 수동적인 의사결정자들은 연금의 기본적 구조에 의해서도 최적의 연금 목적을 달성할 수 있다. 재무적 능력이 뛰어난 가입자들은 디폴트 옵션을 피하고 자신이 선호하는 선택으로 변경하면 된다.

둘째, 퇴직연금에 있어 선택 범위를 단순하게 만드는 것이 오히려 유용할 수 있다. 행태재무의 의미 있는 결론 중 하나는 투자 대상 및 방법의 설계가 매우 중요하다는 것이다. 투자 선택 방법이 너무 많으면 연금 가입률이 오히려 하락할 수도 있다. 실제로 많은 사람들은 매우 다양한 옵션들을 이용하여 복잡한 투자 결정을 내리기 위해 필요한 능력이 부족하다. 기업들은 다양한 투자자산, 투자 스타일, 매니저들이 혼용되는 것을 정당화하기 위해 평균-분산이론에 의존하려 하지만, 가입자들이 평균-분산이론을 사용해 최적화된 포트폴리오를 구성한다는 증거는 거의 찾아 볼 수 없다. 대신 가입자들은 투자결정을 내릴 때 과거의 실적과 같은 경험적인 지식을 사용하는 것이 일반적이다. 이 보다 좋은 방법은 기업이 핵심적인 투자 옵션들로 구성된 최소한의 메뉴에 대해 가입자들을 교육시키고, 보다 지식이 있는 투자자들을 위해서는 기본 메뉴와 분리된 추가적인 옵션을 제공하는 것이라고 할 수 있다.

셋째, 근로자와 퇴직자가 자사 주식의 위험을 더 잘 관리하도록 만드는 새로운 접근 방식이 필요하다. 고용주들은 교육을 통하여 과도하게 자사 주식에 투자할 때의 위험을 설명하려는 시도를 해왔으나 행태주의적 증거는 이런 시도의 효과가 제한적이라고 한다. 그러나 타성과 나중으로 미루는 습성 때문에 가입자가 스스로 체계화된 접근방식을 사용하는 경우는 그리 많지 않다. 아울러 직원들은 자사 주식의 위험을 과소평가하며 과거 주식 성과에 지나치게 영향을 받는다. 과신과 손실실현 회피로 나타나는 현상들은 자사 주식 투자의 경우 더욱 심해지는

데 이에 대한 효과적인 방법 중 하나는 자사주에 투자하는 비율에 상한선을 두는 것이다.

넷째, 은퇴 시 연금형태의 수령을 기본적인 선택으로 변경하도록 연금지급방식을 변경할 필요가 있다. 행태재무 연구의 결과는 기업연금에서 은퇴 시 연금과 일시불 중 결정하는 프레이밍을 개선시켜야 필요성을 제기하고 있다. 이러한 선택의 전제조건은 사망위험과 투자위험에 대한 가입자의 이해정도가 선행되어야 한다는 것이다. 현재 많은 연금이 일시불로 제공되고는 있지만 선진국의 DB제도에서는 디폴트는 전통적으로 연금형태의 수령방식이었다. 반면 DC제도에서는 일반적으로 디폴트가 일시불로 받는 것이고, 연금 형태로 받는 옵션은 없다. 행태재무는 DC제도에서도 연금형태로 수령하는 것을 디폴트로 만드는 것을 제안하고 있다. 또는 디폴트로 양자택일로 정하는 것이 아니라, 연금과 일시금의 혼합 형태로 프레이밍 하는 것도 대안이 될 수 있다.

제 5 절 전망이론을 이용한 연금의 가치평가

전망이론(prospect theory)은 준거점(reference point), 가치함수(value function), 결정가중치(decision weight) 등 세 가지 구성요소를 지니고 있다. 이 이론에서는 선택의 결과는 위험을 포함하고 있으며, 준거점보다 이익이 발생하여 재산이 증가하는지, 또는 손실이 발생하여 재산이 감소하는지에 따라서 결과가 평가된다는 것이다. 준거점으로는 현재의 재산상태가 사용되는 것이 일반적이지만 연금에 대한 의사결정 문제라면 연금을 구입하지 않은 상태를 기준점으로 정하는 것이 보다 자연스러울 것이다. 또한 전망이론은 이익과 손실이 다음과 같은 비선형 가치함수에 의해 평가된다고 주장한다.

$$v(x) = x^{\alpha} \text{ if } x \geq 0,$$
$$v(x) = -\lambda(-x)^{\beta} \text{ if } x < 0 \tag{9.1}$$

이 함수는 이익에 대해서는 오목함수이고 손실에 대해서는 볼록함수이므로 소위 민감도 체감성(diminishing sensitivity)이라는 특성을 지닌다. 손실에 대한 볼록성은 의사결정자가 위험선호의 행위를 할 수 있다는 것을 의미하는데, 이것은 오목한 효용함수를 가정한 기대효용이론과는 상응하지 않는 것을 알 수 있다. 위의 식에서 λ계수는 손실회피의 정도를 측정한다. 예를 들어 $\lambda = 1$이라면 \$1의 손실이 \$2의 이익과 동일한 심리적 가치를 주는 것이라고 할 수 있다. 따라서 식 (9.1)와 같은 가치함수를 지닌 경제주체는 이익과 손실의 기회가 동일한 게임은 선호하지 않을 것이다.

기대효용이론에서는 여러 상황하의 효용들에 대해 상황 확률이 가중치로 부여되는 반면, 전망이론에서는 결정가중치(decision weights)와 확률은 동일하지 않을 수 있다고 주장한다. 특히 발생확률이 낮은 결과에는 높은 가중치가, 발생확률이 높은 결과에는 낮은 가중치가 부여될 수 있다. 전망이론의 또 하나의 특성은 순위의존성(rank dependence)이다. 발생확률이 동일하더라도 매우 크거나 작은 이익이나 손실에 대해서는 중간 규모의 이익이나 손실보다 높은 가중치가 부여된다.

상술한 전망이론의 특성을 나타내기 위하여 다음과 같이 발생확률(p)를 변환시키는 비선형 확률가중함수(w)를 도입할 필요가 있다.

$$w^+(p) = \frac{p^\gamma}{[p^\gamma + (1-p)^\gamma]^{1/\gamma}},$$

$$w^-(p) = \frac{p^\delta}{[p^\delta + (1-p)^\delta]^{1/\delta}} \qquad (9.2)$$

이 함수는 $w(0) = 0$, $w(1) = 1$을 만족한다. $w^+(p)$함수의 모양은 〈그림 9-2〉와 같이 표현된다.[34] 그림에서 확률이 값이 약 0.4 미만인 경우 실제 확률에 비하여 가중치가 높게 배정되며, 그 이상의 확률은 낮은 가중치가 배정되고 있다. 상황 i가 발생하는 경우의 결과인 x_i에 부여되는 최종 결정가중치인 π_i는 x_i의 누적확률에서 평가된 함수(w)의 변화분에 의해 측정된다.

각 상황에 대하여 최종 결정가중치는 다음과 같은 일련의 식으로 표현할 수

---

34) 손실에 대한 함수인 w^-의 형태도 유사하다.

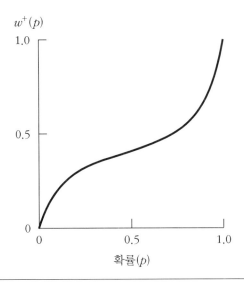

┃그림 9-2┃ 전망이론에서의 확률가치함수

있다.

$$\pi_1^- = w^-(p_1), \quad i = 1,$$

$$\pi_i^- = w^-(p_1 + \cdots + p_i) - w^-(p_1 + \cdots + p_{i-1}), \quad 2 \leq i \leq k,$$

$$\pi_i^+ = w^+(p_i + \cdots + p_T) - w^+(p_{i+1} + \cdots + p_T), \quad k+1 \leq i \leq T-1,$$

$$\pi_T^+ = w^+(p_T), \quad i = T \tag{9.3}$$

여기에서 각 결과는 다음의 순서를 따른다.

$$x_1 < x_2 < \cdots < x_k < 0 < x_{k+1} < \cdots < x_T \tag{9.4}$$

아울러 주의할 것은 전망이론에서는 이익과 손실에 대하여 상이한 가치함수가 사용되므로 결정가중치의 합이 1이 되지 않을 수도 있다는 것이다. 이러한 가치함수와 결정가중치를 이용하여 연금의 가치(V_a)를 다음과 같이 구할 수 있다.

$$V_a = \sum_{t=1}^{T} \pi_i v(x_i) \tag{9.5}$$

트버스키와 커너먼은 1992년에 발표된 논문에서 $\lambda = 2.25$, $\alpha = \beta = 0.88$, $\gamma = 0.61$, $\delta = 0.69$로 추정하였다.[35] 물론 이 모수들의 값은 시험대상인 게임 또는 연금과 같은 금융상품의 구조와 참여자들의 특성에 따라 영향을 받을 것이다.

---

35) Tversky and Kahneman(1992) 참조.

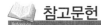 참고문헌

Agnew, J., P. Balduzzi, and A. Sunden, 2003, "Portfolio choice and trading in a large 401(K) plan," American Exonomic Review 93 : 193–215.

Banks, J., R. Blundell, and S. Tanner, 1998, "Is there a retirement–savings puzzle?" American Economic Review 88 : 769–788.

Barber, B.M., and T. Odean, 2000, "Trading is hazardous to your–wealth:the common stock investment performance of individual investors," Journal of Finance 55 : 773–806.

Bernartzi, S., 2001, "Excessive extrapolation and the allocation of 401(K) accounts to company stock," Journal of Finance 56 : 1747–1764.

Benartzi, S. and R. Thalor, 2001, "Naive diversification strategies in retirement saving plans," American Economic Review 91 : 79–98.

Benartzi, S. and R. Thalor, 2002, "How much is investor autonomy worth?," Journal of Finance 57 : 1593–1616.

Benheim, B. D.J. Skinner and S. Weinberg, 2001, "What accounts for the variation in retirement wealth among U.S. households?" American Economic Review 91 : 832–857.

Bodie, Z. B. Hammond and O.S. Mitchell, 2002, "A framework for analyzing and managing retirement risks," in Innovations in Financing Retirement, Bodie, Z., B. Hammond, O. Mitchell and S. Zeldes (Eds), University of Pensylvania Press, Philadelphia, PA.

Brown, J. O.S. Mitchell, and J. Poterba, 2000, "The role of real annuities and indexed bonds in an individual accounts retirement program," in Risk Aspects of Investment–Based Social Security Reform, J.Y. Cambell and M. Feldstein (Eds.), University of Chicago Press, Chicago, IL.

Cambell, J.Y. and L.M. Viceira, 2002, Strategic Asset AllocationL Portfolio Choice for Long–term Investors, Oxford University Press, Oxford, UK.

Choi, J., D. Laibson, B. Madrian and A. Metrick, 2001a, "Defined contribution pensions : plan rules, participant decisions, and the path of least resistance," NBER Working Paper 8655.

Choi, J., D. Laibson, B. Madrian and A. Metrick, 2001b, "For better or for worse : default effects and 401(K) savings behavior," NBER Working Paper 8651.

Goetzmann, W.N. and Al. Kumar, 2001, "Equity portfolio diversification," NBER Working Paper 8686.

Forbes, W., 2009, Behavioural Finance, Wiley, West Sussex, UK.

Kahneman, D. and A. Tversky, 1979, "Prospect theory : an analysis of decision under risk," Econometrica 47 : 263-291.

Laibson, D.I., 1997, "Golden eggs and hyperbolic discounting," Quarterly Journal of Economics 112 : 443-478.

Laibson, D.,I., A. Repetto, and J. Tobacman, 1998, "Self-control andsaving for retirement," Brookings Papers on Economic Activity I : 91-196.

Madrian, B.C. and D.F. Shea, 2001, "The power of suestion : inertia in 401(K) participation and savings behavior," Quarterly Journal of Economics 116 : 1149-1187.

McGill, D., K. Brown, J. Haley andS. Schieber, 2004, Fundamentals of Private Pensions, 8th ed., Oxford Universitu Press, Oxford, UK.

Mitchell, O. and S. Utkus, 2003, "company stock and retirement plan diversification," in The Pansion Challenge : Risk Transfers and Retirement Income Security, Mitchell, O.S. and K. Smetters (Eds), Oxford Universitu Press, Oxford, UK.

Mitchell, O. and S. Utkus, 2004, "Lessons from behavioural finance for retirement plan design," in Mitchell, O. and S. Utkus (Eds), Pension Design and Structure : New Lessons from Behavioural Finance, Oxford niversity Press, Oxford, UK.

Moore, J.H. and L.A. Muller, 2002, "An analysis of lump-sum pension distribution recepients," Monthly Labor Review 125 : 29-46.

Mullainathan, S. and R. Thalor, 2000, "Behavioral economics", NBER Working Paper 7948.

Odean, T., 1998, "Are investors reluctant to realize their losses?" Journal of Finance 53 : 1775-1798.

Patel, J., R. Zeckhauser, and D. Hendricks, 1991, "The rationality struggle : illustrations from financial markets," American Economic Review 81 : 232-236.

Shefrin, H. and M. Statman, 1985, "The disposition to sell winners too early and ride losers too long : theory and evidence," Journal of Finance 40 : 777-790.

Simon, H.A., 1955, "A behavioral model of rational choice," Quarterly Journal of Economics 69 : 99-118.

Thaler, R. and S. Benartzi, 2004, "Save more tomorrow : using behavioral economics to increase employee saving," Journal of Political Economy 112 : S164-S187.

Thaler, R. and M. Shefrin, 1981, "An economic theory of self-control," Journal of Political Economy 89 : 392-406.

Thaler, R. and M. Shefrin, 1981, "Some empirical evidence on dynamic inconsistency," Economic Letters 8 : 201-207.

Tversky. A. and D. Kahneman, 1992. "Advances in prospect theory : cumulative representation of uncertainty," Journal of Risk and Uncertainty, 5 : 297-323.

제 10 장

이자율리스크와 자산부채관리

제 1 절 　듀레이션과 볼록도

1. 듀레이션의 개념 및 측정

1) 채권의 듀레이션

완전한 금융시장에서 경제주체들이 합리적이고 동일한 정보를 가지고 있다면 금융자산의 가격은 그 자산으로부터 발생하는 모든 현금흐름의 현재가치의 합과 동일하다. $t = 1, 2, \cdots, T$시점에 발생하는 현금흐름을 CF_t, 채권의 현재가격을 B라고 하고 채권의 만기(또는 내부)수익률을 r이라고 하면 B는 다음과 같이 계산할 수 있다.

$$B = \sum_{t=1}^{T} PV(CF_t) = \sum_{t=1}^{T} CF_t / (1+r)^t \tag{10.1}$$

여기에서 $PV(\cdot)$는 현재가치의 연산식이다. 현실적으로는 이표와 만기가 모두 서로 상이한 채권들의 이자율리스크를 비교할 필요가 있다. 이 경우 사용되는 대표적인 측정치가 듀레이션(duration)이다. 듀레이션은 현금흐름기간의 가중평균이며 그 가중치는 각 시점의 현금흐름의 현가와 전체 현금흐름의 현가의 비율로 구해지며 다음의 식으로 정의된다.[1][2]

$$D = \frac{\displaystyle\sum_{t=1}^{T} t\,CF_t \,/\, (1+r)^t}{\displaystyle\sum_{t=1}^{T} CF_t \,/\, (1+r)^t} \tag{10.2}$$

식(10.2)의 분모는 모든 현금유입의 현가의 합이므로 채권의 현재 가격이 되

---

1) 이 식을 처음 제안한 사람의 이름을 따라 매콜리(Macaulay) 듀레이션이라고도 한다.
2) 만기수익률 또는 내부수익률(Internal rate of return : IRR)이란 총현금흐름의 현가의 합과 현재 가격을 일치시키는 할인율을 의미한다.

는 것을 알 수 있다. 이 현재 가격을 B로 표시하면 듀레이션은 다음과 같이 표시될 수 있다.

$$D = \frac{\sum_{t=1}^{T} t\,CF_t \,/\, (1+r)^t}{B} = \sum_{t=1}^{T} t\,\frac{PV(CF_t)}{B} \tag{10.3}$$

식(10.3)에서 $PV(CF_t)/B$를 가중치 w_t로 표현하면 듀레이션은 기간의 현금흐름에 대한 가중평균으로 표시될 수 있음을 알 수 있다. 즉, 현재 시점에서 이 채권을 구입하기 위해 지불하는 금액은 B이며, 듀레이션은 이 B가 전부 회수되기 위해 향후 소요되는 평균기간을 의미함을 알 수 있다. 채권이 이표율 c, 액면가 F인 이표채라고 하면 만기 이전의 현금흐름은 $CF_t = cF$이고 만기에서는 $CF_T = F(1+c)$이 되므로 듀레이션은 시장이자율의 변화, 이표율, 만기에 의해 영향을 받게 되는 것을 알 수 있다.

무이표채권(zero-coupon bond)의 듀레이션은 당연히 만기와 일치한다. 일부 할인채를 제외하면 일반적으로 채권의 듀레이션은 만기가 길수록 증가하며 또한 만기수익률과 이표율이 감소할수록 증가한다.

만기수익률에 대한 채권가격의 1차 미분값을 채권의 금액듀레이션(dollar duration)이라고 부른다. 채권가격은 수익률의 함수이므로 이를 $B(r)$라고 놓고 1차 미분하면 다음과 같다.

$$B'(r) = \frac{dB}{dr} = -\sum_{t=1}^{T} \frac{t\,CF_t}{(1+r)^{t+1}}$$

이것으로부터 듀레이션은 금액듀레이션에 $-(1+r)$을 곱하고 현재 채권가격인 B로 나눈 결과라는 것을 알 수 있다.

예제 1 이표율이 연 6%이며 이표의 지급은 연 2회, 연 평균수익률이 6%인 채권의 듀레이션을 구하시오.

풀이 여기서 주의해야 할 점은 이표의 지급이 연 2회, 즉 6개월마다 이루어진다는 것이다. 이러한 경우에는 한 기간을 1년이 아닌 6개월로 설정하는 것이 편리하다. 따라서 만기는 8 기간이 된다. 듀레이션은 최종적으로 일정한 기간으로 표시되며 한 기간이 6개월인 경우에는 계산된 듀레이션을 2로 나누면 연간 듀레이션을 구할 수 있다. 먼저 듀레이션은 액면가에 영향을 받지 않으므로 임의의 액면가를 산정하여도 그 결과는 변하지 않는다. 이 예에서는 액면가를 1,000으로 가정하자. 듀레이션을 구하기 위해 다음과 같은 표를 작성하면 상당히 편리하다.

〈표 10-1〉 듀레이션의 계산

기간(반년)	현금흐름(CF_t)	현가($PV(CF_t)$)	$t \times PV(CF_t)$
1	30	29.13	29.13
2	30	28.28	56.56
3	30	27.45	82.36
4	30	26.65	106.62
5	30	25.88	129.39
6	30	25.12	150.75
7	30	24.39	170.75
8	1030	813.09	6,504.73
합계		1,000.00	7,230.28

위의 표와 식(10.3)을 이용하면 분자는 7,230.28, 분모는 1000.00이 되어 듀레이션은 반년 기간을 기준으로 할 때는 7,230.28 / 1000 = 7.23이 되며 1년을 기준으로 하면 3.62(년)을 얻을 수 있다. ■

신용리스크가 없다면 이표채권의 가격은 미래 현금흐름(이표와 액면가)의 현가의 합으로서 표시되며 시장수익률과의 관계는 〈그림 10-1〉과 같다. 현재 시장수익률을 r라고 하면 채권가격은 A의 세로축 절편인 B가 됨은 전술한 바와 같다. 만일 수익률이 아주 작은 한 단위 상승 또는 감소한다면 채권가격의 변동은 얼마가 되는가? 물론 새로운 가격은 채권가격평가식을 이용하여 구할 수도 있지만 듀레이션을 이용하면 다음과 같이 쉽게 구할 수 있다. 우선 A점에서의 가격곡선의 기울기인 dB/dr은 다음과 같이 표시될 수 있다.

| 그림 10–1 | 만기수익률과 채권의 가격

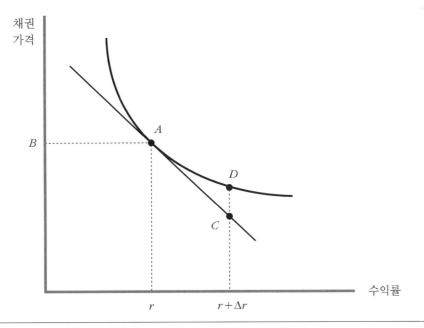

$$\frac{dB}{dr} = -D\frac{B}{(1+r)}$$

이 식으로부터 채권가격의 변화율은 다음과 같이 이자율의 변화분과 듀레이션에 의해 간단히 계산할 수 있다는 것을 알 수 있다.

$$\frac{dB}{B} = \frac{-D}{(1+r)}dr \tag{10.4}$$

따라서 듀레이션은 다음과 같이 이자율에 대한 채권가격의 탄력성으로 표현할 수 있다.

$$D = -\frac{(1+r)}{B}\frac{dB}{dr} = -\frac{dB/B}{dr/(1+r)} = -\frac{d\ln B}{d\ln\left(\frac{1}{1+r}\right)} \tag{10.5}$$

$\dfrac{D}{(1+r)}$을 수정듀레이션(modified duration)이라고 하는데 D_M으로 표시하도록 하자. 위의 식으로부터 수익률이 1단위 증가(감소)할 때 채권가격은 수정듀레이션에 수익률의 변화만큼 하락(상승)하는 것을 알 수 있다. 이것을 식으로 나타내면 다음과 같다.[3]

$$\frac{dB}{B} = -D_M\,dr$$

예를 들어 수정듀레이션이 2인 채권의 경우 시장수익률이 1% 상승한다면 채권가격은 2% 하락하게 되며, 수정듀레이션의 값이 클수록 그 채권은 이자율의 변화위험에 더 많이 노출되어 있음을 알 수 있다.

정기적으로 일정한 이표를 지급하는 채권이나 무이표채권인 경우에는 채권가격, 수정듀레이션 및 볼록도는 일정한 식을 이용하여 계산할 수 있다. 즉, 한 기간당 수익률을 r, 액면가를 F, 이표를 $C=cF$, 만기 T, 매 기간 말에 이표를 1회 지급한다고 하면 이표채권의 수정듀레이션은 다음의 식을 이용하여 쉽게 얻을 수 있다.

$$D_M = \frac{\dfrac{C}{r^2}\left\{1 - \dfrac{1}{(1+r)^T}\right\} + \dfrac{T(F-C/r)}{(1+r)^{T+1}}}{B} \tag{10.6}$$

고정이표율과 액면가를 지닌 채권의 듀레이션은 닫힌식의 함수로 표현할 수 있다. 채권의 현재가격을 B, 할인율을 r, 액면가를 F, 매 기간 이표율을 c라고 하자. 채권가격은 다음과 같이 이표의 현재가치의 합(B_C)와 액면가의 현재가치의 합(B_F)과 동일하다.

$$B = B_C + B_F$$

여기에서 B_C(이표의 현재가치)와 B_F(액면가의 현재가치)는 다음과 같다.

---

3) 실제로 듀레이션 또는 수정듀레이션을 사용하여 수익률의 변동에 따른 채권가격의 변동을 측정하기 위해서는 몇 가지 전제조건이 필요하다. 이는 본 장의 후반부에서 상세히 다룰 것이다.

$$B_C = \sum_{t=1}^{T} \frac{cF}{(1+r)^t} = cF \frac{1-(1+r)^{-T}}{r}$$

$$B_F = \frac{F}{(1+r)^T}$$

식(10.4)과 식(10.5)로부터 듀레이션은 다음과 같이 표현할 수 있다.

$$D = -\frac{(1+r)}{B} \frac{dB}{dr} = -\frac{1+r}{B} \left(\frac{dB_C}{dr} + \frac{dB_F}{dr} \right) \tag{10.7}$$

여기에서 B_C와 B_F을 각각 r로 미분하면 다음을 얻는다.

$$\frac{dB_C}{dr} = \frac{-B_C}{r} + \frac{TcB_F}{r(1+r)}$$

$$\frac{dB_F}{dr} = \frac{-FT}{(1+r)^{T+1}} = -\frac{B_F T}{(1+r)}$$

이제 위의 세 식들을 결합하면 듀레이션을 다음과 같이 표현할 수 있다.

$$D = \frac{B_C}{B} \left(1 + \frac{1}{r} \right) + \frac{B_F}{B} \left(1 - \frac{c}{r} \right) T \tag{10.8}$$

2) 이표채권, 영구채권, 액면채권의 듀레이션

듀레이션을 식(10.8)로 표현하면 다양한 채권들의 듀레이션을 보다 쉽게 계산할 수 있다. 예를 들어 이표채권, 영구채권, 액면채권의 듀레이션은 다음과 같이 각각 매우 간단한 식으로 나타낼 수 있다.

① 무이표채권의 듀레이션:

이 경우에는 $c=0$이므로 $B_C=0$이고 $B_F=B$이다. 따라서 듀레이션은 만기인 T가 되는 것을 알 수 있다.

② 영구채권의 듀레이션:

영구채권(perpetuity)는 액면가를 상환하지 않으므로 $B_F=0$이다. 따라서 $B_C=$

B가 되므로 듀레이션은 $1 + 1/r$이 되는 것을 알 수 있다. 아울러 수정듀레이션은 $1/r$이 된다.

③ 액면채권의 듀레이션:

액면채권(par bond)은 현재가격이 액면가와 동일한 채권을 의미한다. 따라서 $B = F$이므로 $c = r$이다. 이 경우 식으로부터 듀레이션은 $D = \left(1 - \dfrac{1}{(1+r)^T}\right)\left(1 + \dfrac{1}{r}\right)$ 이 되는 것을 알 수 있다. 아울러 수정듀레이션은 $D = \dfrac{1 - (1+r)^{-T}}{r}$이 된다.

2. 모기지와 주식의 듀레이션

듀레이션은 채권은 물론 모기지나 주식, 파생상품의 경우에도 구할 수 있다.

1) 모기지의 듀레이션

향후 T년 동안 원금과 이자를 포함한 일정한 금액 C를 매 기간 말 상환해야 하는 모기지 대출의 경우를 살펴보자. 먼저 이 모기지의 현재 가격은 다음과 같다.

$$B = \sum_{t=1}^{T} \frac{C}{(1+r)^t} = C\left(\frac{1 - (1+r)^{-T}}{r}\right)$$

이 식을 1차미분하면 $\dfrac{dB}{dr} = \dfrac{-B}{r} + \dfrac{CT}{r(1+r)^{T+1}}$ 을 얻는다. 따라서 모기지의 듀레이션은 다음과 같이 얻을 수 있다.[4]

$$D = -\frac{(1+r)}{B}\frac{dB}{dr} = \frac{1+r}{r} - \frac{T}{(1+r)^T - 1}$$

2) 주식의 듀레이션

d를 다음 기의 배당이라 하고 이 배당이 향후 g의 비율로 성장한다고 가정

---

4) 만기가 매우 길면($T \rightarrow \infty$) 모기지의 듀레이션은 영구채의 듀레이션에 접근하는 것을 알 수 있다.

하자. $r(>g)$을 주식의 요구수익률이라고 하면 배당평가모형에 의하여 현재 주가 B와 주가 및 수익률 민감도는 다음과 같을 것이다.

$$B = \frac{d}{r-g}, \text{ 그리고 } \frac{dB}{dr} = -\frac{d}{(r-g)^2}$$

따라서 듀레이션은 다음과 같이 계산된다.

$$D = -\frac{dB}{dr} \times \frac{1+r}{B} = \frac{1+r}{r-g} = \frac{B}{d}(1+r)$$

즉, 주식의 듀레이션은 배당성향의 역수에 $1+r$을 곱한 것을 알 수 있다.[5]

3. 볼 록 도

1) 채권의 볼록도

채권가격곡선인 〈그림 10-1〉을 다시 살펴보면 현재의 시장수익율이 r에서 $r+\triangle r$로 변화하면 채권가격은 $B(r)$에서 $B(r+\triangle r)$로 변화한다. (즉, 점 A에서 D로 변화한다.) 만일 $\triangle r$이 매우 작다면 새로운 채권가격 $B(r+\triangle r)$는 다음과 같은 식으로 추정될 수 있다.

$$B(r+\triangle r) \approx B(r) + \frac{dB}{dr}\triangle r \tag{10.9}$$

여기서 $dB/dr = -D_M B(r)$의 관계를 이용하면 위의 식은 다음과 같이 표현할 수 있다.

$$B(r+\triangle r) \approx B(r) - D_M B(r)\triangle r \tag{10.10}$$

위의 식은 $B(r+\triangle r)$을 $\triangle r$을 포함한 첫 번째 항까지만 테일러 확장을 한 것

---

5) 만일 1기간 1회 복리가 아닌 연속복리를 가정한다면 듀레이션은 다음과 같이 배당성향의 역수가 된다. $D = \frac{dB}{dr} \times \frac{1}{B} = \frac{1}{r-g} = \frac{B}{d}$.

임을 알 수 있다. 즉, 수익률 변화에 따른 새로운 채권의 가격을 선형식을 사용하여 추정하는 것으로서 〈그림 10-1〉에서는 점 A에 접하는 직선을 의미하고 있다. 수익률의 변화가 아주 작을 때는 점 D와 점 C가 그다지 차이가 나지 않으므로 식(10.9)가 사용될 수 있으나 △r이 클수록 점 D와 점 C의 차이는 커지므로 실제 새로운 채권가격을 식(10.9)로 추정한 값과는 큰 차이를 보이게 된다. 그림을 살펴보면 이 차이는 실제 채권가격곡선이 원점에 대해 볼록한 형태를 가지는 데 반해 식(10.9) 또는 식(10.10)은 직선으로 표현되기 때문에 발생하는 것을 알 수 있다. 즉, 점 A에서는 직선과 곡선이 접하므로 이러한 직선식으로 얻은 채권가격이 실제 채권가격과 일치하지만 그 차이는 이자율의 변화가 클수록 더욱 커지게 되는 것이다.

채권의 볼록도(convexity)는 이러한 차이를 상당 수준 없앨 수 있으며 다음과 같이 정의된다.

$$CX = \frac{1}{B}\frac{d^2B}{dr^2} = \sum_{t=1}^{T}\frac{t(t+1)CF_t}{(1+r)^{t+2}B} \tag{10.11}$$

이제 $B(r+\triangle r)$을 $(\triangle r)^2$을 포함한 두 번째 항까지 테일러 확장을 하면 다음과 같은 $\triangle r$의 2차식으로 추정가능하다.

$$B(r+\triangle r) \approx B(r) + \frac{dB}{dr}\triangle r + \frac{1}{2}\frac{d^2B}{dr^2}(\triangle r)^2$$

이 식에 수정듀레이션과 볼록도의 정의를 사용하면 다음과 같이 표현할 수 있다.

$$B(r+\triangle r) \approx B(r) - D_M B(r)\triangle r + \frac{1}{2}CXB(r)(\triangle r)^2 \tag{10.12}$$

또한 만기수익률에 대한 채권가격의 2차 미분값을 채권의 금액볼록도(dollar convexity)라고 부른다. 채권가격 $B(r)$을 2차 미분하면 다음과 같다.

$$B''(r) = \frac{d^2B}{dr^2} = \sum_{t=1}^{T} \frac{t(t+1)CF_t}{(1+r)^{t+2}}$$

이것으로부터 볼록도는 금액볼록도를 현재 채권인 B로 나눈 결과라는 것을 알 수 있다.

볼록도는 양의 값을 가지므로 식(10.12)의 마지막 항은 항상 양의 값을 갖는 것을 알 수 있다. 따라서 이 식으로 추정된 채권가격은 식(10.9)나 식(10.10)으로 추정된 값보다 항상 크다. 이론적으로는 $\triangle r$의 3차항 이상을 첨가할수록 보다 정확한 채권가격을 얻을 수 있으나 $\triangle r$이 그다지 크지 않은 경우 실제 $\triangle r$의 3차 이상을 포함한 항들은 거의 0에 가까우므로 식(10.12)로 추정된 값들과 차이가 크지 않다.

예제 2 반 년 마다 $50의 이표를 지급하는 액면가 $1000, 만기 5년의 채권을 고려해 보자. 현재 시장이자율이 연 10%라고 가정할 때 이 채권의 듀레이션, 수정듀레이션, 볼록도를 각각 구해 보자. 또한 만기수익률의 변화에 따른 채권가격의 변동을 일차선형식과 이차식을 이용하여 추정하고 그 차이를 살펴보자.

풀이 먼저 아래와 같은 표를 이용하여 듀레이션, 수정듀레이션, 볼록도를 각각 구해 보자. 이표의 지급기간이 반년이므로 한 기간을 반년으로, 한 기간 당 수익률을 5.0%로 간주하는 것이 편리하다. 식(10.2)에서 $tPV(CF_t)/B$를 듀레이션요소라고 정의하면 듀레이션은 이 요소의 합이 된다. 같은 방법으로 식(10.11)에서 $t(t+1)PV(CF_t)/[(1+r)^2B]$를 볼록도요소라고 정의하면 볼록도는 이 요소들의 합으로 계산된다.

〈표 10-2〉 듀레이션과 볼록도의 계산

기간(반년)	CF_t	$PV(CF_t)$	듀레이션요소	볼록도요소
1	50	47.62	0.048	0.086
2	50	45.35	0.091	0.247
3	50	43.19	0.130	0.470
4	50	41.14	0.165	0.746

5	50	39.18	0.196	1.066
6	50	37.31	0.224	1.421
7	50	35.53	0.249	1.805
8	50	33.84	0.271	2.210
9	50	32.23	0.290	2.631
10	1,050	644.61	6.446	64.315
합계		1000.00	8.108	74.998

이 표로부터 채권의 듀레이션, 수정듀레이션, 볼록도는 반년을 1기간으로 했을 때 8.108기간, 수정듀레이션은 7.722기간, 볼록도는 74.998기간^{2}임을 알 수 있다. 1기간을 1년으로 사용할 때는 듀레이션과 수정듀레이션을 각각 2로 나누면 된다. 그러나 볼록도는 기간의 제곱으로 표시되므로 반년이 1기간인 볼록도를 1년 기준의 볼록도로 변화시키기 위해서는 4로 나누어야 한다. 따라서 볼록도 74.998(반년^2)은 18.750(년^2)이 된다.

이번에는 〈표 10-3〉에서 만기수익률(반년 기준)을 2%에서 8%까지 변화시킬 때 1차식인 식(10.9)와 2차식인 식(10.10)을 사용한 채권가격이 실제 채권가격식을 이용한 결과와 어떤 차이를 보이는지 살펴보자.

〈표 10-3〉 일차식과 이차식을 이용한 채권가격 변화

수익률(반년)	채권가격식	1차식	2차식
0.02	1,269.48	1,231.65	1,265.40
0.03	1,170.60	1,154.43	1,169.43
0.04	1,081.11	1,077.22	1,080.97
0.05	1,000.00	1,000.00	1,000.00
0.06	926.40	922.78	926.53
0.07	859.53	845.57	860.56
0.08	798.70	768.35	802.10

이 표로부터 채권의 현재 수익률인 5.0%에서는 1차식이나 2차식 모두 실제 채권가격과 일치하지만 수익률의 변화폭이 커짐에 따라 실제 채권가격의 차이가 커지는 것을 알 수 있다. 그러나 모든 경우에서 2차식을 이용한 채권가격이 1차식을 이용한 채권가격보다 크며 실제 채권가격과의 차이도 2차식

을 사용한 경우가 훨씬 작은 것을 알 수 있다. 이 결과는 채권식의 곡률 (curvature) 때문에 이자율의 변화가 큰 경우 듀레이션(또는 수정듀레이션)만을 이용한 채권가격의 측정은 그 정확성이 떨어진다는 것을 의미하고 있다. ▪

듀레이션의 경우와 같이 기간 말에 일정한 이표를 지급하는 채권이나 무이표 채권의 경우 기간당 수익률을 r, 액면가를 F, 이표를 $C = cF$, 만기를 T라고 하면 이표채권의 볼록도는 경우에 따라 다음의 식을 이용하면 보다 쉽게 얻을 수 있다.[6]

$$CX = \frac{1}{B}\left[\frac{2C}{r^3}\left\{1 - \frac{1}{(1+r)^T}\right\} - \frac{2TC}{r^2(1+r)^{T+1}}\right.$$
$$\left. + \frac{T(T+1)(F-C/r)}{(1+r)^{T+2}}\right] \qquad (10.13)$$

2) 무이표채권과 영구채권의 볼록도

이제 무이표채권과 영구채권의 볼록도를 구해보고 이 볼록도는 이자율이 상승하는 경우 어떻게 변화하는지를 살펴보자.

① 무이표채권의 볼록도

만기 $C = 0$이고 $B = F/(1+r)^T$이므로 식(10.11)이나 식(10.13)으로부터 $CX = \frac{T(T+1)}{(1+r)^2}$가 된다. 아울러 $\frac{\partial CX}{\partial T} = \frac{2T+1}{(1+r)^2} > 0$이므로 볼록도는 만기가 길어지면 증가하는 것을 알 수 있다. 아울러 볼록도는 다음과 같이 이자율의 감소함수이다.

$$\frac{\partial CX}{\partial r} = \frac{-2(1+r)T(T+1)}{(1+r)^4} < 0$$

---

6) 이 식의 유도는 Nawalkha et al.(1990) 참조.

② 영구채권의 볼록도

먼저 영구채권의 가격은 $B = \dfrac{C}{r}$이다. 아울러 $d^2B/dr^2 = 2C/r^3$이므로 식 (10.11)으로부터 볼록도는 $(d^2B/dr^2)/B = 2/r^2$가 된다. 아울러 이자율에 대한 볼록도의 1차 미분값은 $-4/r^3$이므로 이자율의 감소함수인 것을 알 수 있다.

제 2 절   듀레이션을 이용한 이자율면역

1. 채권포트폴리오의 듀레이션과 볼록도

채권포트폴리오의 듀레이션과 볼록도는 개별 채권의 듀레이션과 볼록도의 가중평균으로 계산된다. 어떤 채권포트폴리오가 k개의 채권으로 구성되어 있다고 가정하자. 이 채권포트폴리오의 가치는 각 채권의 가치의 가중합계이다. 채권 i의 듀레이션과 볼록도를 각각 D_i와 CX_i라 하고 채권 i에 투자된 금액과 전체 포트폴리오의 가치의 비율을 α_i라고 하고 이 채권포트폴리오의 듀레이션을 D_P, 볼록도를 CX_P라고 하면 다음과 같이 계산할 수 있다.

$$D_P = \sum_{i=1}^{k} \alpha_i D_i \tag{10.14}$$

$$CX_P = \sum_{i=1}^{k} \alpha_i CX_i \tag{10.15}$$

예제 3   세 종류의 채권이 있다. 채권 1은 만기 5년, 반년마다 이표 \$67을 지급한다. 채권 2는 만기 7년, 반년마다 이표 \$69.75을 지급한다. 채권 3은 만기 10년, 반년마다 이표 \$70을 지급한다. 채권은 모두 액면가가 \$1,000이다. 이 세 채권으로 구성된 채권포트폴리오의 듀레이션과 볼록도를 구하라. 단 투자액은 채권 1에 \$600, 채권 2에 \$1,000, 채권 3에 \$400를 투자한다고 하자.

풀이 세 채권이 모두 이표를 반년마다 지급하므로 1기간을 반년으로 간주하자. 먼저 전술한 방법으로 각 채권의 듀레이션 및 볼록도를 어렵지 않게 구할 수 있다. 각 채권의 듀레이션과 볼록도는 반년 기준으로 다음과 같다 :

채권 1 : $D_1 = 7.85$, $CX_1 = 72.92$

채권 2 : $D_2 = 10$, $CX_2 = 121.60$

채권 3 : $D_3 = 12.71$, $CX_3 = 204.79$

이제 채권포트폴리오를 살펴보자. 전체 채권투자액은 \$2000이므로 각 채권의 투자비율은 쉽게 구할 수 있다. 각 채권의 투자비율을 α_1, α_2, α_3이라고 하면 $\alpha_1 = \$600/\$2000 = 0.3$, $\alpha_2 = \$1000/\$2000 = 0.5$, $\alpha_3 = \$400/\$2000 = 0.2$ 가 된다.

따라서 채권포트폴리오의 듀레이션과 볼록도는 식(10.14) 및 식(10.15)를 이용하여 다음과 같이 계산할 수 있다.

$$D_P = \sum_{i=1}^{3} \alpha_i D_i = (0.3)(7.85) + (0.5)(10) + (0.2)(12.71) = 9.90$$

$$CX_P = \sum_{i=1}^{3} \alpha_i CX_i = (0.3)(72.92) + (0.5)(121.6) + (0.2)(204.79) = 123.63$$

2. 연금의 이자율면역

연금기금의 자산과 부채가 이자율의 변화에 대해 가치가 다르게 변한다면 비록 현재 시점에서 자산과 부채의 가치를 일치시키더라도 미래에는 그 가치가 상이하게 된다. 보험사와 연금관리자들은 이러한 문제를 해결하기 위하여 많은 연구를 하였는데 그 대표적인 방법이 소위 듀레이션을 이용한 이자율 면역화이다. 즉, 현재 시점에서 자산과 부채의 듀레이션을 일치시키면 미래 이자율이 변하더라도 자산과 부채가 동일하게 변하게 되어 그 차액인 순자산 또는 잉여분(surplus)가 일정하게 된다. 이러한 전략을 이자율 면역화(immunization)이라고 하며, 연금은 물론 기타 금융기관의 자산부채종합관리(asset-liability management)의 가장 중요한 부분을 이루고 있다.

듀레이션을 이용한 이자율 면역화의 아이디어를 처음 제시한 사람은 레딩턴 이다.[7] 그는 보험사를 평가하기 위하여 자산과 부채의 가치를 동일한 이자율을 이용하여 평가할 것을 제시하였다.

여기에서는 연금을 대상으로 이자율 면역화를 설명하도록 하자. $t > 0$시점의 연금자산과 부채의 현금흐름을 각각 A_t와 L_t라고 하자. 편의를 위해 현재 시점에서 미래 자산과 부채의 현금흐름이 확정적이고 이 현금흐름 자체는 향후 이자율과 독립적으로 결정된다고 가정하자.[8] 이 경우 연금자산의 현재 가치는 다음과 같을 것이다.

$$A = \sum_{t>0} \frac{A_t}{(1+r)^t}$$

연금부채의 현재가치는 다음과 같다.

$$L = \sum_{t>0} \frac{L_t}{(1+r)^t}$$

연금제도의 순자산 또는 잉여금(surplus)은 자산과 부채의 차이이다. 따라서 잉여금을 S로 표현하면 다음과 이자율의 함수로 표현할 수 있다.

$$S = S(r) = \sum_{t>0} \frac{A_t}{(1+r)^t} - \sum_{t>0} \frac{L_t}{(1+r)^t} \tag{10.16}$$

$S(r)$을 이자율 변화에 대하여 1차항까지만 확장하면 이자율 변화에 따른 잉여금의 변화는 다음의 식으로 추정할 수 있다.

$$S(r + \triangle r) \approx S(r) + S'(r)\triangle r$$

---

7) Redington(1952) 참조.
8) 미래 자산과 부채의 현금흐름이 이자율에 영향을 받는 경우에 대한 분석은 다음 장에서 다룰 것이다.

이 식으로부터 $\triangle r \neq 0$인 경우 $S'(r)=0$을 만들면 $S(r+\triangle r) \approx S(r)$가 되어 잉여금은 이자율 변화에 상관없이 가치가 변화하지 않도록 만들 수 있다. 이것을 이자율 면역화라고 한다. 즉, $S'(r)=A'(r)-L'(r)=0$을 만들기 위한 면역화 전략은 다음과 같이 자산의 금액듀레이션과 부채의 금액듀레이션을 일치시키면 되는 것을 알 수 있다.

$$A'(r)-L'(r) = 0 \;\Rightarrow\; \sum_{t>0}\frac{tA_t}{(1+r)^{t+1}} - \sum_{t>0}\frac{tL_t}{(1+r)^{t+1}} = 0 \qquad (10.17)$$

예제 4 수익률곡선이 평평하다고 가정하자. 연금기금의 자산 대 부채비율을 k라고 하면 이자율이 변화해도 잉여금의 변화가 없도록 하려면 어떠한 전략을 사용해야 하는가? 연금기금의 자산 대 부채비율이 일정하도록 하려면 어떤 전략을 사용해야 하는가?

풀이 잉여금이 변화하지 않도록 하려면 자산과 부채의 금액듀레이션을 일치시키는 전략을 사용한다. 자산의 듀레이션을 D_A라고 하면 이것은 자산의 금액듀레이션에 $-1/(1+r)$을 곱하고 현재 자산가치인 A로 나누면 얻을 수 있고, 부채의 듀레이션을 D_L이라고 하면 이것은 부채의 금액듀레이션에 $-1/(1+r)$을 곱하고 현재의 부채가치인 L로 나누면 얻을 수 있다. 부채가 확정적이라면 D_L도 확정값이 될 것이다. $k=L/A$이므로 $D_A=kD_L$이 되도록 자산의 듀레이션을 구성하면 된다. 같은 방법으로 연금기금의 적립비율인 부채 대 자산비율이 일정하도록 하려면 자산 대 부채의 비율인 k가 이자율에 상관없도록 만드는 것이다. 이 경우에는 $D_A=D_L$이 되도록 하면 된다. ∎

잉여금의 듀레이션을 1차식으로 추정하는 것이 충분하지 않다고 판단되면 이자율 변화분의 2차항까지 확산한 다음의 식으로 추정하면 보다 정확하다.

$$S(r+\triangle r) \approx S(r) + S'(r)\triangle r + \frac{1}{2}S''(r)(\triangle r)^2 \qquad (10.18)$$

이 경우 이자율 면역화 전략은 $S'(r)=A'(r)-L'(r)=0$이다. 그런데 마지막

항에서 $(\triangle r)^2 > 0$이므로 $S''(r) = A''(r) - L''(r) > 0$가 되는 전략을 구성하면 이자율 변동에 대해 항상 $S(r + \triangle r) > S(r)$가 성립하는 것을 알 수 있다. 즉, 자산의 금액볼록도가 부채의 금액볼록도보다 크게 만들면 이자율이 어떤 방향으로 변화해도 오히려 잉여금은 증가하게 된다.

결론적으로 이자율이 변화할 때 잉여금이 감소되는 것을 방지하는 전략은 다음으로 요약할 수 있다.

$$A'(r) - L'(r), \text{ 그리고 } A''(r) > L''(r).$$

이표채는 이자율의 변동에 따라 두 가지 상이한 위험에 노출된다. 하나는 가격위험이라고 불리는 것으로 향후 만기 이전에 보유 채권의 가치가 예상가치와 달라질 위험을 일컫는다. 만일 채권을 만기까지 보유한다면 가격위험은 배제되며, 만기가 길수록 가격위험은 높다고 할 수 있다. 또 다른 하나는 이표의 재투자위험으로서 일정 시점마다 수취한 이표를 재투자하여 얻은 수익률이 채권 구입 시의 만기수익률과 차이가 발생할 위험을 의미한다.

이자율이 상승하면 이표의 재투자로부터 들어오는 수입은 상승하는 반면 보유하고 있는 채권의 가격은 하락한다. 이자율이 하락하면 반대 현상이 발생하게 된다. 가격위험과 이표의 재투자위험이 같은 원인(이자율의 변동)에서 파생하여 정반대 방향으로 결과가 발생하는 사실은 이자율리스크를 관리할 수 있는 특정한 방법이 존재할 수 있다는 것을 의미한다. 즉, 적절한 이표 및 만기를 지닌 채권을 일정 투자기간 동안 선택하여 보유함으로써 이자율리스크를 관리할 수 있는 데 이 때 사용되는 수단이 듀레이션인 것이다.

듀레이션의 기능을 보다 상세히 이해하기 위해 다음의 예를 살펴보자.

예제 5 신촌기업은 5년 후 변제할 부채 $1,480,000를 가지고 있다. 수익률곡선은 만기에 상관없이 일정하며 반년을 전화기간으로 할 때 4%(즉, 연 8%)이다. 이 부채 금액으로 회사는 반년마다 이표를 $69.75씩 지급하는 액면가 $1000, 만기 7년의 채권 X를 구입하였다. 구입한 즉시 시장이자율은 1 전화기간(즉, 6개월)당 5%로 상승하였다. 다른 자금의 유입액이 없다고 가정할 때 회사는 5년 후 부채를 변제할 수 있겠는가?

풀이 먼저 1 기간당 이자율이 4%일 때, 5년 후 $1,480,000을 변제하기 위해서는 현 시점에서 $1,000,000($=$1,480,000/(1.04)^{10}$)를 차입하면 된다. 즉, 이 부채의 현가는 $1,000,000이다. 전술한 채권 1의 1 단위의 현재 가격과 듀레이션을 계산해보면 각각 $1314.25와 10 기간임을 알 수 있다. (즉, 인위적으로 부채의 듀레이션과 같은 10의 듀레이션을 지닌 채권 X를 구입한 까닭을 알 수 있다.) 따라서 $1,000,000을 사용하여 760.89($=$1,000,000/$1314.25) 단위의 채권을 구입할 수 있고, 기간당 이자율 4%가 계속 유지된다면 5년 후에 재투자수입과 채권매각액을 합하여 정확히 $1,480,000을 변제할 수 있다. 그러나 채권을 구입한 직후 이자율이 기간당 5%로 상승한 경우에도 회사는 5년 후 채무를 변제할 수 있겠는가? 5년 후 채권 1단위로부터의 총 수입액은 다음과 같다.

$$\sum_{t=1}^{10} CF_t(1.05)^{t-1} + \sum_{t=11}^{14} \frac{\$69.75}{(1.05)^{t-10}} + \frac{\$1,000}{(1.05)^4} = \$1947.34$$

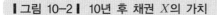

┃그림 10-2┃ 10년 후 채권 X의 가치

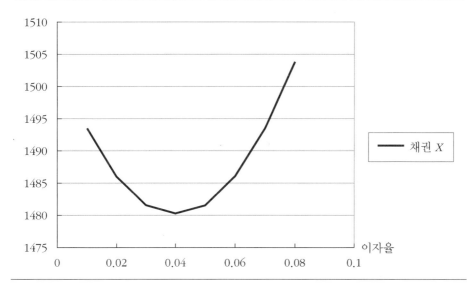

따라서 총 수입액은 ($1947.34)(760.89) = $1,481,712로서 $1,480,000의 채무를 변제하는 데 문제가 없다.

각 이자율의 변화에 따른 5년 후의 총수입액은 계산해보면 이자율의 변화가 클수록 5년 후의 총수입액은 오히려 점차적으로 증가하게 되는 것을 알 수 있다. 그 이유는 채권의 듀레이션을 부채의 듀레이션과 일치시켰기 때문에 이자율리스크로부터 면역이 되었기 때문이며, 채권의 볼록도(121.6)가 부채의 볼록도(101.7)보다 크기 때문에 이자율이 4%에서 벗어날수록 채권으로부터의 총수입이 증가하기 때문이다. 따라서 〈그림 10-2〉에 나타나듯이 자산의 듀레이션을 부채의 듀레이션과 일치시키면 이자율의 변화에 관계없이 부채를 지급할 수 있는 것을 알 수 있다. ■

일반적으로 부채의 듀레이션과 일치하는 듀레이션을 지닌 개별채권을 발견하기는 상당히 어렵다. 이 경우에는 여러 종류의 채권으로부터 포트폴리오를 구성하여 이자율위험을 면역시킬 수 있으며, 거래비용을 무시할 때는 그 결과는 개별채권을 이용한 경우보다는 적어도 우월하다. 다음의 예를 살펴보자.

예제 6 위의 부채와 관련하여 다음 두 종류의 채권을 이용하여 부채의 듀레이션과 일치하는 채권포트폴리오를 구성하고 그 결과를 (예제 5)와 비교해보자.

	채권 Y	채권 Z
수익률(반년)	4%	4%
만기(반년)	10	20
이표(반년)	$67	$70
액면가	$1000	$1000

풀이 채권 Y와 Z의 가격 및 듀레이션을 구해 보면 각각 $1218.99, 7.85, 그리고 $1407.71, 12.71로서 각 채권의 듀레이션은 부채의 듀레이션과 상이한 것을 알 수 있다. 즉, 채권 Y는 이자율 하락 위험에 노출되어 있고, 채권 Z는 이자율 상승 위험에 노출되어 있다. 이제 부채의 듀레이션과 일치하도록 채권포트폴리오를 구성해보자. 채권 Y에 투자하는 비율을 α라고 하면 $1 - \alpha$는 다음의 식을 만족시켜야 한다.

$$D_P = \alpha D_Y + (1-\alpha)D_Z = 7.85\alpha + 12.717(1-\alpha) = 10$$

여기서 $\alpha = 0.557566$을 얻는다. 즉, 채권 Y에 \$557,566을 투자하고 (즉, 457.4단위 구입) 채권 Z에 \$442,434을 투자하면 (314.3단위 구입) 듀레이션이 10인 포트폴리오를 구성할 수 있다. 또한 이 채권은 볼록도가 131.3(= $0.557566 \times 72.9 + 0.442434 \times 204.8$)이 되어 5년 후 현금흐름의 형태가 (예제 5)의 채권 X보다 우월하다.

〈그림 10-3〉은 이 세 가지 채권들과 위에서 구성한 채권포트폴리오의 수익률 변화에 따른 10년 후의 가치변화를 나타내고 있다. 그림에서 채권 Y는 이자율 하락 위험에 노출되어 있고, 채권 Z는 이자율 상승 위험에 노출되어 있는 것을 알 수 있다. 반면 수익률이·어떻게 변하든 채권포트폴리오와 채권 X는 모두 이자율리스크에 면역되어 있는 것으로 나타나고 있다. 그러나 양자를 비교하면 볼록도가 더 큰 값을 지니는 채권포트폴리오가 채권 X보다 더 우월한 투자결정이라고 할 수 있을 것이다.

▌그림 10-3▐ 각 채권의 10년 후 가치변화

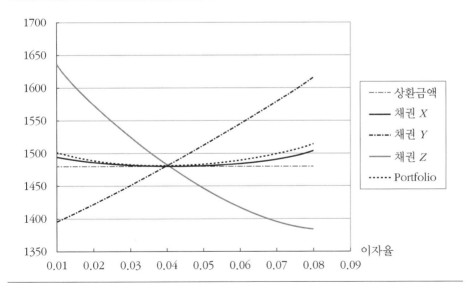

위의 두 예제는 다음과 같은 중요한 점을 시사해 주고 있다. 이자율면역은 듀레이션을 투자기간(investment horizon)과 일치시킴으로서 가능하며, 수익률곡선이 평행이동한다는 가정하에서는 그와 같은 듀레이션을 지니는 포트폴리오 중 가장 볼록도가 큰 것을 선택하는 것이 이자율리스크를 방지하는 최적의 채권포트폴리오를 구성하는 방법이라고 할 수 있다. (전술한 예에서의 투자기간은 부채의 만기가 된다.) 왜냐하면 이자율이 하락할 때나 상승할 때나 모두 볼록도가 큰 채권(포트폴리오)이 볼록도가 작은 채권포트폴리오에 비해 총현금수입의 상승폭이 크기 때문이다. 이러한 이유로 인해 "볼록할수록 우수한 투자안(the benter, the better)"이라는 논리는 이자율리스크의 가장 기본적이며 중요한 개념으로 인식되고 있다.[9]

지금까지의 설명을 간단한 수식으로 표현해보자. α_i를 총 채권투자액에 대한 채권 i의 투자액비율, CX_i와 D_i는 각각 채권 i의 볼록도와 듀레이션, m은 투자기간(또는 부채의 듀레이션)이라고 할 때, 최적의 포트폴리오를 구성하는 문제는 다음과 같은 선형계획문제로 요약되어질 수 있다.[10]

$$\text{극대화}_{\alpha_i} \quad \sum_{i=1}^{k} \alpha_i CX_i$$

$$\text{(제한조건)} \quad \sum_{i=1}^{k} \alpha_i D_i = m,$$

$$\sum_{i=1}^{k} \alpha_i = 1,$$

$$\text{모든 } i \text{에 대해 } \alpha_i \geq 0. \tag{10.19}$$

3. 듀레이션의 한계

듀레이션은 현금흐름의 현가를 이용하기 때문에, 현금흐름을 일치시키는 다른 방법들(예를 들어 단순한 만기나 할인하지 않은 만기의 가중평균을 사용하는 방법 등)

---

9) Graniter(1988) 참조.
10) 이 경우는 공매(short sale)가 허용되지 않는다는 가정하에 성립한다. 공매가 허용되는 경우에는 조건의 마지막 식(즉, $\alpha_i \geq 0$, $\forall i$)은 배제된다.

에 비해 훨씬 나은 방법이라고 할 수 있다. 따라서 듀레이션은 이자율리스크의 측정 및 관리에 상당히 유용한 방법으로 사용되고 있다. 그러나 전술한 듀레이션이나 수정듀레이션은 몇 가지 가정에 의존하고 있다. 이 가정들이 현실과 상당히 어긋나는 경우에 전술한 듀레이션을 사용한 이자율리스크관리는 소기의 목적을 달성하지 못할 가능성이 있다.

1) 이자율의 확률 프로세스

전술한 듀레이션은 이자율이 특정한 프로세스를 따른다는 가정에 기초하고 있다. 즉, 이자율곡선은 평평하며 이자율 변동시 수익률곡선이 그 평평한 정도를 유지하며 평행이동한다는 가정이다. 이 가정하에서 듀레이션에 사용되는 할인율은 만기수익률이며 시점에 관계없이 모든 현금흐름을 동일한 할인율을 사용하여 할인을 한다. 그러나 현실에서의 수익률곡선은 평평한 경우가 드물기 때문에 할인율의 변화는 만기수익률의 변화와 반드시 일치하지 않는다. 이자율의 확률 프로세스가 곱(multiplicative), 합(additive), 또는 로그(log)형태를 따르는 경우에는 전술한 듀레이션은 그 기능을 충분히 발휘하지 못할 가능성이 있다. 그러나 이에 대한 연구에서 곱, 합, 로그형태의 다양한 형태의 이자율 프로세스를 적용한 결과와 단순한 듀레이션(또는 수정듀레이션)을 사용한 결과는 듀레이션 전략에 있어 별 차이가 나타나지 않는다는 결과를 보여 주었다.[11] 즉, 비용과 수익효과를 고려할 때 듀레이션을 이용한 이자율관리방법은 계속 매력적인 방법으로 인식되고 있다.

듀레이션은 수익률곡선이 평행이동한다는 가정에 기초를 두고 있지만, 그렇지 않은 경우에도 듀레이션은 사용될 수가 있다. 이 경우 위험관리자의 목적은 단순히 자산의 듀레이션을 보유기간(또는 자산부채관리의 경우에는 부채의 듀레이션과)과 일치하는 것 보다는 훨씬 복잡한 형태가 된다. 이에 대해서는 본 장의 후반부에서 설명을 할 것이다.

2) 이자율 변화의 폭

듀레이션은 채권가격의 변동비율과 수익률의 변동치의 관계를 일차식으로 표

---

11) 이것은 Bierwag, Kaufman and Toevs(1983)의 연구를 참조한 결과이다.

시해 준다. 이러한 선형관계를 갖기 위해서는 수익률곡선이 평평한 형태를 갖고 평행이동을 한다고 가정하더라도 수익률의 변화폭이 아주 작아야 가능하다. 이자율의 변화의 폭이 큰 경우에는 실제 채권가격과 듀레이션을 이용하여 예측한 채권가격 사이에는 무시할 수 없는 차이가 발생하게 된다. 이 차이는 듀레이션 이외의 2차 이상의 항을 이용함으로써 상당히 줄일 수 있다. 전술한 볼록도를 이용한 이 방법은 그 한 예가 된다.

3) 현금흐름

식(10.2)에서 알 수 있듯이 듀레이션은 현가로 표시된 현금흐름의 평균 만기를 나타낸다. 따라서 듀레이션을 측정하고 이용하기 위해서는 미래 현금흐름의 시점과 크기를 정확히 파악하여야 한다. 주식이나 부동산 처럼 미래 현금흐름의 시점과 크기가 불확실한 경우 듀레이션은 단지 확률적인 만기를 나타내는 숫자 이상의 의미를 갖지 못한다.

또한 듀레이션은 신용위험이 있는 경우나 수의상환 등의 가능성이 있는 경우에 적절히 수정되어야 한다. 이 중 신용위험이 있는 채권의 경우를 다음의 예를 통하여 이해하여 보자.

예제 7 신용리스크가 있는 무이표채권의 소유자가 발행기업의 자산에 대한 유럽형 풋옵션을 구입했다고 가정하자. 풋옵션의 행사가격은 채권의 액면가(F)와 같고 이 채권의 가격을 B_D, 풋옵션의 가격을 P, 자산의 가치를 A라고 하자. 만기가 되어 만일 A가 F보다 작으면 채권의 발행기업은 지급불능이 되지만, 채권 소유자는 채권으로부터 A를 얻고 풋옵션을 행사하여 $F-A$를 얻는다. 따라서 순현금흐름은 F가 된다. 만일 A가 F보다 크면 채권으로부터 F를 얻고 채권자는 풋옵션을 행사할 필요가 없으므로 순현금흐름은 역시 F가 된다. 따라서 신용리스크가 있는 채권과 발행기업의 풋옵션으로 구성된 포트폴리오는 발행기업의 지급불능에 상관없이 무위험채권을 소유한 것과 동일한 결과가 되며, 차익이 존재하지 않으려면 이 포트폴리오와 무위험채권은 같은 가격에 거래가 되어야 한다. 즉, $B = B_D + P$ 또는 $B_D = B - P$가 된다. 이것은 신용리스크가 있는 채권의 듀레이션은 신용리스크가 없는 채권의 듀레이션과

기초자산에 대해 매도한 풋옵션의 듀레이션의 가중 평균으로 계산할 수 있음을 보여준다. ■

비틀림리스크와 면역화

1. M제곱

전술한 바와 같이 수익률곡선이 평행이동한다는 가정하에서는 개별 채권 또는 채권포트폴리오의 듀레이션을 투자기간과 일치시킴으로써 이자율위험을 제거할 수 있다. 또한 동일한 듀레이션을 갖는 여러 선택안 중에서 최적의 투자안은 볼록도를 극대화시키는 포트폴리오임을 보았다. 그러나 단기이자율과 장기이자율의 변동폭이 다르거나 단기이자율은 하락하는 데 장기이자율은 상승하는 등의 수익율곡선이 비평행이동을 하는 경우에는 전술한 이자율 면역화전략은 실패할 수가 있다. 이같이 수익률이 비평행이동을 함으로써 발생하는 위험을 비틀림리스크 (twist risk)라고 하며 Fong and Vasicek(1983)은 다음과 같은 M^2 (M제곱)이란 개념을 사용하여 비틀림리스크의 정도를 측정하였다.

$$M^2 = \sum_{t=1}^{T} w_t (t-m)^2 \tag{10.20}$$

여기에서 w_t는 듀레이션의 정의에서 사용된 것과 같이 t번째 현금흐름의 현가와 현재 채권가격과의 비율이다. 따라서 m을 투자보유기간이라고 하면 M^2은 채권(또는 포트폴리오) 현금흐름기간의 분산이라고 이해할 수 있다. Fong and Vasicek은 또한 B_m을 m시점의 채권가격, $\triangle_s$을 수익률곡선의 기울기의 변화폭이라고 할 때 이들은 다음과 같은 관계를 가짐을 보였다.

$$\frac{\triangle B_m}{B_m} = -M^2 \triangle_s \tag{10.21}$$

정의상 $\triangle_s$는 투자자가 통제할 수 없는 변수인 데 반하여, M^2은 통제가 가능한 측정치이다. $\triangle_s$의 값은 수익률곡선의 비틀림 그 자체를 의미하며 M^2은 그 비틀림에 대한 투자자의 리스크 노출정도를 나타낸다고 할 수 있으므로 면역된 채권 또는 포트폴리오의 나머지 위험을 측정하는 측정치로 사용될 수가 있는 것이다. 채권이 일정한 이표를 지급하는 경우에는 M^2도 다음 식을 이용하여 쉽게 계산할 수 있다.[12]

$$M^2 = \frac{c[(1+r)^T-1]\{(1+r)[2(1-mr)+r]+m^2r^2\}}{cr^2[(1+r)^T-1]+Fr^3}$$
$$+ \frac{TFr[r(r-c/F)(T-2m)-2c/F(1+r)]+Fm^2r^2}{cr^2[(1+r)^T-1]+Fr^3} \tag{10.22}$$

예제 8 만기 T, 투자의 보유기간이 m인 무이표채권의 M^2는 얼마인가?

풀이 위의 식에서 c에 0을 대입하면 $M^2=(n-m)^2$가 된다. 따라서 채권의 만기와 투자의 보유기간이 일치하는 경우에는 비틀림리스크가 발생하지 않는 것을 알 수 있다. ■

M^2은 항상 0이상의 값을 가지며, 만기가 투자 보유기간과 일치하는 무이표채권인 경우에 최소값인 0을 가진다. 따라서 그 이외 개별 채권 또는 채권포트폴리오의 경우에는 정도의 차이는 있지만 수익률곡선의 이동에 따른 위험에 노출되게 된다. 비틀림리스크를 고려하면 바벨 포트폴리오(barbell portfolio)가 불릿 포트폴리오(bullet portfolio)보다 더욱 위험한 투자안이라는 것을 쉽게 이해할 수 있다. 예를 들어 투자 보유기간이 5년인 경우 만기 5년의 무이표채권은 전술한 대로 수익률곡선의 이동에 따른 위험으로부터 면역이 되어 있다. 그러나 현금과 만기 10년인 무이표채권으로 구성된 바벨 포트폴리오는 단기이자율이 하락하고 장기이자율이 상승하는 경우 투자 보유기간인 5년 말 재투자수익률의 하락효과와 가격평가 하락이라는 이중의 손해를 입게 된다. 따라서 M^2은 만기가 투자 보유기간과

---

12) 이 식의 유도과정은 Nawalkha et al.(1990)를 참조하라.

일치하는 무이표채권을 기준으로 각 포트폴리오의 상대적인 리스크를 측정하는 지표라고 할 수 있다.

식(10.22)를 볼록도와 M^2을 사용하여 확장하면 다음과 같은 관계를 얻을 수 있다.[13]

$$M^2 \approx CX - D^2$$

2. M-절대치

전술한 바와 같이 듀레이션은 이자율리스크를 면역하기 위한 방법으로 그 측정이 단순하다는 장점이 있지만 그 효과에 대한 비판도 많이 받고 있는 것이 사실이다. M-절대치(M-absolute)는 이자율의 면역수단으로서 그 측정이 듀레이션처럼 단순하면서도 M^2의 복합적인 면역효과가 있는 것으로 나타나고 있다. M-절대치는 채권(또는 확정소득자산)의 현금흐름시점과 투자 보유기간과의 차이에 대한 가중 절대치의 합으로 정의되며 이자율의 기간구조의 변화는 물론 기타의 이자율위험 헤지에 사용될 수 있다. 한 연구의 실증결과 이 방법은 전통적인 듀레이션 헤지방법에 비해 50% 이상 이자율면역효과가 있는 것으로 나타나고 있다.[14]

듀레이션과 M^2에서 사용한 기호를 그대로 사용한다면 개별자산의 M-절대치(MA)는 다음과 같이 표현된다.[15]

$$M^A = \sum_{t=1}^{T} w_t \, |\, t - m\,| \tag{10.23}$$

식(10.23)를 보면 M^A는 각 현금흐름이 발생하는 기간 대신 그 기간과 투자 보유기간과의 절대치가 사용된 것을 제외하고는 듀레이션과 동일한 것을 알 수 있다. 따라서 M-절대치를 최소화하는 포트폴리오를 구하는 선형식도 다음과 같이

---

13) 자세한 식의 유도는 Schnabel(1990) 참조.
14) Nawalkha et al.(1996) 참조.
15) 물론 m은 목적하는 투자의 보유기간(예를 들어 자산과 부채의 연계를 고려하는 경우 부채의 만기)을 나타낸다. 부채의 만기는 고정되어 있다고 가정한다.

유사하다.[16)

$$\text{극소화} \quad \alpha_i \quad \sum_{i=1}^{k} \alpha_i M_i^A$$

$$\text{(제한조건)} \quad \sum_{i=1}^{k} \alpha_i = 1$$

$$\text{모든 } i \text{에 대해 } \alpha_i \geq 0 \tag{10.24}$$

예제 9 만기 2년과 3년의 무이표채권으로 구성된 채권포트폴리오 A와 만기 1년과 4년의 무이표채권으로 구성된 채권포트폴리오 B를 고려해보자. 각 채권의 구성비율은 동일하다. 각 포트폴리오의 듀레이션과 M-절대치는 각각 얼마인가?

풀이 포트폴리오 A의 듀레이션은 2.5년이다. 그러나 포트폴리오의 M-절대치는 목적하는 투자의 보유기간에 따라 다르다. 투자의 예상 보유기간을 2.5년이라고 가정하면 M 절대치는 다음과 같이 계산된다.

$$M^A = (0.5 \times |2.0 - 2.5| + 0.5 \times |3.0 - 2.5|) = 0.5(\text{년})$$

포트폴리오 B의 듀레이션도 2.5년이다. 그러나 M-절대치는 다음과 같이 A보다 큰 것을 알 수 있다.

$$M^A = (0.5 \times |1.0 - 2.5| + 0.5 \times |4.0 - 2.5|) = 1.5(\text{년})$$

포트폴리오 A는 현금흐름의 시기가 투자의 예상 보유기간에 상대적으로 가까우므로 포트폴리오 B에 비하여 이자율기간구조의 비평행적 이동이나 이자율의 변동이 큰 경우의 위험에 대해 면역능력이 크다고 할 수 있다. 그러나 듀레이션만을 사용하는 경우 이 차이를 고려할 수 없는 것을 알게 된다. 이처럼 M-절대치는 그 기본 개념과 계산방법은 듀레이션 같이 단순하면서도 면역효과는 상대적으로 우수한 것을 알 수 있다. ■

---

16) 물론 이 선형식에 예상수익률이나 볼록도 등의 제한 조건을 첨가하여 사용할 수도 있다.

제4절   보다 현실적으로 유용한 방법

  듀레이션과 볼록도를 이용한 면역화 전략은 이자율이 감소하든 상승하든 연금부채와 연금자산의 금액듀레이션을 일치시키고 자산의 금액볼록도를 부채의 금액볼록도보다 크게 하면 항상 연금기금의 잉여금을 증가시킬 수 있다는 것을 보이고 있다. 이것은 만일 부채로 조달한 자금을 이용하여 자산을 구입한다면 이자율이 어떻게 변화하더라도 연금기금(또는 어떤 금융기관)은 이익을 얻는다는 것이다. 이것을 금융용어로는 차익거래(arbitrage)라고 한다. 그러나 실제로 금융시장이 효율적이라면 이러한 차익은 계속될 수가 없을 것이다. 이에 따라 많은 사람들이 듀레이션에 내포된 가정들의 비현실성을 지적해 왔으며 듀레이션의 약점을 보충할 방법론들을 제시해 왔다.

  일부 학자들은 보다 현실적인 방법을 제시하고 있다.[17] 이들은 잉여금의 변화($\triangle S$)는 어떤 특정한 두 개의 항목의 곱보다 작을 수 없다는 것을 증명하였다. 그 항목 중 하나는 이자율 구조의 변화를 측정하는 항목이며 다른 하나는 전술한 M^2이다. 일반적으로 잉여금의 변화 중 문제가 되는 것은 잉여금이 감소하는 경우이며 (즉, $\triangle S < 0$), 이 변화분을 최소화시키는 전략은 $D_A = D_L$의 조건하에 M^2를 최소화하는 전략이다. 그러나 현실에서는 $D_A = D_L$를 달성하기가 매우 어렵다. 따라서 보다 현실적 유용성을 지니는 전략은 이 조건을 달성하지 않고도 $\triangle S$를 특정값 미만으로 떨어지지 않게 하는 것이다.

  실제로 이러한 전략이 사용될 수 있는 가능성은 매우 높으며 그 방법도 크게 복잡하지 않다. $S_t = A_t - L_t$를 t시점의 연금의 잉여금이라고 하면 다음과 같이 표현할 수 있다.

$$\triangle S = S(r + \triangle r) - S(r) = \sum_{t>0} \frac{S_t}{(1+r)^t} \left[\frac{(1+r)^t}{(1+r+\triangle r)^t} - 1 \right]$$

---

17) Fong and Vasicek(1984) 참조.

이 식에 슈워츠 부등식(Schwartz inequality)을 적용하면 다음을 확인할 수가 있다.

$$\triangle S \geq - \left[\sum_{t>0} \frac{S_t^2}{(1+r)^{2t}} \right]^{1/2} \left(\sum_{t>0} \left[\frac{(1+r)^t}{(1+r+\triangle r)^t} - 1 \right]^2 \right)^{1/2} \tag{10.25}$$

따라서 잉여금의 변화분($\triangle S$)은 포트폴리오의 구조에만 영향을 받는 항목과 이자율 변화에만 영향을 받는 항목의 곱보다 작을 수 없다는 것을 알 수 있다. 일반적으로 문제가 되는 $\triangle S$는 음수인 경우지만, 식(10.25)의 첫째 항목인 아래 부분을 감소시키면 최악의 경우에도 최소한 잉여금의 감소의 정도를 줄일 수 있다는 것을 알 수 있다.

$$\sum_{t>0} \frac{S_t^2}{(1+r)^{2t}}$$

위의 항목을 면역화위험의 측도라고 한다. 아울러 이자율의 변화분이 매 시점에 대하여 다음과 같은 방식으로 자산과 부채의 구조와 유사하게 진행되면 식(10.25)의 경계치는 달성가능한 것을 알 수 있다.

$$\left[\frac{(1+r)^t}{(1+r+\triangle r)^t} - 1 \right] = -c\frac{S_t}{(1+r)^t}, \quad c > 0$$

실제로 이러한 전략은 매 기간 자산과 부채의 듀레이션을 일치시키는 것보다 훨씬 유용하게 사용될 수 있다.

참고문헌

Bierwag, G.O., G.C. Kaufman and R. Toevs, 1983, "Duration : its development and use in bond portfolio management," Financial Analysts Journal 29 : 15-35.

Graniter, B. J., 1988, "Convexity and bond performance : The benter the better," Financial Analysts Journal 34 : 79-81.

Fong, H.G. and O. Vasicek, 1983, "The trade-off between return and risk in immunized portfolios," Financial Analysts Journal 29 : 73-78.

Fong, H.G. and O. Vasicek, 1984, "A risk minimizing strategy for portfolio immunization," Journal of Finance 39 : 1541-1546.

Nawalkha, S.K., N.J. Lacey, and T. Schneeweis, 1990, "Closed-form solutions of convexity and M-square," Financial Analysts Journal 46 : 75-77.

Nawalkha, S.K. and D.R. Chambers, 1996, "An improved immunization strategy 52 : M-absolute," Financial Analysts Journal 52 : 69-76.

Redington, F.M., 1952, "Review of the principles of life office valuations," Journal of Institutes of Actuaries : 286-340.

Schnabel, J. A., 1990, "Is benter better? A cautionary note on maximizing convexity," Financial Analysts Journal 46 : 78-79.

Tuckman, B., 2002, Fixed Income Securities, 2nd ed., wiley, New Jersey, NJ.

제 **11** 장

연금기금의 자산운용

　　연금기금의 자산운용은 연금급여의 지급과 연금기여금의 결정에 직접적인 영향을 미친다. 1장에서 언급한 것처럼 연금기금은 주로 주식과 채권에 투자되어 왔으며 최근에는 대체투자도 중요한 투자대상으로 부각되고 있다. 이번 장에서는 현대 포트폴리오이론이 실제로 연금기금의 자산운용에 어떻게 적용되는가에 대하여 알아 본다.[1] 연금기금은 수탁자의 리스크선호(또는 회피)에 따라 적극적으로 운용될 수도 있고 소극적으로 운용될 수도 있다. 연금기금의 투자는 벤치마크 포트폴리오를 설정하는 것으로부터 시작된다.

제1절　벤치마크 포트폴리오 결정

　　기금운용자가 해야 할 업무 중 첫 과제는 수탁자의 벤치마크 포트폴리오를 결정하는 것이다. 이 벤치마크 포트폴리오란 수탁자의 자산을 목적에 맞게 최적 배분한 포트폴리오를 의미하여, 기금운용자들의 실적도 이 포트폴리오의 수익률에 의하여 평가되는 것이 일반적이다. 벤치마크 포트폴리오의 수익률을 기준 수익률이라고 한다.

　　수탁자의 연금제도 운영이 아직 오래 되지 않아서 종업원 및 고용주의 기여금과 투자수익의 합이 연금지급금을 상회하는 경우의 기준 수익률을 먼저 고려해보자.[2] 이 경우 수탁자들의 리스크허용도(risk tolerance)는 상당히 높아 진다.

　　일반적으로 벤치마크 포트폴리오는 주로 다음과 같은 세 가지 요소들에 따라 결정된다.[3]

- 포트폴리오의 기대수익률($\bar{r}_p$)

---

1) 이번 장의 내용 중 상당 부분은 Blake(2006)의 pension fund management 부분을 기초로 하여 작성되었다.
2) 이러한 연금을 미성숙단계의 연금(immature pension)이라고 한다.
3) 이번 장과 다음 장에서는 효율적인 기호 사용을 위하여 2장과 달리 기대치를 $E(r)$ 대신 $\bar{r}$로 표현하기로 한다. 아울러 무위험이자율은 r_f로 표현한다. 리스크허용도인 R은 2장에서 2τ와 동일하다.

- 포트폴리오 수익률의 분산(σ_P^2)
- 리스크에 대한 수탁자들의 태도를 나타내는 리스크허용도(R), 또는 그의 역수인 리스크회피도(risk aversion)

이러한 세 가지 요소들은 다음의 식을 통하여 포트폴리오의 기대효용을 나타낸다.

$$\overline{U} = \overline{r}_P - \frac{\sigma_P^2}{R}$$

이 식의 마지막 항을 리스크벌점(risk penalty)라고 한다. 이 식은 포트폴리오의 기대효용은 리스크가 조정된 포트폴리오의 기대수익률과 동일하다는 것을 의미한다. 즉, 기대효용은 포트폴리오의 기대수익률에서 리스크를 고려한 벌점을 공제한 값으로 나타내지며, 리스크벌점은 포트폴리오의 리스크를 수탁자들의 리스크허용도로 나눈 값으로 얻어진다. 리스크허용도가 높아질수록, 또는 리스크회피도가 낮아질수록 리스크벌점이 작아지므로 연금기금의 리스크와 기대수익률은 더 높아진다. 예를 들어, $\overline{r}_P = 0.15$, $\sigma_P = 0.25$ 그리고 $R = 2$라고 한다면, 기대효용은 다음과 같이 계산할 수 있다.

$$\overline{U} = 0.15 - \frac{(0.25)^2}{0.2} = 0.1188$$

여기서 $R = 2$면 리스크회피도는 $1/R = 1/2$가 된다. 즉, 수탁자들은 분산(즉, 리스크)이 한 포인트 증가한다면, 기대수익률은 1/2 포인트만 증가하면 분산 증가 전과 동일한 기대효용을 느낄 수 있다는 것을 의미한다.

수탁자들이 주식과 채권으로 구성된 벤치마크 포트폴리오를 원한다고 가정하자. 이 경우 기금운용자의 목표는 다음과 같이 식(11.2)의 제약조건하에서 식(11.1)의 기대효용을 극대화하는 포트폴리오를 선택하는 것이라고 할 수 있다.

$$\overline{U} = \overline{r}_P - \frac{1}{R} \times \sigma_P^2 \tag{11.1}$$

$$\text{subject to: } \bar{r}_P = \theta_S \bar{r}_S + \theta_B \bar{r}_B,$$

$$\sigma_P^2 = \theta_S^2 \sigma_S^2 + 2\theta_S \theta_B \sigma_{SB} + \theta_B^2 \sigma_B^2,$$

$$\theta_S + \theta_B = 1 \tag{11.2}$$

위의 식들에서 각각의 기호는 다음을 의미한다.

$\bar{r}_S, \bar{r}_B$ = 주식과 채권의 기대수익률,

σ_S^2, σ_B^2 = 주식과 채권의 수익률의 분산,

σ_{SB} = 주식과 채권의 수익률간의 공분산,

θ_S, θ_B = 포트폴리오의 주식과 채권의 비율

제약조건식들을 목적함수에 대입하면 다음과 같다.

$$\max_{\theta_S} \bar{U} = \theta_S \bar{r}_S + (1 - \theta_S)\bar{r}_B$$

$$- \frac{1}{R} \left[\theta_S^2 \sigma_S^2 + 2\theta_S (1 - \theta_S)\sigma_{SB} + (1 - \theta_S)^2 \sigma_B^2 \right] \tag{11.3}$$

위의 제약조건을 θ_S에 대하여 미분한 식의 결과를 0으로 놓고 θ_S에 대하여 풀면 포트폴리오에서 주식이 차지하는 최적비율을 다음과 같이 얻을 수 있다.

$$\theta_S^* = \frac{\sigma_B^2 - \sigma_{SB}}{(\sigma_S^2 - 2\sigma_{SB} + \sigma_B^2)} + \frac{(\bar{r}_S - \bar{r}_B)}{2(\sigma_S^2 - 2\sigma_{SB} + \sigma_B^2)} \times R \tag{11.4}$$

위의 식으로부터 포트폴리오에서 최적 주식비율은 리스크허용도 R과 주식과 채권의 기대수익률 간의 차이(스프레드)에 대하여 선형으로 증가함을 볼 수 있다.

수탁자들의 리스크허용도인 R을 구하는 방법은 이 과정을 역으로 진행하면 된다. 먼저 수탁자들에게 자신들이 선호하는 주식과 채권의 비율을 선택하게 한다. 비율 선택에 있어 수탁자들에게 도움을 주기 위하여 주식과 채권의 비율에 따른 포트폴리오 기회집합(portfolio opportunity set)을 제공할 수 있다. 이 기회집합은 〈그림 11-1〉에서 BPS곡선으로 나타낼 수 있다. 점 B는 채권에 100% 투자한

┃그림 11-1┃ 수탁자의 리스크허용도 추정

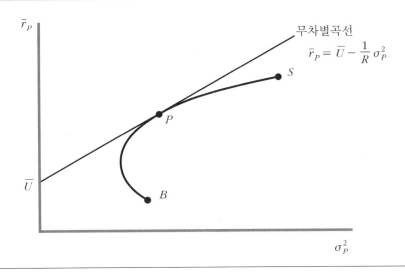

포트폴리오, 즉 리스크가 가장 낮은 포트폴리오의 수익률과 리스크의 조합이고, 이와 반대로 점 S는 주식에 100% 투자한 경우의 포트폴리오, 즉 리스크가 가장 높은 포트폴리오의 수익률과 리스크의 조합을 나타낸다. 어떤 수탁자가 주식 60%, 채권 40%로 이뤄진 한 특정 조합을 선택했다고 하면 이 조합은 〈그림 11-1〉에서의 P점으로 나타낼 수 있다. 점 P는 포트폴리오 수익률과 분산의 조합공간에서 포트폴리오 기회집합과 수탁자의 무차별곡선과의 접점이 된다. 이렇게 선택된 포트폴리오로부터 기금운용자는 수탁자의 벤치마크 포트폴리오와 리스크허용 정도에 대한 정보를 얻을 수 있다.

수탁자의 무차별곡선은 다음과 같은 식의 형태를 갖는다.

$$\bar{r}_P = \bar{U} + \frac{1}{R}\sigma_P^2 \tag{11.5}$$

여기서 그림에서의 절편 $\bar{U}$는 기대수익률로 표현된 포트폴리오 P점에서의 기대효용 수준을 의미한다. 만약 리스크허용도가 일정하다면, 무차별곡선은 식 (11.5)처럼 선형식이다. P점의 위치를 안다면 이 점에서의 접선의 기울기를 계산할 수 있고 그 결과 다음과 같이 수탁자의 리스크허용도 또한 파악할 수 있다.

$$R = \frac{1}{\text{무차별곡선의 점 } P\text{에서의 기울기}} \tag{11.6}$$

따라서 리스크허용도가 높을수록 무차별곡선의 경사도는 낮아지고 점 P는 점 S에 점점 더 가까워진다. 즉, 리스크허용도가 높아질수록 포트폴리오의 리스크가 더 커지는 것이고, 이는 포트폴리오 내의 주식비율이 더 높아진다는 것을 의미한다.

이번에는 연금제도가 일정 기간 이상 운영되어 종업원 및 고용주의 기여금과 투자수익이 연금지급금과 같아진 연금기금의 경우를 살펴보자.[4] 이 경우 수탁자들은 자산과 부채의 만기불일치를 최소화하는 데에 집중하게 된다. 즉, 수탁자들은 포트폴리오 자산의 가치(혹은 자산의 수익률)가 부채의 가치(혹은 연금의 지급률)보다 낮아지는지 염려하게 될 것이다. 이러한 유형의 행동에 대한 대표적인 예는 10장에서 이미 설명한 자산부채종합관리(ALM)를 들 수 있다. 이러한 투자전략을 안전제일 포트폴리오전략(safety-first portfolio behavior)이라고도 한다.[5]

리스크가 존재하는 상황에서는 연금자산의 수익률을 항상 연금 지급률 보다 높게 유지하는 것은 불가능하다. 하지만 그 대신 기금운용자는 자산 수익률이 연금 지급률보다 낮아지게 되는 확률을 최소화하려고 노력할 것이다. r_P를 연금자산의 수익률, r_L를 연금 지급률을 의미한다면 이 행동은 다음 식으로 표현할 수 있다.

$$Minimize \ Pr(r_P < r_L) \tag{11.7}$$

만약 포트폴리오의 수익률이 정규분포를 따른다면, 최적포트폴리오는 포트폴리오로부터의 기대수익률 $\bar{r}_P$와 r_L 사이의 표준편차의 수가 최대값을 가지는 포트폴리오이다.

---

4) 이러한 연금을 성숙단계의 연금(mature pension)이라고 한다.
5) 성숙단계의 일부 DB제도의 수탁자들은, 특히 리스크허용도가 높은 경우에는, 안전제일 투자전략보다 여전히 기대효용의 극대화 전략을 고수할 수도 있다. 그 이유는 연금기금의 투자수익률 증가가 기업의 기여금을 감소시킬 수 있기 때문이다. 이것은 연금기금이 종업원들에게 연금을 제공하는 목적 이외에도 기업을 위한 투자수단으로 사용될 수 있다는 것을 의미한다.

| 그림 11-2 | 안전제일 투자기준

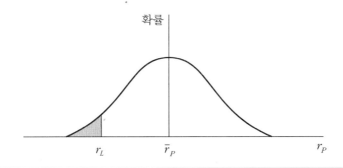

이는 〈그림 11-2〉에 나타나있다. 그림에서의 빗금친 부분이 포트폴리오의 수익률이 r_L보다 작아지는 경우의 확률을 나타내며, 이 확률은 $\bar{r}_P$와 r_L 사이의 표준편차의 수가 가장 커질 때 최소화된다. 포트폴리오 수익률의 표준편차로 표준화된 $\bar{r}_P$와 r_L 사이의 표준편차의 수는 $(\bar{r}_P - r_L)/\sigma_P$로 측정되며, 식(11.7)은 다음과 같은 의미를 갖게 된다.

$$Maximize \ k = \frac{\bar{r}_P - r_L}{\sigma_P} \tag{11.8}$$

예를 들어, $r_L = 0.08$라고 가정하고, 다음과 같은 두 개의 포트폴리오가 있다고 가정해보자.

	포트폴리오 X	포트폴리오 Y
$\bar{r}_P$	0.15	0.158
σ_P	0.25	0.30

포트폴리오 X에서 다음과 같은 k값을 얻을 수 있다.

$$k = \frac{\bar{r}_P - r_L}{\sigma_P} = 0.28$$

또한, 포트폴리오 Y에서는 같은 방법으로 $k=0.26$가 되므로 포트폴리오 X가 더 선호되는 것을 알 수 있다.

만약 모든 포트폴리오들이 동일한 k값을 갖는다면, 안전제일 투자기준 하에서는 모든 포트폴리오의 선호도가 동일할 것이다. 이것은 안전제일 투자기준을 사용하는 경우 평균과 표준편차로 이루어진 공간에서 무차별곡선을 구성할 수 있다는 것을 의미한다. 즉, k값에 대한 식을 $\bar{r}_P$에 대하여 다시 정리하면 다음과 같이 나타낼 수 있다.

$$\bar{r}_P = r_L + k\sigma_P$$

〈그림 11-3〉은 수익률과 표준편차의 조합에서 어떻게 최적의 포트폴리오가 선택될 수 있는지를 보여준다. 최적의 포트폴리오 P는 무차별곡선과 포트폴리오 기회집합을 나타내는 곡선 APB의 접점에서 결정된다.

▎그림 11-3▎ 최적 안전제일 포트폴리오

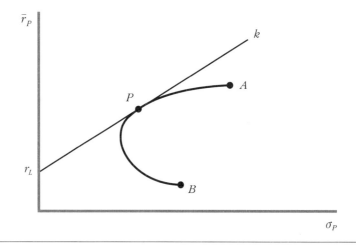

제 2 절 기금의 패시브 운용전략

이번 절에서는 주식 및 채권 포트폴리오의 운용 시 사용될 수 있는 패시브 전략에 대해 구체적으로 살펴보도록 한다. 이를 위해 먼저 연금제도가 아직 미성숙단계이며, 연금제도의 수탁자들은 리스크허용도를 측정할 수 있고, 수익률과 분산에 대한 기대효용을 극대화한다고 가정하자. 아울러 투자자들은 시장을 통하여 개별 증권들에 대한 기대수익률과 리스크를 동일하게 측정하고 있으며, 무위험이자율로 대출 또는 차입이 가능하다고 하자.[6] 이러한 시장에서는 투자자들이 액티브 전략을 이용하면 거래비용을 고려할 때 리스크가 조정된 양(+)의 초과수익률을 기대할 수가 없다. 따라서 패시브 전략이 보다 적절한 기금운용 방식이 될 것이다. 패시브 전략은 크게 매입보유전략(buy-and-hold)과 지수추종전략(index matching)으로 대별할 수 있다.[7]

1. 매입보유전략

매입보유전략은 증권을 매입한 후 무기한으로 보유하고 있거나, 단기금융시장 증권이나 중장기 채권 같이 확정 만기가 존재하는 경우에는 만기까지 보유한 후 그들을 유사한 증권들로 대체하는 전략이다. 매입보유전략에서의 수익은 배당금과 이표 같은 현금유입액이나 주식의 경우 장기 주가 상승에 의해 결정된다. 단기의 자본 이득이나 손실의 기대치는 고려 대상이 아닌데, 특히, 채권의 경우에는 만기에 액면가만을 받게 되기 때문에 자본 이득이나 손실은 모두 고려되지 않는다.

매입보유전략을 수행하는 간단한 방법 중 하나는 코스트 애버리징(cost averaging)이다. 이 방법은 매입하는 증권의 가격에 상관없이 정기적으로 동일한 금액

---

6) 즉, 주식시장은 효율적이라는 현대 포트폴리오이론이 적용되는 세계를 가정하자.
7) 기타 펀드전략은 Bodie et al. (2010)을 참조하라.

을 지출하여 증권을 매입하는 것이다. 이 방법을 사용하면 증권의 평균 매입단가
는 증권의 평균 시가보다 낮아지게 된다.

효율적인 시장에서는 모든 증권들이 매 시점마다 적정가격으로 평가되어 있
다는 공감대가 있기 때문에, 어떤 증권을 매매하는가 하는 것 자체는 문제가 되지
는 않는다. 그러나 일부의 증권들만 매입하여 보유하는 경우에는 그 포트폴리오에
분산가능한 리스크가 상당 부분 남아 있을 수 있다. 이러한 매입보유전략의 비체
계적 위험을 제거할 수 있는 전략이 다음에 설명할 지수추종전략이다.

2. 지수추종전략

지수추종전략 또는 인덱싱(indexing)전략은 시장지수의 성과를 추종하기 위해
고안된 인덱스펀드(index fund)를 포함하는 전략이다. 최적의 포트폴리오는 리스
크허용도에 따라 무위험자산과 인덱스펀드의 조합으로 결정된다. 이는 〈그림 11-
4〉에 나타나 있다. 자본시장선(capital market line; CML)은 포트폴리오의 기대수익
률과 수익률의 표준편차로 측정된 리스크 사이의 균형관계를 나타내며, M은 개별
증권의 시장가치비율을 가중치로 하여 시장경제 내의 모든 증권들을 포함한 시장
포트폴리오를 의미한다. 그림에서 C는 무위험자산을 나타낸다. 수탁자들의 무차
별곡선과 리스크허용도가 주어지면, 최적 포트폴리오 P는 시장포트폴리오에 θ_M
만큼, 무위험자산에 $(1-\theta_M)$의 비율만큼 투자하는 것이다.[8] θ_M는 다음의 식에
의하여 구할 수 있다.

$$\theta_M = \frac{1}{2}\left(\frac{\bar{r}_M - r_f}{\sigma_M^2}\right)R \tag{11.9}$$

여기서 $\bar{r}_M$은 시장의 기대수익률, σ_M^2은 시장수익률의 분산, r_f는 단기국채
같은 무위험자산의 수익률을 나타낸다. 예를 들어, $\bar{r}_M = 0.15$, $\sigma_M = 0.32$, $r_f =$

---

8) 무차별곡선이 기대수익률과 분산의 평면에서 직선이 되면, 기대수익률과 표준편차의 평면에서
   는 〈그림 11-4〉와 같이 아래로 볼록한 곡선이 된다.

│그림 11-4│ 기금 포트폴리오의 패시브 전략

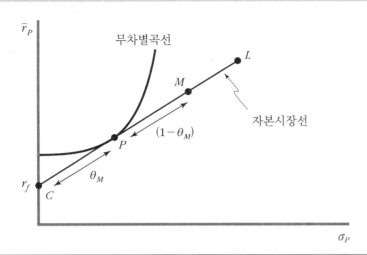

0.08, $R = 2.8$이라면, $\theta_M = 0.96$이 된다. 이는 펀드의 96%를 시장포트폴리오에 투자하고 나머지 4%를 무위험자산에 투자한다는 것을 의미한다.

지수추종전략에는 다양한 방식이 사용될 수 있다. 먼저, 완전지수화방식(complete indexing)은 지수의 기초자산인 시장포트폴리오와 완전하게 동일한 인덱스펀드를 만드는 것이다. 그러나 실제로 시장의 모든 증권을 포함하는 것은 매우 비용이 많이 소요될 뿐만 아니라, 포함된 증권들의 비율을 계속적으로 조정해주어야 하므로 매우 번거롭다. 특히 채권지수펀드의 경우에는 시간의 경과에 따라 채권지수의 평균 만기가 짧아지므로 만기가 도래하지 않은 새로운 채권들로 만기가 도래한 채권들을 대체해 주어야 한다.

완전지수화방식의 이러한 거래비용 때문에 실무에서는 대부분 보다 저렴한 층화추출방식, 요인매칭방식, 혼합화방식 등을 사용한다. 층화추출방식(stratified sampling)은 시장지수를 구성하는 전체 증권의 모집단을 일정한 계층들에 나누어 포함시키고,[9] 일정한 규칙에 따라 각 계층으로부터 일정한 증권들을 추출하여 그 증권들로 인덱스펀드를 만드는 방식이다. 예를 들어 주식들을 각 섹터별로 나눈

---

9) 주식인 경우에는 섹터, 채권인 경우에는 만기나 듀레이션이 계층으로 사용될 수 있다.

다음 각 섹터에서 시장지수와 상관관계가 가장 높은 상위 5%의 주식들을 추출한 후 이 주식들로 구성된 표본(전체 모집단의 5%가 될 것임)으로 인덱스펀드를 만드는 방식이 사용될 수 있다. 물론 이 방식은 완전지수화방식에 비하여 초기 거래비용 및 재조정비용을 상당부분 절감할 수 있지만 이렇게 만들어진 인덱스펀드는 실제 시장지수와 완벽하게 동일할 수는 없다. 따라서 추적오차의 리스크는 상대적으로 커지게 된다.

요인매칭방식(factor matching)은 먼저 통계방법인 요인분석을 통하여 복수개의 요인들을 찾은 다음, 이 요인들을 기준으로 증권들을 선택하고, 선택된 증권들을 사용하여 인덱스펀드를 만드는 방식이다.

혼합방식(commingling)은 인덱스펀드를 직접 구성하는 것이 아니라 단위신탁이나 투자신탁 등의 여러 펀드들이 혼합된 펀드를 사용하는 것이다. 이러한 방식은 규모가 작은 연금기금에 적합하며, 완전지수화방식의 거래비용과 층화추출방식의 추적오차간의 균형을 도모할 때 사용하는 방법이다.

제3절 기금의 액티브 운용전략

연금기금의 액티브 전략은 미성숙단계의 연금제도에서 수탁자의 리스크허용도가 높아 기대효용을 극대화하려고 할 때 사용하기 적합한 기금 운용방법이다. 그러나 경우에 따라서는 성숙된 연금제도의 경우에도 고용주들의 기여금을 감소시키기 위해 이 전략이 사용되기도 한다. DC 형태의 개인연금의 경우에도 연금자산에 대해 액티브 전략을 선호할 수도 있다. 일반적으로 주식이나 채권 포트폴리오에 대해 상이한 액티브 운용전략이 존재한다.

1. 주식펀드의 액티브 운용전략

시장에서 거래되는 증권들의 가치가 잘못 평가되었다거나, 수익률과 리스크에 대한 전망치가 상이할 때는 포트폴리오에 대해 액티브 전략이 사용된다. 액티브 운용전략에서는 자산의 미래 가격변동에 대한 예상이 매우 중요한 요소이다. 이와 비교하여 패시브 운용전략에서는 가격변동에 대한 예상은 상대적으로 중요도가 낮은 반면, 리스크회피도가 행동보다 더 중요한 요소가 된다. 일반적으로 액티브 전략은 국가선택, 전략적 자산배분, 섹터선택, 증권선택, 그리고 매매시점선택(market timing) 등 다섯 가지 활동으로 이루어진다.

기금운용자는 국가선택 단계라고 불리는 첫 번째 단계에서 전체 포트폴리오에서 개별 국가에 투자하는 비율을 얼마로 할지 결정한다. 예를 들어, 한국에 30%, 미국에 20%, 중국에 25%, 일본에 10%, 브라질에 8%, 그리고 독일에 7%로 결정할 수 있다.

전략적 자산배분 단계라고 하는 두 번째 단계에서는 선택한 개별 국가 내에서의 자산들의 배분, 특히 주식과 채권에 어떤 비율로 투자하여 포트폴리오를 구성할지를 결정한다. 최적의 전략적 자산배분 결정은 식(11.4)에서 언급한 주식에 대한 최적 배분율 θ_S^*를 따르며, 이는 수탁자들의 리스크허용도와 기금운용자가 측정한 주식과 채권들의 기대수익률 및 리스크에 의해 결정된다. 각 자산범주에 속한 증권의 수익률 간에는 매우 높은 상관관계가 존재한다. 따라서 전략적 자산배분 결정에 의해 대부분의 포트폴리오들의 실적이 좌우되므로 이 단계는 매우 중요하다. 이는 가장 실적이 좋은 자산범주를 선택하는 것이 각각의 범주 내에서 실적이 좋은 증권을 선택하는 것보다 더 중요하는 것을 의미한다. 그러나 수탁자들이 부여하는 여러 가지 제약조건으로 인하여 기금운용자는 자산배분전략에 있어 완전히 자유로운 재량권을 가질 수는 없는 경우가 많다.

세 번째 단계는 섹터선택(혹은 그룹선택)이다. 이 단계에서 연금기금은 개별 자산범주 내의 여러 섹터들에 배분된다. 예를 들어, 채권의 경우에는 섹터를 단기, 중기 및 장기 채권으로 나눌 수 있다. 주식의 경우에는 섹터가 은행, 자동차, 전기전자산업, 조선산업, 제약산업 등과 같은 표준산업분류의 구성요소들이 될 수 있다. 기금운용자에 따라 단계 순서를 달리 할 수도 있다. 예를 들어 섹터선택 단계를 거친 후 국가선택 단계로 나아갈 수도 있다.

그 다음 단계는 증권선택의 단계이다. 이 단계에서 특정 자산범주를 담당하고 있는 기금운용자는 그 자산범주로부터 특정 자산 또는 증권을 선택한다. 이러한 선택은 다른 자산범주 내에서 선택되는 자산 또는 증권들과는 독립적으로 행해진다. 그 결과 포트폴리오를 구성할 때 여러 자산범주들로부터 선택된 주식 및 채권들 간의 상관관계는 거의 무시할 정도가 된다. 이렇게 단계별 의사결정을 하는 것은 채권 포트폴리오를 주식 포트폴리오와 분리되도록 만들기 위함이다.

이제 일정한 제약조건 하에서 기대효용을 극대화하는 전략인 식(11.4)에 따라 자산을 배분하기로 결정했다고 가정하고 증권의 선택에만 초점을 맞추어 설명하도록 하자.[10] 증권선택은 기금운용자가 시장 전체에서 공감된 의견은 받아들이되 특정 개별 증권들의 가격이 적절하지 않다고 믿을 때 중요시 되는 전략이다. 즉, 기금운용자는 대부분의 증권들은 적정 가격이 형성되어 있으나 일부 증권들의 가격이 적정 가격보다 높거나 낮다고 판단한다. 유능한 운용자는 어떤 증권들의 가격이 적정하지 않은지 알 수 있다고 믿는다. 적정가격보다 높게 거래된다고 판단되는 증권은 시장 전체에서 평가하는 것보다 기대수익률(리스크)이 낮을(높을) 것이고, 적정가격보다 낮게 거래되는 증권의 기대수익률(리스크)은 그 반대일 것이다.

현대 포트폴리오이론에 따른다면 증권의 적정가격은 자본자산가격결정모형(CAPM)과 증권시장선에 따라 결정된다. 즉, 증권의 가격은 균형 기대수익률(equilibrium expected return, $\bar{r}_i^*$)이 다음 식을 만족시킬 때 적정하다고 간주한다.

$$\bar{r}_i^* = r_f + (\bar{r}_M - r_f)\beta_i \tag{11.10}$$

여기에서 β_i는 i 증권의 베타이며 이 증권의 수익률과 시장전체 수익률의 공분산을 시장전체 수익률의 분산으로 나눈 것이다. 즉, $\beta_i = \sigma_{iM}/\sigma_M^2$이다. 이 식을 CAPM이라고 하며 리스크가 있는 증권의 균형수익률은 무위험이자율과 리스크 프리미엄을 합한 것이며, 리스크 프리미엄은 이 증권의 베타와 시장 리스크 프리미엄의 곱으로 측정된다는 것을 보여준다.

증권의 베타는 개별 증권이 시장리스크 또는 체계적 리스크를 반영하는 정도

---

10) 자산뿐만 아니라 필요한 경우 섹터나 국가별 배분도 가능하다.

를 측정하며 체계적 리스크가 클수록, 투자가들에게 분산되지 않은 추가 리스크를 보상하기 위하여 균형가격에서의 베타 및 기대수익률이 커지게 된다. 개별 증권의 총 리스크는 증권의 체계적 리스크와 특정 리스크로 분리되며 식으로 표현하면 다음과 같다.[11]

$$\sigma_i^2 = \beta_i^2 \sigma_M^2 + \eta_i^2 \tag{11.11}$$

이 식에서 σ_i^2은 이 특정 증권의 수익률의 분산이고 η_i^2는 특정 리스크를 의미한다. 특정 리스크는 분산을 통하여 제거할 수 있기 때문에 균형시장에서는 이 리스크 부분에 대해 보상하지 않는다. 반면에 체계적 리스크는 시장에서 분산을 통하여 제거할 수 없기 때문에 이 부분에 대해서만 시장이 보상을 해주는 것이다.

CAPM을 〈그림 11-5〉와 같이 증권시장선으로 표현할 수 있다. 위험 자산 또는 증권의 기대수익률은, 시장 리스크 프리미엄이 모든 증권에 동일하므로, 해당 증권의 베타와 선형적으로 증가하는 것을 알 수 있다. CAPM은 증권의 가격이 균

┃그림 11-5┃ 증권선택 : 주식에서의 알파의 가치

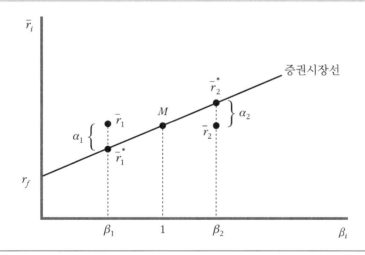

---

11) 특정 리스크를 비체계적 리스크, 적극적(active) 리스크, 또는 추적오차(tracking error)라고도 한다.

형상태라면, 즉, 리스크가 반영되어 적정한 가격이 형성되었다면, 그 증권의 기대수익률은 증권시장선 상에 위치하게 된다는 것을 의미한다.

복수의 증권으로 구성된 포트폴리오의 베타는 포트폴리오를 구성하는 개별 증권 베타들의 가중평균이며, 가중치는 포트폴리오 전체의 가치에서 개별 증권의 가치가 차지하는 비율이 된다. 개별 증권의 가중치를 θ_i라고 하면 포트폴리오의 베타는 다음과 같은 식으로 표현할 수 있다.

$$\beta_P = \sum_{i=1}^{N} \theta_i \beta_i \tag{11.12}$$

다음의 식과 같이 기금운용자가 증권 i에 대해 기대하는 수익률과 식(11.10)로 측정되는 시장의 균형 기대수익률 간의 차이를 증권의 알파라고 한다.

$$\alpha_i = \bar{r}_i - \bar{r}_i^* \tag{11.13}$$

예를 들어 $\bar{r}_M = 0.15$, $r_f = 0.05$이고 어떤 증권의 베타가 0.7이라면 시장의 균형수익률 $\bar{r}_i^* = 0.12$일 것이다. 만일 기금운용자가 생각하는 이 증권의 기대수익률이 0.14라면 $\alpha_i = 0.02$가 된다. 이것은 기금운용자가 이 증권에 투자하면 2%의 초과수익률을 얻을 수 있다는, 즉, 이 증권은 적정가격보다 낮다고 판단하는 것을 의미한다.

증권의 알파가 양수라면 증권가격이 균형가격보다 낮다는 것을, 반면 음수라면 균형가격보다 높다는 것을 의미한다. 균형가격에서 거래가 된다면 〈그림 11-5〉에서의 알파는 0이 될 것이다. 베타와 마찬가지로 포트폴리오의 알파도 개별 증권 알파들의 가중평균으로 계산된다.

$$\alpha_P = \sum_{i=1}^{N} \theta_i \alpha_i \tag{11.14}$$

주식을 선택하는 사람들의 목표는 0보다 큰 알파를 가지는 주식들을 찾는 것이다. 즉, 주식선택자들은 목표는 시장 포트폴리오에 비하여 음의 알파를 가진 주식들에 상대적으로 더 적게 투자하고 (투자비율을 낮추고) 양의 알파를 가진 주식들에게 더 많이 투자한 포트폴리오를 구성하는 것이라고 할 수 있다. 이러한 전략을 알파추적(quest for alpha)이라고 한다.

알파추적 투자기법 중 대표적 전략을 포터블알파(portable alpha)전략이라고 한다. 이 전략은 시장수익률(베타)의 관리와 추가수익률(알파)을 얻으려는 시도를 분리하는 것이다. 이 전략의 목적은 포트폴리오를 구성하고 있는 자산들의 배분을 변경하지 않고 양의 알파를 만들 수 있는 전략범위를 설정하는데 있다. 이 전략의 기본 아이디어는 베타는 특정 벤치마크와 관련이 있는데 반하여 알파는 그 시점에서 가장 매력적인 투자기회를 제공하는 특정 자산군과 관계가 있다는 것이다.

이렇게 포트폴리오의 알파와 베타를 분리하는 방법 중 가장 보편적으로 사용되는 것은 시장중립적인 헤지펀드와 함께 선물이나 옵션 등 파생상품을 이용하는 것이다. 예를 들어 수동적 지수펀드에 대해 저평가되었다고 판단되는 특정 주식(들)의 풋옵션을 매입하는 전략은 그 주식의 알파를 추가로 확보하려는 전략이다.

기금운용자의 마지막 투자활동은 매매시점선택(market timing)이라고 할 수 있다. 전술한 주식선택이 시장 전체에 대한 공감대는 받아들이지만 일부 주식들이 적정가격에서 벗어나 있다는 판단에서 기인되는 것인데 반하여, 매매시점선택은 시장 포트폴리오에 대한 시장 전체의 공감대를 받아들이지 않을 때 사용하는 전략이다. 즉, 매매시점선택은 〈그림 11-6〉에 나타난 것처럼 시간의 경과에 따라 포

┃그림 11-6┃ 매매시점선택

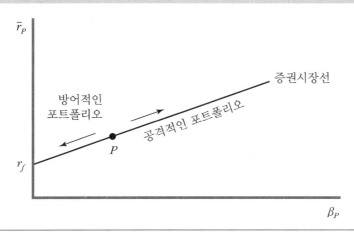

트폴리오의 베타를 조정하는 것을 의미한다. 기금운용자는 향후 상승장이 예상되면 포트폴리오의 베타를 증가시키고(공격적 투자) 하락장이 예상되면 베타를 감소시키는 전략(방어적 투자)을 행하는 것을 말한다.

매매시점선택을 위한 효과적인 전략은 상승장에서는 베타가 높은 주식들을 매입하고 하락장에서는 그 주식들을 매도하는 것이다. 그러나 거래비용이 크다면 이 전략은 사용하기 부담스러울 수 있다. 보다 저렴한 방법은 포트폴리오의 위험자산들은 고정시키고 포트폴리오의 현금 비중을 조정함으로써 포트폴리오의 베타를 변화시키는 것이다. 현금의 규모를 조정하는 것이 주식을 매매하는 것보다 훨씬 저렴하기 때문이다. 이보다 더욱 저렴한 방법은 파생상품을 이용하는 것이다. 예를 들어 상승장이 기대되면 주가지수선물 및 콜옵션을 매입하고 풋옵션을 매도하며, 반대로 하락장에서는 주가지수선물 및 콜옵션을 매도하고 풋옵션을 매입하는 전략을 사용하는 것이다.

2. 채권펀드의 액티브 운용전략

채권펀드도 주식펀드처럼 가격이 적정하지 않은 채권이 존재한다든지, 채권의 수익률과 리스크에 대한 기대치가 상이할 경우 적극적으로 운용될 수 있다. 주식펀드의 경우에서 설명한 바와 같이 채권펀드도 증권선택과 매매시점선택을 중심으로 운용된다. 차이점은 주식펀드의 운용이 보다 어떤 주식을 선택해야 하는가에 초점이 맞추어지는데 반하여 채권펀드의 운용은 매매시점을 어떻게 결정할 것인가에 초점이 맞추어진다.

먼저 기금운용자의 채권선택의 과정은 채권의 시장포트폴리오에 비하여 고평가되어 있다고 판단되는 채권들의 비중을 줄이고, 저평가되어 있다고 판단되는 채권들의 비중을 높인 채권포트폴리오를 구성하는 것이다. 즉, 〈그림 11-7〉처럼 채권의 알파가 양수인 채권들의 비중을 높이고 알파가 음수인 채권들의 비중을 낮추는 방식을 택한다. 이때 유의할 것은 채권의 알파는 다음과 같은 채권시장선(bond market line)에 따라서 결정되는데 채권의 경우에는 베타 대신 상대적 듀레이션을 사용한다는 것이다.

$$\bar{r}_i^* = r_f + (\bar{r}_M - r_f)D_i/D_M \tag{11.15}$$

기금운용자의 매매시점선택은 향후 시장의 움직임에 대해 시장 평균보다 더 낙관적으로 예상하거나 비관적으로 예상할 때 행해지는 기금의 적극적 운용활동이다. 따라서 향후 이자율에 대한 예측은 이 전략을 사용하는 운용자의 가장 중요한 고려 사항이 된다. 기금운용자는 향후 이자율의 예측과 관련하여 채권 포트폴리오의 상대적 듀레이션을 조정하게 된다.[12] 만일 기금운용자가 향후 이자율이 하락할 것으로 예상하여 상승장을 기대한다면 듀레이션이 짧은 채권들을 듀레이션이 긴 채권들로 교환하여 포트폴리오의 듀레이션을 증가시킬 것이다. 반면에 향후 이자율 수준이 하락한다고 예상되면 듀레이션이 긴 채권들을 듀레이션이 짧은 채권들로 교환하여 포트폴리오의 듀레이션을 감소시킬 것이다.

일반적으로 채권포트폴리오의 적극적 운용은 주식에 비하여 수익이 높지 않은 것으로 알려져 있다. 여기에는 여러 가지 이유가 있는데 우선 채권의 종류가 주식에 비하여 많지 않고 만기도 다양하지 못한 것이 가장 큰 이유이다. 이 중에서 가격이 적정하지 못한 채권들을 계속 찾아내는 것이 쉬운 일이 아니며 여러 채

┃그림 11-7┃ 증권선택 : 채권에서의 알파의 가치

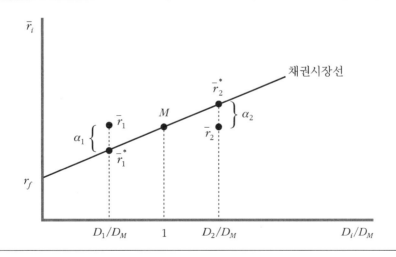

---

12) 따라서 채권포트폴리오의 매매시점선택을 듀레이션전환(duration switch)이라고도 한다.

권에 분산하여 리스크가 낮은 포트폴리오를 구성하기가 쉽지 않다. 둘째, 가장 유동성이 높은 채권은 단기국채인데 거래가 매우 활발하므로 적정가격을 벗어날 가능성이 그리 높지 않다. 셋째, 채권가격의 변동성은 일반적으로 주가의 변동성 보다 훨씬 작으므로 적극적인 거래를 통하여 초과수익을 창출하는 것이 주식보다 어렵다.

채권 매매를 통하여 포트폴리오를 조정하는 전략에는 정책전환(policy switch)과 이례전환(anomaly switch)이 있다. 정책전환은 시장구조의 변화가 예상됨에 따라 행해지는 매우 상이한 두 채권들 사이의 전환을 가리킨다. 예를 들어, 채권의 등급이 크게 변할 것으로 예상되어 어떤 두 채권들의 가격 차이가 매우 커질 것으로 예상될 때 한 채권을 팔고 다른 채권을 사는 경우가 이에 해당된다. 이례전환은 다른 특성들은 매우 유사하나 가격(또는 수익률)이 상당히 차이나는 두 채권들을 서로 바꾸는 방법을 말한다. 일반적으로 정책전환이 이례전환에 비하여 기대수익률은 높으나 그에 상응하는 리스크도 크다.

이례전환의 가장 간단한 예는 대체전환(substitution switch)이다. 이 방법은 만기, 이표, 등급, 기타 특성들이 유사하지만 가격(수익률)이 상이한 채권들을 서로 교환하는 것이다. 즉, 이와 같은 채권의 특성들이 매우 유사하면 두 채권은 거의 같은 가격에 거래가 되어야 하는데 그렇지 못하면 차익기회가 발생하게 된다. 따라서 가격이 높게 형성된 채권을 매도하고 낮은 채권을 매입하여 이 차익을 얻고자 하는 전략이다. 향후 이 비정상적인 가격 차이가 사라지게 되면 포지션을 청산하기 위하여 반대거래를 행하면 된다.

이 경우 유의할 것은 두 채권의 만기 및 이표 등이 유사한 경우에는 1 대 1 교환으로 목적을 달성할 수 있지만, 그렇지 않은 경우에는 각 채권의 듀레이션을 고려해야 한다는 것이다.[13] 예를 들어 두 채권 A와 B가 있고 전자가 저평가되어 있다고 하면 A채권의 매입수량(N_A)은 다음과 같이 정할 수 있다.

---

13) 듀레이션이 상이한 경우에는 이자율 변화에 대해 각 채권가격의 변화가 상이하므로 1 대 1 교환인 경우에 차익을 얻지 못할 수가 있다.

$$N_A = N_B \times \frac{D_B \times B_B}{D_A \times B_A}$$

위의 식에서 $N_B = B$채권의 매도 수량, D_A, D_B, B_A, B_B는 각각 A, B채권의 듀레이션 및 채권가격을 의미한다.

이례전환의 다른 유형으로는 순수 수익률선택전환(pure yield-pick-up switch)을 들 수 있다. 이 방법은 특정한 만기수익률을 가진 채권을 매도하고 그 보다 높은 만기수익률을 지닌 채권을 매입하는 매우 단순한 전략이다. 이 전환에서는 수익률이나 가격의 수정이 예상되지 않으므로 나중에 포지션 청산을 위한 반대매매는 발생하지 않는다.

정책전환은 예상되는 변화를 이용하기 위한 전략이다. 이 변화에는 이자율 변화, 수익률곡선 형태의 변화, 채권등급의 변화, 섹터 관계의 변화 등이 있다. 이 자율 변화는 채권펀드의 매매시점 선택자들이 원하는 변화이다. 향후 이자율의 하락이 예상되면 듀레이션이 짧은 채권들로부터 듀레이션이 긴 채권들로 전환하는 방법은 정책전환의 대표적 사례일 것이다.

이자율 이외의 변화로 인한 전환을 시장간 스프레드전환이라고 한다. 먼저 수익률곡선의 구조 변화를 살펴보자. 수익률곡선은 만기수익률과 만기 사이의 관계를 나타내며 일반적으로 매끄러운 형태를 보이고 있다. 그러나 경우에 따라서 수익률곡선 상에 갑자기 상승하거나 하락하는 부분이 나타날 수가 있다. 만일 이러한 갑작스러운 수익률 상승이나 하락이 사라질 것으로 예상이 되면 상승부분의 수익률은 하락할 것이고 하락부분의 수익률은 상승할 것이다. 따라서 수익률곡선에서 갑작스러운 상승부분의 채권을 매입하고 하락부분의 채권을 매도하는 전략을 취할 수 있다.

향후 등급이 하락할 것으로 예상되는 채권은 가격도 그에 따라 하락할 것이다. 이를 대비하여 그러한 채권을 향후 등급의 상승이 예상되거나 등급변화가 없을 채권으로 교환하는 방법도 정책전환의 한 유형이다. 마지막으로 섹터 간 변화가 예상되면 정책전환을 할 수가 있다. 예를 들어, 국내채권의 이표에는 원천세가 적용되지만, 해외채권의 이표에는 적용되지 않을 때 양 섹터간의 채권의 전환을 시도할 수 있을 것이다.

3. 액티브-패시브 운용전략

지금까지 설명한 순순한 패시브 또는 액티브 운용전략 이외에도 액티브 전략과 패시브 전략을 혼합한 액티브-패시브 형태의 펀드운용도 가능하다. 예들 들어 자산배분 결정은 패시브 형태로 하되, 증권선택은 액티브 형태로 운용할 수도 있다. 물론 그 반대 형태의 운용방식도 가능하다.

액티브-패시브 혼합전략 중 다른 예는 핵심-위성(core-satellite) 포트폴리오 운용전략으로 매우 규모가 큰 펀드들이 사용하는 전략이다.[14] 기금운용자는 규모가 상당히 큰 핵심포트폴리오를 구성하는데 이 포트폴리오는 시장에 영향을 미치게 되므로 거래를 하지 않는다. 대신 이 핵심포트폴리오를 중심으로 규모가 작은 여러 개의 위성포트폴리오를 함께 운용하는 방식이다. 이 위성포트폴리오는 적극적으로 거래되며 경우에 따라서는 핵심포트폴리오로부터 증권을 빌려 거래할 수도 있다.[15]

특히 채권포트폴리오의 경우에는 혼합전략의 예로 조건부 면역화(contingent immunization)를 고려해 볼 수 있다. 기금운용자는 액티브 전략으로 시작하되 투자 기간까지 또는 액티브 전략의 수익률이 최소수익률 미만으로 떨어질 때 까지만 이 방식을 고수하고, 최소수익률을 하회하면 남은 투자기간 동안에는 면역화 방법으로 변경하는 전략이다.

혼합전략의 다른 유형으로는 옵션과 선물 등 파생상품을 이용하는 전략을 들 수 있다. 예를 들어 어떤 기금운용자가 단기자금 증권들로 구성된 패시브 포트폴리오를 구성하고 있다고 하자.[16] 기금운용자는 단기자금 시장의 높은 거래비용 때문에 이 포트폴리오를 거래하지 않고, 대신 개별 주식에 대한 판단에 의거하여 주식옵션을 거래할 수 있다. 또는 기금운용자는 매매시점선택에 초점을 맞추고 주가

---

14) 이 전략을 개선된 패시브 운용(enhanced passive management)이라고도 한다.
15) 즉 위성포트폴리오는 핵심포트폴리오에 대하여 매도포지션을 취할 수도 있다.
16) 캐시마켓은 선물시장과 관련하여 사용되는 용어로 금리선물시장에 대비한 현물시장을 가리킨다.

지수나 채권을 기초자산으로 하는 옵션이나 선물을 거래하여 주식포트폴리오의 베타나 채권포트폴리오의 듀레이션을 변경시킬 수 있다. 파생상품의 이용은 상대적으로 거래비용이 적으며 유동성이 매우 높기 때문에 큰 효과를 발휘할 수 있다.[17]

합성에쿼티펀드(synthetic equity fund) 또는 보증에쿼티펀드(guaranteed equity fund)도 혼합전략의 한 유형이다. 이 방법은 기금 전액이 캐시마켓 증권에 투자된 패시브 펀드로 운영되는 동시에 액티브 운용은 선물계약의 거래를 통하여 이루어지는 전략이다. 다른 유형으로 90-10 포트폴리오 전략이 있는데, 총 운용자금의 90%를 캐시마켓 증권에 투자하고 10%는 옵션으로 운용하는 전략이다. 예를 들어 운용자금이 총 \$1억이고 캐시마켓 이자율이 연 10%라면 $90 \times (1 + 0.1) \approx 100$이므로 원금이 보장되고 옵션이 내가격(in-the-money)으로 종료되면 추가 수익을 얻는 전략이다.

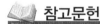

참고문헌

Blake, D., 2006, Pension Finance, Wiley, West Sussex, UK.

Scherer, B. 2005, Liability Hedging and Portfolio Choice, Risk Books, London, UK.

Bodie, Z., A. Kane, and A. Marcus, 2010, Investments, 9th ed., McGraw-Hill, Boston, MA.

---

17) 특히 거래 주체가 연금기금 같은 기관투자자인 경우 거래비용은 더욱 낮아진다.

제 **12** 장

제 장

연금기금 운용의 성과측정

이번 장에서는 연금기금 운용의 성과를 측정하는 이론 및 다양한 방법에 대해 설명하기로 한다.[1] 일반적으로 기금운용자의 성과는 매년 측정되지만 필요한 경우에는 반년 또는 매 분기마다 평가될 수도 있다. 기금운용자 스스로가 본인의 성과를 평가하는 경우도 있지만 주로 독립적인 평가 서비스회사를 이용한다. 운용된 기금 및 기금운용자의 성과를 평가할 때는 적어도 다음과 같은 사항들을 고려하여야 한다.

첫째, 기금운용자 포트폴리오의 사후 수익률을 어떻게 평가할 것인가?

둘째, 기금운용자 포트폴리오의 위험조정 수익률을 어떻게 평가할 것인가?

셋째, 기금운용자의 벤치마크 수익률을 기준으로 위험조정 수익률을 어떻게 평가할 것인가?

이러한 질문의 답을 찾기 위해서는 먼저 수익률, 위험, 벤치마크를 측정해야 한다. 이번 장에서는 시장평균 수익률 이상을 목표로 하는 액티브펀드, 자산부채관리를 목적으로 하는 기금, 그리고 벤치마크 포트폴리오 수익률을 추종하는 패시브 펀드의 성과 요인을 분석해보기로 한다. 먼저 수익률은 어떻게 측정하는지에 대해 알아보자.

제1절 사후적 수익률 계산

일반적으로 연금기금의 사후적 수익률 측정에는 두 가지 방법이 있다. 하나는 시간가중(또는 기하평균) 수익률이고 다른 하나는 금액가중(또는 가치가중) 수익률이다.[2] 보다 간편한 방법은 금액가중 수익률이지만, 기금운용자들이 통제할 수 없는 현금의 유입과 유출까지 고려된다는 점에서 시간가중 수익률이 선호되고 있다. 그러나 시간가중 수익률은 현금흐름이 발생할 때마다 기금의 가치를 재측정해

---

1) 이번 장의 내용 중 상당부분은 Blake(2006)의 8장(pension fund performance measurement and attribution)을 기초로 하여 작성되었다.

2) 후자를 내부수익률이라고도 한다.

야 한다는 단점이 있다.

다음과 같은 간단한 예를 들어 설명해 보자. 아래 표에는 향후 1년 동안 발생하는 연금기금의 현금흐름과 가치가 나타나 있다.

시간	0	6개월	1년
기금 가치	V_0	$V_{0.5}$	V_1
현금흐름		C	

먼저 연간 금액가중 수익률을 r이라고 하고 연복리를 가정하면, 각 시점에서의 기금의 가치는 다음의 식을 만족한다.

$$V_1 = V_0(1+r) + C(1+r)^{\frac{1}{2}}$$

단리일 때는 다음과 같다.

$$V_1 = V_0(1+r) + C(1+\frac{1}{2}r)$$

따라서 단리인 경우의 금액가중 수익률은 다음과 같이 얻을 수 있다.

$$\frac{V_1 - (V_0 + C)}{V_0 + \frac{1}{2}C} \tag{12.1}$$

한편 시간가중 수익률은 다음과 같이 정의된다.

$$시간가중 \ 수익률 \ = \ \frac{V_{0.5}}{V_0} \frac{V_1}{V_{0.5} + C} - 1$$

만약, 포트폴리오의 처음 6개월에 대한 수익률을 r_1, 그 후의 6개월의 수익률을 r_2라고 정의한다면 다음 식들이 성립한다.

$$V_{0.5} = V_0(1+r_1)$$
$$V_1 = (V_{0.5} + C)(1+r_2) = [V_0(1+r_1) + C](1+r_2)$$

위의 식들로부터 시간가중 수익률을 다음과 같이 얻을 수 있다.

$$\frac{V_0(1+r_1)}{V_0}\left(\frac{(V_0(1+r_1)+C)(1+r_2)}{V_0(1+r_1)+C}\right)-1$$
$$= (1+r_1)(1+r_2)-1 \tag{12.2}$$

기금 X와 기금 Y의 현재 가치와 향후 1년 동안의 현금흐름이 다음의 표와 같을 때 각 기금의 금액가중 및 시간가중 수익률을 계산해보자. 양 기금은 모두 동일한 주식 포트폴리오에 투자한다고 가정한다.

〈표 12-1〉 시간가중 수익률

시간	0	6개월	1년
포트폴리오의 가격	10	8	12
기금 X의 현금흐름	40	–	–
현금흐름을 포함한 기금 X의 가치	240	192	288
기금 Y의 현금흐름	20	20	–
현금흐름을 포함한 기금 Y의 가치	220	196	294

시간가중 수익률은 포트폴리오의 실현 수익률을 정확히 반영한다. 연금기금에 대한 현금흐름은 연금을 운영하는 기업으로부터의 배당금 또는 기여금과 같은 현금유입($C>0$인 경우)과 은퇴자에게 연금급여를 지급하는 등의 현금유출($C<0$인 경우)이 발생할 때 생긴다. 이러한 경우 현금유입이나 유출은 모두 기금 운용자 자신이 통제할 수 없는 현금흐름이므로 연금기금의 운용자 및 기금 자체의 성과평가에서 제외된다.

위의 표에서 기금 X와 기금 Y 모두 초기자금을 200만큼 가지고 있다. 두 기금 모두 일 년 동안 40을 받지만, 현금흐름이 발생하는 시점은 상이하다. 기금 Y는 주가가 상대적으로 저렴할 때(투자 대상 포트폴리오의 가격이 8일 때) 현금이 유입된다는 차이점이 있다. 따라서 기금 Y에서는 6개월 후 받은 20으로 가격이 하락한 포트폴리오를 구입하므로 총 수량은 기금 X보다 많아질 것이다. 기금 X와 기금 Y의 금액가중 수익률은 다음과 같이 계산된다.

$$\text{기금 X의 금액가중 수익률} = \frac{V_1 - (V_0 + C_0)}{(V_0 + C_0)}$$

$$= \frac{288 - 240}{240} = 0.20$$

$$\text{기금 Y의 금액가중 수익률} = \frac{V_1 - (V_0 + C_0 + C_{0.5})}{V_0 + C_0 + \frac{1}{2}C_{0.5}}$$

$$= \frac{294 - 240}{230} = 0.2348$$

금액가중 수익률을 비교해보면 기금 Y의 운용자가 기금 X의 운용자보다 더 높은 수익률을 올린 것을 알 수 있다.

반면 시간가중 수익률은 다음과 같이 구할 수 있다.

$$\text{기금 X의 시간가중 수익률} = \frac{V_{0.5}}{(V_0 + C_0)}\frac{V_1}{V_{0.5}} - 1$$

$$= \frac{192}{240}\frac{288}{192} - 1 = 0.20$$

$$\text{기금 Y의 시간가중 수익률} = \frac{V_{0.5}}{(V_0 + C_0)}\frac{V_1}{(V_{0.5} + C_{0.5})} - 1$$

$$= \frac{176}{220}\frac{294}{196} - 1 = 0.20$$

이 경우 시간가중 수익률은 20%로 기금 X와 기금 Y가 동일하다. 이는 두 기금이 동일한 기간 동안 같은 주식에 투자하여 얻은 실제 성과만이 수익률 계산에 반영되었기 때문이다. (기금 X처럼 투자기간 동안 추가 현금흐름의 발생이 없다면 금액가중 수익률과 시간가중 수익률은 같아진다.)

제 2 절 **액티브펀드의 벤치마크 비교**

　　시장평균 이상의 수익률을 추구하기 위하여 적극적으로 운용되는 기금(액티브펀드라고 함)의 운용자의 성과를 평가하기 위해서는 비교 대상으로 사용할 수 있는 두 개 이상의 벤치마크가 필요하다. 적절한 벤치마크를 설정하고 나면 기금운용자의 성과가 위험이 조정된 벤치마크보다 높은지 낮은지를 비교해 볼 수 있다.

　　적절한 벤치마크는 기금 수탁자의 선호도와 기금의 세금효과 등을 반영하여 정해진다. 예를 들어, 만약 소득세나 자본소득 관련 세금을 지불하지 않는 연금기금의 성과 평가를 위한 벤치마크는 보험회사의 투자성과를 위한 벤치마크와 상이할 것이다. 마찬가지로, 기금 수탁자가 고위험-고수익 증권을 선호하거나, 도덕적인 이유로 담배나 주류회사 또는 경쟁사의 주식을 회피하는 경향이 있다면 일반 시장지수를 사용하는 것이 적절하지 않을 수 있다. 또한 기금의 절반 이상이 해외주식이라면 국내의 종합주가지수는 적절한 벤치마크가 되지 못할 것이다. 따라서 상이한 기금들과 서로 다른 기금운용자들을 평가하기 위해서는 상이한 벤치마크를 사용해야 한다.

　　따라서 일반적으로 벤치마크는 한 종류 이상의 지수를 사용한다. 따라서 적절한 지수의 구조를 이해하는 것이 매우 중요하다. 다음과 같은 표를 이용하여 금액가중 지수와 가치가중 지수, 그리고 절대적 지수와 상대적 지수를 구분해 보기로 하자.[3]

〈표 12-2〉 주가지수의 계산

주식	t시점 가격	발행주식수	$t+1$시점 가격
A	120	100	150
B	50	60	90
C	20	200	50

3) 기타 지수들을 계산하는 방법에 대해서는 Bodie et al.(2010) 참조.

이러한 정보를 이용하여 t시점을 기준 시점으로 하여 $t+1$시점에서의 주가지수를 구한다고 하자. 기준시점의 주가지수는 일반적으로 100이 되도록 만든다. 먼저 가격가중 절대지수(price-weighted absolute index)는 각 시점에서의 각 증권가격의 합의 비율로 계산된다. 각 시점에서의 개별 증권 가격의 합을 각각 S_t와 S_{t+1}라고 하면 가격가중 절대지수는 다음과 같이 계산할 수 있다.[4]

$$\frac{S_{t+1}}{S_t} \times 100 = \frac{(150 + 90 + 50)}{(120 + 50 + 20)} \times 100 = 152.63$$

가격가중 절대지수는 개별 주식의 가격만 반영되고 발행주식수가 반영이 되지 않으므로 기업의 시장가치가 고려되지 않고 있다. 이러한 단점은 가치가중 절대지수(price-weighted absolute index)를 사용하면 극복할 수 있다. 가치가중 절대지수는 기준 시점의 모든 주식들의 시장가치의 합에 대한 비교 시점의 모든 주식들의 시장가치의 비율로 계산된다. 각 시점에서의 모든 주식의 시장가치의 합을 각각 MV_t와 MV_{t+1}라고 하면 가치가중 절대지수는 다음과 같이 계산할 수 있다.[5]

$$\frac{MV_{t+1}}{MV_t} \times 100 = \frac{150(100) + 90(60) + 50(200)}{120(100) + 50(60) + 20(200)} \times 100 = 160$$

절대지수가 아닌 상대지수를 계산하려면 먼저 이 두 기간 간의 각 주식의 상대지수를 계산하여야 한다. 상대지수는 t시점의 가격에 대한 $t+1$시점의 가격비율이므로 주식 A, B, C의 상대지수는 각각 1.25, 1.2, 2.5이다. 일반적으로 균등가중 방식을 많이 사용하는데 평균방식으로는 산술평균과 기하평균 중 하나를 사용한다.

산술평균을 사용하는 경우 $t+1$시점에서의 균등가중 상대지수(equal-weight relative index)는 다음과 같이 계산된다.

---

4) 이 경우 주가지수는 주식분할에 영향을 받게 된다. 따라서 기준 시점의 주가지수는 그에 상응하여 조정되어야 한다.
5) 이 경우 주가지수는 주식분할에는 무관하지만 발행주식수의 변동에는 영향을 받게 된다.

$$\frac{1.25 + 1.8 + 2.5}{3} \times 100 = 185$$

반면 기하평균을 사용하는 경우 균등가중 상대지수는 다음과 같이 계산된다.

$$[(1.25)(1.8)(2.5)]^{1/3} \times 100 = 177.84$$

이 네 개의 지수들을 비교하면 그 차이가 상당한 것을 알 수 있다. 따라서 기금운용자의 성과를 평가하기 위해서는 연금기금 포트폴리오의 수익률을 측정하는 방식이 벤치마크 지수산정방식과 동일해야 하는 것을 알 수 있다. 예를 들어 우리나라의 KOSPI200, 미국의 S&P500, 영국의 FTSE100 등 대표적인 지수들은 가치가중 절대지수이고, 미국의 다우존스산업평균은 가격가중 절대지수이다. 반면 영국의 FT30지수는 균등가중 기하 상대지수이다.

이 중 기금운용자가 수익률을 복제할 수 있는 유일한 지수는 가치가중 절대지수임을 이해하는 것이 중요하다. 왜냐하면 이것은 자산의 실제 포트폴리오가 어떻게 구성되어 있는지 보여주기 때문이다. 실제 포트폴리오는 확정 개수의 주식으로 구성되어 있고 포트폴리오의 가치는 포트폴리오를 구성하고 있는 개별 주식의 수에 주당 가격을 곱한 후 모두 합하여 얻을 수 있다. 위에서 보는 것과 같이 가치가중 절대지수는 이와 같은 방식으로 계산되는 유일한 지수이다.

기금운용자의 성과 비교를 위한 두 번째 벤치마크는 다른 연금기금 운용자의 성과와 비교하는 것이다. 주로 사용하는 방법은 수익률을 기준으로 비교가능한 모든 기금운용자들의 순위를 매기는 것이다. 보통 기금운용자는 일사분위 내에 포함되고자 노력하며, 적어도 중앙값보다는 상위에 놓이기를 원한다.

경우에 따라서는 전술한 시장지수나 동종집단과의 비교가 아닌 세 번째 벤치마크가 사용될 수도 있다. 이것은 상대적 비교가 아닌 절대값을 이용한 비교라고 할 수 있는데, 수익률의 벤치마크로 물가상승률을 사용하는 것이 한 예가 될 것이다. 이 경우에는 기금운용자의 성과가 물가상승률을 반영한 후에도 충분히 양(+)의 실질 수익률을 기록했는지를 평가할 수 있다. 이것보다 엄격한 벤치마크는 평균 임금상승률을 사용하는 것이다. 많은 선진국들에서는 보통 임금상승률이 물가

상승률을 상회하는 것으로 나타나고 있다. 연금지급이 최종임금에 연계되는 방식을 사용하는 연금제도에서는 이러한 성과 측정치는 연금기금의 부채와 관련이 매우 높은 것을 알 수 있다. 왜냐하면 이 경우 연금부채(또는 연금의 지급)가 평균적으로 임금상승률로 증가할 것이기 때문이다.

제3절 위험조정 성과 측정치

기금의 사후적 수익률은 기금의 리스크 노출 정도에 따라서 조정될 수 있다. 어떤 것이 적절한 리스크 측정치인가 하는 것은 기금의 수익자가 분산 투자를 하였는지 또는 집중 투자를 하였는지에 따라서 달라진다. 전자의 경우에는 기금의 체계적 위험(베타)을 측정하는 것이, 후자의 경우는 총위험(표준편차)을 측정하는 것이 적절한 방법이다. 채권 포트폴리오의 경우에는 상대적 듀레이션이 적절한 평가 지표로 사용될 수 있다.

1. 위험조정 초과수익률

위험조정 초과수익률을 이용하여 기금의 성과를 평가하는 방법에는 세 가지가 있다. 각각의 방법은 리스크를 어떻게 측정했는지에 따라서 달라진다.

첫 번째는 아래의 식과 같이 변동성 대비 초과수익률로 측정하는 것으로서 흔히 샤프지수 또는 샤프비율(Sharpe ratio)이라고 한다. 이 경우 변동성은 총위험을 의미한다.

$$\frac{r_P - r_f}{\sigma_P} \tag{12.3}$$

여기서, r_P = 투자기간 동안의 포트폴리오의 평균 수익률; σ_P = 총위험(포트폴리오 수익률의 표준편차로 측정); r_f = 투자기간 동안의 평균 무위험수익률을 의미한

┃그림 12-1┃ 변동성 대비 초과수익률

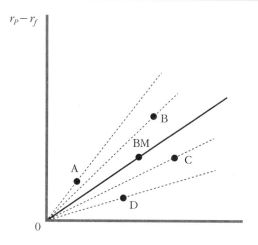

다. 일반적으로 이때 평균 수익률은 기하평균을, 표준편차 계산에는 산술평균을 사용한다.

〈그림 12-1〉은 샤프지수를 설명하고 있다. BM은 벤치마크 포트폴리오인 시장 포트폴리오, A, B, C, D는 각각 상이한 포트폴리오를 나타낸다. 포트폴리오 A와 B는 위험조정된 벤치마크 수익률을 초과하고, 포트폴리오 C와 D는 시장 보다 낮은 성과를 보인다. 포트폴리오 A가 가장 좋은(가장 높은 샤프지수) 성과를, 포트폴리오 D가 가장 나쁜 성과를 보인다. 위험이 조정된 포트폴리오의 성과는 높은 순서대로 나열하자면 A, B, C, D이지만, 위험을 고려하지 않는다면 B, C, A, D로 순위가 바뀌게 된다. 따라서 위험을 조정하는 것이 매우 중요한 것임을 알 수 있다.

예를 들어 포트폴리오 C는 투자기간 동안 상당한 리스크에 노출되어 있지만, 리스크를 보상할 만큼의 충분한 수익을 얻지는 못한 것을 알 수 있다.

두 번째 성과 평가는 베타 대비 초과수익률이다. 이는 트레이너지수(Treynor ratio)라고도 한다. 트레이너지수는 다음과 같이 체계적 위험을 사용하여 계산한다.

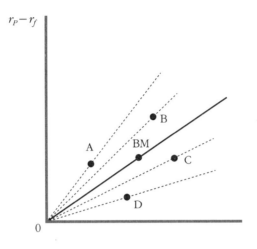

$$\frac{r_P - r_f}{\beta_P} \tag{12.4}$$

여기서, β_P=투자기간을 대상으로 계산된 포트폴리오의 베타이다. 이는 〈그림 12-2〉에 나타나 있다.

세 번째 측정치는 채권 포트폴리오 평가에 적절하며 다음과 같이 상대적 듀레이션 대비 초과 수익률을 사용하는 방법이다.

$$\frac{r_P - r_f}{D_P / D_M} \tag{12.5}$$

여기서 D_P / D_M=시장의 듀레이션 대비 채권 포트폴리오의 상대적 듀레이션이다. 이에 대한 그림은 〈그림 12-3〉에 나타나 있다.

이제 이러한 측정방법들이 어떻게 해석 되는지 샤프지수와 트레이너지수를 비교해보자. 개별 기금과 시장 전체의 두 지수의 값은 다음과 같다.

┃그림 12-3┃ 상대적 듀레이션 대비 초과수익률

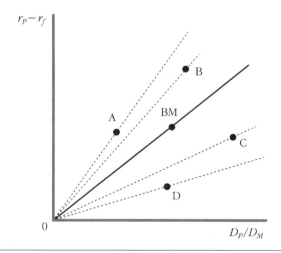

	기금	시장
샤프지수	1.2	1.5
트레이너지수	4.8	4.1

트레이너지수를 비교했을 때 기금운용자는 매매시점결정(market timing)에서 시장평균을 능가한 것을 알 수 있다. 그러나 샤프지수를 비교해보면, 주식 선택 결정에서는 평균을 하회하는 것을 알 수 있다. 기금 운용자는 상당한 비체계적 위험(분산투자로 상쇄 가능한)을 보유하였지만, 그 위험 대비 적절한 수익을 얻지 못했다는 것을 알 수 있다.

2. 알파에 기초한 성과 평가

위험조정 초과수익률을 사용하는 방법의 대체 방안으로 포트폴리오의 알파를 이용하여 포트폴리오의 순위를 정할 수 있다. 이 경우에도 리스크를 측정하는 세 가지 상이한 방법들이 각자 사용될 수 있다.

만약 리스크 측정치를 총위험으로 사용한다면, 다음과 같은 자본시장선에 따라 다음과 같이 알파를 정의하는 것이 적절한 방법이다.

$$\bar{r}_P = r_f + (\frac{\bar{r}_M - r_f}{\sigma_M}) \sigma_P \qquad (12.6)$$

여기서, $\bar{r}_P$ = 포트폴리오의 기대수익률; $\bar{r}_M$ = 시장포트폴리오의 기대수익률; σ_M = 시장포트폴리오의 표준편차이다. 이에 상응하는 알파는 다음과 같이 계산한다.

$$\alpha_\sigma = r_P - \bar{r}_P \qquad (12.7)$$

이는 〈그림 12-4〉에 설명되어 있다. 가장 좋은 성과를 낸 기금은 가장 큰 알파 값을 가지는 것이다.

만약 리스크를 체계적 위험으로 계산한다면, 여기에 상응하는 알파는 식 (12.8)인 증권시장선에 따라 식(12.9)와 같이 정의된다.

$$\bar{r}_P = r_f + (\bar{r}_M - r_f) \beta_P \qquad (12.8)$$

▎그림 12-4▎ 변동성에 기초한 알파

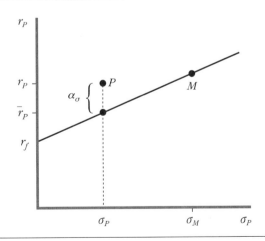

┃그림 12-5┃ 체계적 위험에 기초한 알파

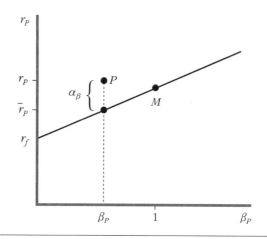

$$\alpha_\beta = r_P - \bar{r}_P \tag{12.9}$$

이 측정치는 젠슨의 차등성과지수 또는 젠슨의 알파(Jensen's alpha)로 불리고 있다. 〈그림 12-5〉는 이 측정치를 보여주고 있다.

채권의 경우 리스크를 상대적 듀레이션으로 측정하였다면, 알파값은 식 (12.10)의 채권시장선에 따라 식(12.11)과 같이 정의된다.

$$\bar{r}_P = r_f + (\bar{r}_M - r_f)\frac{D_P}{D_M} \tag{12.10}$$

$$\alpha_D = r_P - \bar{r}_P \tag{12.11}$$

〈그림 12-6〉은 상대적 듀레이션을 기초로 한 알파를 보여주고 있다.

알파를 이용한 성과평가는 정보비율(information ratio)이라고 하고, α_β/η_P로 측정하는데 이는 샤프지수와 매우 유사한 것을 알 수 있다. α_β는 젠슨의 알파이고 η_P는 포트폴리오의 적극적 위험 또는 추적오차이다. 전 장에서 설명한 총위험은 다음과 같이 분리된다.

| 그림 12-6 | 상대적 듀레이션에 기초한 알파

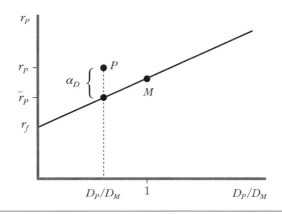

총위험 = 체계적 위험 + 비체계적 위험

$$\sigma_P^2 = \beta_P^2 \sigma_M^2 + \eta_P^2 \tag{12.12}$$

여기서, σ_P^2 = 포트폴리오 수익률의 분산, η_P^2 = 포트폴리오의 비체계적 위험 (적극적 위험 또는 추적오차의 제곱)을 나타낸다. 정보비율은 적극적 위험(active risk) 에 따라 알파를 수정한다. 만약 기금운용자가 택한 적극적 위험의 수준이 과도한 경우에는 성과 측정값은 정보비율로 인하여 낮아지게 됨을 알 수 있다.

제 4 절 액티브펀드의 성과 요인

지금까지 기금의 성과를 평가하는 다양한 방법에 대해서 논의했다. 이제 그 성과의 기본 요인들을 어떻게 파악할 수 있는지에 대하여 알아 보도록 하자.

1. 파마분해

총수익률(total return)은 실제로 다양한 구성 요소를 포함하고 있다. 총수익률을 다양한 요소로 분해하는 방법은 이를 처음 제시한 저명한 재무경제학자의 이름을 따라 총수익률의 파마분해(Fama decomposition)로 알려져 있다.[6]

이 분해는 〈그림 12-7〉에 설명되어 있다. 여기서 리스크 측정 방법은 체계적 위험인 베타이다. 기금 P의 수익률을 r_P, 베타를 β_P라고 하자. 이 기금은 투자기간 동안 좋은 성과를 보인 것을 알 수 있다. 젠슨의 차등성과지수를 이용하면 알파는 $r_P - r_2$이고, 이는 0을 상회하는 것을 알 수 있다. 파마의 분해를 이용하면 총수익률 r_P는 다음과 같이 네 가지 구성요소로 나눌 수 있다.

$$포트폴리오\ 수익률\ =\ 무위험수익률$$
$$+수탁자의\ 위험에\ 따른\ 수익률$$
$$+매매시점선택으로\ 인한\ 수익률$$
$$+주식선택으로\ 인한\ 수익률 \tag{12.13}$$

첫 번째 구성요소는 포트폴리오의 무위험수익률 r_f이다. 이 수익률은 모든 기금운용자들이 최소한 얻을 것으로 기대하는 수익률이다.

두 번째 구성요소는 수탁자의 위험에 따른 수익률이다. 기금운용자는 수탁자의 위험허용도를 측정한 후 그에 상응하는 β_1을 계산한다. 이에 따라 수탁자는 최소한 r_1 이상의 포트폴리오 수익률을 기대하게 된다. 따라서 수탁자의 위험에 따른 수익률은 $r_1 - r_f$가 된다.

세 번째 구성요소는 매매시점결정에 대한 수익률이다. 이는 기금운용자가 부담하는 위험으로부터의 수익률로도 알려져 있다. 왜냐하면 연금 기금운용자는 수탁자가 기대하는 것과는 다른 포트폴리오 베타 β_P를 선택하였기 때문이다. 기금운용자는 묵시적으로 수탁자보다 시장을 좀 더 낙관적으로 생각하여 결과적으로 수탁자가 예상한 것보다 포트폴리오의 베타값을 더 높인 결과이다. 이는 기금운용

---

6) 이 분해에 대한 보다 상세한 내용은 Fama(1972) 참조.

┃그림 12-7┃ 총수익률의 파마분해

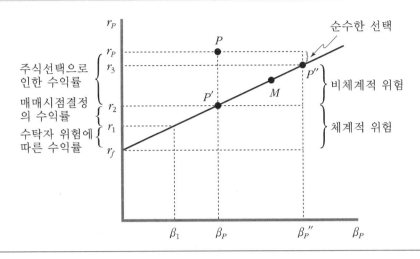

자가 시장 포트폴리오의 비중을 높인 반면, 무위험 자산의 비중을 낮춘 포트폴리오를 구성했다는 것을 의미한다. 즉, 기금운용자는 매매시점결정이라는 의사결정을 수행하였다. 포트폴리오 베타가 β_P이고 기대수익률이 r_2 일 때 매매시점결정으로 인한 수익률은 $r_2 - r_1$이 된다.

네 번째 구성요소는 주식선택으로부터의 수익률이다. 이는 그림에서 $r_P - r_2$로 측정된다. 그림에서의 포트폴리오 P'와 P를 살펴보자. 이는 모두 동일한 베타 β_P를 갖고 있기 때문에 동일한 시장위험을 갖고 있다고 할 수 있다. 그러나 총위험은 서로 다른 것을 알 수 있다. 포트폴리오 P'는 증권시장선 상에 있기 때문에 비체계적 위험을 포함하고 있지 않다. 하지만 포트폴리오 P는 증권시장선보다 위에 위치하고 있으며 이는 시장 포트폴리오와 무위험 자산의 선형결합이 아니라는 것을 알 수 있다. 증권시장선 상에 존재하는 포트폴리오만이 이 둘의 선형결합으로 구성된다. 즉, 기금의 운용자는 적극적으로 주식선택 활동을 하였기 때문에 P와 P'가 달라지는 것이다. 증권시장선 상의 포트폴리오와는 다른 주식선택을 한 결과 포트폴리오 P는 추가적인 이익을 얻었지만, 그만큼 기금운용자는 더 많은 비체계적 위험을 부담해야 했다는 것을 알 수 있다.

추가적인 수익률을 택하기 위해 이러한 위험을 택해야 하는가 하는 문제를 분석해 보자. 이를 위해서는 포트폴리오 P와 총위험이 동일한 증권시장선의 또 다른 포트폴리오를 찾아서 P와 비교해야 한다. 이 포트폴리오를 P''라고 표시하면 이는 다음과 같이 찾을 수 있다. 먼저 P와 P''의 총체적 리스크를 $\sigma_P^2 = 0.35$라고 하자. P''는 증권시장선 상에 놓여있기 때문에 P''의 모든 위험은 더 이상 분산불가능하며 $(\beta_P'' \sigma_M)^2$과 같다.[7] 만약, $\sigma_M^2 = 0.29$라면,

$$\beta_P'' = \sigma_P / \sigma_M = \left(\frac{0.35}{0.29} \right)^{1/2} = 1.12$$

P의 수익률이 r_P인 반면, 그림에서 P''의 수익률은 r_3(P''의 베타가 β_P''이므로)이다. r_P가 r_3보다 크기 때문에, P를 선택함으로서 부담하는 위험은 가치가 있다고 할 수 있다. 추가적인 비체계적인 위험을 감수함으로서 얻는 추가적인 수익률은 $r_3 - r_2$이다. 그러나 그림에서 포트폴리오 P의 기금운용자는 이보다는 높은 수익률을 얻은 것을 알 수 있다. 기금운용자가 얻는 추가적인 수익률은 $r_P - r_3$이 되며, 이것은 순수선택(pure selectivity)으로부터 발생하는 수익률이라고 한다.

〈그림 12-7〉을 자세히 관찰하면 식(12.13)으로 표현되는 파마분해와는 상이한 또 다른 분해가 가능한 것을 알 수 있다. 수익률 $r_2 - r_f$는 시장위험을 택하는 대가로서의 수익률이다. 이는 곧 수탁자의 위험과 운용자의 위험을 합한 것과 같아진다. 이와 유사하게 증권선택으로부터 오는 수익률은 비체계적 위험과 순수한 선택으로부터 오는 수익률로 분해할 수 있다. 이들을 합하면 다음과 같이 파마분해와는 다른 새로운 방법으로 총수익률을 분해할 수 있다.

포트폴리오 수익률 ＝ 무위험수익률

  ＋시장위험으로부터의 수익률

  ＋비체계적 위험으로부터의 수익률

  ＋순수선택으로부터의 수익률   (12.14)

---

7) 식(12.12)를 참조하라.

예제 1 지난 20분기 동안의 연금기금의 투자성과에 대한 정보가 다음과 같다고 하자. 총수익률의 파마분해 요소값은 각각 얼마인가?

$$r_P = 17\%, \quad r_M = 14\%$$

$$\sigma_P = 18\%, \quad \sigma_M = 15\%$$

$$\beta_P = 0.88, \quad r_f = 8\%$$

풀이 수탁자가 원하는 베타는 $\beta_1 = 0.78$로 측정되었다고 하자. 이것을 이용하면 수탁자가 원하는 포트폴리오의 기대수익률을 구할 수 있다. 베타 값 0.78이 의미하는 것은 포트폴리오의 78%는 시장포트폴리오에, 22%는 무위험 자산에 투자한다는 것을 의미하고 있다. 따라서 $r_1 = 0.22(8) + 0.78(14) = 12.68\%$이다. 이는 곧 수탁자의 위험에 상응하는 수익률이 $r_1 - r_f = 12.68 - 8.0 = 4.68\%$ 라는 것을 의미한다. 만약 포트폴리오의 실제 베타가 0.88이라면, 시장에 88%, 무위험 자산에 12% 투자한다는 것을 의미한다. 이 경우, 실제 포트폴리오의 기대수익률은 $r_2 = 0.12(8) + 0.88(14) = 13.28\%$이다. 따라서 매매시점결정으로부터의 수익률은 $r_2 - r_1 = 13.28 - 12.68 = 0.6\%$임을 알 수 있다.

다음 단계는 연금기금 포트폴리오 P와 총위험이 동일한 포트폴리오 P''를 찾는 것이다. 이 포트폴리오의 베타는 다음과 같이 구한다.

$$\beta_P{}'' = \sigma_P / \sigma_M = 0.18/0.15 = 1.2$$

즉, 포트폴리오 P''는 시장에 120%, 무위험 자산에 −20% 투자하는 것이다.[8] 이 포트폴리오의 기대수익률은 $r_3 = -0.20(8) + 1.2(14) = 15.2\%$이다. 따라서 비체계적 위험으로부터 얻는 수익률은 $r_3 - r_2 = 15.3 - 13.28 = 1.92\%$이며, 순수한 선택으로부터 얻는 수익률은 $r_P - r_3 = 17.0 - 15.2 = 1.8\%$가 된다. ∎

이러한 총수익률의 분해는 액티브펀드 운용에 포함된 관리방법의 장단점을 파악하는데도 유용하게 이용할 수 있다. 예를 들어, 어떤 연금기금 운용자가 매매시점을 포착하는 데는 뛰어나지만, 주식 선택은 그렇지 못하다고 하자. 이럴 경우, $r_2 - r_1$은 양의 값을 갖지만, $r_P - r_2$는 음의 값을 갖게 되는 것을 알 수 있다. 이러

---

8) 즉, 기금 가치의 20%를 무위험이자율로 차입한다.

한 기금 운용자는 주식 선택 대신 인덱스펀드에 투자하도록 권고되며, 그 대신 인덱스펀드와 무위험 자산의 구성비율에 대한 결정을 할 수 있도록 하여야 한다. 반면 어떤 연금기금 운용자는 주식 선택에는 뛰어나지만, 매매시점결정에는 그렇지 못하다고 하자. 이러한 기금운용자는 주식 선택에 관한 의사결정을 하되, 선택된 주식들과 무위험 자산의 구성비율을 다른 사람이 담당하는 것이 더 효과적일 것이다.

우리는 지금까지 주식 포트폴리오를 대상으로 베타와 관련한 파마분해에 대해서 알아보았다. 이러한 분해와 비슷한 방법으로 상대적 듀레이션을 이용해서 채권 포트폴리오를 분해하는 것 또한 가능하다.[9]

2. 브린슨분해

포트폴리오의 총 수익률을 분해하는 또 다른 방법은 브린슨(Brinson) 등의 학자들에 의해 고안되었다.[10] N 종류의 자산으로 구성되어 있는 포트폴리오를 고려하자. 아울러 기호를 다음과 같이 정의하자.

θ_{ajt} = 시간 t에서의 자산 j의 실제 비중

θ_{sjt} = 시간 t에서의 자산 j의 전략적(또는 정상적) 자산 분배

r_{ajt} = 시간 t에서의 자산 j의 실제 수익률

r_{sjt} = 시간 t에서의 자산 j의 전략적 수익률

이때 다음과 같은 식이 성립된다.

$$\sum_{j=1}^{N}\theta_{ajt}r_{ajt} = \sum_{j=1}^{N}\theta_{sjt}r_{sjt} + \sum_{j=1}^{N}\theta_{sjt}(r_{ajt}-r_{sjt})$$
$$+ \sum_{j=1}^{N}(\theta_{ajt}-\theta_{sjt})r_{sjt} + \sum_{j=1}^{N}(\theta_{ajt}-\theta_{sjt})(r_{ajt}-r_{sjt})$$

---

9) 상대적 듀레이션을 이용한 수익률 분해는 Fong et al.(1983) 참조.
10) Brinson et al.(1986, 1991) 참조.

이는 다음과 같이 해석할 수 있다.

총수익률 = 전략적 수익률+주식선택으로부터의 수익률
　　　　　＋매매시점결정으로부터의 수익률
　　　　　＋잔여 수익률

여기서 전략적 수익률은 전술한 시장이나 동종 집단의 수익률 또는 절대적 수익률 지수와 같이 미리 약속된 벤치마크의 수익률을 의미한다.

전략적 자산 배분은 자산부채종합관리를 위해 수탁자와 기금 운용자 간에 합의된 벤치마크 포트폴리오이다. 브린슨 등 일련의 학자들은 그들의 연구에서 다음과 같이 표본기간(T라고 하자) 동안의 평균 포트폴리오 배분을 전략적 포트폴리오 가중치로 사용하였다.

$$\omega_{nijt} = \sum_{t=1}^{T} \omega_{aijt} / T \quad \forall i, j$$

이 정의는 기금이 일정한 국면, 즉 기금이 주요 자산 항목들에 걸쳐 목표한 포트폴리오 구성을 달성하고 장기적으로 투자 기회가 안정적인 상태라면 위와 같은 전략적 포트폴리오는 상당히 합리적이라고 할 수 있다.

제 5 절　부채대응자산의 성과

연금기금은 기본적으로 자산부채종합관리(ALM)의 기능을 담당해야 한다. 즉, 향후 부채의 지급을 고려하여 자산 포트폴리오의 투자전략을 구성해야 한다. 이러한 자산을 부채대응자산(liability-matching assets 또는 liability-driven assets)라고 한다.[11] 이 방법을 이해하기 위하여 다음과 같이 자산부채종합관리의 목적을 가진

---

11) Plantinga와 vander Meer(1995)는 LDPA(liability-driven performance attribution)라는 이름으로 부채대응자산의 성과를 측정하고 성과요인을 분석하는 기본적인 방법을 제시하였다.

연금기금의 대차대조표를 살펴 보자. 대차대조표의 각 구성 요소들은 현재가치로 측정되며, 설명을 간략히 하기 위해서 미래의 기여금을 고려하지 않도록 하자. 연금부채(L)는 과거 근무기간에 기초하여 발생된 미래 예상 현금유출의 현재가치이다. 이는 연금부채의 가치를 평가할 때 발생급여방식을 사용하는 것과 동일하다.

자산		부채	
부채대응자산	$A1$	연금부채	L
일반 자산	$A2$	잉여금	S

기금운용자는 미래 현금 유출과 동일한 현금흐름 양상을 보이는 확정금리 채권($A1$)에 투자하여 위험을 헤지하는데 이러한 채권들이 위의 대차대조표 상의 부채대응자산을 구성한다. 연금부채가 미래의 임금 성장률 또는 물가상승률과 연계되는 경우, 부채대응자산은 수익률이 장기적으로 임금 성장률이나 물가상승률과 유사하거나 그 이상이 되는 자산이 되어야 한다. 그러한 자산으로는 지수연계채권, 주식, 실물자산 등이 있다.[12] 연금기금의 잉여금(S)은 일반 자산($A2$)에 투자한다고 가정한다. 이러한 자산은 연금 수탁자의 위험 및 수익률에 대한 선호를 충족하는 어떠한 자산도 가능하다.

잉여금은 자산($A1+A2$)에서 부채(L)을 제한 값이다. 따라서 잉여금의 수익은 다음과 같이 측정될 수 있다.

$$r_S S = r_2 A2 + r_1 A1 - r_L L \tag{12.15}$$

여기서 r_S =잉여금의 수익률, r_1 =부채대응자산의 수익률, r_2 =일반 자산의 수익률, 그리고 r_L =부채의 대출이자율을 나타낸다. 잉여금은 0보다 크다고 가정한다. 잉여금이 0일 때, 식(12.15)는 정의되지 않으므로 이 경우에는 $r_L = r_2(A2/L) + r_{A1}(A1/L)$를 사용하면 된다.

연금부채와 부채대응자산은 모두 이자율의 변화에 민감하다. 이자율이 높으면 연금부채의 현재 가치는 낮아진다. 마찬가지로, 이자율이 상승하면 확정금리

---

12) 실제로 미래 부채로부터의 지급은 불확실하다. 그러나 여기에서는 분석을 보다 간단하게 하기 위하여, 미래의 연금 지급을 위한 현금흐름을 알고 있다고 가정한다.

채권의 가치는 하락한다. 포트폴리오의 위험이 오직 이자율리스크에서 기인된다고 가정할 때 포트폴리오 성과는 식(12.15)를 이용하여 다음 과정을 통해 분해할 수 있다.

먼저 일반 자산의 이익은 다음과 같이 측정할 수 있다.

$$r_2 A2 = r_2 S + r_2 (A2 - S) \qquad (12.16)$$

부채대응자산의 이익에 관한 식은 다음과 같다.

$$r_1 A1 = r_1 L + r_1 (A1 - L) \qquad (12.17)$$

이제 식(12.15)식의 양변을 S로 나누고, 식(12.16)와 식(12.17)을 제하면 다음과 같은 잉여금 수익률의 분해식을 얻을 수 있다.

$$
\begin{aligned}
r_s &= \frac{r_2 S + r_2 (A2 - S)}{S} + \frac{r_1 L + r_1 (A1 - L)}{S} - \frac{r_L L}{S} \\
&= r_2 + k(r_1 - r_L) + m(r_2 - r_1) \\
&= r_2 + k(r_1 - \bar{r}_1) + m(\bar{r}_1 - r_L) + m(r_2 - r_1) \qquad (12.18)
\end{aligned}
$$

여기서 $k = L/A1 = $ 재무 레버리지 비율; $m = (L - A1)/S = (A2 - S)/S = $ 자금조달의 불일치 비율; $\bar{r}_A = $ 현물 수익률곡선을 기초로 적절하게 책정된 채권의 기대수익률이다.

이것은 다음과 같이 해석된다.

> 잉여금의 수익률 = 일반 자산의 수익률
> +주식선택으로부터의 부채대응자산 수익률
> +매매시점결정으로부터의 부채대응자산 수익률
> +자금조달 불일치로부터의 수익률

잉여금의 수익률은 네 가지 구성요소로 분해가 가능하며 각 구성요소에 대한 성과측정 및 그 요인을 파악할 수 있는 것을 알 수 있다.

첫째, 일반 자산의 수익률(r_2)이다. 전술한 것처럼 미리 약속된 동종의 비교집단의 수익률 또는 시장지수 수익률 등의 벤치마크를 설정하고 이 벤치마크와 실제 수익률 성과를 비교하는 표준 분석방법을 사용할 수 있다.

둘째, 채권선택으로부터의 부채대응자산 수익률로서 신용관리나 섹터관리의 능력을 측정한다. r_1이 기금운용자가 선택한 채권으로부터 발생된 실제 수익률이고, $\bar{r}_A$는 현물이자율 곡선을 따라 정확히 책정된 채권의 벤치마크 수익률이다. 따라서 $r_A - \bar{r}_A$는 기금운용자의 채권선택 능력으로부터 발생하는 초과수익률이라고 할 수 있다.

셋째, 매매시점결정으로부터의 부채대응자산 수익률이다. 이것은 기초자산인 부채마다 상이한 만기 구조를 갖도록 구성된 채권 포트폴리오를 선택함으로써 발생하는 수익률을 말한다. 만기가 다르면 이자율리스크에 대한 노출정도가 달라지기 때문에 이 포트폴리오는 부분적으로 이자율리스크에 노출되는 추가 리스크를 선택함으로써 얻는 수익률이다.

넷째, 자금조달 불일치로부터의 수익률이다. 이는 자산의 일부를 주식과 같은 위험한 일반 자산에 투자하는 등 부채대응자산의 적극적으로 부채대응자산을 운용한 결과를 의미한다.

연금기금의 연초 및 연말의 대차대조표 및 이 기간의 수익률이 다음과 같다고 할 때 전술한 방법으로 연금 잉여금의 수익률을 분해해 보자. 부채대응자산은 LMA로 표시한다.

	자산			부채	
	연초	연말		연초	연말
LMA	2,220	2,465	연금부채	2,520	2,796
일반 자산	420	475	잉여금	120	144
총액	2,640	2,940	총액	2,640	2,940

LMA는 채권, 일반 자산은 주식이라고 가정하자. 부채의 가치는 적절한 현물 수익률을 할인율로 사용한 예상 현금 유출의 현재 가치로 계산할 수 있다. 대차대

조표 구성요소들의 수익률은 다음과 같다.

구성	실제 수익률(%)	벤치마크 수익률(%)
채권	$r_1 = 11.04$	$\bar{r}_1 = 10.86$
주식	$r_2 = 13.10$	$\bar{r}_2 = 13.52$
부채	$r_L = 10.95$	

실제 수익률은 연말과 연초 가치의 차를 연초 가치로 나눈 비율이다. 채권의 벤치마크 수익률 또한 동일한 방법으로 계산하되 적절한 현물수익률을 이용해서 이표 지급의 기초, 기말 현재 가치를 바탕으로 계산한다. 증권의 자기자본 수익률은 종합주가지수 등 관련지수의 수익률로 계산한다.

표로부터 $k = L/S = 21$, $m = (L - A1)/S = 2.5$이므로, 식(12.18)을 이용하면 연금 잉여금의 수익률은 다음과 같이 분해된다.[13]

구성	수익률(%)
일반 자산(r_2)	13.10
주식선택$(k(r_1 - \bar{r}_1))$	3.78
매매시점결정$(m(\bar{r}_1 - r_L))$	-0.225
자금조달 불일치$(m(r_2 - r_1))$	5.15
합계	21.805

잉여금의 총 수익률은 21.085%로 이는 일반 자산 성과의 13.10%와 성공적인 주식선택 수익률 3.78%, 5.15%의 성공적인 자금조달 불일치, 매매시점결정의 실패로 인한 0.225%의 손실을 모두 합한 값이라는 것을 알 수 있다.

주식선택과 매매시점결정의 효과는 높은 레버리지 비율에 의해 확대되는 반면, 자금조달 불일치 효과는 불일치 비율이 낮은 값을 가질수록 확대된다. 적극적

---

13) 연초 가치를 사용하였음.

인 기금운용으로 인한 순이익(주식선택과 매매시점결정으로부터의 수익률의 합)과 자금조달 불일치로부터의 순이익은 잉여 수익률을 제고하는데 도움이 된다. 그러나 성과평가 시 일반 자산의 운용에서는 기금운용자의 성과가 벤치마크보다 0.42%만큼 부족했다는 결과도 감안되어야 할 것이다.

이러한 분석방법은 대차대조표의 부채에 대한 제한조건을 포함하여야 할 때 연금 기금운용자의 투자 성과를 종합적으로 평가하는 방법이라는 것을 알 수 있다.

 참고문헌

Blake, D., 2006, Pension Finance, Wiley, West Sussex, UK.

Bodie, Z., A. Kane, and A. Marcus, 2010, Investments, 9th ed., McGraw-Hill, Boston, MA.

Brinson, G.P., L.R. Hood and G.L. Beebower, 1986, "Determinants of portfolio performance," Financial Analysts Journal 42 : 39-48.

Brinson, G.P., B. Singer and G.L. Beebower, 1991, "Determinants of portfolio performance II," Financial Analysts Journal 47 : 40-48.

Brown, K.C., W.V. Harlow, and L.T. Starks, 1996, "Of tournaments and temptations : an analysis of managerial incentives in the mutual fund industry," Journal of Finance 51 : 85-110.

Fama, E., 1972, "Components of investment performance," Journal of Finance 27 : 551-567.

Fong, H.G., C. Pearson and O. Vasicek, 1983, Bond performance : analyzing sources of return, Journal of Portfolio Management : 46-50.

확률적 상황과 연금기금 재무리스크 관리

제 1 절　잉여금과 적립배율의 분석

　　우리는 10장에서 이자율 기간구조에 대한 가정에 따라 연금의 자산과 부채를 일관적으로 평가할 수 있다는 것과 이 가정의 현실에서의 문제점에 대해 논의한 바 있다. 연금재무에서 리스크관리의 핵심은 자산과 부채가 변화할 때 그 차액인 잉여금(순자산)의 수준과 변화를 어떻게 관리하는가 하는 것이라고 할 수 있다. 이번 장에서는 1기간 모형을 통하여 이자율을 포함한 자산과 부채의 수익률이 확률적으로 변할 때 연금기금의 고유 목적을 달성하기 위하여 잉여금의 리스크관리를 어떻게 할 수 있는가를 중점적으로 살펴보도록 한다. 1기간 모형은 매우 단순하지만 실제 사용되는 다기간 모형을 이해하기 위한 기본 아이디어를 제공하는데 부족함이 없다.

　　현재 시점의 잉여금을 S_0, 다음 기의 잉여금을 S_1, 현재의 연금부채의 가치를 L_0라고 하면 부채 대 잉여금 변화의 비율은 다음과 같이 측정된다. 현 시점에서 r_S는 확률변수이다.[1]

$$r_S = \frac{S - S_0}{L_0}$$

　　연금제도 기금의 적립배율(funded ratio 또는 funding ratio)를 $f = A/L$로 정의하면 현재의 적립배율은 $f_0 = A_0/L_0$이다. r_A와 r_L을 연금자산과 부채의 수익률이라고 하면 이 두 변수는 모두 확률변수이며 다음의 관계가 성립한다.

$$r_S = f_0 r_A - r_L \tag{13.1}$$

　　연금자산 운용에 대한 리스크관리는 일반적으로 두 개의 과정으로 요약될 수 있는데 첫째, 자산의 배분과 관련된 전략적 의사결정이며, 둘째 장기 전략의 범위

---

1) 이번 장에서의 r_S는 부채의 현재가치로 정규화한 값이므로 13장에서의 r_s와 상이하다.

내에서 어떻게 최적 포트폴리오를 구성할 것인가 하는 것이다. 예를 들어 미국이나 유럽의 대형 연금기금의 포트폴리오는 주식과 채권으로 배분되며 주식이 채권에 비하여 더 비중이 높은 반면, 일본과 한국은 그 반대의 현상을 보이고 있다.[2]

여기에서는 논의 전개의 편의를 위해서 연금기금의 자산이 주식과 채권에 배분된다고 가정하자. r_E와 r_B를 각각 주식과 채권의 수익률이라고 하자. 아울러 μ, σ, ρ를 각각 확률변수의 기대수익률, 수익률의 표준편차, 수익률간의 상관관계를 나타내는 기호라고 하고 확률변수가 r_S, r_A, r_L, r_E, r_B에 따라 그에 상응하는 아래첨자를 붙이기로 하자. 예를 들어 주가에 대한 기대수익률은 μ_E로 표현한다.

위의 식(13.1)로부터 기대치와 표준편차에 대한 다음의 두 식이 성립한다.

$$\mu_S = f_0\mu_A - \mu_L \tag{13.2}$$

$$\sigma_s^2 = (f_0\sigma_A)^2 + \sigma_L^2 - 2\rho_{AL}(f_0\sigma_A)\sigma_L \tag{13.3}$$

자산 포트폴리오의 주식투자 비율을 w라고 하면 수익률은 다음과 같다.

$$r_A = wr_E + (1-w)r_B$$

따라서 다음이 성립한다.

$$\mu_A = w\mu_E + (1-w)\mu_B$$

$$\sigma_A^2 = (w\sigma_E)^2 + (1-w)^2\sigma_B^2 + 2\rho_{EB}w(1-w)\sigma_E\sigma_B$$

아울러 자산과 부채 수익률의 공분산은 다음과 같다.

$$Cov(r_A, r_L) = wE((r_E - \mu_E)(r_L - \mu_L)) + (1-w)E((r_B - \mu_B)(r_L - \mu_L))$$
$$= wCov(r_E, r_L) + (1-w)Cov(r_B, r_L)$$

연금 대차대조표의 구조는 기금의 잉여금이 연금자산과 부채의 가치변화의 차이에 매우 민감하게 반응하도록 되어있다. 전술한 통계 모수들은 그러한 잉여금

---

2) 최근에는 연금기금들이 대체투자에도 적극적으로 투자하고 있다.

의 특성을 말해주고 있다.

이제 잉여금의 듀레이션을 분석해 보자. X_1과 X_2가 모두 이자율의 함수인 증권가격이고 $X = X_1 + X_2$의 관계를 가진다고 하자. 듀레이션의 특성에 따라 다음 관계가 성립하는 것을 쉽게 이해할 수 있을 것이다.

$$D_X = \frac{X_1}{X}D_{X_1} \pm \frac{X_2}{X}D_{X_2}$$

$$= \frac{X_1}{X_1 \pm X_2}D_{X_1} \pm \frac{X_2}{X_1 \pm X_2}D_{X_2}$$

따라서 잉여금, 자산, 부채의 듀레이션 간에는 다음 관계가 성립하는 것을 알 수 있다.

$$D_S = D_{A-L} = \frac{A}{S}D_A + \left(1 - \frac{A}{S}\right)D_L$$

이 식을 정리하면 다음과 같이 표현할 수 있다.

$$D_S = D_L + \frac{A}{S}(D_A - D_L) \tag{13.4}$$

이것은 연금 잉여금의 듀레이션이 자산과 부채 듀레이션 및 순자산비율(따라서 적립배율)에 매우 민감할 수 있다는 것을 보여준다. 예를 들어 은행처럼 자산의 듀레이션이 부채의 듀레이션보다 상당히 길고, 순자산(잉여금)이 자산에 비해 매우 작을 때는 잉여금의 듀레이션은 매우 커질 것이다. 이 경우 금융기관의 순자산은 이자율 상승의 위험에 노출되게 된다.

그러나 일반적으로 연금의 경우에는 부채의 듀레이션이 자산의 듀레이션보다 더 길다. 따라서 잉여금이 자산에 비해 작은 경우에는 잉여금은 음수가 될 수도 있으며, 이자율의 하락은 잉여금을 감소시키게 된다.

특히 종신연금은 수급자가 사망할 때까지 지급하는데 한국이나 일본처럼 수급자의 잔여수명이 점점 증가하게 되면 부채의 듀레이션은 더욱 길어질 것이다. 아울러 잔여수명에 걸쳐 현금흐름이 발생하기 때문에 볼록도도 높아진다. 그러나 자산의 투자대상인 채권은 만기가 한정되어 있으며 만기 30년의 미정부채권도 듀레이션을 계산하면 10년 정도밖에 되지 않는다. 물론 30년 만기의 무이표채권은 듀레이션도 30년 이지만 이제는 더 이상 존재하지도 않고, 존재하더라도 수요를 전부 충족할 만큼 충분하지도 못할 것이다. 현실에서는 생명보험회사나 연금제도가 연금부채의 듀레이션을 헤지할 정도로 듀레이션이 길고 볼록도가 높은 자산을 발견하기 매우 어려운 실정이다.

제2절 한계치 수익률을 이용한 리스크관리

전통적인 마코위츠의 이론에서는 투자자산의 수익률과 변동성(수익률의 표준편차)을 판단기준으로 하여 가장 기대수익률이 높으면서 변동성을 최소화하는 효율적인 포트폴리오를 찾아내는 방법 및 이론을 중점적으로 다루고 있다. 연금기금의 투자대상이 주로 주식과 채권이라고 가정하면 연금제도의 운영자가 설정한 위험허용도에 따라 기금운용자는 주식과 채권으로 구성된 다양한 조합의 포트폴리오의 수익률과 변동성을 비교하여 자산의 최적배분을 결정한다.

그러나 보다 보수적인 연금제도의 운영자는 기존의 수익률-변동성 관계와는 상이한 다른 기준을 선호할 수 있다. 예를 들어 먼저 감내할 수 있는 수익률의 하한선을 정해 놓고, 운용자산의 수익률이 이 최저수익률을 상회할 확률이 적어도 90% 이상 되도록 자산을 운용해 줄 것을 요구할 수도 있다. 이 경우 최적 포트폴리오는 수익률-변동성을 기준으로 한 최적 포트폴리오와 상당히 달라질 것이다. 이 때 미리 설정된 이 최저수익률을 한계치 수익률(threshold rate of return)라고 한다.[3]

예제 1 자산 포트폴리오의 수익률이 평균 10%, 표준편차 12.5%의 정규분포를 따른다고 하면 수익률이 −6.02% 이하가 될 확률은 정확히 10%가 된다. 따라서 이

---

3) 이 한계치 수익률을 숏폴 한계치(shortfall threshold)라고도 한다.

−6.02%가 한계치 수익률이 된다. ■

한계치 수익률을 이용한 자산부채종합관리방법을 다음과 같이 제시할 수 있다.[4] 먼저 무위험채권의 수익률을 r_f라고 하고 포트폴리오에서 위험자산에 투자된 부분의 수익률 r_E는 기대치 μ_E, 표준편차 σ_E인 정규분포를 따른다고 가정하자. 연기금의 자산 포트폴리오가 위험자산에 w의 비율만큼, 무위험채권에 $1-w$ 비율만큼 투자하고 있다면 포트폴리오의 수익률은 다음과 같이 표현할 수 있다.

$$r_P = (1-w)r_f + wr_E$$

아울러 기대수익률과 표준편차는 다음과 같다.

$$\mu_P(1-w)r_f + w\mu_E, \quad \sigma_P = w\sigma_E$$

이제 m을 포트폴리오 수익률 분포에서 하위 α퍼센트에 해당하는 수익률이라고 하면 다음과 같이 표현할 수 있다.

$$\Pr(r_P < m) = \alpha \tag{13.5}$$

위의 식에 $r_P = (1-w)r_f + wr_E$를 대입하고 정리하면 다음을 얻을 수 있다.

$$
\begin{aligned}
\Pr(r_P < m) &= \Pr((1-w)r_f + wr_E < m) \\
&= \Pr\left(\frac{(1-w)r_f + wr_E - (1-w)r_f - w\mu_E}{w\sigma_E} < \frac{m - (1-w)r_f - w\mu_E}{w\sigma_E} \right) \\
&= \Pr\left(\frac{r_E - \mu_E}{\sigma_E} < \frac{m - (1-w)r_f - w\mu_E}{w\sigma_E} \right) = \alpha
\end{aligned}
$$

표준정규분포의 하위 α%에 해당하는 값을 z_α로 표현하면 다음과 같이 된다.[5]

---

4) Leibowitz et al.(1996) 참조.
5) 예를 들어 $\alpha = 10\%$이면 $z_\alpha = -1.28$이다.

$$\frac{m - (1-w)r_f - w\mu_E}{w\sigma_E} = z_\alpha,$$

$$m - (1-w)r_f - w\mu_E = z_\alpha w\sigma_E$$

따라서 포트폴리오의 기대수익률은 다음의 관계를 가지게 되며 이 식이 실제 수익률이 분포의 최저 α페센트에 해당하는 수익률과 같아지는 제한식이 된다.

$$\mu_P = m - z_\alpha \sigma_P \tag{13.6}$$

만일 (μ_P, σ_P)좌표를 갖는 평면에 이 제한식을 표현한다면 이 식은 절편 $\mu_P = m$을 같는 직선식으로 그릴 수 있다. 이제 자산운용자는 $\Pr(r_P < m) \le \alpha$인 모든 투자가능 포트폴리오 집합에서 포트폴리오의 기대수익률을 극대화하는 포트폴리오를 선택하면 된다.

만일 이 자산포트폴리오에 연금부채의 매도포지션(즉, $-L$)을 추가하면 보다 현실적인 연금제도 운용모형을 만들 수 있다. m을 잉여금($S = A - L$)의 한계치 수익률이라고 하면 제한식은 다음과 같을 것이다.

$$\Pr(r_S < m) = \alpha$$

이 식은 아래의 첫 째 식과 같으므로 다음과 같으므로 식(13.2)와 식(13.3)을 이용하면 최종 결과를 얻을 수 있다.

$$\Pr\left(\frac{r_S - \mu_S}{\sigma_S} < \frac{m - \mu_S}{\sigma_S}\right)$$

$$= \Pr\left(\frac{r_S - f_0\mu A + \mu L}{\sqrt{(f_0\sigma A)^2 + \sigma_L^2 - 2\rho_{AL}(f_0\sigma_A)\sigma_L}} < \frac{m - f_0\mu_A + \mu_L}{\sqrt{(f_0\sigma_A)^2 + \sigma_L^2 - 2\rho_{AL}(f_0\sigma_A)\sigma_L}}\right)$$

$$= \alpha$$

만일 자산과 부채의 수익률이 정규분포 등 특정 분포를 따른다고 가정할 때 위의 식은 $\Pr(r_S < m) \le \alpha$의 제한식을 만족하는 모든 포트폴리오를 찾아내기 위한 식으로 재구성될 수가 있다. 그렇지 않은 경우에는 시뮬레이션기법을 사용해야 한

다. 여기에서 주의할 점은 이러한 분석은 연금부채가 일정하다는 가정 하에 자산만을 재구성하여 리스크관리의 목적을 달성한다는 것이다.

제 3 절   VaR를 이용한 리스크관리

금융기관이나 연기금들은 자산가격, 이자율, 환율 등 기초시장변수들에 노출된 위험을 관리하기 위하여 이러한 측정치들을 매일 계산하여 사용하고 있다. 그러나 실제로 금융기관이 보유하고 있는 포트폴리오들은 수백 또는 수천종의 기초시장변수들에 연계되어 있으므로 델타-감마-베가분석은 매일 수많은 측정치를 만들어 내게 된다. 이러한 분석수치들은 포트폴리오를 분석하고 관리하는 전문가들에게는 매우 중요한 정보를 제공하고 있지만 하나의 숫자로 이러한 위험을 포괄적으로 표현할 수 있는 필요성이 제기되어 왔다. 그 중 가장 보편적으로 사용하는 리스크측정치인 동시에 관리기법이 VaR(Value at Risk)라고 할 수 있으므로 여기에서는 VaR에 대하여 보다 상세하게 다루고자 한다.

VaR란 금융자산 포트폴리오의 전체 위험을 하나의 수치로 요약하려는 방법이라고 할 수 있다. 현재 모든 금융기관 및 연금기금들이 매일 VaR를 계산하여 의사결정에 사용하고 있으며, 각 금융기관이나 연금기금이 노출되어 있는 시장위험에 대해 필요한 적정 자본을 계산할 때도 VaR의 결과를 이용하도록 되어 있다.

현재 우리 회사나 기금이 어느 정도 위험한가 하는 것을 일정한 확률을 가지고 화폐액으로 평가하면 얼마가 될 것인가? 그 위험이 오늘만 해당되는 것이 아니라 향 후 10일 또는 1달 동안에 걸친다면 위험정도는 얼마로 측정할 수 있는가? 또한 그러한 가능성은 얼마인가? 이러한 물음을 하나의 수치로 답을 할 수 있는 것이 VaR 측정치이다. 즉, "우리 회사는 향 후 T일 동안 V 이상 손실을 보지 않을 것이며 그 확률은 P이다" 하는 것을 하나의 수치로 나타낸 것이다. 쉽게 표현하면 "최악의 경우에 우리 회사는 얼마를 손해보는가?"라고 할 수 있다. 따라서 VaR의 가장 큰 매력은 누구나 이해하기가 쉽다는 것이다. 여기에서 화폐액으로 측정되는 손실의 크기를 포트폴리오의 VaR라고 칭한다. VaR는 위험에 노출되어 있는 기간인 T와 그 결과에 대하여 부여할 신뢰정도인 확률 p의 함수이다. 예를 들어 규제당국이 은행의 자본을 계산할 때는 T=10(일), p=99%를 주로 사용한다. 이 경우 VaR인 V는 향후 10일 동안 1%의 가능성으로 발생할 수 있는 최대 손실을 계산하고자 하는 것이다. X를 손실을 나타내는 확률변수라고 할 때 VaR는 다음과 같이 측정할 수 있다.

$$Pr(X > VaR) \leq 1 - p \tag{13.7}$$

1. VaR의 측정

1) 변동성의 추정

변동성은 VaR의 측정에서 가장 중요한 역할을 한다. 자산의 연간 변동성을 σ라고 하면 T기간 동안 연속복리하는 자산의 수익률의 표준편차는 $\sigma \sqrt{T}$ 가 된다. 일반적으로 VaR의 계산에서 T는 1년이 아닌 1일 단위로 측정된다. 따라서 이에 상응하는 변동성도 년 단위가 아닌 일 단위의 변동성이다. 이미 설명한 바와 같이 1년 동안 주말 및 공휴일을 제외한 금융자산의 거래일이 252일이라고 하면, 1년 간의 수익률의 변동성(σ_{yr})과 1일간의 변동성(σ_{day})의 관계는 $\sigma_{yr} = \sigma_{day} / \sqrt{252}$ 가 된다. 즉, 1일 변동성은 1년 변동성의 약 6% 정도가 되는 것이다.

이제 σ_T를 T일의 금융자산의 변동성이라고 하자. σ_T^2는 T일의 금융자산의 분산이 될 것이다. 과거 자료를 사용하여 σ_T를 추정하는 방법은 정형화되어 있다. 과거 T(T=0, 1, 2, …, T)일 동안의 실제 금융자산의 가격들이 S_0, S_1, …, S_T라고 한다면 T개의 수익률을 다음과 같이 측정할 수 있을 것이다.

$$r_i = \ln \frac{S_i}{S_{i-1}}, \quad 1 \leq i \leq T$$

$\bar{r}$를 T개 수익률의 산술평균이라고 하면 수익률의 분산은 다음과 같이 측정된다.

$$\sigma_T^2 = \frac{1}{T-1} \sum_{i=1}^{T} (r_i - \bar{r})^2$$

이 식을 보다 단순화하고 싶으면 $\bar{r}=0$ 으로 가정하고 (이렇게 해도 정확성에 큰 차이는 없다), T가 상당히 큰 수라면 T−1 대신 T를 사용할 수 있다. 이 경우 단순해진 분산식은 다음과 같다.

$$\sigma_T^2 = \frac{1}{T} \sum_{i=1}^{T} r_i^2 \tag{13.8}$$

위의 방법은 각 수익률에 가중치를 동등하게 부여하는 방법이다. 만일 상대적으로 최근의 자료가 보다 신뢰성이 높다고 판단되는 경우에는 현재에서 먼 시점일수록 낮은 가중치를 배정하는 기하가중 이동평균(exponentially weighted moving average)방법을 사용할 수 있다. 특히 이 방법은 σ_{T-1}를 이용하여 σ_T를 측정할 수 있기 때문에 변동성의 측정식이 보다 단순해진다는 장점이 있다. 즉, 0과 1 사이의 값 w를 바로 전날의 변동성에 부여하는 가중치라고 하면 T일의 변동성은 다음과 같이 측정된다.

$$\sigma_T^2 = w\sigma_{T-1}^2 + (1-w)r_T^2$$

같은 방법으로 σ_{T-1}^2도 정의할 수 있다. 위의 식에 σ_{T-1}^2를 대입하면

$$\sigma_T^2 = w[w\sigma_{T-2}^2 + (1-w)r_{T-1}^2] + (1-w)r_T^2$$

또는 다음과 같이 된다.

$$\sigma_T^2 = (1-w)[r_T^2 + wr_{T-1}^2] + w^2\sigma_{T-2}^2$$

σ_{T-2}^2를 한 번 더 대입하면 다음 식을 얻는다.

$$\sigma_T^2 = (1-w)(r_T^2 + wr_{T-1}^2 + w^2r_{T-2}^2) + w^3\sigma_{T-3}^2$$

동일한 방법을 계속 적용하면 최종적으로 다음의 식을 얻게 된다.

$$\sigma_T^2 = (1-w)\sum_{j=0}^{T-1} w^j r_{T-j}^2 + w^T \sigma_0^2 \tag{13.9}$$

즉, r_i^2에 배정되는 가중치들이 현재 시점에서 멀어질수록 기하적으로 감소한다. 또한 T가 충분히 큰 경우에는 첫째 날의 변동치 부분인 $w^T \sigma_0^2$은 0에 가까워지므로 σ_T^2는 전적으로 r_i^2의 가중평균에 의해 결정되는 것을 알 수 있다.

예제 2 표준편차로 측정된 T-1일의 변동성은 1.1%이고 이에 대한 가중치는 0.85가 배정되었다. T-1과 T일 사이의 자산수익률 변화는 1.8%이다. 이 경우 $\sigma_{T-1}^2 = 0.011^2$ 이고 $r_T^2 = 0.018^2$이다. 따라서 T일의 변동성은 다음과 같이 계산된다.

풀이 $\sigma_T = \sqrt{0.85 \times 0.011^2 + 0.15 \times 0.018^2} = 0.0123$ ■

기하가중 이동평균방법은 보관하여야 할 자료의 양을 상당히 경감할 수 있다는 장점이 있다. 특정일의 변동성을 측정하기 위하여 필요한 자료는 단지 바로 전날의 변동성과 가장 최근의 자산가격이 전부이다. 또한 측정자가 자산가격에 대한 새로운 자료를 얻을 때마다 변동성을 새로 측정할 수 있다. 일단 새로운 변동성이 측정되면 과거 변동성과 과거의 자산가격은 더 이상 필요하지 않다. 아울러 이 방법을 사용하면 과거의 변동성을 역추적할 수 있는 것을 알 수 있다.

2) 상관계수의 추정

확률변수 X와 Y에 대한 표준편차를 각각 σ_X 및 σ_Y라 하고 양 변수의 공분산을 $Cov(X, Y)$라고 하면 양 변수들 간의 상관계수는 다음과 같이 측정할 수 있다.

$$\rho_{XY} = \frac{Cov(X, Y)}{\sigma_X \sigma_Y}$$

물론 공분산은 다음과 같이 정의된다.

$$Cov(X, Y) = E[(X - \mu_X)(Y - \mu_Y)]$$

두 종류의 금융자산 A와 B로 구성된 포트폴리오의 VaR측정을 위해서는 양 자산 간의 상관계수를 추정하여야 한다. 먼저 다음을 정의하자.

$\sigma_{A,T}$: T일에 계산된 자산 A의 1일 변동성

$\sigma_{B,T}$: T일에 계산된 자산 B의 1일 변동성

Cov_T : T일에 계산된 자산 A와 B의 일일 변화간의 공분산

따라서 T일의 A와 B간의 상관계수는 $Cov_T / \sigma_{A,T}\,\sigma_{B,T}$로 추정할 수 있다. x_i를 A자산의 1일 가격변화율, y_i를 B자산의 1일 가격변화율이라고 하자. 변동성 추정을 위해 동일가중치를 사용하는 방법(식 14-1)을 사용하며 $\overline{x}_i$와 $\overline{y}_i$가 모두 0이라고 가정하면 A와 B의 T일의 변동성은 각각 다음과 같이 측정되는 것을 알 수 있다.

$$\sigma_{A,T}^2 = \frac{1}{T}\sum_{i=1}^{T}x_i^2 \ \ \text{그리고} \ \ \sigma_{B,T}^2 = \frac{1}{T}\sum_{i=1}^{T}y_i^2$$

또한 T일의 A와 B간의 공분산은 다음과 같이 측정된다.

$$Cov_T = \frac{1}{T}\sum_{i=1}^{T}x_i y_i$$

물론 이 경우에 동일한 가중치를 사용하지 않고 기하가중 이동평균방법을 사용하면 공분산은 다음과 같이 측정될 것이다.

$$Cov_T = w\,cov_{T-1} + (1-w)x_T y_T$$

예제 3 T-1일에 계산된 시장변수 A와 B간의 상관계수는 0.7이고 바로 직전의 변동성에 대한 신뢰계수가 0.9라고 하자. T-1일에서의 A와 B의 1일 변동성이 각각 1.2%와 1.8%이며 T-1일과 T일 사이의 각 변수의 비율변화는 각각 0.9%와 1.7%라고

하자.

이 경우 먼저 T-1일의 공분산을 구해보면 0.0001512(＝0.7×0.012×0.018)가 된다. 따라서 T일의 분산과 공분산은 다음과 같이 계산된다.

$$\sigma_{A, T} = \sqrt{0.9 \times 0.012^2 + 0.1 \times 0.009^2} = 0.01173$$

$$\sigma_{B, T} = \sqrt{0.9 \times 0.018^2 + 0.1 \times 0.017^2} = 0.01790$$

$$Cov_T = 0.9 \times 0.0001512 + 0.1 \times 0.009 \times 0.017 = 0.0001514$$

마지막으로 A와 B간의 새로운 상관계수는 다음과 같이 측정된다.

$$\frac{0.0001514}{0.01173 \times 0.01790} = 0.7211 .$$

어떤 방법을 사용하든지 보다 중요한 것은 변동성과 공분산을 측정하는 방법을 일관적으로 사용하여야 하는 것이다. 예를 들어 동일가중치방법으로 지금까지의 분산 및 공분산을 측정하였다면 이후로도 계속하여 이 방법을 적용하여야 한다. 만일 분산이나 공분산이 $w = 0.90$의 가중치를 사용하여 측정이 되었다면 향후 새로 조정되는 분산 및 공분산도 동일한 가중치를 사용하는 기하가중 이동평균방법을 계속적으로 사용하여야 할 것이다.

3) VaR의 계산

실제로 VaR을 어떻게 계산하는가를 이해하기 위하여 간단한 예를 들어 보자. 어떤 투자자는 A주식에 $100만을 투자하고 있다. 이 투자자는 향 후 10일 동안의 최대 손실을 99%의 신뢰도로써 추정하려고 한다. 이 주식의 변동성을 연 32% (즉, 1일 2%)라고 가정한다. 이 경우 전체 투자액이 $100만이므로 투자가치의 1일 변화에 대한 표준편차는 $100만의 2%인 $2만이 된다. 따라서 매일의 주가변화가 서로 독립적이라고 가정하면 10일간의 표준편차는 $63,246 (= 20,000\sqrt{10})가 된다. 또한 VaR계산에서는 일정 기간 동안 가격의 기대치는 변화하지 않을 것으로 간주하는 것이 일반적이다.

가격의 변화가 정규분포를 따른다고 가정하면 10일 동안 투자가치의 변화는 표준편차 $63,246이고 평균이 0인 정규분포를 따르게 된다. 정규분포의 확률변수가 표준편차의 2.33배 이상으로 가치하락할 확률은 0.01이다(즉, $N(0.01) = -2.33$). 따라서, 이 포트폴리오의 99%-10일 VaR은 $147,362(=2.33×63,246)가 되는 것을 알 수 있다.

이번에는 B주식에 $50만을 투자한 경우를 살펴보자. B의 1일 변동성이 연 16%(1일 약 1%)라고 가정하자. 위와 동일한 방법을 이용하면 10일 동안의 투자가치의 표준편차는 15,814(=500,000×0.01×$\sqrt{10}$)이고 99%-10일의 VaR는 $36,841 (=15,814×2.33)임을 알 수 있다.

이제 A주식에 $100만, B주식에 $50만을 투자한 포트폴리오를 고려해 보자. 단기간 이 두 주식의 수익률간의 상관계수가 0.7이라고 가정한다. 확률변수 A와 B의 표준편차를 각각 σ_A, σ_B, 또한 양 변수의 상관계수를 ρ라고 하면 A+B의 표준편차는 다음과 같이 얻을 수 있다.

$$\sigma_{A+B} = \sqrt{\sigma_A^2 + \sigma_B^2 + 2\rho\sigma_A\sigma_B}$$

따라서 A, B를 각각 주식 A와 B의 10일 동안의 가치변화라고 하면 각 변수들의 표준편차는 다음과 같다.

$$\sigma_A = 63,246, \quad \sigma_B = 15,811$$

따라서 A와 B로 구성된 포트폴리오의 10일 간의 가치변화에 대한 표준편차는 다음과 같이 계산할 수 있다.

$$\sqrt{63,246^2 + 15,811^2 + 2 \times 0.7 \times 63,246 \times 15,811} = 75,167$$

즉, 포트폴리오의 99%-10일간의 VaR는 $175,139(=75,167×2.33)임을 알 수 있다.

만일 주식 A와 주식 B가 완전한 상관관계를 가진다면 포트폴리오의 VaR은 각 주식투자에 대한 VaR의 합과 같을 것이다. 그러나 양 주식의 상관관계가 0.7이므로 포트폴리오분산에 따른 효과는 $9,064(=147,362+36,841-175,139)로 측정할 수 있다. 물론 분산효과는 양 주식이 완전한 음(−)의 상관관계를 가지는 경우에 가장 커지게 된다.

2. VaR모형

1) 선형모형

포트폴리오 가치의 변화가 기초 시장변수의 가치변화와 선형관계를 가지며, 후자가 정규분포를 따른다고 가정하면 VaR의 계산은 매우 단순해진다. 이것을 일반화시키기 위하여 M개의 기초시장변수를 가정하고 다음과 같이 변수들을 정의하자.

$$\triangle x_i = i \text{ 번째 기초시장변수의 1일 가격변화, } i = 1, 2, \cdots, M,$$

$$\alpha_i = \text{상수, } i = 1, 2, \cdots, M$$

$$\sigma_i = \triangle x_i \text{의 1일 변동성, } i = 1, 2, \cdots, M$$

$$\rho_{ij} = \triangle x_i \text{와 } \triangle x_j \text{간의 상관계수,}$$

$$\triangle P = \sum_{i=1}^{T} \alpha_i \triangle x_i.$$

다변량 정규분포의 특성상 포트폴리오의 일일 가격변화인 $\triangle P$의 분산, 즉, σ_P^2는 다음과 같이 계산할 수 있다.

$$\sigma_P^2 = \sum_{i=1}^{M} \sum_{j=1}^{M} \alpha_i \alpha_j \rho_{ij} \sigma_i \sigma_j$$

또는

$$\sigma_P^2 = \sum_{i=1}^{M} \alpha_i^2 \sigma_j^2 + 2 \sum_{i<j} \rho_{ij} \alpha_i \alpha_j \sigma_i \sigma_j.$$

이미 사용된 예를 이 식에 적용해보자. 이 경우 M=2, $\triangle x_1$과 $\triangle x_2$는 A자산

과 B자산의 일일가격변화이다. 또한 1만 달러 단위로 측정한다면 $\alpha_1 = 100$, $\alpha_2 = 50$이며, σ_1, σ_2, ρ_{12}는 각각 0.02, 0.01, 0.7이 된다. 따라서 포트폴리오의 1일 가치변화는 $\triangle P = 100 \triangle x_1 + 50 \triangle x_2$로 표현할 수 있다. 위의 식을 이용하면 $\sigma_P^2 = 100^2 \times 0.02^2 + 50^2 \times 0.01^2 + 2 \times 100 \times 50 \times 0.7 \times 0.02 \times 0.01 = 5.65$, 즉 $\sigma_P = 2.37697$을 얻는다. 따라서 10일간의 포트폴리오 가치변화의 변동성은 $7.51665(= 2.37697\sqrt{10})$이 된다. 마지막으로 99%-10일 VaR은 $175,139(= 7.51665 \times 10,000 \times 2.33)$를 얻을 수 있으며 이 액수는 이미 얻은 액수와 동일한 것을 알 수 있다.

이러한 선형모형은 파생상품을 사용하지 않고 주식, 채권, 외국통화, 상품 등 기초자산으로만 구성된 포트폴리오의 VaR 측정에 이용될 수 있다. 이 경우 포트폴리오 가치변화는 기초자산들의 가치변화와 선형관계를 갖기 때문이다. 선형모형이 파생상품에 이용되는 예로는 외국 통화 매입의 선도계약을 들 수 있다. 이러한 선도계약은 특정 만기의 외국 무이표채권과 동일 만기의 국내 무이표채권을 교환하는 것으로 간주할 수 있기 때문이다. 즉, 외국 채권의 매입포지션과 국내 채권의 매도포지션이 결합된 것으로 간주하여 VaR을 계산할 수 있다.

예를 들어 금리스왑은 고정금리채권과 변동금리채권의 교환으로 인식할 수 있다. 즉, 고정금리채권은 무이표채권의 포트폴리오로 간주할 수 있으며, 변동금리채권의 가치는 이자를 지급한 직후에는 액면가와 동일하다. 따라서 변동금리채권은 원금이 스왑의 기준금액과 동일하고 만기가 다음 금리재조정일과 동일한 무이표채권으로 인식할 수 있다. 따라서 금리스왑 또한 무이표채권들의 매입 및 매도포지션으로 구성된 포트폴리오로 간주하여 VaR을 측정하면 된다.

2) 선형모형을 이용한 옵션의 VaR 측정

전술한 선형모형은 포트폴리오에 옵션이 포함되어 있는 경우에는 정확한 값을 얻기 힘들다. 특정 주식에 대한 옵션들로 구성된 포트폴리오를 예를 들어 보자. 포지션의 델타를 δ라고 하자. 델타는 1일 주가(S)의 변화에 대한 포트폴리오 가치의 변화로서 근사적으로 다음과 같이 표현할 수 있다.

$$\delta = \frac{\triangle P}{\triangle S} \text{ 또는 } \triangle P = \delta \triangle S$$

이제 $\triangle x$를 1일 주가변화율($\triangle x = \triangle S / S$)이라고 하면 다음과 같은 관계가 성립되는 것을 알 수 있다.

$$\triangle P = S \delta \triangle x_i$$

따라서 포트폴리오가 옵션 등을 포함한 기초시장변수들로 구성되어 있고, S_i와 δ_i를 각각 i번째 시장변수의 가격과 이 변수와 관련된 포트폴리오의 델타라고 하면 $\triangle P$ 과 $\triangle x_i$들간의 관계는 다음과 같이 표현할 수 있다.

$$\triangle P = \sum_{i=1} S_i \delta_i \triangle x_i \qquad (13.10)$$

예제 4　A주식에 대한 옵션의 델타가 1000이고 B주식의 옵션 델타가 20,000이라고 하자. A와 B의 주가는 각각 \$120과 \$30이다. 따라서 포트폴리오 1일 가치변화의 근사치는 다음과 같이 표현된다.

풀이

$\triangle P = 120 \times 1,000 \triangle x_A + 30 \times 20,000 \triangle x_B = 120,000 \triangle x_A + 600,000 \triangle x_B$

와 B의 1일 변동성이 각각 2%와 1%라고 가정하면 $\triangle P$ 의 표준편차는

$1,000 \sqrt{(120 \times 0.02)^2 + (600 \times 0.01)^2 + 2 \times 120 \times 0.02 \times 600 \times 0.01 \times 0.7} =$

7,869이다. 따라서 95%-5일의 VaR은 $1.65 \times \sqrt{5} \times 7,869 = \$29,033$로 계산할 수 있다. ∎

3) 이차항 모형

포트폴리오에 옵션이 포함되어 있다면 선형모형은 감마를 고려하지 않았기 때문에 단지 근사치에 불과하다고 할 수 있다. 옵션의 델타는 기초자산의 가격변화에 대한 포트폴리오의 가치변화율을 의미하는 반면, 감마는 기초자산의 가격변화에 대한 델타의 변화율을 의미한다. 따라서 감마가 0이 아닌 경우에는 포트폴리

오 가치변화의 확률분포는 비대칭적인 모양을 보인다. 즉, 감마가 양(+)인 경우에는 $\triangle P$의 확률분포는 좌측으로 치우치게 되며 음(−)인 경우에는 그 반대 모양을 보인다. 포트폴리오의 VaR는 $\triangle P$의 확률분포에 전적으로 영향을 받는다. 예를 들어, 99%의 신뢰계수가 사용된다면 VaR은 확률분포의 좌측으로부터 누적확률이 1%이 되는 점을 가리키게 된다. 따라서 정규분포를 가정하여 VaR을 계산한 경우, 실제로 감마가 0보다 크다면 계산된 VaR은 너무 큰 값을 갖게 되며, 감마가 0보다 작다면 계산된 VaR은 너무 작은 값을 갖게 것이다.

선형보형보다 더 정확한 VaR을 계산하기 위해서는 델타뿐만이 아니라 감마도 이용하여 $\triangle P$와 $\triangle x_i$를 연계하여야 한다. 포트폴리오가 한 종류의 자산의 가격(S)에 의해 그 가치가 정해진다고 가정하자. 테일러확장을 이용하면 전술한 선형식은 다음과 같이 보다 정교한 식으로 바뀌게 된다.

$$\triangle P = \delta \triangle S + \frac{1}{2}\gamma \triangle S^2 \tag{13.11}$$

$\triangle x = \triangle S / S$로 놓으면 이 식은 다음과 같이 변화한다.

$$\triangle P = S\delta \triangle x + \frac{1}{2}S^2\gamma \triangle x^2$$

따라서 포트폴리오가 $M(i=1, 2, \cdots, M)$개의 기초자산으로 구성되어 있다면 이 식은 다음과 같이 될 것을 예상할 수 있다.

$$\triangle P = \sum_{i=1}^{M}S_i\delta_i \triangle x_i + \frac{1}{2}\sum_{i=1}^{M}S_i^2\gamma_i \triangle x_i^2$$

또한 $\alpha_i = S_i\delta_i$ 및 $\beta_i = \frac{1}{2}S_i^2\gamma_i$라고 놓으면 이 식은 다음과 같이 단순화시킬 수 있다.

$$\triangle P = \sum_{i=1}^{T}\alpha_i \triangle x_i + \sum_{i=1}^{T}\beta_i \triangle x_i^2 \tag{13.12}$$

이 식은 보다 정교하지만 식(13.11)처럼 이용하기가 단순하지는 않으며 시뮬레이션방법과 병행하여 이용될 수 있다.

식(13.12)에서 $\triangle P$의 모멘트를 쉽게 측정할 수 있다. 즉, $E[\cdot]$를 기대치를 나타내는 연산자라고 할 때 1차 및 2차 모멘트는 다음과 같이 측정된다.

$$E[\triangle P] = \sum_{i=1}^{M} \beta_i \sigma_i^2$$

$$E[\triangle P^2] = \sum_{i=1}^{M}\sum_{j=1}^{M} [\alpha_i \alpha_j \rho_{ij} \sigma_i \sigma_j + \beta_i \beta_j (1 + 2\rho^2)\sigma_i^2 \sigma_j^2]$$

이 방법은 1차 및 2차 모멘트만으로 추정할 수 있는 정규분포에 이용할 수도 있지만, 이미 설명한 바와 같이 정규분포는 감마가 0이라는 가정을 포함하고 있으므로 이상적이라고 할 수는 없을 것이다. 보다 정교한 VaR의 측정을 위해서는 코니쉬-피셔(Cornish-Fisher)확장을 이용하여 $\triangle P$의 확률분포의 각 구간을 측정하는 방법이 사용될 수도 있다. 이를 위해서는 3차 이상의 모멘트의 측정이 필요하다. 참고로 3차 모멘트는 다음과 같이 측정할 수 있다.

$$E[\triangle P^3] = 3\sum_{i=1}^{M}\sum_{j=1}^{M}\sum_{k=1}^{M} \alpha_i \alpha_j \beta_k \sigma_i \sigma_j \sigma_k^2 (\rho_{ij} + 2\rho_{ik}\rho_{jk})$$

$$+ \sum_{i=1}^{M}\sum_{j=1}^{M}\sum_{k=1}^{M} \beta_i \beta_j \beta_k \sigma_i^2 \sigma_j^2 \sigma_k^2 (1 + 2\rho_{ij}^2 + 2\rho_{ik}^2 + 2\rho_{ik}^2 + 8\rho_{ij}\rho_{ik}\rho_{jk})$$

이제 μ_P와 σ_P를 $\triangle P$의 평균과 표준편차라고 하면 $\triangle P$의 왜도(skewness)인 η_P는 다음과 같이 정의된다.

$$\eta_P = \frac{1}{\sigma_P^3} \left\{ E[\triangle P^3] - 3E[\triangle P^2]u_P + 2\mu_P^3 \right\}$$

z_α를 표준정규분포의 α 퍼센트를 가리키는 점이라고 하자. 이제 코니쉬-피셔 확장을 3차 모멘트까지만 적용하면 $\triangle P$의 분포에서 α 퍼센트를 가리키는 점은 다음과 같이 측정할 수 있다.

$$\mu_P + [z_P + \frac{1}{6}(z_P^2 - \eta_P)]\sigma_P$$

예제 5 포트폴리오 가치변화의 평균과 표준편차가 각각 −0.15와 1.9로 측정되었다고 하자. 왜도는 −0.320이다. 포트폴리오 가치변화가 정규분포를 따른다고 가정하면 $\triangle P$의 누적확률이 1%가 되는 값은 −0.15 −2.33×1.9 = −4.577이 된다. 즉, 우리는 99%의 확신을 가지고 $\triangle P > -4.577$가 될 것이라고 주장할 수 있다. 그러나 왜도가 0이 아니므로 정규분포를 가정하는 것은 이상적이라고 볼 수 없다. 이 경우 코니쉬-피셔확장을 사용하여 왜도를 고려하면 $\triangle P$의 누적확률이 1%가 되는 값은 다음과 같이 측정할 수 있다.

$$-0.15 + [-2.33 + \frac{1}{6}(2.33^2 - 1)(-0.32)](1.9) = -5.023$$

따라서 이 경우 VaR는 4.577에서 5.023로 증가하는 것을 알 수 있다. ■

4) 몬테칼로 시뮬레이션

$\triangle P$의 확률분포를 추정하는 또 하나의 방법으로 몬테칼로 시뮬레이션을 사용할 수 있다. 예를 들어 포트폴리오의 1일 VaR은 다음과 같은 연속적인 방법으로 구할 수 있다.

① 현재의 기초자산들을 이용하여 포트폴리오의 가치를 구한다.

② $\triangle x_i$의 다변량 정규분포로부터 표본을 1회 추출한다.

③ 위의 표본에 포함된 $\triangle x_i$의 가치를 사용하여 기초자산들의 1일 종가를 결정한다.

④ 포트폴리오의 1일 종가를 계산한다.

⑤ ①에서 계산된 값에서 ④의 값을 제하여 표본 $\triangle P$를 얻는다.

⑥ ②에서부터 ⑤까지 연속적으로 반복하여 $\triangle P$의 확률분포를 얻는다.

이렇게 얻는 $\triangle P$의 확률분포로부터 VaR의 계산은 이미 설명한 방식으로 얻을 수 있다. 예를 들어, 위의 방법을 10,000회 실시하였다고 가정하자. 99%-1일

VaR는 100번째로 포트폴리오의 가치하락이 큰 값이 될 것이며, 95%-1일 VaR는 500번째로 가치하락이 큰 값이 될 것이다. N일 VaR는 1일 VaR에 $\sqrt{N}$ 을 곱하면 된다.

이 방법의 단점은 VaR 계산 시 시간이 많이 소요된다는 것이다. 실제로 기업의 포트폴리오는 매우 다양한 기초자산들로 구성되어 있으며 포트폴리오의 수도 엄청나다. 특히 금융기관인 경우에는 포트폴리오가 일반 기업에 비하여 훨씬 복잡하다. 소요시간을 경감하는 하나의 방법으로는 식(13.11)처럼 $\triangle P$과 $\triangle x_i$간에 특정한 관계식을 설정하는 것이다. 이렇게 하면 위의 단계 중 ③과 ④를 생략할 수 있다. 즉, 매번 포트폴리오를 재평가할 필요가 없기 때문에 시간을 상당히 줄일 수 있다.

3. 한계 VaR, 증분 VaR, 요소 VaR

VaR는 투자 및 리스크 관리에 필요한 다양한 특성을 지니고 있는데 이 특성들을 이해하기 위하여 한계VaR, 증분VaR 및 요소VaR에 대하여 살펴보자. 특정 포트폴리오를 구성하는 i번째 구성요소를 x_i라고 하자.

한계VaR(marginal VaR)는 x_i에 대한 VaR의 민감도를 의미하여 $\partial VaR / \partial x_i$로 정의된다. 투자 포트폴리오에서 이 한계VaR는 CAPM의 베타(β_i)와 상당히 유사한 것을 알 수 있다. 자산의 베타가 크면(작으면) 한계VaR 역시 커지는(작아지는) 경향이 있다. 한계VaR가 음수가 되면 특정 자산의 비율을 증가할 때 포트폴리오의 리스크가 감소하는 것을 의미한다.

w_i를 i자산의 포트폴리오에서의 비율, σ_p^2를 포트폴리오의 분산이라고 하면 다음이 성립한다.

$$\frac{\partial \sigma_p}{\partial w_i} = \frac{Cov(r_i, r_p)}{\sigma_p}$$

따라서 포트폴리오의 초기 가치를 P라고 하면 i자산에 대한 한계VaR를

$MVaR_i$라고 표시하면 다음의 관계가 성립하는 것을 알 수 있다.[6]

$$MVaR_i = \frac{\partial VaR}{\partial x_i} = \frac{\partial VaR}{\partial w_i P} = \frac{VaR}{P}\beta_i \tag{13.13}$$

증분VaR(incremental VaR)는 새로운 거래의 시작 또는 기존 거래의 종료가 VaR에 미치는 영향을 의미한다. 예를 들어 기존 포트폴리오의 VaR를 VaR_p, 새로운 거래(α)가 추가된 포트폴리오의 VaR를 $VaR_{p+\alpha}$라고 하면 증분VaR는 $VaR_{p+\alpha} - VaR_p$로 측정된다. 증분VaR를 이용하면 특정 거래를 한 경우 및 하지 않은 경우 VaR가 얼마나 차이가 나는가를 살펴 볼 수 있다. 만일 증분VaR가 감소하면 새로운 거래는 리스크를 경감시키는 헤지의 역할을 하며, 증분VaR가 증가하면 새로운 거래는 포트폴리오의 리스크를 증가시키는 거래라고 볼 수 있다.

요소VaR(component VaR)는 전체 포트폴리오의 VaR를 포트폴리오를 구성하는 각 요소에 해당하는 부분으로 분해한 것을 말한다. 이러한 분해는 전체 포트폴리오의 리스크 측정치 중 각 구성요소가 차지하고 있는 부분을 의미하는 것으로 리스크관리에서 매우 중요한 개념이다. x_i 에 대한 요소VaR를 $CVaR_i$라고 표현하면 다음과 같이 측정된다.[7]

$$CVaR_i = \frac{\partial VaR}{\partial x_i}x_i = \frac{\partial VaR}{P}\beta_i w_i P = \beta_i w_i VaR \tag{13.14}$$

따라서 요소VaR는 해당 요소가 포트폴리오로부터 제거되었을 때 전체 VaR가 어떻게 변화하는지를 보여준다. 아울러 포트폴리오의 전체 VaR는 각 $CVaR_i$들의 합이 되는 것을 알 수 있다.

---

6) 이에 대한 상세한 유도과정은 Jorion(2007) 참조.
7) VaR는 특성상 선형이 아니므로 이러한 선형관계는 각 구성요소가 매우 작을 때 근사적으로 성립한다. 이 식은 그러한 가정을 기초로 오일러정리를 사용한 결과이다.

4. 일관적 리스크 측정치와 조건부 VaR

1) 일관적 리스크 측정치

전술한 VaR는 포트폴리오를 구성하는 기초자산들의 1차 및 2차 미분값[8]을 이용할 수 있으므로 이해와 측정이 상대적으로 쉽다는 장점이 있지만 단점도 지니고 있다. 특히 VaR를 이용하여 연금기금이나 금융기관의 필요 추가자본을 계산할 때는 수익률의 분포에 따라 소기의 목적을 달성할 수가 없을 가능성도 있다. 이러한 단점을 극복하기 위하여 Artzner et al.(1999)은 리스크 측정치가 가져야 할 특성으로서 다음과 같은 것들을 제시하였다.[9]

① 단조성(monotonicity) : 특정 포트폴리오가 다른 포트폴리오보다 모든 상황에서 더 낮은 수익률을 보인다면 이 포트폴리오에 대한 리스크 측정치의 값은 커야 한다.

② 변환불변성(translation invariance) : 특정 포트폴리오에 K의 현금을 더하면 그 포트폴리오의 리스크 측정치는 K만큼 감소해야 한다.

③ 동질성(homogeneity) : 포트폴리오를 구성하는 요소들의 상대적인 구성 비율을 유지한 채 전체적으로 λ 만큼 변화시키면 리스크 측정치도 그 만큼 변화해야 한다.

④ 준가법성(subadditivity) : 두 개의 포트폴리오를 결합한 새로운 포트폴리오의 리스크 측정치는 각 포트폴리오의 리스크 측정치의 합보다 크지 않아야 한다.

리스크 측정치가 네 가지 특성을 모두 충족하는 경우 일관적(coherent)이라고 부른다. VaR는 처음 세 가지 특성은 충족시키지만 마지막 특성은 반드시 충족시키지는 못한다. 다음의 예를 이용하여 그 이유를 명확히 살펴보자.

예제 6 금액이 각각 100만 달러, 만기 1년인 두 개의 대출을 고려해 보자. 각 대출을 회수하지 못할 확률은 1.25%이고, 회수불능일 때 원금을 회수할 확률은 0%부터

---

8) 이것들을 재무학에서는 Greeks라고 한다.
9) Artzner et al.(1999) 참조.

100%까지 균등하다고 가정하자. 회수가능한 경우에는 이자로 2만 달러의 이익이 발생한다. 아울러 한 대출이 회수불능일 때 다른 대출은 회수가능하다고 가정하자. 이 두 개의 대출의 1년-99% VaR는 얼마인가? 이 경우 VaR는 준가법성을 충족하는가?

풀이 이 경우 각 대출의 1년－99% VaR는 20만 달러이다. 회수불능의 확률은 1.25%이며, 이 경우 손실이 20만 달러 이상일 확률은 20%이다. 따라서 손실이 20만 달러 이상이 될 비조건부 확률은 1.25%의 80%, 즉 1%가 된다. 각 대출의 상환불능확률은 1.25%이고 두 대출이 동시에 상환불능되는 경우는 발생하지 않는다. 따라서 상환불능이 발생할 확률은 2.5%이며 이 경우 VaR는 58만 달러가 된다. 왜냐하면 두 대출 중 하나만 상환불능될 확률은 2.5%이며 이 조건하에서 손실이 60만 달러 이상이 될 확률은 40%이기 때문이다. 따라서 상환불능 대출의 손실이 60만 달러 이상이 될 비조건부 확률은 2.5%의 40%인 1%가 된다. 다른 대출은 상환되므로 2만 달러의 이익이 발생한다. 따라서 두 대출의 1년－99% VaR는 60만－2만＝58만 달러이며 이 값은 각 대출의 1년－99% VaR의 합인 20만＋20만＝40만 달러보다 크므로 준가법성을 충족시키지 못하는 것을 알 수 있다. ∎

2) 조건부 VaR

손실이 발생했을 때의 기대손실을 조건부 VaR라 하며 이 측정치는 일관적 리스크 측정치가 요구하는 네 가지 특성을 모두 충족시킨다.[10] X를 손실을 나타내는 확률변수라 하면 조건부 VaR는 다음과 같이 표현할 수 있다.

$$E(-X|X \leq -VaR) \tag{13.15}$$

일반 VaR와 같이 조건부 VaR 역시 측정기간과 신뢰구간(확률)의 함수이다. 즉, 10일－99% 조건부 VaR는 10일 동안 손실이 손실분포의 99%에 해당하는 금액을 초과하는 경우의 평균손실금액을 측정한 것이다. 특히 VaR와 달리 조건부 VaR는 준가법성을 충족시키기 때문에 포트폴리오 손실에 대한 분산효과를 살릴 수 있다는 장점이 있다.

---

10) 조건부 VaR(conditional VaR)는 기대부족액(expected shortfall), 또는 기대꼬리손실(expected tail loss)라고도 한다.

예제 7 (예제 6)에서 사용된 두 대출의 1년-99% 조건부 VaR를 측정하고 준가법성이 충족되는지 살펴보라.

풀이 각 대출의 1년-99% VaR는 20만 달러이다. 손실이 0부터 100만 달러까지 일양분포(uniform distribution)를 따른다면 상환불능인 경우 20만 달러 이상의 손실의 기대치는 20만 달러와 100만 달러의 중간값인 60만 달러가 된다. 즉, 각 대출의 조건부 VaR는 60만 달러이다. 이전의 예제에서 두 대출로 구성된 포트폴리오의 VaR는 58만 달러로 계산되었다. 따라서 이 포트폴리오의 조건부 VaR는 포트폴리오의 손실이 58만 달러보다 큰 경우의 기대손실로 계산된다. 한 대출에서 손실이 발생하면 다른 대출에서는 이익이 발생하며 그 결과 포트폴리오의 손실은 2만 달러부터 98만 달러의 범위에서 일양분포를 취한다. 따라서 58만 달러와 98만 달러의 구간에서 기대손실인 조건부 VaR는 78만 달러가 된다. 이 값은 120만 달러보다 작으므로 준가법성이 충족되는 것을 알 수 있다. ■

조건부 VaR는 이론적으로 VaR에 비하여 우월하지만 백테스팅이 상대적으로 수월하지 않다는 단점도 지니고 있다. 따라서 실무에서는 아직도 리스크 측정치로써 VaR가 많이 사용되고 있는 실정이다.

제4절 적립배율 수익률을 이용한 리스크관리

Leibowitz et al.(1996)은 연금기금의 리스크관리를 위한 새로운 측정치로 적립배율 수익률(funded ratio return)을 제시하였다. 적립배율 수익률은 다음 기의 적립배율과 현재 적립배율과의 차이를 현재 적립배율로 나눈 값으로 정의된다. 즉, 적립배율 수익률을 r_{fr}이라 하면 다음과 같다.

$$r_{fr} = \frac{A_1/L_1 - A_0/L_0}{A_0/L_0}$$

제13장 확률적 상황과 연금기금 재무리스크 관리 • 311

그런데 $(A_1/L_1)/(A_0/L_0) = (A_1/A_0)/(L_1/L_0)$ 이므로 r_{fr} 은 다음과 같음을 알 수 있다.

$$r_{fr} = \frac{\dfrac{A_1}{A_0} - \dfrac{L_1}{L_0}}{\dfrac{L_1}{L_0}} = \frac{r_A - r_L}{1 + r_L} \tag{13.16}$$

따라서 r_{fr} 은 연기금의 자산과 부채의 수익률에 따라 결정되며 적립배율의 수준에는 영향을 받지 않는 것을 알 수 있다. 전술한 다른 변수들처럼 r_{fr} 도 확률 변수로 사용할 수 있음은 물론이다. 예를 들어 r_{fr} 의 분포에 따라 허용할 수 있는 임계치를 정해놓고 수익률이 이 임계치 미만으로 떨어지지 않도록 리스크관리를 이행할 수도 있다.

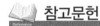

참고문헌

Artzner, P., F. Delbaen, J.M. Eber, and D. Heath, 1999, "Coherent Measures of Risk," Mathematical Finance 9 : 203-228.

Gajek, L. and K. Ostaszewski, 2004, Financial Risk Management for Pension Plans, Elsevier, Amsterdam, Netherlands.

Hull, J., 2009, Options, Futures and Other Derivative Securities, 7th ed., Pearson, Upper Saddle River, NJ.

Jorion, P.J., 2007, Value at Risk, 3rd ed., McGraw-Hill, Boston, MA.

Leibowitz, M.L., L.N. Bader, and S. Kogelman, 1996, Return targets and shortfall risks. Studies in Strategic Asset Allocation, McGraw-Hill, Boston, MA.

주가연계연금(EIA)

개인연금 중 수익률이 주가지수 또는 특정 주식의 주가와 직간접적으로 연계된 연금을 주가연계연금(equity indexed annuity; 이하 EIA) 또는 주가지수연계연금이라고 한다.[1] 이런 형태의 연금은 1995년 최초로 등장하였으며 증권사의 ELF나 은행의 ELD와 경쟁하고 있다. 이번 장에서는 가장 기본적인 EIA를 중심으로 그 특성 및 내포되어 있는 옵션들을 이해하도록 하자. 특히 2절에는 국내 실제 자료를 기초로 하여 EIA의 가치를 평가한 실증결과가 포함되어 있다. 마지막 절에는 최근에 소개된 새로운 형태를 포함하여 다양한 EIA의 유형들이 간단히 설명되어 있다.[2]

주가연계연금계약은 주식시장의 성과가 특정한 방식으로 연금급여에 반영되기 때문에 위험회피가 본래 목적인 연금보험계약자가 급여의 변동성이라는 새로운 위험을 부담해야 하는 문제가 있다. 하지만 대부분의 계약에는 다양한 방식으로 최저보장이율이 정해져 있고 주식시장이 장기간으로는 인플레이션위험을 헤지하는 효과가 있기 때문에 저금리 상황에서는 이러한 계약들이 상당한 호응을 얻을 수 있을 것이다. 우리나라에서도 2005년 3월 처음으로 외국 생보사에 의하여 주가지수와 연계된 연금계약이 출시되었으며, 이후 거의 모든 국내 생보사들이 유사한 연금상품을 판매하고 있다.

주가연계연금 등의 계약들은 전통적인 보험수리만으로는 그 가치를 합리적으로 평가할 수가 없기 때문에 이번 장에서는 먼저 이러한 계약들이 포함하고 있는 옵션적 특성을 파악하고 무차익거래 이론에 기초한 옵션가격결정모형을 이용하여 연금계약을 분석하고 평가해보자.

---

1) EIA는 ELA(equity-linked annuity)라고도 한다.
2) 이번 장의 1절 및 2절은 저자의 연구인 지홍민(2005)을 기초로 작성되었다.

제1절 EIA의 기본 구조

1. 매년 최소 금리가 보장되는 계약

EIA는 수익률이 일정기간 특정 주식의 주가 또는 주가지수에 연계되는 연금 계약을 말한다. 많이 사용되는 연금계약형태는 주가지수와 연계하는 특정기간을 설정하고 이 기간 동안 매년 말의 주가지수를 매년 초기의 주가지수와 비교하여 그 수익률을 부과하는 형식을 취하고 있다.[3] 예를 들어 주가지수와 연계되는 전체 기간을 T라고 하고 이 기간 내의 매년 말 시점을 t라고 하고 t시점의 주가지수를 S_t라고 하자. $t = 0, 1, 2, \cdots, T$의 값을 취하며 계약이 체결되어 1년 후의 수익률 은 $r_1 = (S_1/S_0) - 1$, 2년째의 수익률은 $r_2 = (S_2/S_1) - 1$이 된다. 같은 방식으로 다 른 기간의 수익률도 정의된다.

아울러 전형적인 EIA에서는 만일 1년 후의 주가지수가 연초의 주가지수보다 하 락할 때는 원금을 보장해준다. 따라서 임의의 t기간 계약자에게 부여되는 수익률은 $r_t = (S_t/S_{t-1}) - 1$과 0 중의 큰 값이 된다. 실현 수익률을 모두 계약자에게 부여하는 것이 아니라 일정 비율인 α만큼만 부여하고 동시에 원금보장을 하는 경우 $t-1$시 점과 t시점의 1년간 수익률은 $Max(\alpha r_t, 0)$로 표현할 수 있다.[4] 따라서 $t-1$시점에 투자금액이 A라면 t시점에서 고객이 받는 금액은 $A[1 + Max(\alpha r_t, 0)]$로 표현될 수 있어 콜옵션의 구조로 분석될 수 있는 것을 알 수 있다.

계약자는 $t = 0$시점에 일시납보험료를 지급하며 이 중 주가지수에 투자에는 부분을 P라고 하자. 연금기간 중 주가지수와 연계되는 기간은 전반부 T년이라고 할 때 T는 일반적으로 5년에서 10년 사이의 기간으로 정해진다. 실무에서는 매년 말의 주가지수가 연초의 주가지수를 상회할 때는 수익률에 참여율을 곱한 비율을 부여하고, 주가지수가 연초에 비하여 하락한 경우에는 원금을 보장해 주는 형태가

---

3) 여기에서는 주자지수에 연계된 EIA를 중심으로 설명한다.
4) 이 α를 참여율(participating rate)이라고 한다.

많이 사용된다. 이러한 계약은 궁극적으로 매년 초 만기 1년이며 행사가격이 연초의 주가지수와 같도록 재설정이 되는 콜옵션을 T년 동안 계속적으로 유지하고 있는 계약과 동일하다.

매 기간 마다 행사가격이 새로 조정되는 옵션을 연 클리켓옵션(cliquet option), 래칫옵션(ratchet option), 또는 리셋옵션(reset option)이라고 한다. 이 경우에는 매 기간 행사가격이 매 시점의 주가지수와 동일해지도록 재설정되는 클리켓옵션 형태임을 알 수 있다. 따라서 전술한 형태의 연금계약에서 T년 후 계약자의 몫은 T시점의 클리켓옵션의 가치(C_T)와 동일하며 다음의 식으로 표현할 수 있다.

$$C_T = P \prod_{t=1}^{T} [1 + Max(\alpha(\frac{S_t}{S_{t-1}} - 1), 0)] \tag{14.1}$$

이러한 옵션, 즉 계약의 현재가치는 옵션가격결정모형을 적용하여 평가할 수 있다. 주가수익률이 기하 브라운운동을 따른다고 가정하면, $E_Q(x)$를 위험중립 확률측도를 이용한 x의 기대치라고 할 때 계약의 현재가치는 다음과 같이 얻을 수 있다.

$$
\begin{aligned}
C_0 &= E_Q[e^{-rT}C_T] \\
&= P E_Q \left[\prod_{t=1}^{T} e^{-r} \left\{ 1 + Max(\alpha(\frac{S_t}{S_{t-1}} - 1), 0) \right\} \right] \\
&= P \Pi_{t=1}^{T} \left\{ e^{-r} + \alpha e^{-r} E_Q \left[Max((\frac{S_t}{S_{t-1}} - 1), 0) \right] \right\}
\end{aligned} \tag{14.2}
$$

이 식의 뒷부분에서 α를 제외한 $e^{-r}E_Q[Max((\frac{S_t}{S_{t-1}} - 1), 0)]$ 부분은 투자금액이 1일 때 행사가격이 $t-1$시점의 주가지수와 동일한 만기 1년의 콜옵션의 $t-1$시점에서의 가치임을 알 수 있다. 마르코프 특성에 의하여 S_t/S_{t-1}과 S_1/S_0이 동일한 분포를 따르므로 위험중립 확률측도를 이용한 기대치도 동일하다. 따라서 $S_0=1$을 가정하면 각 콜옵션의 현재가치는 $e^{-r}E_Q[Max((S_1 - 1), 0)]$이 된다. 따라서 연속배당이 존재하는 경우의 블랙-숄즈옵션가격모형을 적용하면 콜옵션의 현재가치는 다음과 같이 얻을 수 있다. 여기에서 d와 r은 각각 배당률과 무위험 이자율이다.

$$e^{-r}E_Q[\,Max((S_1-1),\ 0)] = e^{-d}N(d_1) - e^{-r}N(d_2) \tag{14.3}$$

따라서 식(14.2)의 중괄호안의 후반부는 다음의 식으로 표현된다.

$$\alpha e^{-r}E_Q[\,Max((S_1-1),\ 0)] = \alpha\big\{e^{-d}N(d_1) - e^{-r}N(d_2)\big\} \tag{14.4}$$

여기에서 d_1과 d_2는 다음과 같다.

$$d_1 = \frac{r-d+\sigma^2/2}{\sigma},\ \ \text{그리고}\ d_2 = d_1 - \sigma$$

이 식을 위의 식(14.2)에 대입하면 클리켓옵션의 현재가치는 다음의 식과 같이 되는 것을 알 수 있다.

$$C_0 = P\big\{e^{-r} + \alpha[e^{-d}N(d_1) - e^{-r}N(d_2)]\big\}^T \tag{14.5}$$

식(14.5)는 음의 수익률이 나타나지 않는, 즉, 매년 연초의 원금을 보호해주는 모형이다. 물론 0과 상이한 최소보장금리가 설정될 수도 있다. 예를 들어 보험사가 매년 f만큼의 수익률을 보장해주고 연속복리를 가정하면 전술한 $e^{-r}E_Q[\,1+\alpha Max((S_1-1),\ 0)]$는 다음과 같이 변화한다.

$$e^{-r}E_Q[\,1 + \alpha Max((S_1-1),\ e^f - 1)]$$

$$= e^{-r}E_Q[1 + (e^f-1) + \alpha Max(S_1 - (\frac{e^f-1+\alpha}{\alpha}),\ 0)]$$

$$= e^{f-r} + \alpha[(e^{-d}N(d_1) - Ke^{-r}N(d_2)] \tag{14.6}$$

이 식에서 K_1, d_1, d_2는 다음과 같다.

$$K_1 = \frac{e^f-1+\alpha}{\alpha},\quad d_1 = \frac{-\ln K_1 + r - d + \sigma^2/2}{\sigma},\quad d_2 = d_1 - \sigma$$

또한 식(14.2)는 다음과 같이 변화한다.

$$C_0 = P \, \Pi_{t=1}^{T} \left\{ e^{-r} + \alpha e^{-r} E_Q \left[Max \left(\left(\frac{S_t}{S_{t-1}} - 1 \right), e^f - 1 \right) \right] \right\} \tag{14.7}$$

이제 식(14.6)을 식(14.7)에 대입하면 클리켓옵션의 가치는 다음과 같이 표현된다.

$$C_0 = P \left\{ \alpha e^{-d} N(d_1) + e^{f-r} N(-d_2) + e^{-r} (1-\alpha) N(d_2) \right\}^T \tag{14.8}$$

이러한 계약은 최소보장 수익률은 존재하되 수익률의 상한선이 없는 계약이다. 만일 매년 투자수익률의 상한수익률을 u라고 하고 연속복리를 가정한다면 식(14.8)은 다음과 같이 변화한다.

$$C_0 = P \left\{ \alpha e^{-d} [N(d_1) - N(d_3)] + e^{f-r} N(-d_2) \right.$$
$$\left. + e^{-r} (1-\alpha) [N(d_2) - N(d_4)] + e^{u-r} N(d_4) \right\}^T \tag{14.9}$$

이 식에서 d_1, d_2는 식(14.6)과 동일하고 K_2, d_3, d_4는 다음과 같이 변경된다.

$$K_2 = \frac{e^u - 1 + \alpha}{\alpha}, \quad d_3 = \frac{-\ln K_2 + r - d + \sigma^2/2}{\sigma}, \quad d_4 = d_3 - \sigma$$

식(14.9)는 블랙-숄즈모형처럼 변수들에 대한 닫힌식으로 표현되기 때문에 신속하게 연금계약의 현재가치를 측정할 수 있다는 장점이 있다. 아울러 EIA계약의 현재가치를 얻을 수 있으므로 손익분기가 되는 계약자의 배당참여율 α를 수월하게 얻을 수 있다는 장점도 아울러 지니고 있다. 식(14.9)는 참여율 α에 대한 닫힌 식으로 표현되지 않지만, 시행착오방식을 이용하면 순보험료와 연금의 현재가치를 일치시키는 손익분기 참여율을 구할 수 있다.

2. 원금보장 및 만기에 최소수익률을 보장하는 계약

이번에는 매년 원금을 보장해주되 주가지수와 연계되는 기간의 만기에 매년 일정한 수익률의 누적복리 수익률을 보장해주는 계약을 분석해보자. 매년 최소한 보장해주는 수익률을 g라고 하면, 계약자가 최종 받는 금액은 먼저 매 시점 원금이 보장되는 클리켓옵션으로부터 만기 시점의 가치(C_T)를 구하고 이 값과 $P(1+g)^T$을 비교하여 둘 중 큰 값이 될 것이다.

이러한 형태의 EIA 가치는 다음과 같은 순서에 따라 구할 수 있다.

첫째, 매년 원금이 보장되는 계약의 주가지수와 연계된 기간의 만기 시점에서의 클리켓옵션의 가치(C_T)를 구한다. 이것은 식(14.7)이나 식(14.9)를 T시점에서 평가하되 $f=0$을 의미한다.

둘째, 보험사가 투자성과에 상관없이 매년 g의 수익률을 보장해준다면 P에 대한 만기에서의 보장액의 최저값은 $P(1+g)^T$가 될 것이다.[5] 이것은 신용위험이 없는 채권의 상환액과 동일하다.

셋째, 보험사는 이 두 값 중 큰 값을 지불한다. $V_T = Max(C_T, P(1+g)^T)$이다. $G = P(1+g)^T$라고 놓으면 $V_T = Max(C_T - G, 0) + G$이므로 이러한 계약의 가치도 콜옵션으로 표현될 수 있는 것을 알 수 있으며 현재 가치는 다음과 같이 얻을 수 있다.

$$V_0 = e^{-rT} E_Q[Max(C_T - G, 0) + G] \tag{14.10}$$

아울러 식(14.10)과 식(14.9)의 차이는 만기에 최소보장을 해주는 조건(즉, 추가적 옵션)의 현재가치로 인식할 수 있다. 이 추가적 옵션을 보험용어로는 계약만기 보장조건(life-of-contract guarantee)이라고 부른다. 그러나 C_T가 기초자산(주가지수)의 가격이 아니라 기초자산에 대한 클리켓옵션이므로 연금계약의 T 시점에서의 가치인 V_T는 복합옵션(compound option)인 것을 알 수 있다. 이러한 옵션의 현재가치는 닫힌 해로 표현되지 않기 때문에 수치방법과 시뮬레이션을 이용하여야 한다.

---

5) 여기에서는 최저보장율 g에 대해서는 기간 당 1회 복리하는 것으로 가정하였지만 연속복리를 가정해도 결론에는 큰 차이가 나타나지 않는다.

3. 단리 형태의 수익률 계약

전술한 계약들은 수익률이 복리로 부과된다는 가정을 가지고 있다. 그러나 실무에서는 매년 수익률이 단리형태로 부과되는 경우도 많이 있다. 수익률이 단리인 경우 계약자들이 이해하기 쉽다는 장점이 있으나 다른 조건이 동일한 경우 복리형태에 비하여 미래에 받는 금액이 작아지게 된다. 이러한 단점을 극복하기 위하여 단리형태의 계약에는 매년 부과되는 수익률의 상한선을 복리형태의 계약보다 높이거나, 수익률의 상한선을 두지 않는 계약으로 변형할 수 있다.

매년 수익률의 상한선이 없고 원금이 보장되는 단리형태 계약의 만기 시점에서의 가치는 다음의 식으로 표현된다.

$$C_T = P \left\{ 1 + \sum_{t=1}^{T} Max(\alpha\left(\frac{S_t}{S_{t-1}} - 1\right), 0) \right\} \tag{14.11}$$

식(14.11)과 식(14.10)을 이용하면 단리 수익률을 부과하는 EIA계약의 현재가치도 유사한 방법에 의하여 평가할 수 있는 것을 알 수 있다.[6]

제2절 EIA의 가치 측정

이제 전술한 세 가지 형태의 EIA의 가치를 측정해 보도록 하자. 측정식이 닫힌식으로 표현되지 않는 경우에는 시뮬레이션 기법을 사용한다. 여기에서는 Boyle and Hardy(1999), Grosen and Jorgensen(2000) 등의 방법을 따라 주가지수의 수익률이 기하적 브라운운동을 따른다는 가정 하에 몬테칼로 시뮬레이션을 이용하였으며 특히 측정오차를 최소화하기 위하여 antithetic variable기법을 사용하였다.

먼저 주가지수와 연계되는 계약기간은 7년, 매년 초기의 주가지수의 값으로

---

6) 수익률이 단리로 부과되는 형태의 계약도 옵션으로 인식될 수 있지만 현재가치를 얻기 위한 닫힌해가 존재하지 않으므로 시뮬레이션방법을 이용하여 연금계약의 현재가치를 구할 수 있다.

행사가격이 새로 결정되는 클리켓옵션이 포함된 EIA를 대상으로 하였다. 계약들은 모두 매년 원금을 보장하며 아울러 복리 계약의 경우 매년 수익률의 상한선은 15%로 정하였고, 만기에 보장되는 최저수익률은 연 1%를 가정하였다. 단리계약은 수익률의 상한선을 두지 않았다. 무위험이자율은 연 4%를 가정하였다. 주가수익률의 변동성은 하나의 특정값을 미리 선정하지 않고 25%부터 40%까지 5% 간격으로 변화시키면서 측정을 수행하였다. P는 100으로 가정하였다.

먼저 복리형태의 계약 중 계약만기 보장조건이 포함되어 있지 않은 연금계약의 현재가치의 측정결과는 〈표 14-1〉에 나타나있다. 이러한 계약들의 현재가치는 식(14.9)를 이용하여 측정할 수 있다. 물론 원금보장만 이루어지므로 $f = 0$이다. 〈표 14-1〉에서 알 수 있듯이 변동성의 값이 커질수록, 그리고 배당참여율이 높아질수록 계약가치가 증가하는 것을 알 수 있다. 또한 손익분기가 되는 참여율, 즉, 계약의 현재가치와 순보험료가 동일한 참여율은 변동성의 크기에 따라 상당한 차이를 보이지만 전반적으로 30% 이상, 60% 미만에서 정해질 수 있는 것을 알 수 있다. 〈표 14-1〉에 해당하는 계약은 계약만기 보장조건이 없기 때문에 실무에서는 거의 사용되지 않지만 다른 계약들의 벤치마크가 되기 때문에 계약만기 보장조건의 가치를 결정하기 위하여 매우 중요한 의미를 지니고 있다.

미국과 캐나다에서 많이 사용되는 계약만기보장조건이 포함된 복리형태의 계약의 현재 가치의 측정 결과는 〈표 14-2〉에 나타나있다. 전술한 바와 같이 이 평가모형은 닫힌 해를 얻을 수 없으므로 몬테칼로 시뮬레이션을 매 값마다 50,000회씩 적용하여 얻었다. 시뮬레이션 후 각 값에 대하여 100,000개의 값들을 얻을 수 있으며 이 값들의 평균치를 무위험이자율로 할인하여 옵션의 현재가치를 계산하였다.

변동성과 배당참여율이 커질수록 계약의 현재가치가 증가하는 것은 〈표 14-1〉과 크게 다르지 않다. 손익분기가 되는 배당참여율은 〈표 14-1〉의 계약보다는 약간 낮지만 전반적으로 30% 이상, 50%의 초반에서 결정되는 것을 알 수 있다.

〈표 14-1〉 연금계약의 현재 가치

(복리 수익률, 계약만기 보장조건이 없는 경우)

변동성 참여율	20%	25%	30%	35%	40%
10%	80.52	81.64	82.77	83.87	84.91
20%	85.71	87.90	89.85	91.49	92.80
30%	90.78	93.47	95.54	97.07	98.15
40%	95.23	97.90	99.76	100.99	101.78
50%	99.92	101.35	102.89	103.83	104.34
60%	101.93	104.04	105.28	105.95	106.23
70%	104.39	106.18	107.14	107.58	107.68
80%	106.42	107.91	108.63	108.88	108.82
90%	118.11	109.33	109.84	109.93	109.74
100%	119.54	110.52	110.85	110.80	110.50

〈표 14-2〉 연금계약의 현재 가치

(수익률 복리 부과, 계약만기보장조건이 있는 경우)

변동성 참여율	20%	25%	30%	35%	40%
10%	82.61	82.83	83.76	84.78	85.75
20%	86.28	88.43	90.42	92.12	93.58
30%	91.27	94.10	96.33	98.11	99.31
40%	95.81	98.77	100.91	102.38	103.30
50%	99.81	102.55	104.41	105.54	106.18
60%	103.07	105.48	107.07	108.01	108.35
70%	105.83	108.03	109.16	109.76	109.98
80%	108.07	109.89	110.92	111.30	111.38
90%	110.05	111.63	112.35	112.48	112.39
100%	111.70	112.99	113.49	113.53	113.27

〈표 14-2〉의 값들은 실제 거래되는 계약의 특성을 거의 그대로 반영하는 점

에서 중요한 것 이외에도, 〈표 14-1〉과 비교하여 계약만기보장조건의 현재가치를 얻게 해 준다는 의미에서도 매우 중요하다. 예를 들어 변동성이 25%이고 배당참여율이 30%인 계약인 경우 계약만기보장조건이 포함된 계약과 그렇지 않은 계약의 가치 차이는 순보험료의 0.87% 정도가 되며 경쟁시장에서는 이러한 차이가 보험료에 반영되어야 하는 것이다. 아울러 〈표 14-1〉과 〈표 14-2〉를 비교하면 계약만기 보장조건의 가치는 배당참여율이 커질수록 증가하는 것을 알 수 있다.

보편적으로 사용되며 소비자나 연금판매자가 이해하기 쉬운 계약의 형태는 수익률은 단리로 부과되는 계약이다. 수익률이 단리로 부과되는 반면, 수익률의 상한선을 두지 않으며, 계약만기 보장조건이 포함된 EIA 계약의 현재가치를 몬테칼로 시뮬레이션으로 얻은 결과는 〈표 14-3〉에 정리되어 있다.

〈표 14-3〉 연금계약의 현재 가치

(단리 수익률, 수익률 상한 없고 계약만기 보장조건이 있는 경우)

변동성 참여율	20%	25%	30%	35%	40%
10%	81.88	82.65	83.52	84.43	85.43
20%	85.77	87.80	89.83	91.90	94.04
30%	90.35	93.47	96.59	99.73	102.90
40%	95.07	99.29	103.46	107.66	111.93
50%	99.79	105.00	110.35	115.67	120.68
60%	104.56	110.87	117.15	123.56	129.87
70%	109.44	116.85	124.20	131.39	138.84
80%	114.07	122.55	130.97	139.41	147.83
90%	119.03	128.51	137.94	147.43	156.93
100%	123.68	134.26	144.90	155.20	165.85

이 표에서도 변동성과 배당참여율이 커질수록 계약의 현재가치가 증가하는 것은 같은 계약만기 보장조건이 포함된 〈표 14-2〉와 크게 다르지 않다. 그러나 이러한 변수들의 값에 따라 가치의 변화 정도가 〈표 14-2〉와 차이가 난다. 예를 들

어 변동성이 20%인 경우 배당참여율이 40% 중반까지는 단리계약이 복리계약에 비하여 가치가 낮다. 변동성이 35%인 계약에서는 배당참여율이 30% 이상 되면 동일한 보험료인 경우 단리계약이 유리하다.

이 세 가지 계약에 대하여 계약자나 보험사가 일정 순보험료에서 손익이 같아지는 손익분기 배당참여율은 변동성의 변화에 따라 차이가 나게 되는데 그 결과는 〈표 14-4〉에 나타나 있다.

모형 1인 계약만기보장조건이 포함되지 않은 복리계약(〈표 14-4〉의 첫째 열)의 경우에는 식(14.9)를 이용하여 $C_0 = P = 100$이 되는 배당참여율 α를 시행착오 방법으로 찾을 수 있다.

그러나 계약만기 보장조건이 포함된 복리계약인 모형 2와 수익의 상한선이 없고 계약만기 보장조건이 포함된 단리 계약인 모형 3은 닫힌 해가 존재하지 않으므로 이러한 방법이 사용될 수 없다. 이 경우 세분화된 참여율의 범위에 대해 몬테칼로 시뮬레이션을 다시 적용시키는 격자탐색기법을 사용하여야 한다. 예를 들어 〈표 14-2〉에서 변동성이 30%인 경우 손익분기 참여율은 30%와 40% 사이에 존재하는 것을 알 수 있다. 따라서 참여율을 0.310부터 0.400까지 0.001씩 증가시켜 그 중 가치가 100 미만인 경우 중 가장 큰 값과 100을 넘는 값 중 가장 작은 값을 구하여 이 값들의 선형보간법으로 손익분기 배당참여율을 최종 계산하였다.[7]

〈표 14-4〉 손익분기 배당참여율(%)

참여율 \ 변동성	20%	25%	30%	35%	40%
모형 1	53.36	45.78	40.68	37.13	34.64
모형 2	50.62	42.98	37.71	33.98	31.37
모형 3	50.38	41.34	35.01	30.33	26.83

(주) 모형 1은 수익률 복리, 계약만기 보장조건이 없는 계약, 모형 2는 수익률 복리, 계약만기 보장조건이 있는 계약, 모형 3은 수익률 단리, 수익률의 상한선이 없으며 계약만기 보장조건이 있는 계약을 의미함.

---

7) 이 경우에도 배당참여율을 0.001씩 증가할 때마다 50,000회의 시뮬레이션이 시도되었다.

〈표 14-4〉를 분석하면 전술한 변수들의 시나리오 하에서 손익분기 배당참여율은 26.83%부터 53.36%까지 매우 다양하다. 예상한 것과 같이 모형 1의 손익분기 배당참여율의 값이 모형 2보다 높아지며, 모형 3은 모형 2보다 약간 낮은 것으로 나타나고 있다. 특히 우리나라 KOSPI 200의 변동성의 값과 유사한 25%와 35%사이에서의 손익분기 배당참여율은 가장 수익률의 기대치가 높은 모형 3에서도 30%에서 41% 정도로 측정되는 것을 알 수 있으며 변동성을 연 40%로 가정할 때도 손익분기 배당참여율은 27% 정도가 되는 것을 알 수 있다.

제3절   기타 EIA 유형

지금까지의 분석에 사용된 연재조정(annual reset, annual ratchet) EIA외에도 수익률을 설정하는 방법(crediting method)에 따라 EIA는 매우 다양한 유형을 지닐 수 있다. 그 중 상대적으로 많이 사용되는 방법들은 다음과 같은 것들이 있다. 지수에 투자하는 금액을 1이라고 가정하고 모든 EIA가 매년 g의 최소수익률을 보장한다고 하자. α는 참여율, S_t는 t시점의 주가지수를 의미한다.

1. 점대점 방식

점대점(point-to-point) 방식을 사용하는 EIA의 수익률은 최종 시점의 지수수익률(r_T)에 참여율을 곱한 값과 최소보장수익률(g) 중 더 큰 값으로 결정된다. T 시점에서의 받는 금액을 C_T라고 하면 다음과 같이 결정된다.

$$C_T = Max[1 + \alpha\, r_T,\ (1+g)^T]$$

여기에서 $r_T = \dfrac{S_T}{S_0} - 1$을 의미한다.

2. 최고점 방식

최고점(high point 또는 high water mark) 방식의 EIA는 최종 시점의 지수 대신 일정 기간 동안의 최고점의 지수를 사용하여 지수수익률을 결정한다. 만일 T시점까지 일정 시점마다 지수를 측정하여 그것을 $S_1, S_2, \cdots, S_T$라고 하면 최고점 EIA의 C_T는 다음과 같다.

$$C_T = Max[1 + \alpha\, r_T^*,\ (1+g)^T]$$

여기에서 $r_T^* = \dfrac{Max[S_1, S_2, \cdots, S_T]}{S_0} - 1$ 이다.

3. 최저점 방식

최저점(low water mark) 방식의 EIA는 일정 기간 동안의 최저점 지수 대비 최종 시점의 지수로 지수수익률을 결정한다. 만일 T시점까지 일정 시점마다 지수를 측정하여 그것을 $S_1, S_2, \cdots, S_T$라고 하면 최저점 EIA의 C_T는 다음과 같다.

$$C_T = Max[1 + \alpha\, r_T^{**},\ (1+g)^T]$$

여기에서 $r_T^{**} = \dfrac{S_T}{Min[S_1, S_2, \cdots, S_T]} - 1$ 이다.

4. 균형배분 방식

균형배분(balanced allocation) 방식의 EIA의 수익률은 확정수익률을 제공하는 투자안 및 지수에 분산투자하여 나온 최종 수익률과 최저보증수익률을 비교하여 더 큰 쪽으로 결정된다. 균형배분 EIA의 C_T는 다음과 같이 결정된다.

$$C_T = Max[(1-w)(1+f)^T + w(1+\alpha r_T), \ (1+g)^T]$$

f : 확정 수익률

w : 지수에 대한 투자비중 $(0 \leq w \leq 1)$

5. 레인보우 방식

레인보우(rainbow) 방식 EIA는 최근에 제안된 EIA이다. 레인보우 방식은 미리
정한 몇 가지 지수 또는 주식 몇 종목 중 가장 높은 수익률을 택하여 최저보증수
익률과 비교하여 더 큰 값으로 수익률을 결정한다. 매 기에 수익률을 비교하여 가
장 수익률이 높은 종목 또는 지수를 택하거나 더 큰 투자 비중을 부여할 수도 있
다. 레인보우 EIA는 정의하기에 따라 여러 형태를 만들 수 있는데 대표적인 것으
로 최대값에 대한 콜옵션이 내재되어 있는 경우를 살펴보자.

투자포트폴리오에 n개의 투자안이 있다고 할 때, T시점에서의 각 종목 또는
지수의 수익률은 $r_T^i(i=1, 2, \cdots, n)$라고 정의한다. 이러한 경우 C_T는 다음과 같이
구할 수 있다.

$$C_T = Max[1 + \alpha Max[r_T^1, r_T^2, \cdots, r_T^n], \ (1+g)^T]$$

6. 캡요율 조건

캡요율(cap rate) 조건이 추가되면 주가지수를 통해 받을 수 있는 수익률은 이
캡요율로 제한된다. 다시 말해, 지수수익률과 캡요율을 비교하여 그 중 더 작은
값과 최소보장수익률을 비교한 후 그 중 더 큰 값으로 수익률이 결정되는 구조이
다. 캡요율을 c라고 하면, 캡요율 조건이 추가된 EIA의 C_T는 다음과 같이 표현할
수 있다.

$$C_T = Max[Min[1 + \alpha r_T, \ (1+c)^T], \ (1+g)^T]$$

7. 수익률 스프레드 조건

수익률 스프레드(yield spread) 조건이 존재하는 경우에는 최종 지수 수익률을 연간 수익률로 환산하여 수익률 스프레드만큼을 제한 후, 이 값으로 다시 최종 수익률을 계산하여 참여율을 곱해준 값과 최소보장수익률을 비교한 후 더 큰 값으로 수익률이 결정된다. 예를 들어 γ를 연간 수익률 스프레드라고 하면 수익률 스프레드 조건이 존재하는 연재조정 EIA의 C_T는 다음과 같이 표현할 수 있다.

$$C_T = \prod_{t=1}^{T} Max[1 + \alpha\, r_t - \gamma,\ (1+g)]$$

8. 허들 조건

허들(hurdle) 조건이 추가되면, 지수수익률이 일정 수준인 허들요율을 초과할 경우 그 초과분에 대해서만 수익률에 기여된다. 허들요율을 h라고 하면 허들의 조건이 추가된 C_T는 다음과 같이 표현할 수 있다.

$$C_T = Max[1 + \alpha\,(r_T - h),\ (1+g)^T]$$

참고문헌

지홍민, 2005, "주가지수연계연금의 현재가치 및 손익분기 배당참여율 측정," 보험개발연구 16 : 25-48.

Boyle, P.P. and M.R. Hardy, 1997, "Reserving for maturity guarantees : two approaches," Insurance : Mathematics and Economics 21 : 113-127.

Grosen, B. and P. L. Jorgensen, 2000, "Fair valuation of life insurance liabilities : the impact of interest rate guarantees, surrender options, and bonus policies," Insurance, Mathematics and Economics, 26 : 37-57.

Hardy, M. R., 2003, Investment Guarantees : Modeling and Risk Management for Equity-Liked Life Insurance. Wiley, Hoboken, NJ.

Harrison, M. J. and D. M. Kreps, 1979, "Martingales and arbitrage in multiperiod securities markets," Journal of Economic Theory 20 : 381-408.

Jäckel, P., 2002, Monte Carlo Methods in Finance, Wiley, Hoboken, NJ.

Marrion, J. and J. Olsen, 2010, Index Annuities : a suitable approach. Olsen & Marrion, LLC.

연금의 지급보증

6장에서 전술한 바와 같이 확정급여 형태의 기업연금이 제대로 운영되기 위해서는 기업이 연금을 지급할 수 없는 경우가 발생할 때 기업 대신 연금급여의 지급을 보증할 수 있는 다른 경제주체가 존재해야 하는 것이 필수적이다. 미국에서는 연금지급보증공사(PBGC), 영국에서는 연금보호기금(pension protection fund)이 이러한 기능을 담당한다. 양자의 경제적 기능은 유사하므로 이번 장에서는 먼저 미국의 연금지급보증공사를 간단히 설명하기로 한다. 그 다음에는 이러한 보증기관이 제공하는 지급보증의 가치를 어떻게 평가할 수 있는지 살펴보고, 지급보증기관의 존재가 개별 기업의 연금운영에 어떤 영향을 미치게 되는지 알아본다. 마지막으로 이러한 기업이 보증기관에 납입하여야 하는 보증보험료를 어떻게 결정할 수 있는지 옵션모형을 이용하여 분석해 보도록 한다.

제1절 연금지급보증공사

미국에서는 1974년 종업원퇴직수당보호법(Employee Retirement Income Security Act; ERISA)으로 인해 연금지급보증공사(Pension Benefit Guaranty Corporation, 이하 PBGC)가 창설되었다. 현재 PBGC는 4,100만 이상의 근로자의 퇴직수당을 보호하고 있으며, 58,000여개 연금제도들의 보증을 담당한다. 1974년 이전에는 민영기업의 연금급부는 그 회사의 자산에 의해 담보가 되었으나 PBGC가 설립된 이후 확정급여형 퇴직연금은 이 기관의 보장을 받게 되었다. PBGC가 창설되었을 때 1인 고용자 보험료는 연금가입자당 1달러로 균일하였다. 이후 이 보험료는 1979년에 2.60달러, 1986년에는 8.50달러로 증가되었다. 1987년 기본보험료는 16달러로 상승하였고 추가적 변동보험요율에 의해 부실한 연금제도에는 최고 50달러까지 부과하였다. 1991년 의회는 부실한 연금제도의 보험료를 가입자당 최고 72달러, 우량한 연금제도에는 가입자당 19달러로 산정하였다.

그러나 이러한 보험료에도 불구하고 PBGC의 1992년도 말 손실은 27억 달러나 되었는데 이것은 연방예금보험공사(FDIC)와는 달리 PBGC는 보증 대상인 연금제도에 대한 감독권한이 크지 않기 때문이다. 즉 PBGC는 연금관리자의 리스크 선택행위를 통제하기 위해 투자 포트폴리오를 제한하거나 현장조사를 사용할 수 없다. PBGC의 적자가 점차 증가함에 따라 1994년에는 퇴직보호법(Retirement Protection Act)이 승인되었으며, 이 법안에 따라 1997년에는 72달러의 보험료 상한선이 폐지되었다. 현재 부실한 연금제도에는 훨씬 높은 보험료가 적용되고 있다. 아울러 재원이 부족한 연금제도들은 가입자마다 부족 재원 1천 달러당 9달러를 추가 부담하여야 한다. 이러한 변화의 결과(1999년 기준으로) PBGC의 보험기금은 50억 달러의 잉여금을 기록하였다. 즉, 1993년의 FDIC와 같이 PBGC도 보다 명백한 리스크기준 보험료를 부과하는 방법을 사용하게 된 것이다.

리스크기준 보험료에도 불구하고, 2000년대 초, 주가 하락, 낮은 이자율, 그리고 고용주의 파산증가(특히 철강 및 항공산업) 때문에 PBGC는 수십억 달러의 연금부채를 떠안게 되었다. 그 결과, PBGC는 2003년에 76억 달러의 순손실을 입었다. 2003년 연말을 기준으로 연금기금의 장기 부족액은 112억 달러로 불어났다. 이것은 그 때까지의 결손기록보다 세 배 이상 큰 금액이며, 1999년의 50억 달러의 흑자와 매우 대조적이었다.

결손액이 늘어나고 연금을 포기하는 대기업들의 수가 늘어남에 따라 2005년의 적자감축법(Deficit Reduction Act of 2005)이 2006년 2월 발효되었다. PBGC의 2006년 고정보험요율은 1인고용자인 경우 가입자당 30달러, 복수고용자인 경우 가입자당 8달러로 증가했다. 또한, 이 법안에 따라 2007년 1인고용자에 대한 균일보험요율은 가입자당 31달러로 증가했고, 복수고용자의 경우 가입자당 8달러로 유지되었다. 2006년 8월에는 연금보호법(Pension Protection Act)이 제정되어, 모든 재원이 부족한 연금제도들이 지급해야 하는 보증공사의 변동보험료가 정해졌으며, 연금재정 규정이 개정되었고, 재원이 부족한 연금제도에 대한 이익제한 조치가 취해졌다. 또한 보증공사의 지급보증금액에 대한 새로운 한도가 설정되었고, 항공사 등 일부 기업들은 보험료납입이 유예되었으며, 새로운 보고사항과 공지사항 요구가 부과되었다.

이러한 도전에도 불구하고 금융위기로 인한 파산이 급증하여 PBGC는 추가적인 타격을 입게 되었다. 2009년 3월 기금적자는 335억달러로서 6개월 전에 비하여 세 배나 증가하였다. 공사는 파산한 투자은행 리먼브라더스(Lehman Brothers), 소매가전 유통업체인 서킷시티(Circuit City), 플라스틱회사 밀라크론(Milacron), 그리고 자동차 부품회사 델파이(Delphi)의 연금부채를 인수하였다. 특히 인수한 델파이의 연금부채는 62억달러로서 2005년 유나이티드항공(United Airlines)의 75억달러를 이은 사상 두 번째의 금액이었다. 그러나 이러한 적자에도 불구하고, 연금은 수혜자의 생존기간 동안까지만 지급하는 것이므로 PBGC는 연금채무를 충족하기에 충분한 자금을 확보하고 있다고 주장했다. 또한 공사는 장기간에 걸쳐 적자 문제를 해결할 필요가 있다는 것을 인식하고 있었다.

현재 PBGC에 가입된 연금제도의 보험료는 1인고용자의 경우 2013년부터 가입자 당 $42, 2014년부터는 $49로 예정되어 있다. 그 이후에도 물가상승률에 조정되어 인상될 것이다. 아울러 자산이 부채에 미치지 못하는 연금제도의 변동보험료율은 2013년 현재 $1,000당 $9이지만, 2014년에는 추가로 $4, 2015년에는 $5가 상승하도록 예정되어 있다. 이러한 변동보험료율은 2013년부터 물가상승률에 조정되며, 가입자당 최대 $400의 상한선도 물가상승률에 따라 변화될 예정이다.

상대적으로 지급보장금액이 적고 균일보험료율만 적용되는 복수고용자 연금제도는 2012년에 $9에서 2013년부터 $12로 상승하고, 2014년부터는 물가상승률에 조정을 받도록 되어 있다.

보증공사의 문제의 핵심은 감독당국이 자산과 부채의 만기불일치를 사전에 인지하지 못한 것이라고 할 수 있다. 연기금은 장기적인 성격을 지니므로 주식투자에 따른 리스크는 크게 걱정할 것 없다고 생각할 수도 있는데 이는 잘못된 믿음이다. 더 나아가 이러한 리스크는 종종 도덕적 해이와 역선택 문제로 확대된다. 파산 직전의 기업들은 그들의 연금제도에 충분한 재원을 공급하지 않고, 파산이 되면 PBGC가 보상해 주므로 리스크가 높은 투자전략을 선택할 동기를 지니게 되는 것이다. 이것은 건실한 기업들로 하여금 운영하던 연금제도를 종결하고 다시는 연금제도를 운영하지 않을 유인을 제공하기도 한다.

제 2 절   지급보증보험의 가치평가

　여기에서는 모형을 단순화하고 분석을 수월하게 하기 위하여 모든 가입자들이 연금급여를 수취할 자격이 있고, 이 급여는 보증공사 같은 연금지급보증기관 또는 지급보장기금에 의하여 전액 지급보장이 된다고 가정하자. 즉, 연금보장기금은 가입 연금제도에 대해 보험을 제공하는 기능을 담당한다.

　Marcus(1987)는 옵션이론을 이용하여 이러한 연금지급보증공사가 제공하는 보험의 가치를 평가하였다.[1] 이 연구를 따라 다음과 같이 정의하자.

A = 연금 발생급여의 현재가치

F = 연금자산의 현재가치

E = 연금제도를 시행하는 해당 회사의 순자산의 현재가치

$S = F + bE,\ \ 0 \leq b \leq 1$

　F와 E는 시장가격으로 측정된다.[2] A는 무위험이자율로 할인한 연금 발생급여의 현재가치이다. 연금지급은 기업 또는 연금지급보증공사에 의해 그 지급이 보장되므로 무위험이자율로 할인해야 한다.

　이제 연금제도가 종료될 수 있는 두 가지 경우를 고려해보자. 첫째는 기업이 필요에 의하여 연금제도를 자발적으로 종료하는 경우이고, 둘째는 기업이 지급불능이 되어 연금제도를 종료해야 하는 경우이다.

1. 자발적 종료가 가능한 경우

1) 일반 모형

　종료 시점에서 만일 $F + S \geq A$라면(즉, 연금급여 지급에 문제가 없을 정도로 자금

---

1) Marcus(1987) 참조.
2) 예를 들어 미국 PBGC에서 b는 0.3이다.

이 충분하다면) 회사는 F를 수취하고 A의 자산을 보증공사에 이전한다. 반면 $F+S < A$라면 기업은 $F+S$까지만 책임지고 차액은 보증공사가 부담한다. 즉, 종료 시점에서 연금제도로부터 기업이 수취하는 순현금흐름은 다음과 같다.

$$F - Min(A, F+S) \tag{15.1}$$

이 식은 다음과 같이 변화시킬 수 있다.

$$F - A + Max(A - (F+S), 0) \tag{15.2}$$

식(15.2)로부터 기업은 연금자산 및 순자산에 대하여 행사가격 A를 가지는 풋옵션을 가지게 되는 것을 알 수 있다. 반면 보증공사는 이 풋옵션의 발행자이다. 연금에 대한 회사의 순부채는 $F-A$이지만 연금종료 시점에서 $F+S$를 지급함으로써 A만큼의 부채를 보증공사에 전가시킬 수 있다. 이 경우는 만기가 무한대인 미국형 풋옵션과 동일하다. 즉, 기업은 이 풋옵션이 충분히 내가격인 경우(즉, 옵션으로부터의 가치가 가장 극대화된 경우) 연금제도를 중단하며 이 옵션을 행사할 것이다. 따라서 기업은 최적이라고 판단되는 경우에만 연금을 종료시키므로 우리가 구할 수 있는 것은 이 옵션(즉, 보증공사가 제공하는 보험) 가치의 상한선이다.

옵션가치를 구하기 위하여 먼저 연금부채와 자산의 동적 변화를 확정시킬 필요가 있다. S는 다음과 같은 확산과정을 따른다고 가정한다.

$$dS = (c_S + r_S)Sdt + \sigma_S Sdz_S \tag{15.3}$$

이 식에서 r_S는 $S = F + \alpha E$에 대한 순간 수익률(instantaneous rate of return)이고 c_S는 S의 비율로 표현한 연금기금에 유입되는 기업의 순연금기여율, σ_S는 r_S의 표준편차이다.[3] 기업의 기여금이 현 퇴직자에게 대한 연금지급액을 상회하면 c_S는 양의 값을 가진다. 만일 이자율이 확정적이고 퇴직자의 수가 고정되어 있다면 연금급부의 현재가치는 시간에 따라서 변하지 않을 것이다. 반면 완전적립상태로 연금제도를 운영하는 기업은 기금자산으로부터의 이자수익을 연금급여 지급의 일부로 사용하면서도 계속 완전적립상태를 유지할 수 있다. 이 경우 기업의 기여

---

3) 순연금기여율은 연금기여율에서 퇴직자에 대한 연금급여지급율을 차감한 것이다.

금은 연금급여 지급분 보다 이자수익만큼 경감되므로 α_S는 음수가 될 것이다. 실제로 순자산의 b(예를 들어 30%) 만큼이 기금을 담보하는 자산에 포함되지 않는다면, c_S는 음의 이자율 값과 동일할 것이다.[4]

연금 발생급여의 현재가치인 A의 시간에 따른 변화는 조금 복잡하다. 가장 단순한 경우로서 기업의 모든 종업원들이 아직 한 명도 퇴직하지 않았고 추가적인 발생급여도 없는 경우를 생각해보자. 이 경우 이자율(r)이 고정적이라면 연금 풋옵션의 행사가격인 A는 r의 고정비율로 증가하게 된다.[5] 고정 이자율이 아니라 확률적 이자율을 가정한다면 발생급여의 현재가치도 확률적으로 변화한다. 발생급여와 동일한 현금흐름을 창출하는 채권의 기대수익률을 r_A라고 하면 이것은 이미 발생한 급여의 현재가치의 기대증가율과 동일하다. 이자율이 확정적이라면 r_A는 r과 동일하다.

A의 동적 변화는 근로자의 수, 고용기간의 변화, 사망률 등의 인구통계학적 요소들에 의해서도 영향을 받게 된다. 현재 근로자들이 고용기간을 연장하면 발생급여분은 증가할 것이고, 근로자들이 사망하거나 급여를 받게 되면 발생급여분은 감소할 것이다. 인구통계학적 요소들 및 이자율이 확정적인 상태에서는 신규 발생급여액과 이미 발생한 급여의 현재가치의 합은 퇴직자의 사망에 따른 발생급여액의 감소분을 정확히 상쇄할 것이다. 이러한 인구통계학적 요소들에 기인된 발생급여의 순증가분을 c_A라고 한다면, A의 순증가율은 $c_A + r$이 될 것이다. 따라서 발생급여에 변함이 없는 안정적인 상태라면, 즉, A에 변함이 없는 상태라면 c_A는 $-r$이 되는 것을 알 수 있지만 이런 상황은 그다지 현실적이라고 할 수 없다.

보다 현실적인 상황을 반영하기 위하여 A의 증분이 다음과 같은 확률과정을 따른다고 가정하자.

$$dA = (c_A + r_A)A\,dt + \sigma_A A\,dz_A \tag{15.4}$$

---

4) 기업의 기여금은 연금급여분보다 기금자산의 이자수익만큼 부족한데, 이 부족분을 연금자산에 대한 비율로 생각하면 자산에 대한 이자율과 동일한 것을 알 수 있다.

5) 여기에서 행사가격은 A의 현재가치에 대한 비율을 기준으로 한다. 따라서 옵션이론에서 일반적으로 사용되는 액면 금액으로서의 행사가격과는 차이가 있다는 것에 주의하라.

이 식의 확률적 요소(우변의 마지막 요소)는 장기이자율과 미래의 추가 급여 순증분에 대한 불확실성을 반영한다. $P(A, S)$를 연금 풋옵션의 가치, dz_S와 dz_A 간의 상관계수를 ρ, 무위험 채권의 순간이자율을 r이라고 하면 P는 다음과 같은 편미분방정식을 만족해야 한다.[6]

$$\frac{1}{2}P_{AA}A^2\sigma_A^2 + \frac{1}{2}P_{SS}S^2\sigma_S^2 + P_{AS}AS\rho\sigma_A\sigma_S - rP$$
$$+ (r+c_A)AP_A + (r+c_S)SP_S = 0 \tag{15.5}$$

이 식에서 P의 아래첨자들은 해당 변수들에 대한 편미분값을 의미한다. 이 풋옵션은 만기가 무한하므로 위의 식에는 시간에 대한 요소가 포함되지 않는다. c_S와 c_A는 배당 주식을 기초자산으로 하는 일반적인 옵션모형에서의 음의 배당률과 유사하다.

P에 대한 경계조건은 다음과 같다.

첫째, 풋옵션의 행사시점, 즉, 연금제도의 만기에서 $P = A - S$이다.

둘째, S가 무한대로 접근하면 P의 극한값은 0이 된다.

셋째, A가 0에 접근하면 P의 극한값은 0이 된다.

넷째, 기업이 연금을 자발적으로 종료할 수 있다면, 기업은 이 연금을 보장하는 풋옵션의 가치를 극대화 하는 시기를 선택한다.

c_S와 c_A가 매우 제한적인 일부 경우를 제외하고 식(15.5)로부터 P에 대한 닫힌해를 얻을 수 없으므로 수치적 방법을 이용하여 해를 찾아야 한다.

특별한 경우 c_S와 c_A가 상수라면 식(15.5)로부터 다음 형태의 닫힌식을 도출할 수 있다.[7]

$$P(A, S) = (1-K)A\left(\frac{S}{A}\right)^\eta K^\eta \tag{15.6}$$

---

6) 상세한 유도과정은 Merton(1973)을 참조하라.
7) 상세한 유도과정은 McDonald와 Siegel(1982)를 참조하라.

여기에서 $K = S/A$이며 옵션의 행사가격이다. η와 σ^2는 각각 다음과 같다.

$$\eta = (\frac{1}{2} - \frac{c_S - c_A}{\sigma^2}) - \left[(\frac{c_S - c_A}{\sigma^2} - \frac{1}{2})^2 - \frac{2c_A}{\sigma^2}\right]^{1/2}$$

$$\sigma^2 = \sigma_A^2 + \sigma_S^2 - 2\rho\sigma_A\sigma_S$$

이 조건들은 식(15.6)을 식(15.5)에 대입하고 그 결과 얻어지는 2차 방정식을 풀면 얻을 수 있다. 이제 풋옵션의 가치를 극대화하는 행사가격을 구하면 다음과 같은 조건을 얻을 수 있다.

$$K^* = \frac{\eta}{\eta - 1} \tag{15.7}$$

식(15.6)은 운영하는 연금제도가 파산하지 않고 c_A와 c_S가 상수라는 가정하에서의 연금지급보증의 가치를 평가하는 식이다. 식(15.6)과 식(15.7)에서의 각 모수들의 값이 결정되면 기업의 주주들에 대한 이 보장기능의 가치를 구할 수 있다. 따라서 이 값들은 연금지급보증공사가 제공하는 보험기능에 대한 리스크 기준 보험료를 정하는데 사용될 수 있다.

식(15.7)은 기업이 운영하는 연금제도를 자발적으로 종료하는 데 필요한 조건을 제공한다. 먼저 극대화 문제에서의 2계 조건(second-order condition)을 만족하기 위하여 η는 1보다 작아야 한다. 아울러 S와 A는 항상 양의 값을 가지므로 실현가능한 K^*의 값은 양수가 되어야 한다. 따라서 η는 또한 0보다 작아야 한다. 이 결과는 $0 < K^* < 1$이 되어야 함을 의미하므로 결국 풋옵션은 $S < A$가 될 때 행사되어지는 것을 알 수 있다. 모수들의 값이 η의 값을 양수로 만든다면 풋옵션은 행사되지 않는다는 것을 의미한다.

식(15.6)과 식(15.7)은 머튼(Merton, 1973)이 분석한 만기가 영구적인 미국형 풋옵션 식의 일반형이라고 할 수 있다. 한 예로 A가 확정적이고 $c_S = 0$, $c_A = -r$이라면 $\eta = -2r/\sigma^2$가 되며 식(15.6)은 머튼(Merton, 1973)의 식(52)와 같아진다. 만일 c_A가 매우 큰 값을 가지는 한편 c_S가 0이라면 이 풋옵션은 이자율보다 더 빠르게 증가하는 페이오프에 대한 청구권을 의미한다. 이 경우 풋옵션은 결코 행사되지 않지만 옵션의 가치는 무한대가 될 것이다. 물론 현실에서는 이러한 비정상적인 모수들의 값을 발견할 수는 없다.

2) 기업의 연금 기여정책

세금효과가 있고 연금제도의 종료가 외부에 의하여 결정되는 경우에는 기업의 연금 재원조달은 매우 극단적이다. 즉, 기업은 허용된 최대치까지 재원조달을 하거나 아니면 허용된 최소치까지만 재원조달을 하게 된다.[8]

전술한 모형을 이용하여 이것을 확인해보자. 먼저 식(15.6)에서 S에 대한 $P(A,S)$의 1차 미분을 구해보면 다음과 같다.

$$P_S = \eta(1-K)S^{\eta-1}A^{1-\eta}K^{-\eta}$$

이 식에 식(15.7)로부터 $\eta = K/(K-1)$을 대입하면 다음을 얻는다.

$$P_S = -\left[\frac{K}{S/A}\right]^{1-\eta} \tag{15.8}$$

이 식으로부터 $K < S/A$가 되어 연금제도가 아직 종료되지 않는 경우에는 $-1 < P_S < 0$이 되는 것을 알 수 있다. 즉, 기업이 연금에 1을 기여하면 연금급여 지급보장에서 제공하는 보험의 가치하락은 1보다 작은 것을 알 수 있다. 또한 S에 대한 $P(A,S)$의 2차 미분은 다음과 같다.

$$P_{SS} = \eta(\eta-1)(1-K)A^{1-\eta}S^{\eta-2}K^{-\eta} \tag{15.9}$$

위의 식에서 $P_{SS} > 0$임을 알 수 있으므로 연금기여금이 계속 추가될수록 보험가치의 하락분은 점차 그 크기가 감소되는 것을 알 수 있다.

이와는 대조적으로 회사의 연금기여금에 대한 한계감세효과는 현재의 재원조달수준과는 독립적이다.[9] 따라서 기업의 최적의사결정은 항상 허용되는 최대치

---

8) Harrison and Sharpe(1982) 참조.
9) 이에 대해서는 Black(1980) 또는 Tepper(1981)의 연구를 참조하라.

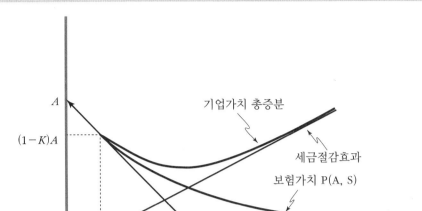

| 그림 15-1 | 세금이 있는 경우 기업의 최적 연금기여 의사결정

또는 최소치까지 재원조달을 하는 것이 된다.[10] 최대치와 최소치 사이에서는 만일 1의 연금기여금으로 인한 감세효과가 풋옵션의 가치하락보다 크다면 기업은 계속적으로 기여금을 제공할 것이며 궁극적으로 최대 허용치에 도달하게 될 것이다. 반면 만일 1의 연금기여금의 부족으로 인한 풋옵션의 가치상승이 음의 감세효과보다 크다면 기업은 계속적으로 연금재원을 경감할 것이며 결국 최소 허용치에 도달하게 될 것이다.

이러한 결과는 〈그림 15-1〉을 보면 더욱 명확하게 이해할 수 있다. 그림에서 이 연금제도는 $S \leq KA$인 경우 종료되며 이 때 보증공사는 $A - S = (1-K)S$의 지급의무가 발생한다. 종료 이전 보증공사의 지급보증의 가치는 풋옵션 $P(A,S)$이다. $S = KA$의 접점이 종료시점이다. 기업의 연금기여금에 대한 감세효과의 현재가치는 기여금에 비례하며, E가 고정되어 있다면 S에 비례하는 것과 같다. 따라서 기업가치의 총 증가분은 허용된 기여금의 최대치 또는 최소치에서 극대화된다.

───────────

10) 기하학적으로 말하면 내부해(interior solution)가 아닌 모서리해(corner solution)를 말한다.

3) 기업이 연금 재원조달에 재량권을 가지는 경우

전술한 모형에서는 기업이 항상 현재 자산 가치의 일정 비율을 연금에 기여한다는 것을 가정하고 있다. 그러나 현실적으로는 기업은 경제상황에 따라서 기여금을 조정할 수 있을 것이다. 이러한 현상을 반영하여 기업의 연금기여금은 다음 식에 의하여 결정된다고 가정하자.

$$c_S = a_0 + a_1 \ln(A/S)$$

아울러 a_1이 0인 경우, 양수인 경우, 그리고 음수인 경우의 세 가지 시나리오를 고려해 보자.

먼저 $a_1 = 0$이면 연금기여금은 연금의 현재 재정상황, 즉, A/S과는 무관한 것을 의미한다. 즉, 기업은 연금 재원조달에 대해 수동적이며 재량권을 가질 수 없다. $a_1 > 0$이라면 기업은 소위 사회적 책임을 다하는 행동을 한다고 할 수 있다. 기업은 운영 중인 연금제도의 적립금이 부족하면(즉, $A > S$) 기여율을 증가시키며 적립금이 초과하면($S > A$) 기여율을 감소시킨다. 반면 $a_1 < 0$라면 기업이 착

┃그림 15-2┃ 재원조달방식과 연금지급보장의 가치 변화

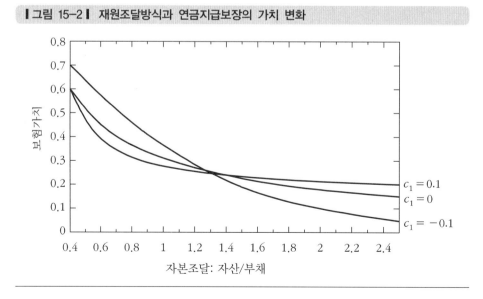

취적 전략을 사용한다고 할 수 있다. 만일 $A > S$라면 c_S는 줄어들고 기여금은 감소하며 연금급여 보장보험의 가치는 증가한다. 반면 $S > A$라면 보험의 가치는 감소하지만 기업은 추가기여로 인한 감세효과를 얻게 되므로 기여금을 증가하게 된다.

〈그림 15-2〉는 $b = 0.3$, $a_0 = -r$을 가정하고 a_1을 0, -0.1, 그리고 0.1로 변화시킬 때 보장(풋옵션)의 값의 시뮬레이션 결과를 나타내고 있다. 전술한 바와 같이 옵션의 가치는 달러 금액이 아니라 A에 대한 비율이다. 그림에서 $S/A < 1$인 경우 연금지급보장의 가치는 $a_1 = -0.1$(착취적 전략)에서 가장 크고 $a_1 = 0.1$인 경우에서 가장 작은 것을 알 수 있다. 반면 $S/A > 1$인 경우 보장의 가치는 $a_1 = -0.1$에서 가장 작은 것을 알 수 있다.[11]

2. 기업의 파산 시에만 연금제도를 종료할 수 있는 경우

1) 연금기여에 재량권이 없는 경우

기업이 파산하는 경우에 한해 연금제도가 종료된다면 현재의 보증공사의 보장기능인 풋옵션은 상실된다. 그 대신 기업이 파산하면 보증공사는 해당 연금제도를 떠맡아야 하는 채무를 지게 된다. 일반적으로 이러한 보증공사의 채무가치는 파산을 유발시키는 조건에 영향을 받게 된다. 여기에서는 파산을 기업의 가치가 기업의 모든 채무사항의 현재가치보다 작은 경우라고 정의하자. 이때 채무사항의 현재가치는 시장가치가 아니라 모든 채무사항이 이행된다는 가정 하에 평가된 가치를 사용해야 한다. 주주의 유한책임으로 인하여 채무의 시장가치는 기업가치보다 클 수는 없기 때문이다.

모형정립을 위해 V를 기업가치, D를 파산위험이 없는 채권의 이자율로 할인한 해당 기업의 모든 부채의 현재가치라고 하고, $w = V/D$로 정의하자. 기업의 파산은 $w \leq 1$인 경우 최초로 발생하며, F를 연금제도의 기금의 가치라고 하면 기업의 파산 시 보증공사는 $A - F$의 순부채를 떠맡게 된다. 기업의 파산 시 $V \leq D$가

---

11) S/A의 값이 어느 정도 이하가 되면 a_1의 값과 상관없이 연금제도가 종료되므로 풋옵션의 가치는 $a_0 = 0$인 경우와 $a_0 = 0.1$인 경우 동일하다.

되어 순자산(E)는 가치가 상실되므로 보증공사의 해당 기업 순자산의 일정비율, 즉 bE에 대한 청구권은 의미가 없어진다.

이 경우 보증공사가 제공하는 보험의 가치를 평가하기 위해 부채, 연금기금 그리고 기업가치의 확산과정을 정의할 필요가 있다. 각 항목의 증분이 다음과 같은 확률적 과정을 따른다고 가정하자.

$$dD = r_D D\,dt + \sigma_D D\,dz_D$$
$$dF = (r_F + c_F)F\,dt + \sigma_F F\,dz_F \qquad\qquad (15.10)$$
$$dV = r_V V\,dt + \sigma_V V z_V$$

여기에서 c_F는 F의 비율로 측정된 연금기금에의 기여율이다.[12] w, D, F, V의 순간수익률 간의 공분산을 σ_{wF}, σ_{DF}, σ_{FV}, $\cdots$ 등으로 표현하자. 이제 $P(w, F, A)$를 보증공사 부채의 가치라고 하면 P는 다음과 같은 미분방정식을 따라야 한다.

$$\frac{1}{2}(P_{ww}\sigma_w^2 w^2 + P_{FF}\sigma_F^2 F^2 + P_{AA}\sigma_A^2 A^2) + P_{wA}\,\sigma_{wA}\,wA$$
$$+ P_{wF}\,\sigma_{wF}wF + P_{FA}\sigma_{FA}FA + P_w rw$$
$$+ P_F(c_F + r)F + P_A(c_A + r)A - rP = 0 \qquad\qquad (15.11)$$

이 식에 대한 경계조건은 다음과 같다.

첫째, $w = 1$일 때 $P = A - F$이다.

둘째, w가 무한대로 접근하면 P의 극한값은 0이 된다.

셋째, A와 F가 0에 접근하면 P의 극한값은 0이 된다.

이러한 경제조건들은 연금제도에 초과 기여를 한 기업이 파산하면 보증공사는 단지 적립금의 초과액과 해당 연금제도를 인수한다는 가정에 기초하고 있다. 만일 이러한 방식으로 운영된다면 보증공사 부채의 현재가치는 음수가 될 수도 있다.

위의 식은 일반적으로 닫힌해를 얻기가 힘들다. 하지만 만일 c_A와 c_F가 모두

---

12) 이자율이 고정적인 비확률적 안정 상태인 경우 $c_F = -r$이 된다.

상수라면, 이 식은 다음과 같은 닫힌해를 갖게 된다.

$$P = Aw^{-c_1} - Fw^{-c_2} \qquad\qquad (15.12)$$

여기에서 c_1과 c_2는 다음과 같다.

$$c_1 = \frac{s_1}{v} + \left[(\frac{s_1}{v})^2 - \frac{2c_F}{v} \right]^{\frac{1}{2}}, \quad c_2 = \frac{s_2}{v} + \left[(\frac{s_2}{v})^2 - \frac{2c_A}{v} \right]^{\frac{1}{2}}$$

그리고 s_1, s_2, v는 각각 다음과 같다.

$$s_1 = -\frac{1}{2}\sigma_V^2 + \frac{1}{2}\sigma_D^2 - \sigma_{DF} + \sigma_{VF} ,$$

$$s_2 = -\frac{1}{2}\sigma_V^2 + \frac{1}{2}\sigma_D^2 - \sigma_{DA} + \sigma_{VA} ,$$

$$v = \sigma_V^2 + \sigma_D^2 - 2\sigma_{DA} = \sigma_w^2$$

식(15.12)로 구한 지급보증의 가치가 유효한 값을 가지려면 각 모수들의 값에 대해 c_1과 c_2의 값이 모두 양수가 되어야 한다.

$P(w, F, A)$를 기여수준인 F에 대해 1차 미분하면 $-w^{s_1}$을 얻게 되는데 이것은 F와 독립적인 것을 알 수 있다. 따라서 이 경우에서의 연금 기여에 대한 기업의 최적의 정책은 자발적 종료가 가능한 경우에서의 최적의 정책과 매우 유사하다. 즉, w가 충분히 크다면 추가 기여에 대한 감세효과가 보증공사로의 부의 이전을 초과하게 되므로 기업은 허용되는 최대치까지 연금기여금을 증가시킬 것이다. 그렇지 않은 경우에는 기업은 허용되는 최소치까지만 기여를 함으로써 보장의 가치를 극대화하게 될 것이다.

2) 연금기여에 대해 재량권이 있는 경우

일반적으로 기업들은 이익이 많을 때는 연금기여금을 증가시키는 경향이 있는 것으로 나타나고 있다.[13] 아울러 기업의 세금납부도 기여금에 영향을 미치는

---

13) 이것에 대한 실증연구는 Bodie et al. (1986)을 참조하라.

것으로 나타나고 있다. 기업이 연금기여금에 대해 재량권을 가지고 있고 기업이 파산할 때에만 연금이 종료되는 경우 기업의 연금 기여정책을 간단한 모형을 통하여 분석해 보자.

먼저 기업은 다음과 같이 부채비율(D/V)에 따른 연금 기여정책을 사용한다고 가정하자.[14]

$$c_F = a_0 - a_1(D/V) \qquad\qquad (15.13)$$

$a_1 > 0$이라면 연금기여금은 부채비율이 증가함에 따라 감소하며 그 최소값은 $a_0 - a_1$이 될 것이다.

〈그림 15-3〉은 a_1의 값이 변화함에 따라 완전적립(fully funded)된 연금제도

┃그림 15-3┃ 부채비율과 보험의 가치

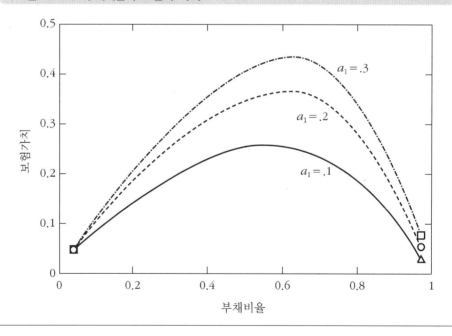

---

14) 부채비율이 기업의 재무상황을 완벽하게 측정할 수는 없다. 하지만 부채비율은 기업의 파산확률과 밀접한 관계를 지니고 있고, 실제로 기업들의 파산확률이 증가하면 연금기여금이 감소하거나 경우에 따라서는 음수가 될 수도 있다.

에 대해 보증보험에서 제공하는 보험의 가치가 어떻게 변화하는 가를 보여주고 있다. 이 그림에서 $D/V = 0$일 때 연금부채에 대한 연금자산의 비율이 연간 2%로 증가하도록 a_0를 설정하였다. D/V가 상승함에 따라 기여율은 감소하며 연금부채에 대한 연금자산의 비율은 시간이 지남에 따라 궁극적으로 하락하게 된다. 부채비율이 가장 낮거나 가장 높은 극단적인 경우에는 보증공사의 보험가치는 0이 된다. 이것은 연금제도는 완전적립상태이므로 기업이 파산하는 경우(즉, $D/V = 1$)에도 보증공사는 부채가 없기 때문이다. 한편 부채비율이 0에 접근하는 경우에는 기업의 파산확률이 0이 되므로 보증공사가 지급할 필요가 없으므로 보험가치는 0이 된다.

그림에서 보험가치는 0.6 근처에서 가장 큰 값을 지니는 것을 알 수 있다. 예를 들어 부채비율이 0.6 근처에 도달하면 파산의 가능성이 매우 높아지며 기업은 파산 전까지 연금제도로부터 적립금을 유출하려 할 것이다. 반면에 $D/V = 0.9$라면 기업은 곧 파산할 것이므로 기업이 연금제도로부터 적립금을 유출할 수 있는 시간은 충분하지가 않을 것이다. 따라서 부채비율이 0.6인 경우에 비하여 보증공사의 보험가치는 상대적으로 작아진다.

그림에서 완전적립의 연금제도라도 보증공사 부채는 연금 발생급여분의 상당부분을 차지하는 것을 알 수 있다. 예를 들어 $a_1 = 0.1$의 매우 보수적인 가정하에서도 보험가치는 발생급여의 약 20% 이상이 된다. 아울러 $a_1 = 0.1$과 $a_1 = 0.3$의 경우에 보험가치에 상당한 차이가 나는 것을 알 수 있다. 이것은 기업이 연금제도를 자발적으로 종료할 수 있다는 옵션에 상관없이 보험가치는 연금기여금에 대한 기업의 정책에 매우 민감한 것을 의미한다. 이러한 결과는 보증공사 채무를 단지 $Max(A - S, 0)$로 평가하는 실무적인 관행이 정확하지 않을 수 있다는 것을 암시하고 있다.

3. 모형들의 현실 적합성

연금제도의 종료에 대한 전술한 두 가지 경우를 모두 포함하는 보다 일반적인 모형의 현실 적합성에 대해 살펴 볼 필요가 있다. 보다 일반적인 모형은 기업이 자발적으로 연금제도를 종료할 동기가 발생하거나 또는 기업이 파산하는 경우 모두를 포함해야 한다. 그러나 대개의 경우 이러한 일반 모형에서는 닫힌해를 얻을 수 없다. 가장 큰 이유는 부채가 순자산의 분산비율에 영향을 미치기 때문이다. 이러한 경우 순자산의 분산은 블랙-솔즈모형과는 달리 확률적 프로세스를 지니게 된다.[15]

전술한 모형에서는 연금기금의 자산가치에 $b=30\%$의 순자산이 포함되어 있으므로 식(15.6)에서의 분산은 확정된 모수값을 갖는다고 간주할 수가 없으며 닫힌해도 달라질 것이다. 따라서 수치방법을 이용하여 해를 찾아야 하는데, 연금종료 시점도 두 가지 중 먼저 발생하는 것에 의존적이며, 상황변수도 A, S, F, w 등 네 가지나 되기 때문에 이마저도 쉬운 일은 아니다.

이러한 어려움에도 불구하고 전술한 모형 및 그 결과는 보증공사가 제공하는 보험의 가치를 평가하는데 매우 유용한 지침을 준다. 자발적 종료 모형에서는 보험의 가치를 극대화하는 연금 종료 정책이 선택되기 때문에 이 모형으로부터의 결과는 보험가치의 상한선을 제시해 준다. 반면 기업 파산 시 연금이 종료되는 모형의 결과는 보험가치의 하한선을 제시해 준다.

현실에서 보면 과소적립된 연금제도는 재무상태가 어려운 기업들에게서 많이 발생한다. 따라서 전술한 모형들은 왜 재정적으로 부실한 기업들이 연금제도를 과소적립된 상태로 유지하는가를 이해하는데 도움을 준다. 모형들이 제시하는 하나의 가능성은 감세효과이다. 즉, 적자가 많아 재정적으로 어려운 기업들은 손실을 다음 기로 이연시킬 수 있기 때문에 한계세율이 낮고, 이에 따라 연금에 기여를 하더라도 감세효과가 낮다는 것이다. 다른 설명은 내부자금 조달비용이다. 즉, 기업이 외부 자금시장을 통하는 것보다 연금기여금의 일부를 사용할 때 자본비용이 더 저렴하다는 것이다. 이러한 현상은 특히 차입금리가 높은 기업들에게서 자주 발생할 것이다. 마지막으로 기업이 파산하여 연금자산을 보증공사에게 몰수당하는 경우 연금제도의 초과적립은 잠재적 파산비용을 초래할 가능성이 있다. 전술한 모형에서 부채비율이 매우 큰 기업들은 기여금을 최소화하는 것이 보험가치를 극

---

15) 보다 상세한 내용은 복합옵션에 대한 Geske(1979)의 연구를 참조하라.

대화하는 것에서 이러한 주장이 설명된다.

4. 리스크 기준 보험료

전술한 모형들로부터의 풋옵션의 가치는 보증공사가 제공하는 보험에 대한 적정 보험료로서 사용되기에는 많은 문제가 있다. 가장 큰 이유는 연금의 종료일이 확정적이지 않고 확률적으로 변화한다는 것이다. 이 경우 보험료를 측정하려면 보증공사가 연금지급을 보증하는 모든 회사들의 기대 종료시점을 추정해야 하며 각 회사들의 채무에 대한 이자율도 알아야 한다. 아울러 이러한 모형에서는 연금의 자산과 기업가치 와의 상관관계 등의 모수들도 추정을 해야 하는데 이것은 거의 불가능에 가깝다. 따라서 현재가치의 기대치가 보증공사 채무의 현재가치와 동일한 연간 보험료를 계산하는 것은 실로 매우 어려운 일이다.[16]

Vanderhei(1990)는 보증공사의 적정 보험료의 계산에 있어 전술한 모형들의 단점을 지적하고 보다 직접적인 방법을 사용하였다. 그의 연구에서 연간 보험료는 연금의 종료 확률과 종료에 따른 보증공사의 손실규모의 곱으로 정해진다. 다기간 보험료를 구하기 위해서는 자산과 부채 가치의 변동성을 추정해야 한다.

먼저 연금제도의 종료 확률은 다음과 같은 로지스틱 우도함수(likelihood function)에 의해 추정된다.

$$l = (\frac{\alpha_p}{\alpha_s}) \sum_{n=1}^{N_1} \ln \left[\frac{\exp(X'_{\in} \beta)}{1 + \exp(X'_{\in} \beta)} \right]$$
$$+ (\frac{1 - \alpha_p}{1 - \alpha_s}) \sum_{n=1}^{N_0} \ln \left[\frac{1}{1 + \exp(X'_{0n} \beta)} \right] \tag{15.14}$$

이 식에서 변수들은 다음과 같다.

α_p = 모집단에서 파산한 기업들의 비율,

---

16) 따라서 Marcus(1987)는 그의 연구에서 실제 모수들의 값을 추정하는 대신 합리적이라고 판단되는 모수값들을 사용하였다.

α_s = 표본에서 파산한 기업들의 비율,

N_1 = 특정 기간 동안 종료된 표본 연금제도의 수,

N_0 = 특정 기간 동안 종료되지 않은 표본 연금제도의 수,

X_i = 독립변수 벡터 ($i=0, 1$),

β = 추정계수 벡터.

독립변수들로는 기업의 파산 예측에 중요한 영향을 미치는 것으로 알려진 재무제표 비율 등 공개적으로 입수가능한 변수들이 사용될 수 있다. 실제로 Vanderhei는 파산예측 연구로 널리 사용되는 Altman 등의 ZETA모형으로 추정된 다음과 같은 독립변수들의 계수값을 사용하였다(괄호 안은 실제 사용된 계수값을 의미한다).[17]

- 유동부채 대 유동자산비율 : −1.46
- 총자산이익률 : −3.39
- 실물자산의 로그값 : −0.12
- 자본화의 정도＝mkd / (mkd＋우선주＋장기채무) : −2.99,
  (여기에서 mkd는 시장성 채무증서의 5년 평균을 의미함)
- 주요 업무가 철강산업 여부를 나타내는 더미변수 : 3.88

그는 이와 같은 변수값들을 1980~1984년의 5년간의 자료에 적용한 결과 연금제도의 종료확률의 값을 0.063으로 추정하였다.

아울러 연금제도가 종료되는 경우 보증공사의 손실은 다음 식으로 정의하였다.

$$Max[0, 1-(f-d)]L \tag{15.15}$$

이 식에서 각 변수는 다음과 같다.

L = 발생급여에 대한 연금채무,

f = 발생급여에 대한 연금의 현재 적립률,

d = 종료 전까지의 적립율의 최대 예상 감소분.

---

17) ZETA모형에 대해서는 Altman et al.(1977)을 참조하라.

일반적으로 과소적립된 연금제도일수록 연금종료 전 기간이 길수록 적립률이 감소하는 것으로 나타나고 있다. Ippolito(1989)는 재정적으로 어려운 기업들이 적립포기, 보험계리상의 이자율 수정, 기여 의무의 불이행, 고위직 경영자에게 상당한 금액 지급, 임금 상승 대신 급여의 증가 등의 방법 등으로 적립률을 낮추는 것을 밝히고 있다. 그가 추정한 연금 종료 전 5년 동안의 평균 적립률은 다음의 표와 같다.

〈표 15-1〉 연금 종료 전 평균 적립률의 변화

종료 전 기간(연)	종료된 연금의 평균 적립율
0	0.17
1	0.28
2	0.34
3	0.43
4	0.46
5	0.49

이러한 정보를 이용하여 Vanderhei는 d의 값을 0.506으로 추정하였다. 이것은 종료된 연금제도들이 표본기간 동안 평균적으로 종료 전까지 약 50퍼센트 포인트씩 적립율을 감소했다는 것을 의미한다. 아울러 이 결과는 적립율이 1.506을 초과하는 연금제도를 운영하는 기업들은 이 기간 동안 리스크 기준 보험료를 납부할 필요가 없다는 의미로 해석할 수 있다. 이러한 방식으로 1985년의 연금급여 보증공사의 리스크 기준 보험료를 계산할 결과 전체 연금제도의 62.4%가 리스크 기준 보험료를 납입할 필요가 없을 정도로 연금적립이 되어 있으나, 9.6%의 연금제도들은 적립이 충분하지 않아 전체 리스크 기준 보험료의 95% 이상을 부담해야 하는 것으로 나타났다.

참고문헌

Altman, E., R. Haldman, and P., Narayan, 1977, "ZETA analysis, a new model to identify bankruptcy risk of corporations," Journal of Banking and Finance 1 : 29-54.

Bodie, Z., J. Light, R. Morck, and R. Taggart, 1987, "Corporate pension funding behavior," in Bodie, Z., J. Shoven and D. Wise (Eds), Issues in Pension Economics, University of Chicago Press, Chicago, IL.

Black, F. and M. Scholes, 1973, "The pricing of options and corporate liabilities," Journal of Political Economy 81 : 637-654.

Geske, R., 1979, "Valuation of compound options," Journal of Financial Economics 7 : 63-81.

Harrison, J.M. and W.F. Sharpe, 1982, "Funding and asset allocation for defined-benefit pension plans," NBER Working Paper 935.

Ippolito, R., 1989, The Economics of Pension Insurance, Irwin, Homewood, IL.

McDonald, R. and D. Siegal, 1982, "The value of waiting to invest," NBER Working Paper 1019.

Marcus, A., 1987, "Corporate pension policy and the value of PBGC insurance," in Bodie, Z., J. Shoven and D. Wise (Eds), Issues in Pension Economics, University of Chicago Press, Chicago, IL.

Merton, R., 1973, "The theory of rational option pricing," Bell Journal of Economics and Management Science 4 : 141-183.

Saunders, A. and M. C. Cornett, 2012, Financial Institutions Management, 7th ed., McGraw-Hill, New York, NY.

Tepper, J.L., "Taxation and corporate pension policy," Journal of Finance 36 : 1-13.

Vanderhei, J., 1990, "An empirical analysis of risk-related insurance premiums for the PBGC," Journal of Risk and Insurance 57 : 240-259.

| 찾아보기 |

저자 주요 약력

서울대학교 경영대학에서 경영학 학사와 석사(Finance)를 마치고 미국 University of Pennsylvania의 Wharton School에서 경영학 박사(Insurance & Risk Management)를 취득하였다. 현재 이화여자대학교 경영대학 교수로 재직하며 Wharton Financial Institutions Center의 Senior Fellow로 연구활동을 병행하고 있다. 주요 연구 및 강의분야는 보험/연금, 리스크관리, 금융기관, 파생상품 등이며 Management Science, Journal of Financial Intermediation, Journal of Banking and Finance, Journal of Productivity Analysis, Astin Bulletin, Applied Economics 등 국제학술지를 포함하여 보험, 연금, 재무, 경제분야의 국내외 학술지에 다양한 논문을 게재하였다. 보험학회, 리스크관리학회, 재무학회, 금융학회, 선물학회, 생산성학회, APRIA 등의 이사 및 편집위원으로 활동하였으며 금융감독원 자문교수, 생명보험협회 상품심의위원, 보험개발원 연구자문교수, 국민연금의결권행사전문위원 등을 역임하였다. 현재 고용노동부 보험기금운용위원 및 농림축산식품부 축산기금운용위원을 역임하고 있으며, Journal of Financial Intermediation과 보험학회지로부터 최우수논문상을 수상하였다.

보정판
연금재무론

초판발행	2014년 1월 10일
보정판인쇄	2016년 8월 1일
보정판발행	2016년 8월 15일

지은이	지홍민
펴낸이	안종만

편 집	배근하
기획/마케팅	이영조
표지디자인	조아라
제 작	우인도 · 고철민

펴낸곳	(주) **박영시**
	서울특별시 종로구 새문안로 3길 36, 1601
	등록 1959. 3. 11. 제300-1959-1호(倫)
전 화	02)733-6771
f a x	02)736-4818
e-mail	pys@pybook.co.kr
homepage	www.pybook.co.kr
ISBN	979-11-303-0336-9 93320

정 가   29,000원